Couverture inférieure manquante

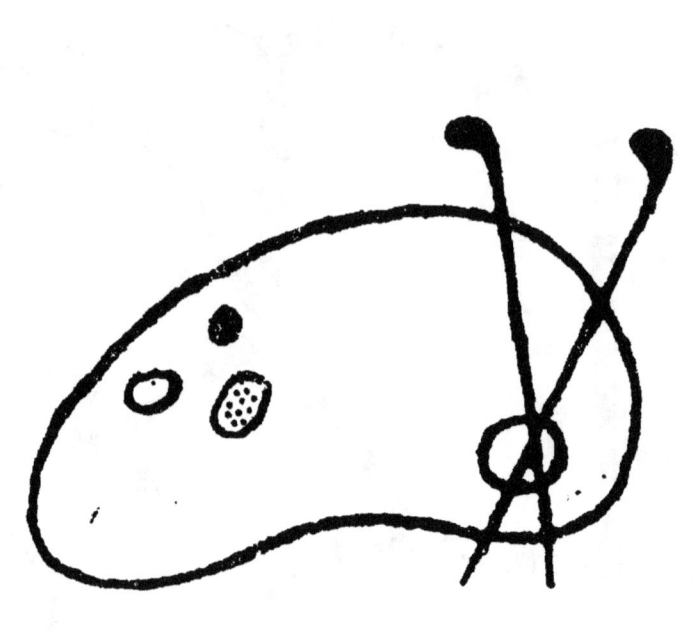

Début d'une série de documents en couleur

PAUL ALEXIS

MADAME MEURIOT

— MŒURS PARISIENNES —

PARIS
BIBLIOTHÈQUE-CHARPENTIER
11, RUE DE GRENELLE, 11

1890

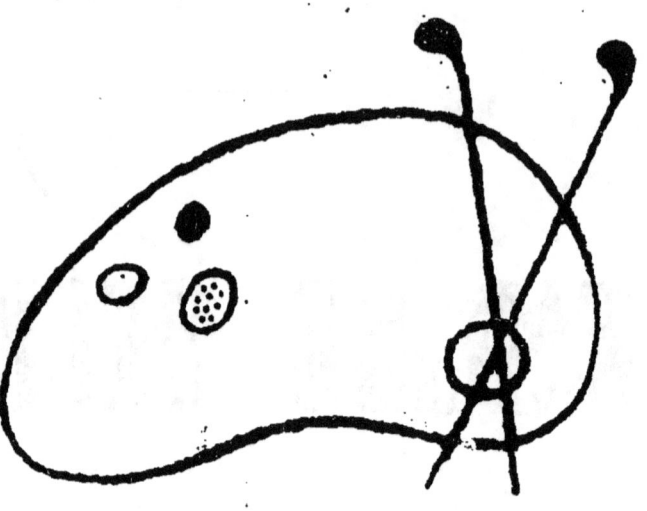

Fin d'une série de documents en couleur

MADAME MEURIOT

BIBLIOTHÈQUE CHARPENTIER
à 3 fr. 50

DU MÊME AUTEUR

La Fin de Lucie Pellegrin . . . . 1 vol.
Le Besoin d'Aimer . . . . 1 vol.
L'Éducation Amoureuse . . . . 1 vol.
Émile Zola (*Notes d'un ami*) . . . . 1 vol.
Les Soirées de Médan, *en collaboration avec Zola, de Maupassant, Huysmans, Céard, Hennique* . . . 1 vol.

THÉATRE

Celle qu'on n'épouse pas, pièce en 1 acte (**Gymnase**).
La Fin de Lucie Pellegrin, pièce en 1 acte (**Théâtre-Libre**).

En collaboration avec Oscar Méténier.

Les Frères Zemganno, pièce en 3 actes (**Théâtre-Libre**).
Monsieur Betsy, comédie en 4 actes (**Variétés**).

Paris. — Typographie G. Née, 1, rue Cassette. — 2725.

PAUL ALEXIS

MADAME MEURIOT

— MŒURS PARISIENNES —

PARIS
BIBLIOTHÈQUE-CHARPENTIER
11, RUE DE GRENELLE, 11
—
1891
Tous droits réservés.

A

LA MÉMOIRE

VÉNÉRÉE

DE

GUSTAVE FLAUBERT

MADAME MEURIOT

MŒURS PARISIENNES

PREMIÈRE PARTIE

I

La pendule sonnait trois heures. Madame Honorat, une femme de cinquante-cinq ans, qui n'avait jamais été belle, remua dans son fauteuil.

— Tiens ! ma sœur est en retard, aujourd'hui ! dit-elle à demi-voix.

Et, pour la vingtième fois de l'après-midi, lâchant le journal où elle parcourait d'un œil distrait les faits divers, elle passa en revue la salle à manger, pour s'assurer « que rien ne clochait ». Non ! le grand poêle en faïence encastré dans le mur, la table ronde recouverte d'une toile cirée couleur paille, les chaises, le parquet et les murs, tout reluisait de propreté. Sur les étagères du buffet d'acajou, un solide buffet noirci par l'âge, des pièces d'argenterie brillaient, chacune à sa place.

Alors, haussant la voix, mais d'un ton plein de douceur et pénétré de satisfaction :

— Rosalie, ma fille, vous occupez-vous de vos pommes d'amour ?

Par une porte ouverte, on apercevait les patères de l'antichambre. La réponse de Rosalie arriva de la cuisine, dont la porte était également ouverte. Madame pouvait être tranquille : les huit tomates, coupées par le milieu, se trouvaient déjà dans la casserole et elle pensait à la farce. Tout le monde lui avait fait des compliments l'autre samedi ; cette fois, elle ne réussirait pas plus mal. Elle était en train aussi de passer son poulet à la broche.

— Bien, ma fille, dit madame Honorat.

Et elle remit le nez sur son journal, au hasard. L'article politique, sur lequel elle était tombée, ne lui disait rien. Décidément, sa chère sœur aurait dû venir plus tôt, aujourd'hui qu'elle en avait long à lui conter. Le journal, cette fois, lui glissa des doigts. Elle se mit à frotter l'une contre l'autre ses deux mains, où, continuellement, depuis quelques mois, elle éprouvait une douleur vague ; elle finit par les laisser pendre, déployées, les doigts fléchis vers la paume et convulsés à chaque instant par de soudains picotements. Puis, la tête appuyée sur le dossier du fauteuil, elle regarda devant elle, par la fenêtre ouverte.

Le jour baissait. De l'autre côté de la cour, en en face d'elle, un dernier rayon pâle de soleil d'hiver abandonnait peu à peu la toiture ardoisée du sixième. Sur la fenêtre à tabatière d'une des mansardes, remuaient les gros bras rouges d'une bonne en train de faire des bottines. Les vocalises d'une voix de contralto, piochant au piano le grand air d'Azucéna du *Trouvère*, montaient d'un étage inférieur. D'autres pianos, dont il n'arrivait que des notes étouffées, jouaient dans plusieurs des nombreux appartements de la maison, vaste, très peuplée, ramifiant des ailes de façon à entourer deux autres grandes cours. Un perroquet lointain, qu'on ne voyait pas, criait à chaque instant : « Jacquot, à table ! à table ! à table ! » Enfin, par-dessus la maison, par-dessus tout le quartier, planait un large ronflement, aux profondes nappes sonores, fait de mille bruits, à travers lesquels la proximité du boulevard Montmartre mettait comme l'écoulement perpétuel d'un fleuve de voitures. A cette fin de jour, quelque chose d'invisible, mais de bouillant et de fiévreux, crépitait dans le grand rectangle de ciel gris découpé par la cour. La salle à manger, au contraire, dont les angles s'emplissaient d'ombre, sommeillait déjà, dans la paix de sa luisante propreté.

Quatre heures sonnèrent. Madame Honorat, sans remuer, poussa un long soupir. Il faisait tout à fait nuit, maintenant. Le cuivre de la suspension, au-dessus de la table, seul, brillait encore. Rosalie entra avec une pile d'assiettes.

— Madame n'a pas froid ?

— Oui, Rosalie, fermez... Je ne suis pas très bien : mes douleurs...

Mais quand la lampe fut apportée sur le buffet, dès que Rosalie eut commencé à déplier la nappe, une nappe toute propre, madame Honorat ne sentit plus ses maux. Le moindre geste de la domestique mettant son couvert, l'intéressait. « Un peu plus à droite, cette assiette. Du sel dans la salière... N'oubliez pas les petits verres à bordeaux. » Tout cela dit sur un ton de componction tempéré par sa grande douceur, pourtant avec un esprit méticuleux qui attachait de l'importance aux plus minces détails. D'ailleurs, cette Rosalie, ne l'avait-elle pas formée elle-même? C'était son œuvre que cette fille de son pays, cette Bretonne, venue à Paris depuis dix-huit mois et depuis dix-huit mois dans la maison, pas laide avec cela, très sage, qui ne sortait jamais et la soignait avec un réel dévouement.

— Ma fille, avez-vous préparé sur le lit de M. Gustave, une chemise, un faux-col, des chaussettes ?... Vous savez qu'il change de linge en rentrant, le samedi.

La calotte de velours de M. Honorat avait besoin d'un point : son flot ne tenait plus que par un fil. C'était grand'pitié qu'elle-même, avec ses pauvres mains, ne pût plus toucher à une aiguille.

— Ma bonne Rosalie, ne plus être jeune et avoir perdu l'usage de ses doigts ! Quel malheur ! soupira-t-elle.

Elle s'attristait de nouveau. Une importante opération intellectuelle vint heureusement la distraire. Rosalie, qui continuait à mettre la table, demanda combien il fallait de couverts.

— Attendez, ma fille !

Et, tendant toutes ses facultés, réfléchissant à haute voix, madame Honorat combina l'arrangement suivant. Elle, à sa place accoutumée, le dos tourné au poêle ; en face, devant le buffet, son mari ; Gustave, son fils, à sa gauche, du côté de la fenêtre ; entre le fils et le père, Mme Camoin. Maintenant, voyons ! qui devait-on avoir, aujourd'hui ? M. Murard ? ce n'était pas son samedi ; les Blacé ?

non plus, ils faisaient leur inventaire ; mais on les verrait peut-être dans la soirée. Restait le docteur Silvy : mais on ne pouvait jamais compter sur sa présence, il était si occupé.

— Enfin, Rosalie, placez-le toujours à ma droite... Puis, entre le docteur et M. Honorat, l'oncle Camoin.

En tout, six couverts. Si le docteur ne venait pas, eh bien ! l'oncle Camoin, qui aimait ses aises, profiterait de toute la place.

Rosalie était retournée à la cuisine. La table, maintenant, avec la blancheur du linge, le luisant des assiettes et de l'argenterie, la transparence des verres, était appétissante à voir. Le timbre de l'appartement retentit. Ce n'était que le boulanger. A peine celui-ci eut-il refermé, un nouveau tintement.

— Enfin, c'est toi ! cria madame Honorat de son fauteuil, tandis que, dans l'antichambre, Rosalie aidait madame Camoin à se débarrasser.

Les deux sœurs s'embrassèrent. Madame Camoin approcha une chaise et s'assit en face de madame Honorat, lourdement. Elle arrivait tard. Le temps étant magnifique pour la saison, elle n'avait pas voulu prendre l'omnibus, mais son entorse du mois dernier s'était remise à lui faire mal.

— Toi, comment vas-tu ?

Et, raide sur sa chaise, madame Camoin n'ouvrit plus la bouche. De deux ans moins âgée que sa sœur, plus grande, elle n'avait pas dû être laide. A travers l'empâtement d'aujourd'hui, subsistait une régularité de traits, que n'animait pas le regard mort de ses gros yeux aux paupières lourdes.

Vivante, expansive, même cancanière, madame

Honorat, elle, parlait. Ce jour-là, au lieu de se répandre en détails circonstanciés sur ses infirmités, ou de passer en revue leurs diverses connaissances, elle aborda aussitôt un sujet qui, toute l'après-midi, lui avait démangé la langue.

— Tu ne sais pas... Il y a du nouveau !

Madame Camoin ne sourcillait pas.

— Oui, du nouveau ! répéta madame Honorat, toute vibrante. Les Meuriot...

Avec une gourmandise de chatte lappant du lait, elle sortit un petit bout de langue, qui rentra presque aussitôt ; puis, elle ajouta, en détachant l'une de l'autre chaque syllabe :

— Ils-vien-dront-ce-soir.

— Très bien ! très bien ! laissa tomber l'autre, avec indifférence.

Maintenant qu'elle avait eu le plaisir de jeter la grande nouvelle en quatre mots, ce n'était pas suffisant : il s'agissait de remâcher ce plaisir, à petites bouchées. Madame Honorat commença donc à débiter les Meuriot par tranches minces, à les savourer en détail. Tantôt, là, toute seule, de son fauteuil, elle avait, ma foi ! bien ri. A la vue des gros bras rouges de leur Anaïs, en face, au sixième, faisant déjà ses bottines, afin d'être prête de bonne heure, le lendemain dimanche, à aller courir. Non ! leur grande lourdaude de domestique alsacienne, ce n'était pas ce que les Meuriot avaient de mieux. Il circulait même des bruits..., elle saurait bien s'arranger pour que leur Anaïs ne gâtât point sa Rosalie Mais, à part cette tache, les Meuriot étaient de bons voisins, des gens parfaits, des amis de fraîche date, il est vrai, avec lesquels il serait charmant d'avoir des relations suivies.

Madame Camoin ne disait pas non, elle. Certains remuements de tête, tantôt négatifs, tantôt affirmatifs, étaient sa façon ordinaire de se mêler à la conversation. Et madame Honorat continuait à l'aise la revue des Meuriot. Le mari, M. Léon Meuriot, un architecte : il n'y avait pas à dire, celui-là avait fait sa fortune lui-même. Quel homme de talent, parti de rien, ayant épousé madame Meuriot « par amour ». Eh bien ! il donnerait cent mille francs de dot, cent mille beaux francs comptants, à sa fille unique : il l'avait dit devant elle, l'autre jour encore, catégoriquement. Un homme tout rond, énergique, la tête près du bonnet, croyait-elle, mais franc comme l'or, et bon. Quant à sa fille... quant à sa fille... Eh bien ! voilà qu'elle ne retrouvait plus son nom, maintenant ! Atteinte depuis un an d'un commencement de paralysie lente, accompagnée d'atrophie musculaire progressive, madame Honorat perdait en même temps la mémoire.

— Marthe?... Je crois que c'est Marthe, dit madame Camoin.

Oui, Marthe ! Elle était encore bien jeune. Sa santé, pas encore formée, semblait délicate. Mais quelle instruction hors ligne, quelle éducation du cœur, rien que de bons exemples sous les yeux ! Prête à passer ses premiers examens pour le brevet, elle n'attendait que d'avoir les seize ans indispensables. Cela ferait plus tard « une petite femme de ménage accomplie ». Et, baissant un peu la voix, madame Honorat ajouta :

— Ce serait vraiment trop beau, si notre Gustave, quelque jour...

Mais elle n'acheva pas. Une rougeur passait sur

ses vieilles joues, creusées par le manque de dents.

— N'est-ce pas, on peut tout dire à sa sœur?
— Évidemment! laissa tomber madame Camoin.

Maintenant, madame Honorat semblait vouloir reprendre ce qui lui était échappé :

— D'ailleurs, tu sais, tout cela est si lointain... Mon fils, qui n'a pas encore de position, est bien jeune lui-même...

Rien ne pressait, n'est-ce pas? Pour le quart d'heure, les Meuriot étaient simplement des gens aimables, de bons voisins à eux, qu'ils connaissaient depuis quelques jours et qu'elle avait invités à venir, après leur dîner, faire une partie et prendre quelque chose : voilà tout.

— Puis, qui me dit que la mère n'a pas sur sa fille des idées arrêtées?

— On ne sait jamais! observa madame Camoin.

Et comme sa sœur, essoufflée d'avoir parlé si longtemps, reprenait haleine, elle se mit à raconter que l'avant-veille, vers trois heures de l'après-midi, elle avait cru voir passer madame Meuriot, en robe de soie noire, emmitouflée dans tout un fouillis de dentelles, très élégante.

— Elle est entrée au square Montholon, où je l'ai perdue de vue...

— Tais-toi! dit tout à coup madame Honorat.

Hors de son fauteuil, jetée de côté et penchant la tête, elle écoutait quelque chose à l'étage au-dessous.

— Tais-toi! Elle vient de rentrer.
— Tu as l'oreille fine, toi! dit madame Camoin, qui n'avait rien entendu.

Madame Honorat écoutait toujours. A la clarté

de la lampe d'imperceptibles poils follets, tout blancs, luisaient sur son menton carré.

— Je te dis que c'est elle!... Dans quelques minutes, elle se mettra au piano.

Et elle regardait fixement le parquet, comme si elle eût pu voir au travers.

— En effet! fit madame Camoin.

Ce furent les vibrations de quelques grands accords, plaqués par des mains agiles, nerveuses.

— Elle est très forte, dit avec conviction madame Honorat.

Puis, soit qu'une porte eût été fermée ou que la pianiste jouât tout à coup doucement, ce ne fut plus qu'un murmure lointain. Le salon du quatrième étage donnait d'ailleurs sur la rue, tandis qu'au cinquième, dédoublé en deux, la famille Honorat n'occupait que l'appartement sur la cour. Voici qu'elles comparaient maintenant les loyers. Les trois mille quatre cents francs payés par les Meuriot, n'était-ce pas, relativement, bien moins cher que les quinze cents francs de l'appartement sur la cour? Ici, avec une froideur où perçait de l'envie, madame Camoin ne manqua point de rappeler qu'elle et son mari, rue d'Argout, ne payaient que six cent cinquante francs, encore dans une vieille maison enfumée, sujette à toutes sortes d'inconvénients. Le rez-de-chaussée était loué à un serrurier. A partir de cinq heures du matin, un vacarme! Elle ne dormait plus. C'était triste tout de même, à son âge, par suite de mauvaises affaires, d'en être réduite... Et, n'en disant pas davantage, elle continuait l'expression de sa pensée par des hochements de tête. La mère Honorat, elle, pour faire plaisir à sa sœur, convint que tout était hors de prix. Même elle soupirait, par bonté d'âme, lorsqu'une clef s'introduisit dans la serrure de l'appartement.

— Tiens! c'est Honorat! s'écria-t-elle, comme soulagée.

Et, toute joyeuse, faisant sa voix de fausset, battant l'une contre l'autre ses mains à moitié paralysées, elle l'appelait :

— Casimir!... Casimir!... Mon petit Casimir!...

Son claque en mérinos sur la tête et de côté comme à l'habitude, une serviette bourrée de papiers sous le bras, M. Casimir Honorat fit son entrée. Il ne boitait pas, mais une de ses jambes restait toujours un peu en retard, et sa chétive personne, mal en équilibre, semblait avoir reçu « un coup de mistral », comme il le disait lui-même : « Oui! de mistral, ce terrible vent de mon pays! »

Il vint droit à madame Honorat :

— Et Gustave? on ne l'a pas encore vu?

Il regarda la pendule. Bon! il n'était pas très tard. Alors, embrassant sa femme sur les deux joues, M. Honorat lui mit dans la main un gros bouquet de violettes. Il en avait apporté un second, plus petit, qu'il donna immédiatement à sa belle-sœur, en l'embrassant aussi sur les joues, avec une gravité muette. Et, comme la mère Honorat, heureuse que son Casimir eût commencé par elle, riait aux éclats, lui, reprit madame Camoin dans ses bras, plus fort, faisant claquer des baisers avec un sérieux de pape.

— Toujours le même! dit alors sa femme, en hochant la tête. Un vieux gamin.

Mais était-ce tout ce qu'il lui avait rapporté, en sortant de sa compagnie d'assurances ?

— Voyons ! fouille-toi...

Alors, son gibus en mérinos toujours sur la tête et sans lâcher sa serviette, M. Honorat retira beaucoup de choses des poches de son pardessus.

— Voilà d'abord un compatriote, dit-il avec respect... Il est d'Arles comme moi !

C'était un saucisson. Il se flattait d'avoir découvert un endroit, le seul de Paris, où l'on vendît du véritable, « du saucisson d'âne ». Puis, ce furent les pantoufles de madame Honorat, ressemelées, des mèches pour les grandes lampes du salon, d'autres objets de ménage encore, enfin six beaux jeux de cartes à coins dorés, comme neuves. Un garçon de son bureau les lui avait vendus trois francs les six.

— C'est avec ça que l'on va gagner des fiches, ce soir ! dit-il à madame Camoin.

Elle non plus, il ne l'avait pas oubliée.

— Tenez, vos mitaines ! exactement semblables à celles de mon épouse. C'est trente sous.

Et, comme sa belle-sœur fit le geste de prendre son porte-monnaie :

— Ça ne presse pas... Non ! plus tard, avec l'argent du bezigue...

Et il appela :

— Rosalie !... Rosalie !...

La bonne parut.

— J'ai pensé à votre boucle d'oreille...

Mais la boucle d'oreille n'était pas facile à découvrir. M. Honorat fouillait dans sa redingote, dans son gilet. Il retourna ses poches ; rien. Le bijoutier la lui avait pourtant rendue, dans un papier bleu.

— Mon Dieu ! Monsieur, si vous me l'aviez perdue ! disait Rosalie. J'y tenais tant... La paire me venait de mon oncle...

Tout à coup, M. Honorat se souvint. De peur d'écraser la boucle d'oreille, il l'avait placée dans sa serviette, au milieu des papiers d'affaires.

— Folle ! dit-il en remettant le petit paquet bleu à sa domestique. Avec moi, jamais rien ne se perd... C'est six francs.

— Diable ! fit Rosalie, consternée.

Mais la paire lui venait de son oncle : elle tira de l'argent de sa poche, compta lentement les six francs. Son maître les coula dans son porte-monnaie, sans cérémonie.

Maintenant, ayant passé par le salon, M. Honorat était dans la chambre, en train de se changer.

— Eh ! mes petits fours ? lui cria de son fauteuil madame Honorat.

C'était plus important que tout. Il lui fallait absolument des petits fours, pour le thé, à cause des Meuriot.

— Tu verras, dit-elle à sa sœur, qu'il les aura oubliés...

Elle réclamait ses petits fours en élevant la voix. Son mari l'entendait ; les portes étaient restées grandes ouvertes. Au lieu de répondre, il se mit à chanter l'air de Magali, dans *Mireïo:* « *O Magali, ma tant amado...* » d'une voix burlesque, qui avait gardé l'accent provençal.

Alors la mère Honorat à madame Camoin :

— Il chante ! Je vois qu'il y a pensé...

M. Honorat ne chantait plus, lorsqu'il revint dans la salle à manger, en pantoufles et en robe de chambre bleue, sa calotte de velours noir sur l'oreille. Son visage de vieux plaisantin bon enfant s'était renfrogné. Il regarda l'heure de nouveau, et à sa montre, et à sa pendule : six heures et quart ! Une anxiété secrète l'agitait. Il inspecta minutieusement le couvert, sortit du buffet des coupes à champagne qu'il plaça lui-même sur la table, vint enfin s'asseoir auprès des deux femmes.

— Et Gustave ? demanda-t-il de nouveau.

Il regardait sa femme, bien dans les yeux. Celle-ci n'avait pas vu rentrer Gustave.

Alors, comme le front de M. Honorat restait soucieux, madame Camoin :

— Si vous n'attendez plus que mon mari, vous savez, il faut commencer...

— Ce n'est pas que j'aie faim ! déclara M. Honorat, devenu maussade. Mais je voudrais que Camoin soit ici.

Soudain, dans l'antichambre, ce fut tout un vacarme : des éclats de rire de Rosalie, des exclamations, de petits cris, comme si quelqu'un la chatouillait ; et, au milieu, une voix d'homme, grave. C'était l'oncle Camoin. Il venait de rencontrer dans l'escalier Rosalie remontant de la cave, et, galamment, avait voulu porter le panier à bouteilles. Maintenant, il n'en finissait plus de se débarrasser de son pardessus, de le pendre sous son chapeau, à la patère. La bonne l'aidait, pouffant de rire. Enfin, après avoir fait mine de lui reprendre le panier à bouteilles, de la poursuivre dans la cuisine, il entra en se frottant les mains. L'œil humide, le teint fleuri, la panse en avant, les cheveux tout blancs, mais crevant de santé et jeune, il vint embrasser sa belle-sœur.

— Toujours solide et toujours beau ! dit la mère Honorat en riant de bon cœur. Voyez-le ! il a vingt-cinq ans !..

— Et trente-cinq avec... laissa tomber madame Camoin.

— Je vous réembrasse pour cette bonne parole, ma chère belle-sœur.

Et il l'embrassa quatre fois de suite, sur ses vieilles joues, exsangues, molles :

— Assez ! faisait celle-ci. Assez ! ou je vais le dire à Honorat !

Honorat souriait, sa maussaderie disparue. Et lorsque l'oncle Camoin lui eut serré la main :

— Allons ! maintenant, à table !

Il alla prendre la lampe sur le buffet et l'introduisit dans la suspension, en criant à Rosalie : « La soupe ! » madame Honorat, dans son fauteuil, fit le geste de se lever. L'oncle Camoin, resté debout devant les deux sœurs, à se dandiner avec des grâces de colosse, se précipita. Ce fut toute une affaire, d'aider la paralytique à se remettre sur ses jambes enkylosées et fléchissantes. Mais, soulevée par le bras robuste de l'oncle Camoin, une fois qu'elle se sentit debout :

— Lâchez tout ! s'écria-t-elle... Non ! Je vous dis de me lâcher !

Et, chancelante, elle gagna pourtant sa chaise, sans le secours de personne. Madame Camoin avait eu le temps d'apporter le coussin, sur lequel elle se laissa tomber.

— Là ! fit l'oncle Camoin, qui l'avait suivie les bras ouverts, prêt à la recevoir en cas de chute. Aujourd'hui, vous avez marché comme une gazelle.

Il s'assit à sa droite; puis, dépliant sa serviette :

— Diable! on a sorti son beau linge!...

La nappe pendait très bas, raide et neuve. La belle ordonnance du couvert l'impressionna. L'argenterie lançait des étincelles. « Fichtre! des coupes à champagne! » Les cuivres de la suspension, repassés, flambaient neuf.

— En quel honneur? Qui attend-on?

— Tiens! il voudrait tout savoir!... dit mystérieusement M. Honorat, qui commençait à servir le potage.

Il faisait vis-à-vis à sa femme, ayant à sa droite madame Camoin. Deux places restaient vides : celle réservée à Gustave, entre sa mère et sa tante, puis, entre les deux beaux-frères, celle du « problématique » docteur Silvy. Quand il eut rempli avec lenteur et componction trois assiettes à soupe, il fronça le sourcil. Ça le contrariait, lui, qu'il y eut des couverts inutiles; et, prétendait-il, cela lui coupait l'appétit. Une vive discussion s'éleva même entre lui et sa femme, au sujet du couvert du docteur. Dans leur irritation, ils s'appelaient sèchement par leur prénom, au lieu de s'accorder ces continuels « Monsieur Honorat », « Madame Honorat », dont ils avaient plein la bouche, en leurs effusions de bonne entente conjugale. Cette mauvaise tête de Casimir, méticuleux et pointu, voulait à toute force que la domestique emportât le couvert. Mais Adélaïde tint bon, le prit de très haut, et finalement, repoussa ce malencontreux empiètement sur son empire domestique.

Battu du côté du docteur, Casimir voulait

prendre une revanche. Sa calotte de velours noir sur l'oreille, il éleva encore la voix. C'était du dernier des ridicules, qu'un jour comme aujourd'hui, son fils ne fût pas rentré, à sept heures et quelque chose, lorsqu'il sortait à cinq heures de sa maison de commerce. Sa mère, vraiment trop faible, supportait là une infraction à toutes les convenances. Pourvu qu'elle n'eût pas à s'en repentir par la suite.

— D'ailleurs, ajouta-t-il, je vais le servir en même temps que nous... Qu'il mange son potage froid !

L'oncle Camoin, lui, avalait le sien philosophiquement. Blanche d'indignation, madame Honorat allait éclater. Mais Rosalie, qui, de sa cuisine, entendait tout, vint dire à Casimir :

— Ah ben! monsieur, il y a un beau temps que M. Gustave est rentré...

— Où est-il? s'écria Casimir, courroucé de l'intervention de la bonne.

— Tiens! il s'est d'abord changé de chemise, pardi! puis, M. Gustave est descendu chez madame Meuriot... Faut-il l'aller chercher?

Ce fut comme un rayon de soleil, inattendu. Remontant sa calotte que l'orage avait fait choir, M. Honorat dit à Rosalie, d'une voix douce :

— Non! ne le dérangez pas... Et emportez la soupière. Tenez-la bien au chaud, pour mon fils.

II

Alors, il n'y eut plus de nuages. Pendant que Rosalie enlevait les assiettes à soupe, M. Honorat versa du bordeaux dans les petits verres. Puis, élevant le sien, comme un prêtre élève le calice à l'offertoire :

— Je bois à la santé de madame Honorat! prononça-t-il avec une gravité d'officiant.

Le choc des verres dura longtemps. La paralysée tenait le sien à deux mains. Après les chocs particuliers, un heurt général. Enfin, l'oncle Camoin, trouvant le bordeaux bon, en redemanda, et voulut recommencer « à faire ça avec sa belle-sœur, lui, tout seul! » Se levant de table, sa serviette à la main, il embrassait la mère Honorat, avec son amabilité de papillon lourd. Casimir « fit également ça » avec sa belle-sœur; mais, moins turbulent quoique méridional, de race plus fine, il se contentait de lui baiser galamment la main; puis, il découpa le saucisson. Rosalie faisait passer le beurre et les radis, des olives vertes conservées dans l'eau salée.

— Ah! des olives de Saint-Chamas! s'écria le maître de la maison, avec une gourmandise attendrie.

Natives de Rennes, en Bretagne, les deux sœurs ne voulurent pas d'olives; l'oncle Camoin, lui, bourguignon, en prit deux, par complaisance : mais le père Honorat en remplit goulument son assiette. C'était près d'Arles, Saint-Chamas, et au bord de l'étang de Berre. Il se mit à décrire la petite ville, qu'une colline coupe en deux parties, absolument distinctes, n'ayant entre elles de communications que par un tunnel. On ne les préparait bien qu'à Saint-Chamas, les olives.

— Vous n'y trouveriez pas de différence, vous autres ! Mais il y a des abîmes... Le docteur Silvy, lui, me comprendrait ! La bouche pleine de noyaux, il évoqua sa jeunesse : les grandes battues aux macreuses, sur l'étang ; la Crau « une plaine de cailloux ; » la place du Forum, à Arles, où il était né, avec ses maisons construites sur d'anciennes catacombes romaines, aux caves remplies d'ossements humains ; la coiffure si poétique des Arlésiennes ; la vallée du Rhône, où s'engouffre le mistral. Et il parla de sa nombreuse et honorable famille, de son vieux père, pas riche. Pour « soulager le plancher », à dix-sept ans, il avait dû partir, venir à Paris se faire une position. Avant d'entrer aux assurances, il avait longtemps placé des huiles.

Alors, l'oncle Camoin s'attendrit à son tour : avant de se lancer dans les grandes affaires, lui, de Beaune, avait d'abord placé des vins.

Et, en attendant qu'Honorat lui eût servi du bœuf, Rodolphe parla du vin. Il ne plaisantait pas, maintenant. Plus la moindre illusion graveleuse : du lyrisme ! Le vin, c'était « le sang de la terre », et la santé de l'homme, et la « moelle de la vie ». Il avait poussé au milieu d'un vignoble, lui. Sa santé, sa haute taille, sa voix mâle, il les devait au généreux produit de sa Bourgogne. Son teint ? eh ! n'était-ce pas la fleur même du noble liquide, qui lui ressortait par les pores. Ici,

Honorat, blême et taquin, lui coupa la parole :

— Mais vous n'êtes pas seul, vous, à connaître le vin... Moi, mon cher, quand je colle une pièce...

Sur le collage, une altercation s'éleva entre eux. Leurs femmes s'en mêlaient. L'arrivée des fameuses tomates farcies, heureusement, coupa court. Ça, c'était encore du Midi ; mais tout le monde en raffolait. Et Rosalie était très rouge en mettant le plat sur la table. Retrouverait-elle son triomphe de l'autre samedi ?

— Mademoiselle Rosalie ! lui dit le premier l'oncle Camoin, vos pommes d'amour sont à...

Et il se baisa bruyamment le médium et l'index. C'était le sentiment unanime. Chacun en reprit. La mère Honorat en fit mettre, à temps, deux de côté pour son fils. Et sa sœur, qui parlait rarement, rappela quelque chose ne datant pas d'hier : le premier plat de tomates comme celui-ci, mangé par eux quatre, à l'*Hôtel de l'Écu*, à Rennes.

— Dire qu'il y a trente ans de cela, soupirait madame Honorat.

C'était effrayant. En ancienne belle femme, désolée de vieillir, madame Camoin secouait la tête.

— Même trente et un ans et demi, ajouta son beau-frère.

Et, comme elle avait l'air d'en douter, il précisa :

— En mai 1850... sous la seconde République, parbleu !.. Ne sommes-nous pas sous la troisième en novembre 1881 ? Comptez !

— Elles étaient immangeables, celles de 1850 ! déclara l'oncle Camoin. Honorat, qui nous les avait cuisinées lui-même, ne fut pas brillant, ce jour là... Parlez-moi de celles de Rosalie !

Il en redemandait, bien qu'il n'en restât plus. Rosalie se rengorgeait, poussait de petits rires. Mais, tout en grattant le fond du plat pour contenter son beau-frère, M. Honorat défendait gravement son plat de tomates sous la seconde République. Lui, prétendait tout bien faire, toujours. D'ailleurs, qui avait appris ce plat à Rosalie, sinon sa propre femme ? Or, en fait de tomates farcies, plat méridional, madame Honorat était incontestablement son élève.

— Votre élève ! s'écria l'oncle Camoin. La première leçon a dû être chaude, dans la cuisine de l'*Écu !*...

Et, se tournant vers madame Honorat :

— N'est-ce pas, mademoiselle Adélaïde ?

En train de boire, celle-ci manqua de s'étrangler. De rire et de tousser en même temps, elle avait la larme à l'œil. Son verre se répandit à moitié sur la nappe. Aussi, réveiller des souvenirs pareils ! L'oncle Camoin se mit à lui taper dans le dos « pour faire descendre ».

Et, appuyant sur la plaisanterie, il l'appelait de nouveau « mademoiselle », supprimant du coup les années, retrouvant ses gaudrioles de placier en vins de Bourgogne. Casimir, entraîné, lui donnait la riposte. Tous deux jouèrent sur le mot : « l'*Écu*. » Et leurs femmes se récriaient, prenant des mines de pensionnaires, comme autrefois, dans la salle à manger paternelle, lorsque Rodolphe et Casimir, tout en égayant la table d'hôte, les courtisaient.

L'entrée de Rosalie apportant enfin le poulet, ne les dérangea pas. Au contraire, tirant celle-ci par la manche, l'oncle Camoin lui posa une question. Qu'aurait-elle fait si, sous prétexte de lui apprendre la cuisson d'un plat, son fiancé avait passé trois heures à « la chauffer », seul à seule, devant un grand feu de cuisine?

— Je te lui aurais allongé... répondit Rosalie.

Et elle fit le geste de gifler quelqu'un.

— Voilà qu'elle bat l'oncle Camoin, maintenant, et qu'elle le tutoie! dit gravement M. Honorat. Ne vous gênez plus, les enfants!..

A travers les verres de ses lunettes, ses petits yeux, en regardant la bonne, eurent un pétillement. Ce ne fut qu'un éclair! Puis, mettant le poulet devant lui, il repassait le fil du couteau à découper, lorsque Gustave arriva enfin de chez les gens du quatrième.

— Bonjour, tontoncle! dit-il à M. Camoin, assis le plus près de la porte.

Il lui tendit la main, avec aisance. Grand, mince, tiré à quatre épingles, il fit le tour de la table, embrassant au passage sa mère et sa tante, gentiment. Quand il termina par son père, celui-ci lâchant le couteau à découper, s'était mis debout, afin de presser sur son cœur ce fils unique, dont il était fier.

— Qui dirait qu'il n'a que dix-neuf ans et quelques mois!

Et, derrière leurs lunettes, les mêmes petits yeux luisaient, cette fois, de tendresse paternelle.

Assis entre sa mère et sa tante, Gustave déplia sa serviette. Avant d'avaler sa soupe, d'un geste qui lui était habituel, il remonta ses manchettes, deux énormes rouleaux blancs, durs comme du carton et très échancrés, laissant voir la chair de l'avant-bras. Pour boutons, deux pièces de vingt francs, à l'effigie de Napoléon III : un cadeau de sa tante, remontant à 1878, l'année de l'Exposition, avant l'écroulement définitif d'une affaire que l'oncle Camoin appelait encore « ma colossale entreprise ». Et la garniture de doubles boutons, qui fermaient le plastron craquant de sa chemise, étaient également en or : cadeau de sa mère, ceux-ci, achetés bien plus anciennement, à l'époque de son enfance maladive, une après-midi où il avait fait une scène rue Vivienne, pour ne pas se laisser conduire chez le médecin. Et il n'en avait jamais perdu un de la garniture, sérieux de bonne heure, ouvert aux côtés positifs de la vie, aussi soigneux de ses affaires que de sa personne. Au lieu de perdre, il trouvait plutôt. A son petit doigt de la main gauche, dont l'ongle, remarquablement long et pointu, était si soigné, étincelait un brillant, estimé sept cents francs, monté en bague ; ses parents le lui voyaient depuis quelques semaines, et Gustave assurait l'avoir trouvé.

Il ne songeait même pas à s'excuser de n'arriver qu'au rôti. Enfant gâté, il agissait en tout à sa guise, sans donner d'explications. Son potage lampé en un clin d'œil, il ne prit pas de bœuf, se coupa lui-même quatre tranches de saucisson. Puis, ses tomates farcies avalées sans pain, il appela Rosalie, pour une assiette. C'était fait : voilà qu'il avait rattrapé tout le monde, avant que son père eut achevé de découper le poulet.

— Le gaillard ! s'écria l'oncle Camoin enthousiasmé. Celui-là ira loin, pour sûr !... Il fait comme ça tout ce qu'il veut, facilement et vite.

Madame Camoin approuvait silencieusement.

Quant à madame Honorat, un de ses poings fermés sur la table, et tournée de trois quarts vers son fils, elle le mangeait des yeux. Et, de ce fils conçu tardivement, au bout de neuf ans d'union stérile, tout : petit doigt effilé, ongle long et pointu, plastron craquant, faux-col évasé, cou blanc, visage rose, yeux vifs mais petits, moustache rare, barbe naissante, menton carré où se retrouvait un peu de son menton à elle, paysanne d'origine, — tout lui semblait une grâce ou une distinction. Et elle s'oubliait là comme une bête, ne voyant plus que les feux du gros diamant, hypnotisée.

— Tiens! Gustave, une aile...

Contrairement à ses principes et à ses habitudes, M. Honorat le servit avant les dames, le premier. Il ajouta le foie du poulet, et beaucoup de jus, du cresson aussi. Puis, avant de s'occuper des autres :

— Eh bien! demanda-t-il. En bas?

Son doigt, baissé vers le parquet, désignait l'appartement des Meuriot. Alors, comme s'éveillant, la mère Honorat à son mari, impérieuse :

— Tu vas le laisser manger... peut-être!

M. Honorat essaya encore à plusieurs reprises de l'interroger sur les Meuriot. Mais Gustave, avec une dignité froide et correcte, dédaignait les interrogations intempestives. Même, il affectait de ne pas entendre, parlant de toute autre chose avec son oncle, qui lui donnait docilement la réplique. Maintenant, sa première faim apaisée, c'était lui qui dirigeait la conversation, avec son aplomb de garçon mal élevé, se sachant l'idole de parents très faibles.

Il tranchait de tout. Le thermomètre Chevalier avait baissé de quatre degrés cinq dixièmes. Le ministère tomberait avant la Noël. Il n'y avait pas de prêtre, mais là, pas un seul! qui fût véritablement convaincu. Quant à la maison de commission où il ne gagnait que quatre-vingts francs par mois, cela faisait pitié: le patron manquait du sens des affaires, courait à la faillite. Lui, redemanda du poulet.

Et, Rosalie ayant apporté sur une assiette un « chapon », il se fit servir tout de suite de la salade, avant qu'elle ne se trouvât « empestée d'ail ». Alors, l'oncle Camoin:

— Tu as donc quelqu'un à embrasser?

— Eh! eh! qui sait? dit malicieusement M. Honorat.

Son fils haussait les épaules, n'aimant pas ce genre de plaisanteries. Pour prouver que l'ail faisait du mal, il voulut expliquer la digestion, avec des mots techniques. Émerveillés, ne voyant pas qu'il bafouillait en confondant le chyme et le chyle, ses parents se regardèrent dans les yeux. Quelle belle instruction! Le collège Rollin ne leur avait pas volé leur argent! Encore, après deux ans seulement de latin, délicat et maladif, leur Gustave avait-il voulu passer dans les classes commerciales. Alors, pour briller à son tour, l'oncle Camoin, bachelier, lui, cita deux vers des *Géorgiques*. Mais, où il resta la bouche ouverte, confondu de la précocité parisienne de son neveu, ce fut lorsque, à l'occasion de la nouvelle pièce du Gymnase, un gros succès d'argent, dont Sarcey venait de dire du bien dans son feuilleton, le jeune Gustave se mit à parler actrices. Vraiment, il les connaissait toutes, celle des boui-bouis principalement, et les divas d'opérette, et les étoiles des café-concert: sachant leur adresse, la couleur vraie de leurs cheveux, le nom de leur couturier; nommant « avec qui elles étaient ». Si bien que la mère Honorat, devant l'étalage de tout ce savoir, devenait inquiète.

— Enfin, mon pauvre enfant, qui a pu te renseigner sur toutes ces créatures?... Car, voyons, cette fameuse Angela, des Délassements, qui, dis-tu, vient de l'Eldorado, tu ne me feras pas croire que tu la connais...

Alors il se fâcha, la tête près du bonnet, comme son père. Repoussant avec violence l'assiette à fromage qu'on lui passait, il expliqua en haussant les épaules, que cette célèbre actrice était une cliente de sa maison. S'il lui avait parlé! Mais, la semaine dernière encore, il était descendu avec elle, jusqu'à sa voiture, lui portant un paquet. Et, avant qu'il eût refermé sur elle la portière, elle lui avait donné une fleur de son bouquet.

— Veinard! s'écria l'oncle Camoin.

Il en venait bien d'autres qu'Angela : aujourd'hui même, une très grande dame espagnole, la princesse Badajoz, « qui reçoit le faubourg Saint-Germain, » lui avait appliqué, de ses doigts chargés de diamants, une petite tape sur la joue, en le trouvant bien gentil.

— La princesse Badajoz! s'écria la mère, suffoquée.

Celle-là au moins n'était pas une cabotine! La mère Honorat se souvenait d'avoir lu dans le journal la description d'une grande redoute vénitienne, donnée à l'hôtel Toscani, avenue du Trocadéro. Elle devint toute rouge, fière de son fils, complètement rassurée. Ses regards se portèrent sur la pendule. Neuf heures moins cinq :

les Meuriot n'avaient qu'à venir. Marthe serait trop heureuse d'appartenir un jour à son Gustave, trouvé « bien gentil » par une très grande dame.

Le timbre de l'appartement retentit, comme neuf heures sonnaient. Chacun pensa que c'était M. Murard, l'exactitude en personne.

C'était lui. Son pardessus, son parapluie et ses socques en caoutchouc déposés dans l'antichambre, toujours à la même place, il entra, et serra la la main à tout le monde. En terminant par madame Honorat, il lui demanda, dans les mêmes termes que chaque samedi, « des nouvelles de sa chère santé. » Une fois assis entre elle et l'oncle Camoin, il enleva lentement ses gants de Suède marrons. M. Honorat lui fit accepter un quart de poire, un verre de bordeaux. Puis, ce fut comme s'il n'était point là. Il ne disait rien à personne, personne ne s'occupait de lui : ni jeune, ni vieux, ni gras, ni maigre; personnage méthodique, mais effacé. Caissier dans une maison de banque. Célibataire.

Encore le timbre. Les Blacé! Çà, c'était gentil de leur part, d'arriver de bonne heure, malgré l'inventaire, et du quartier Saint-Sulpice encore. Sans se lever de sa chaise, Honorat tendit le cou pour embrasser la laide madame Blacé, large bouche aux lèvres minces, cheveux gris, nez à la Roxelane, teint jaune. Rasé comme un prêtre, parlant grassement, son mari aussi était jaune. Marchands d'ornements d'église et de costume sacerdotaux, confinés depuis trente ans dans leur boutique, peut-être devaient-ils ce teint de bilieux au reflet de certaines chasubles.

— Et vos fillettes? demanda l'oncle Camoin à madame Blacé, en lui faisant de la place à table.

Chacun parla à la fois de ces trois demoiselles. Pourquoi ne pas les avoir amenées? Elles étaient vraiment gentilles. Chacune des trois semblait un vivant portrait de la mère.

— Ce soir, dit mystérieusement Honorat, elles se seraient peut-être amusées...

— Elles aiment mieux se coucher! répliqua madame Blacé avec sécheresse. Beaucoup trop jeunes pour être conduites dans le monde : l'aînée n'a pas encore vingt-quatre ans!

Pendant ce temps, madame Honorat, à l'oreille de Rosalie :

— Allumez la paire de grandes lampes, au salon, et la moitié des bougies des deux candélabres.

Et, voyant que Casimir se disposait à couper les ficelles d'une bouteille de champagne, elle fit un signe d'intelligence à son fils.

Bruyamment, le bouchon sauta. Sur un « Vite! vite! vos verres! » de M. Honorat, chacun tendit sa coupe. Les hommes s'étaient levés. Alors, debout comme les autres, Gustave frappa fortement du talon contre le parquet. Nul ne prit garde à ce signal. M. Honorat portait un toast : « Aux trois filles de madame Blacé. »

— La cadette t'irait comme un gant! cria l'oncle Camoin, en trinquant avec son neveu.

Toujours égrillard, il n'en finissait plus de répéter « comme un gant! » avec toutes sortes d'intentions, lorsqu'on sonna. Les autres continuaient de parler tous à la fois ; mais les Honorat et leur fils se regardèrent. Le cœur de la mère surtout battait fort. On entendait contre la porte de l'appartement les petits coups d'un doigt impatient, fébrile. Sur un geste de sa femme, M. Honorat alla lui-même ouvrir.

En robe de chambre de velours marron, la tête et les épaules drapées dans une large dentelle noire, madame Meuriot entra, la première.

— Que vous êtes aimable!.. Que vous êtes bon! dit-elle vivement au père de Gustave.

Elle s'approcha de lui, tout près. Sa voix, caressante, tremblée, voulait séduire. Au fils, qui arrivait en refermant derrière lui la porte de la salle à manger, elle ne dit rien.

Alors M. Honorat, à M. Meuriot resté sur le palier et qui donnait le bras à sa fille :

— Vous permettez, n'est-ce pas?

Galamment, il voulut baiser le front de madame Meuriot. Ses lèvres ne rencontrèrent que la dentelle noire. Elle lui prit le bras et s'y appuya. Gustave avait beau s'effacer contre le mur, elle restait en place.

— Laissez-moi un peu souffler, dit-elle à M. Honorat, je suis montée trop vite.

L'étroite antichambre, où tous les cinq se trouvaient entassés, n'était éclairée que par une petite suspension. Pressée entre le fils et le père, madame Meuriot n'avançait plus. Sous le velours du corsage, visiblement, sa poitrine palpitait.

— Comment se sent ma Juliette? demanda le mari avec sollicitude.

— Oh! bien, Léon... Très bien!

Elle renversait la tête pour lui sourire. Puis, reportant son regard sur M. Honorat :

— Vous allez me trouver ridicule et prétentieuse... sotte !

Et, à voix basse, désignant du doigt la porte de la salle à manger :

— C'est tout ce monde, que j'entends là... J'ai comme peur !

Elle avait froid aussi, un frisson la secoua.

— Peur ! dit le père Honorat, étonné, mais flatté. Il n'y a pas de quoi, allez ! pour quatre chats... des parents, de vieux amis à moi.

Alors, soudain résolue :

— Madame Honorat doit nous attendre ! En avant !

Tous les cinq entrèrent : d'abord Juliette et M. Honorat ; puis, mademoiselle Marthe Meuriot au bras de son père ; Gustave, le dernier.

A l'exception de la paralysée, chacun se leva ; mesdames Camoin et Blacé, comme ces messieurs. Dans la cérémonieuse révérence qu'elles firent toutes deux à Juliette, celle-ci, qui ne les avait jamais vues, flaira de l'hostilité. Elle inclina imperceptiblement la tête ; puis lâchant le bras de M. Honorat, qui avait commencé une phrase de présentation solennelle, elle vint droit à la mère Honorat, comme vers un refuge. Plus intimidée que ne le comportaient ses trente-trois ans et demi et son usage du monde, elle l'embrassa avec émotion, et s'assit tout contre elle, à droite, sur la chaise qu'avait occupée M. Murard. Puis, comme Gustave reprenait place à table, à gauche de sa mère, elle sourit à celui-ci, à travers la dentelle noire qui lui masquait encore le visage. Tout à fait remise, elle fit même un imperceptible signe de tête. Le jeune homme s'étant penché derrière le fauteuil de sa mère, Juliette, entre le dossier et le poêle, penchée à son tour, lui dit tout bas :

— J'ai entendu votre frappement de pied, à travers le plafond... Ce sera d'un commode !

De l'autre côté de la table, ces messieurs n'étaient pas encore assis. M. Honorat n'en finissait plus de présenter tout son monde à l'architecte.

Entre la porte et le buffet, celui-ci n'avait point lâché le bras de Marthe. Un tuyau de pipe sortait de la poche de son veston d'appartement. Son sans-façon, sa barbiche à la Van Dyck, ses pantoufles rouges, firent sensation. On lui trouvait « l'air artiste ». Mais la sévérité de son large front, que continuait un crâne chauve, lui ramena les cœurs. Enfin, il put passer avec Marthe, arriver à madame Honorat.

— Bonsoir, notre aimable voisine ! dit-il en lui secouant la main, je vous présente ma fille et... je vous la laisse, parbleu.

Pirouettant sur un talon, leste et ne paraissant pas ses quarante-cinq ans, il refit le tour de la salle à manger et vint s'asseoir près de M. Honorat, mais un peu en arrière, à droite de M. Blacé. Chacun s'était remis à table, pour le café.

— Un peu de moka, cher monsieur Meuriot ? lui dit le père Honorat.

— Non, merci ! Jamais deux fois... Mais, du champagne... avec plaisir !

Il s'exprimait avec aisance et rondeur. Son verre bu d'un trait, brusquement il causa politique. Quels résultats donnerait la réélection prochaine des conseillers municipaux ? Tout était là : il y allait de l'avenir de la République et de la patrie ! Et, en homme ayant l'habitude de la parole, il prit un temps, afin que l'on remarquât sa phrase. Puis, tirant de sa poche un journal froissé, il l'offrit à M. Honorat.

— Un bon journal ! qu'il faut lire de la première ligne à la dernière... Je vous en fais cadeau.

C'était le *Temps*. L'oncle Camoin voulut alors prôner son *XIXᵉ Siècle*; mais l'architecte ne le laissa pas s'expliquer. Lui, était d'ailleurs « beaucoup plus avancé », ne considérant, en toute chose, que les principes, « la doctrine pure. » Proudhon, par exemple, était son homme ! Enfin, tout en jouant avec le large ruban moiré de son binocle, il nomma Fourier et les saints-simoniens avec respect.

— Quel malheur que le docteur Silvy ne soit pas venu !... s'écria M. Honorat.

— Un homme très fort aussi ! ajouta M. Blacé. Vous eussiez pu causer ensemble.

M. Murard acquiesçait, d'un geste.

Juliette, une main de madame Honorat dans la sienne, entoura de son autre bras la taille grêle de Marthe, restée debout. Les deux mères se parlaient confidentiellement, en vieilles amies.

Lasse d'être debout, la jeune fille s'assit tout à fait sur un des genoux de sa maman. Elle devait peu lui peser, tant elle était maigre, frêle. Les épaules tombantes, la poitrine plate, avec son mince visage de rien du tout, aux traits fins pourtant. A dix-sept ans, elle en paraissait douze, et portait encore des robes courtes.

Alors, derrière Gustave, à l'écart, madame Blacé à l'oreille de la tante Camoin, tout bas, d'un ton de commisération hypocrite :

— La pauvre demoiselle... Quelle limande !

Un rire étouffé secoua la gorge empâtée de la tante Camoin.

Loin de la table, retirées tout contre la fenêtre, dans la pénombre, les deux femmes guettaient et chuchotaient. Rien ne leur échappait. La jeune madame Blacé surtout, mise au courant des rêves matrimoniaux d'Adélaïde, se montrait féroce. La jeune fille, une astèque, à santé de papier mâché ! La mère, une intrigante ! Elle vous cajolait cette pauvre maman Honorat, que c'en était inconvenant. Cette manière, par exemple, de se tenir, et d'accaparer les gens, et de leur parler dans le cou, comme si les autres ne comptaient pas ! Comme aussi cette façon de ne pas montrer son visage, de rester pour ainsi dire masquée, la première fois qu'on vous recevait dans une société : c'était poli ! Ça se faisait peut-être : chez les cocottes !

— Tenez ! écoutez-la... Elle lui parle maintenant de sa santé, et avec un feu... On dirait vraiment qu'elle s'y intéresse... Une comédienne !

Et, la pauvre maman Honorat semblait couper là-dedans ! Il était facile de lire sur son visage. Au comble de ses vœux, séduite et ravie, elle souriait à madame Meuriot ; puis, son regard humide allait sans cesse de Marthe à Gustave.

Juliette elle-même, au son caressant de sa propre voix, s'exaltait. Au lieu de la timidité qui l'avait arrêtée dans l'antichambre, les effusions affectueuses qu'elle venait de répandre lui remontaient à la tête. Maintenant, les joues lui brûlaient ; elle sentait en elle quelque chose de tiède aussi, d'ineffablement doux, l'envahir. Ses bras, pris du besoin de presser quelqu'un, serraient sa fille sur son cœur. Alors, son masque de dentelle noire s'étant écarté, son visage apparut. Et tout le monde la regarda à la fois. Pendant deux secondes, on eût entendu voler une mouche. On ne voyait que ses yeux, noirs comme de l'encre, enfoncés et brûlants. Puis, le murmure des conversations particulières recommença.

Et madame Camoin à l'oreille de madame Blacé :

— Elle est vraiment mieux que sa fille !...

— Belle ?.. Allons donc !

Et, tout bas, faisant la moue de sa large bouche, madame Blacé se mit à critiquer. Aucune régularité de traits ! L'ovale du visage n'était pas très pur. Le nez, un peu court, avait les narines trop dilatées. Front, cou, menton, oreilles, rien ne trouvait grâce devant sa sévérité. Quant aux lèvres, mordillées à chaque instant, elles semblaient gercées. Il lui manquait à coup sûr deux dents.

— Bigre, maman Blacé, vous êtes difficile !

C'était l'oncle Camoin, qui venait se mêler à leurs chuchotements.

— Et ses yeux, alors ? Comment les trouvez-vous donc, ses yeux ? ajouta-t-il.

— Indécents ! riposta la bilieuse madame Blacé.

Rodolphe était déjà loin. Madame Meuriot s'étant retournée sur sa chaise, il faisait le tour de la table pour la voir de nouveau en face.

Il n'était pas le seul à éprouver cette attraction. Depuis un moment, les théories politiques et sociales de M. Meuriot étaient moins écoutées par ces messieurs. M. Casimir Honorat regardait beaucoup madame Meuriot. La face froide de

M. Blacé lui-même, se tournait à chaque instant vers Juliette. M. Murard, par exemple, ne regardait que la table de whist, pas encore ouverte, contre toutes les habitudes.

III

Neuf heures et demie ! Les autres samedis, le premier rob était déjà fait. D'ailleurs, chacun avait bu depuis longtemps son café. Et une contrainte subite, une sorte de malaise indéfinissable, gagnait peu à peu les hommes.

Tout à coup, madame Meuriot à son mari :

— Léon, mon ami, vous ne fumez pas ?... Donnez donc l'exemple : je sais qu'on fume chez madame Honorat... Et, si ces dames vous le permettent comme moi...

Ce fut comme un soulagement ! Léon, lui, ne se le fit pas dire deux fois. Sa pipe, qu'il tira de la poche, était bourrée d'avance ; il n'eut qu'à frotter une allumette. Et la boîte à cigares du père Honorat circula.

— En prenez-vous ? dit l'oncle Camoin en la fourrant sous le nez de madame Meuriot.

Celle-là, il ne manquait jamais de la faire aux dames. Juliette eut la complaisance de sourire.

— Et toi, mon neveu ?

Gustave hésitait, puis, sur un coup d'œil de Juliette, qui échappa à tout le monde :

— Merci, mon oncle !.. Depuis huit jours, je ne fume plus : ça me faisait mal !

Maintenant, la glace était rompue, les Meuriot semblaient de la famille. Au milieu du nuage de fumée qui commençait à s'élever, la conversation devint générale. Alors, le père Honorat expliqua à ses nouveaux invités que, chez lui, toutes les semaines, ça se passait ainsi, « à la bonne franquette ! »

— Pourquoi, aujourd'hui, n'êtes-vous pas venus dîner ?

Le samedi suivant, ils voudraient bien lui faire cet honneur. Puis, tous les autres samedis, leur couvert serait mis, une invitation unique devant suffire, une fois pour toutes ; on venait quand on voulait. C'était l'habitude de la maison et ça ne datait pas d'hier.

— N'est-ce pas, Camoin ?
— Parbleu !

L'oncle Camoin raconta que, son beau-frère et lui, ayant épousé les deux sœurs le même jour « un samedi, en 1850 », voilà que vers deux heures du matin, à la porte du restaurant, au moment de s'en aller chacun chez soi, Honorat les avait invités, sa femme et lui, pour le samedi suivant. Tel était l'origine de leurs samedis. Ici, madame Honorat :

— Et nous étions si mal logés, rue Linnée, près de la Halle aux vins !... Vous souvenez-vous, Camoin, de nos deux petites pièces mansardées, sans cuisine, sous les toits ?...

Parbleu ! ce premier samedi, les deux sœurs avaient dû faire cuire le dîner sur un fourneau en terre, transporté au fond du couloir. C'est qu'on n'était pas riche à cette époque. Même, pendant de longues années, les Camoin avaient dû apporter leur plat, afin de ne pas causer un trop grand surcroît de dépense.

— Vous n'avez pas vu ce temps-là, vous, Murard?

En effet, ami de récente date relativement, introduit depuis six ans à peine, par le docteur Silvy, M. Murard n'avait connu les Honorat qu'à la rue Grange-Batelière. Mais les Blacé, eux, se souvenaient très bien du logement du Faubourg-du-Temple.

— Au Faubourg-du-Temple, s'écria la mère Honorat, nous avions au moins une cuisine!...

Là, ils avaient demeuré huit ans, fait plusieurs commerces. L'article Paris leur réussissant d'abord mieux que les vins, ils purent prendre une femme de ménage. Puis, ils avaient tenté autre chose, avec des hauts et des bas, tenu même un cabinet d'affaires, jusqu'au jour où Honorat découvrit enfin sa vraie voie : les assurances. Au *Soleil*, depuis vingt ans, il avait su « percer », était devenu quelque chose comme le bras droit du directeur. Tout à coup, Rosalie vint dire pompeusement :

— Le salon de madame est prêt!

Mais Juliette supplia tout le monde qu'on ne fît pas de cérémonies pour elle. Ainsi, déjà au courant de leurs habitudes, elle savait qu'après le dîner, ces dames, pendant que whistaient les messieurs, aimaient à faire leur bésigue à trois, sur la table, rapidement desservie.

Elle s'était mise debout. M. Honorat, obstiné, s'apprêtait à enlever la lampe de la suspension. Vive et décidée, elle lui arrêta le bras.

— Non! Mille fois non! Je vous en prie... Qu'on

ne passe pas au salon en mon honneur!... Je ne veux causer aucun dérangement...

Et elle fit signe à Rosalie, avec une gentille familiarité, d'enlever au plus vite le couvert, en lui disant à demi-voix :

— Comme samedi dernier...

Madame Blacé alors, souriant d'un mauvais sourire :

— Elle donne déjà des ordres!

Et cette niaise de Rosalie obéissait. Tandis que Gustave s'empressait d'ouvrir la table de jeu, pour les hommes.

Enfin, tout se passa comme madame Meuriot savait, par Gustave, que se passeraient les choses. Rosalie, son couvert enlevé, étendit lestement un tapis vert sur la toile cirée couleur paille. Puis, pendant que la mère Honorat, de ses mains raidies et maladroites, tâchait d'étaler le jeu de bésigue neuf, Juliette dût motiver son refus de jouer, dit ce qui lui passa par la tête. Non seulement elle n'avait jamais touché une carte de sa vie, mais l'immobilité prolongée ne lui valait rien! Elle s'essoufflait autant à rester assise qu'à marcher vite, s'était imaginée, jadis, avoir un anévrisme; le moment viendrait où elle ne pourrait même plus jouer du piano! Déjà la tante Camoin, ayant fait couper madame Blacé, commençait à donner. Juliette s'approcha de la table de whist.

Ici, on ne faisait plus attention à elle. M. Honorat, vexé de ne pas avoir d'atouts, sifflotait en regardant son partenaire, Léon Meuriot. L'oncle Camoin, lui, n'en finissait plus de ranger son jeu. Quant à M. Blacé, prudent et sournois, il mettait toute son attention à « poitriner ». Le cinquième, M. Murard, en attendant son tour, jouait mentalement.

Cependant, quand ce fut son tour de donner, M. Honorat, enchanté d'avoir « fait la levée » sans atouts, adressa la parole à Juliette. N'est-ce pas ? elle allait au moins leur faire un peu de musique. Le whist et le piano, ça devait s'accorder.

— Oh ! oui ! dit l'oncle Camoin, nous nous croirons au Casino de Trouville !

Les trois joueuses de besigue aussi étaient absorbées. Pour tirer sa carte, la tante Camoin se mouillait à chaque fois le pouce avec la langue. Un cinq-cents qui n'arrivait pas, faute d'un valet de trèfle, empêchait madame Blacé de penser à la difficulté de caser ses trois filles. La mère Honorat elle-même, toute à compter ses brisques, en oubliait de couver du regard Gustave et Marthe.

Assis devant le poêle, en face l'un de l'autre, ceux-ci ne se parlaient pas. Immobile, les yeux baissés, Marthe semblait avoir sommeil ; Gustave tripotait sa chaîne de montre. Et la salle à manger, changée en salon de jeu, s'enfumait d'instant en instant. La pipe de M. Meuriot, surtout, dégageait beaucoup de fumée. Alors comme pour chasser cette fumée, Juliette battit l'air de son mouchoir. Puis, elle vint dire un mot à l'oreille de Gustave, qui se leva aussitôt et passa au salon. Elle le suivit avec sa fille.

Dans le salon, elle respira librement. Mais elle sentit qu'il faisait trop clair. Les deux grandes lampes et les candélabres, allumés par Rosalie en son honneur, brûlaient ; un feu de bois sec flambait dans la cheminée ; les meubles, sans leurs housses, lui envoyaient des étincelles.

— Éteignons ! dit-elle à Gustave.

Lui, souffla les candélabres ; elle tourna les lampes. Lorsqu'ils ne furent plus éclairés que par les deux bougies du piano, elle montra à Marthe la porte ouverte de la salle à manger.

— Ferme donc !... Cette odeur de tabagie nous suivrait.

Quand sa fille eut fermé, elle alla dégrafer elle-même la portière.

— Là ! nous sommes très bien...

Marthe et Gustave attaquèrent une grande sonate de Beethoven, à quatre mains. Marthe faisait le chant. Debout à côté de sa fille, madame Meuriot surveillait le jeu de celle-ci, tournait les pages. Même elle interrompit les deux exécutants, leur fit recommencer plusieurs fois un passage. Marthe se tirait des difficultés, sans fausses notes, suivait la mesure avec une régularité de métronome ; mais elle manquait d'expression, « d'âme », ce qui stupéfiait toujours sa mère. « Tiens ! tu ne sens donc pas... Ecoute ! » Et, sans s'asseoir, la mère abattait ses mains sur le clavier, enlevait le motif avec un tempérament du diable. Gustave, lui, amateur doué de facilité, jamais pris au dépourvu, « accompagnait » n'importe quoi, de façon à jeter de la poudre aux yeux. Soudain, tournant le dos à l'aplomb de l'un, à la virtuosité mécanique de l'autre, Juliette vint se mettre devant la cheminée sur un pouf, visage à la flamme.

Elle se sentait très rouge. Ce devait être le feu ; elle saisit la pelle. « Tiens ! il n'y a pas de cendres dans cette cheminée, rarement allumée sans doute. » Et, avec un regard circulaire, elle examina le salon. Meubles en acajou banal, tapis de moquette, papier blanc et or, plafond bas. Eh bien ! elle s'y sentait à l'aise davantage, complètement chez elle. Il lui semblait en prendre possession. Des importuns y viendraient-ils ? Elle écouta. Malgré le bruit du piano, à travers la cloison, du coin des whisteurs, sortait tout un remuement de chaises. Sans doute l'entrée au jeu de M. Murard, tandis qu'un des quatre joueurs s'était levé. S'il prenait fantaisie à celui-là de venir écouter Beethoven ? Une minute d'inquiétude. Puis, heureusement, non : personne. Marthe et Gustave enlevaient le finale, fortissimo.

Le piano se tut. Juliette s'imagina que la cloison était devenue toute mince. Il arrivait des éclats de voix de l'oncle Camoin, réussissant des impasses ; une bobèche trembla ; et, derrière le papier blanc et or, la mère Honorat toussait, toussait. Quelqu'un pouvait entrer d'un moment à l'autre. Un bruit de tasses et de soucoupes remuées : le thé serait bientôt servi. Alors, elle n'attendit pas davantage.

— Va te coucher, Marthe !

Marthe quitta le tabouret, prête à obéir, ayant déjà rangé sa musique. Elle salua gravement le jeune homme, vint tendre le front à sa mère. Sous la caresse de celle-ci, ses yeux se fermaient. La présence d'un jeune homme l'intimidait-elle ? Était-elle satisfaite ou fâchée de s'en aller ainsi ? On ne pouvait rien lire sur son visage. Et elle se retira, sans bruit, par une petite porte que Gustave avait ouverte à côté du piano.

Juliette alla au seuil de la petite porte, fit même quelques pas dans l'étroit couloir obscur qui conduisait à l'antichambre. N'avait-elle pas quelque chose à dire à sa fille. Une explication au moins à lui fournir sur cette façon de la congédier avant le thé, sans la laisser prendre congé de personne. Mais, Marthe étant déjà loin, elle rentra.

Gustave venait de refermer. Enfin, ils étaient seuls, tous les deux. Juliette, sans le laisser se remettre au piano, s'abattit sur lui.

Et elle le pressait contre elle, à en perdre haleine, sanglotant presque, balbutiant des mots :

— Mon enfant !.. Mon Gustave chéri !.. Mon amour !

Mais elle ne l'embrassa pas.

DEUXIÈME PARTIE

I

Madame Meuriot était née Juliette Dragon. Une photographie, qu'elle conservait dans son album, la représentait à l'âge de quatorze ans et demi, frêle fillette, prématurément sortie du couvent. On eût dit un portrait de Marthe : mêmes épaules tombantes, même poitrine plate, avec un mince visage de rien du tout, aux traits fins. Une seule différence : Juliette, à quatorze ans et demi, ne portait plus de robes courtes, parce qu'elle donnait des leçons de piano.

Il fallait vivre. Son père, ancien banquier un peu artiste, à Saint-Étienne d'abord, puis à Tours et à Rouen, avait fait cinq fois faillite. Femme indifférente et sans énergie, madame Dragon, devant chacune de ces catastrophes domestiques, s'était davantage effacée, racornie. De naufrage en naufrage, ces deux épaves de la bourgeoisie de province étaient enfin venues s'échouer dans une pension de famille, aux Batignolles, parmi d'autres épaves. Là, Juliette, rappelée en hâte du couvent, occupait un étroit cabinet attenant à la chambre meublée de ses parents. Et elle courait le cachet.

Dès six heures du matin, l'été plus tôt, elle quittait vaillamment son lit de sangle. Se laver à grande eau devant la cuvette placée sur l'unique chaise du cabinet, n'était pas long. Un miroir de cinq sous, accroché à l'espagnolette, lui servait à bien lisser ses cheveux. Puis, elle passait sur la pointe du pied, devant les rideaux fermés de ses père et mère. Au rez-de-chaussée, dans la salle à manger déserte, elle trouvait son lait servi dans un verre, du lait de Paris, tout clair, frelaté. Et elle y trempait à la hâte son pain, quelque relief de la veille.

Les conducteurs des omnibus Batignolles-Clichy-Odéon la connaissaient. Son rouleau de musique sous le bras, un petit panier à la main, voilà qu'elle débouchait de la rue Lacondamine. Elle rattrapait vite le véhicule, avant la fin de la montée de la Fourche. Et comme elle sautait légèrement sur le marchepied, sans faire arrêter, évitant le bras qui s'empressait pour lui soutenir la taille.

Le petit panier contenait son second déjeuner : du pain, un peu de viande froide, une pomme, parfois un morceau de chocolat. Et elle vous avalait cela entre deux leçons, souvent sur le coin d'un piano, de préférence dans les intérieurs pas riches ; puis, hésitante et confuse, elle demandait un verre d'eau.

D'ailleurs les bons cachets étaient rares. Même parmi les familles aisées, que de mauvaise paye ! Puis les pertes de temps, les courses inutiles, les départs subits pour la campagne. Et les prétentions sottes des parents, les mauvais vouloirs des élèves.

Enfin, vers cinq heures du soir, les jambes moulues, exténuée d'avoir trop parlé, chanté, elle remontait de Paris à pied, par économie. Et, par les belles fins de jour, il lui arrivait d'aller encore jusqu'au square des Batignolles, à la rencontre de ses parents, qui se réchauffaient aux derniers rayons du soleil.

Avait-elle dépassé l'église Sainte-Marie, du cinquième étage des hautes maisons bordant la place, quelque vitre, incendiée par le couchant, l'éblouissait. Devant la grille ouverte, le marchand de coco faisait tinter continuellement sa sonnette. « — Rafraîchissez-vous, mes enfants !... v'là le bon coco à la glace. » De droite et de gauche, le long des allées latérales, c'était le piaillement de toute une marmaille, qui sautait à la corde, jouait à cache-cache, faisait de grands tas de gravier avec des pelles de bois. Mais elle allait droit au rocher artificiel, s'engageait dans l'étroit sentier contournant la cascade, puis suivait l'allée du milieu, relativement déserte. Vers le bout, elle trouvait sa mère, parmi d'autres vieilles dames assises devant la pièce d'eau.

Les canards venaient nager tout près du bord, afin de les voir. Il y en avait d'horriblement décrépites, des édentées, dont les nez et les mentons pointus semblaient vouloir se rejoindre. Et, dans leurs robes aux plis flasques, leur corps n'avait pas conservé forme précise. Certaines, avec de grosses lunettes rondes, lisaient encore des romans. Une, à l'écart dans sa petite voiture, la face au soleil couchant, semblait morte; personne ne s'approchait d'elle, on la laissait là des demi-journées; de loin en loin, ses longues mains décharnées battaient l'air, comme pour chasser des mouches. Les vivantes, de vrais moulins à parole, n'arrêtaient pas, déblatéraient sur le compte des passants, ou rabâchaient la chronique des diverses pensions de famille et tables d'hôte du quartier.

— Comment! madame, c'est à vous cette jeune demoiselle? Elle a l'air tout à fait distingué!... Oh! elle donne déjà des leçons! Vous devez être joliment heureuse.

Déjà loin du groupe des vieilles dames, elle cherchait son père. Il lui fallait souvent parcourir tout le square, même gravir le tertre qui surplombe le rocher artificiel.

Elle finissait par le retrouver au milieu de sept ou huit vieux bonshommes, bande comique, aux gestes cassés, à la démarche sautillante et désarticulée; gamins macabres, ragaillardis par le renouveau, et plus encore par la vue de quelque petite bonne, en jupe mince, aux bas biens tirés. Parfois, sortis du square à la suite de la bonne, ils étaient le long de la grille du chemin de fer; et là, n'en pouvant plus, écroulés tous à la fois sur un banc, ils faisaient un vacarme épouvantable, toussant, crachant, causant, entrechoquant leurs cannes dans la discussion, stupéfiant les moineaux et les tout petits enfants.

M. Dragon se levait péniblement et, tourmenté par la goutte, s'appuyait sur le bras de Juliette; madame Dragon prenait congé des vieilles dames. Tous trois sortaient lentement du square, rentraient ensemble à la pension de famille. Rue Lemercier, aux Batignolles, la cité Lemercier, appelée aussi la cité Lafontaine, était une sorte de « Cité des Fleurs, » en petit et en laid. A gauche de la porte cochère, sur la rue, un écriteau en tôle, lavé par la pluie, révélait aux passants l'existence de la pension : « *Chambres et cabinets meublés, table d'hôte, cuisine bourgeoise, soins de famille, jardin bien exposé, prix modérés.* » Tout au fond d'une allée à ciel ouvert, montant un peu, mal pavée, dégradée au milieu par un ruisseau à sec d'ordinaire mais changé en torrent les jours de pluie, un second écriteau, cloué contre une petite porte à claire-voie, promettait les mêmes avantages. Le « jardin bien exposé » était ce rectangle de terrain inculte, humide, çà et là verdi de mousse, qui s'étendait devant la maison à quatre étages. La claire-voie franchie, on passait entre des cordes tendues, où du linge dégouttait toujours. De droite et de gauche traînaient des débarras; des boîtes à ordures attendaient d'être vidées; quelque savonnage avait répandu toute une inondation d'eau grasse. Devant la fenêtre de la cuisine, sur deux chaises, un matelas, plat comme une galette, séchait au soleil, continuellement.

Trois marches en pierre conduisaient à la porte d'entrée que chaque locataire, comme c'est l'usage en province, ouvrait avec son passe-partout. A gauche, dans le vestibule carrelé, une niche contenait une Pomone en plâtre, à la corbeille de fruits noire de crasse. A côté de la niche, un porte-manteau, toujours encombré; puis les premières marches de l'escalier, sous lequel se dissimulait la porte de la cuisine. A droite, la salle à manger, également à carreaux; enfin, par derrière et donnant sur la cour, un mélancolique salon, obscur dès trois heures de l'après-midi, pièce d'apparat pourtant, où l'on traitait avec les nouveaux pensionnaires. Là s'était évidemment concentré tout l'effort de luxe de la maison : rideaux de damas défraîchis, fauteuils et tête-à-tête recouverts de cretonne, carpette en feutre, pendule Empire, flambeaux Renaissance, glace commune, gravures encadrées sur les murs, enfin un piano.

Un mauvais piano, où il manquait des cordes. N'importe! lorsque les pensionnaires attendaient au salon que la soupe fût servie, et après le dîner surtout, pendant le wisth ou le boston qui s'organisait là sur une table à jeu boiteuse, ces vieilles gens suppliaient Juliette de faire un peu de musique.

Après les premières mesures, comme cela arrive dans les meilleures maisons, personne n'écoutait; les conversations reprenaient, d'abord chuchotées, puis à voix haute. Nouvelles du jour et cancans du quartier à commenter, souvenirs de la vie d'autrefois à rabâcher, plaisanteries et taquineries quotidiennes à recommencer : quel prurit de bavardage ! Les irrésistibles démangeaisons de langue ! Ceux qui ne parlaient pas, alourdis par la digestion, sommeillaient ou, recroquevillés sur eux-mêmes, pensaient à leurs infirmités, à des revers de fortune. Pourtant, les rares soirs où Juliette, retenue à dîner dans la famille de quelque élève, n'était pas là pour jouer du piano, une tristesse pesait sur la pension bourgeoise.

On passait à table plus tard, puis, après le repas, le boston finissait de bonne heure. Le consommé semblait plus mauvais, la lampe fumait, le poêle ne chauffait pas. Les chocs de couteaux contre les verres, pour appeler la servante, étaient plus saccadés. Ceux qui, jadis, avaient occupé une grande situation, souffraient davantage de la médiocrité du service, de la misère de la vaisselle, des taches de la nappe. Et les conversations se ressentaient aussi de l'absence de cette enfant : plus de bêtise était dans l'air, les plaisanteries ne partaient pas, les jérémiades devenaient navrantes, les phrases méchantes contenaient plus d'aigreur. Un dernier écroulement achevait d'abattre ces ruines.

Outre les époux Dragon, et un vieux Portugais gâteux, « le marquis », ancien homme politique, jadis ministre et chef du cabinet de Lisbonne, disait-on — celui dont le matelas séchait continuellement au soleil, — la plus curieuse de ces épaves humaines s'appelait « mademoiselle Aglaé ». Celle-là ne coûtait pas cher, de nourriture, à la pension bourgeoise. Maigre à faire peur, n'ayant plus, pour ainsi dire, ni corps ni visage, elle semblait n'avoir conservé de matériel que son nez proéminent. Ses deux grands yeux, entourés de paupières rouges, luisaient comme des braises. Elle aussi avait sa légende, à la table d'hôte. On racontait parfois au dessert, entre la poire et le fromage, qu'elle était « une sainte » du saint-simonisme. Jadis, dans les fameuses séances de la salle Taitbout, le père Enfantin ne parlait jamais, se contentant, par une sorte d'empire magnétique, de fasciner les femmes impressionnables, les jeunes comme les vieilles, les riches comme les pauvres. Mademoiselle Aglaé, une de ces fascinées, avait pénétré, et vécu quelque temps, dans le glorieux temple-monastère de

Ménilmontant, là-bas, sur le revers du plateau. Puis, le temple fermé par ordre du parquet, quand le père Enfantin fut poursuivi pour réunion illicite et outrage aux mœurs, la vieille ascète aux yeux de flamme s'était trouvée une des trois disciples ferventes qui proposèrent au Père de le défendre, à la barre du tribunal, publiquement.

— « Sans l'odieux abus de pouvoir du ministère public, qui entrava la liberté de la défense, ces trois grands dévouements eussent sauvé le Père ! »

Celui qui s'exprimait souvent ainsi, d'un ton dogmatique, pendant que circulait le compotier aux pruneaux, n'était autre que le neveu de mademoiselle Aglaé, un jeune architecte. M. Léon Meuriot sortait à peine de l'École des Beaux-Arts. De loin en loin, le samedi soir ou le dimanche, il venait voir sa tante, restait alors à dîner. Lui, n'avait rien d'ascétique. Rond, actif, tour à tour fougueux et compassé, déjà supérieur, s'écoutant parler, ce jeune homme tenait de la place, comme on dit. A peine entré, son chapeau et son pardessus accrochés au porte-manteau encombré, toujours porteur de quelque rouleau de papier, plans ou dessins, qu'il déposait familièrement dans la niche, au pied de la Pomone en plâtre, on n'entendait que lui. Gravissant les marches quatre à quatre, il montait chez « la sainte », au troisième et dernier étage ; à travers les murs minces, ronflait tout de suite sa voix.

A table, ordinairement placé entre M. Dragon et « la sainte », il possédait, plus encore que Juliette, le pouvoir d'émoustiller ces incurables. Les soirs où le jeune architecte dînait avec eux, la misère du service, les hontes de cette cuisine et les malpropretés de la nappe, étaient oubliés. Au bavardage de M. Léon, touchant à tout, politique, affaires, beaux-arts, théâtres, finances, voirie, les pensionnaires avaient la sensation qu'une fenêtre leur était ouverte sur Paris et sur le monde. Ils s'imaginaient rentrer dans la vie, respirer à pleins poumons pour une heure, retrouver du sang et des muscles. « Encore un peu de rosbif ! » entendait-on, à chaque instant. « Moi aussi ! je me sens un appétit d'enfer ! Madame, il faudrait me redonner de la salade ! » Même au fond des yeux de l'ancien chef de cabinet gâteux, passait une petite lueur. De temps en temps, au milieu de l'animation générale, penchés derrière la chaise de M. Dragon, Léon et Juliette échangeaient quelques mots à demi-voix sur des sujets délicats, sur certaines théories sentimentales : le langage des fleurs, par exemple, ou celui de la musique.

Ces soirs-là, dans le salon au luxe disparate et défraîchi, quand elle se mettait au piano où il manquait des cordes, Juliette jouait plus longtemps et avec un brio endiablé. Debout à côté du tabouret, jamais en retard pour tourner les pages, lui, avait une merveilleuse façon d'écouter, en dilettante doctrinaire, digne neveu de la sainte, à laquelle il parlait sans témoins avec une rudoyante brusquerie, la traitant alors en personne tombée en enfance, mais qu'il vénérait ostensiblement devant ces vieilles personnes à tête branlante, déjà attablées pour le boston ou le piquet. De son fauteuil, l'ancien premier ministre portugais, qui n'était plus capable de jouer, considérait simultanément Léon et Juliette, d'un air profond. Et, pendant que la mère Dragon donnait les cartes une à une, il n'était pas rare que son partenaire l'interrompît, en lui touchant le coude.

— Hein ! regardez, madame... Quel joli couple ça ferait !

Ainsi, la pension bourgeoise elle-même les poussait l'un vers l'autre. De longs mois s'écoulèrent. Deux ans plus tard, en mars, une attaque foudroya M. Dragon, une nuit. Il sembla dès lors à ces vieilles gens que Juliette leur appartenait davantage. Et, dans la pensée de tous, Léon était le gendre indiqué pour faire le bonheur de « leur » fille. La chose arriva donc et tout naturellement, dès qu'elle plut aux deux jeunes gens. Ni la sainte, ni la veuve Dragon, n'étaient restées assez dans la vie pour pouvoir exercer une pression ou susciter un obstacle.

Ils se mariaient spontanément. Age, taille, constitution générale, tempérament, caractère, tout, entr'eux, se trouvait proportionné. Là où leurs deux natures différaient, un harmonieux système d'oppositions, un balancement de contrastes, continuait l'équilibre.

Ni petite ni grande, ni laide ni belle, plutôt agréable, elle venait d'avoir dix-sept ans. L'agrément de son visage résultait moins de la régularité des traits que de leur expression. « Avec des cheveux, des yeux, et des dents, une femme peut toujours être aimée ! » disait quelquefois la mère d'une de ses élèves. Et Juliette avait tout cela, surtout de magnifiques yeux. Ses épaules tombantes conservaient une grêle élégance à sa personne, tandis que ses deux seins commençaient à s'arrondir.

C'était déjà une femme faite, raisonnable, formée par un frottement précoce avec le monde, plus réfléchie que son âge. La déchéance physique et financière de ses parents, cette nécessité de courir le cachet, trois ans déjà passés dans la pension bourgeoise, au milieu d'une sorte de petit hospice des Incurables, tout l'avait déniaisée. Il lui était poussé une volonté : quitter la pension, sortir de ce peu ragoûtant milieu de maladie et de gâtisme, se marier, rendre son intérieur de jour en jour plus confortable et, pour cela, continuer à travailler. Des enfants? Eh! pourquoi pas? De belles petites joues, blanches et roses, bonnes à embrasser, la reposeraient de la vue des crânes chauves, des visages couperosés et rongés par les rides.

Si elle sut tout de suite ce qu'elle voulait dans la vie, les sens, chez Juliette, ne s'étaient point éveillés de bonne heure. Au milieu des conversations libres de ces vieilles gens, qui, rabâchant leurs souvenirs, racontaient souvent en termes crus des choses pas propres; avec cela, courant le cachet, livrée à elle-même du matin au soir, parcourant la ville à pied ou en omnibus, pénétrant en des intérieurs étranges, Juliette, malgré tout, avait conservé une pureté physique absolue. Elle s'était trouvée tardivement femme; la puberté l'agitait depuis peu d'un trouble vague, plein de charme.

Depuis des mois, cependant, elle faisait des rêves doux. Le matin, au réveil, elle ne savait plus; mais ses deux bras lui semblaient brisés d'une lassitude heureuse, inexplicable. Une fois, comme prise d'un besoin de tenir encore embrassé quelqu'un ou quelque chose, elle avait, avant de sauter du lit, serré contre elle son oreiller, passionnément.

Et, au piano, son jeu s'était ressenti de cette crise. Certains morceaux, tendres ou emportés, « lui parlaient un langage inconnu. » Jusqu'ici, exécutante intrépide, remarquable surtout par l'extrême agilité de ses doigts exercés dès le bas âge, elle se tirait des difficultés, mais en brillant automate. A présent, il lui était né une âme, et elle se sentait parfois secouée d'un frisson qu'elle faisait passer dans ce qu'elle jouait. Le piano, jadis pour elle un simple gagne-pain, prit beaucoup d'importance dans sa vie.

Elle croyait aux romances. De banales fadeurs, cent fois serinées à ses élèves, lui ouvraient maintenant des échappées sur une existence de délices, supérieure, éthérée. Et c'était surtout ce mot : « Amour, » partout revenant, qui lui soufflait des velléités d'extase.

Léon, lui, était fils d'un saint-simonien de marque. Son père, lié avec le juif portugais Olinde Rodrigues, avec l'ex-élève de l'École polytechnique et ex-commis voyageur, Enfantin, était, sous la Restauration, un des six ou sept ambitieux qui allaient, dans le grenier de Saint-Simon, écouter le vieux gentilhomme ; là, dressant patiemment l'inventaire des « richesses philosophiques de l'Europe », ils cherchaient tous ensemble « des idées générales », et finirent par découvrir la fameuse « Idée capitale neuve ». Vers 1823, Saint-Simon, voulant se suicider, ne parvint qu'à se crever un œil. Le doigt de Dieu, évidemment ! Il vivrait pour la « théorie générale ! » Il ne vécut pas longtemps : dix-huit mois après, en 1825, M. Meuriot père et ses jeunes amis lui fermèrent les yeux.

Né en 1836, Léon, au milieu de Paris, en plein règne bourgeois de Louis-Philippe, avait grandi dans une atmosphère chargée de philosophisme religiosâtre. Enfant, avait-il bien fait ses devoirs, on le menait aux fameuses « conférences religieuses gratis, de la salle Taitbout », comme on lui aurait payé Guignol ou le Cirque. Il avait lu les deux volumes de la collection complète du *Producteur* en même temps que *Robinson Crusoé*, avait cru à l'empreinte du pied de Vendredi et au « paradis en cette vie » selon Buchez. Par les longues soirées d'hiver, son père, en pantoufles, au coin du feu, lui fit bien des fois le merveilleux récit du grand voyage en Orient, à la recherche de « la Mère » :

— « La femme libre, mon cher petit Léon, LA MÈRE, où se tenait-elle ?.. La mère ! Tu es encore très jeune, mon fils ; tâche pourtant de comprendre... L'union de l'Homme et de la Femme est la plus sublime manière d'adorer Dieu... Produire son semblable reste l'acte le plus agréable au Créateur, en même temps que le plus délectable à la créature... Mais l'Homme et la Femme n'ont jamais été complètement unis ! Depuis le commencement du monde, un éternel malentendu les sépare... L'Homme ignore la Femme, qui n'a jamais voulu être sincère, ni montrer tout simplement le fond de son cœur... Si, quelque part, fût-ce sous un ciel lointain, à mille lieues des mensonges de notre civilisation, hors des absurdités et des hypocrisies de nos mœurs, on parvenait à découvrir la Femme-pure, la Femme-type, la Femme-libre, telle qu'elle est sortie de la matrice primitive, celle-là parlerait sans détour, et livrerait le secret de son être intellectuel et moral... Tel était, mon enfant, la grande pensée de notre jeunesse et le sublime espoir fou qui nous poussait vers l'Orient... »

Sans argent, riches de foi et de jeunesse, décidés à demander l'aumône le long de la route, le bâton à la main, vêtus de blanc à cause de la chasteté qu'ils se proposaient de garder, à cause aussi de la poussière dont il s'attendaient à être couverts, ils étaient partis douze (1). En Champagne, ils aidèrent les vignerons à faire la vendange. Une émeute ensanglantait Lyon le jour de leur passage; ils voulurent en vain s'interposer entre les combattants et leur prêcher la paix universelle. Enfin, après d'autres aventures, tour à tour mariniers sur le Rhône, bergers dans la Camargue, portefaix à Marseille, matelots sur la Méditerranée, ils étaient arrivés à Constantinople. Là, couchant à la belle étoile, conversant par gestes avec les Orientaux, rôdant autour des harems, ils finirent par inspirer de l'ombrage au gouvernement du Croissant. Mis en prison, puis relâchés parce qu'on les reconnut peu dangereux, et commençant à croire que « la Mère » n'était décidément pas en Turquie, ils avaient traversé le Pont-Euxin, pour aller la chercher à travers l'immense et mystérieuse Russie. Mais, dès leur débarquement à Odessa, interrogés, suspects,

---

(1) L'idée de ce voyage et plusieurs autres détails sur saint-simonisme ont été empruntés aux *Mémoires* de Maxime du Camp.

emprisonnés, enfin expulsés au nom du Tzar, ils durent revenir à Constantinople. Là, éreintés, désillusionnés, sentant leur mission finie, ils s'étaient dit adieu, à regret, en versant des larmes. Chacun s'était rapatrié de son mieux. Rentré à Paris, l'apôtre Meuriot se maria et Léon ne tardait pas à naître.

Ces récits étonnants, ces conférences, ces lectures, ces doctrines, ces légendes, ces systèmes, l'avaient donc marqué à jamais. Non qu'il fallût compter le fils parmi les adeptes ardents et convaincus de la religion nouvelle : mais il reste quelque chose d'avoir poussé au milieu de gens philosophaillant, raisonnant par abstractions et syllogismes, tirant des feux d'artifice métaphysiques, discutant à l'ordinaire des questions comme : *Réhabilitation de la chair — Liberté de l'amour — Égalité des sexes — Communauté des fortunes — Utilité de la mort — Ligue de l'industrie littéraire et scientifique avec l'industrie commerciale et manufacturière — Dieu est tout et tout est Dieu — Phalanstères.* Léon Meuriot y contractait de bonne heure l'habitude d'une phraséologie pompeuse. Puis, sur un premier vernis sentimentalement philosophique, vint peu à peu s'étaler une couche de vernis scientifique. Se destinant à l'état d'architecte, Léon, à la hâte, dut mettre le nez dans les connaissances variées qu'exige cette profession. Dessin, art de construction, optique, perspective, géométrie, stéréotomie, étude de l'histoire pour le choix des accessoires décoratifs, étude du droit et particulièrement des lois régissant la propriété afin d'éviter des procès à ses futurs clients : il lui fallut effleurer tout cela. Dé porté à une solennité creuse, son esprit devint suffisant et superficiel. Seulement, lorsqu'il fut sorti de l'École des Beaux-Arts (section d'Architecture), les clients ne s'étaient guère présentés. Imbu de ce qu'on lui avait enseigné, ne rêvant que colonnes, frontons et pilastres, parlant de « faire grand et classiquement beau », comme s'il était destiné à édifier des palais, la bouche pleine des noms de Soufflot, de Mansard, de Philibert Delorme, s'autorisant de Brunelleschi et de Robert de Luzarches, remontant jusqu'à Vitruve, il n'avait pas trouvé une bicoque à construire.

En ce temps-là, il s'était mis à venir fréquemment manger à la pension bourgeoise de la cité La Fontaine, où le dîner ne coûtait qu'un franc trente, un franc vingt-cinq en prenant des cachets. Mais ce bon marché ne constituait pas une ressource, ni ne lui donnait le temps d'attendre une clientèle. L'Apôtre était mort, ne lui laissant que de vieux meubles, et une bibliothèque saint-simonienne très complète : livres et brochures donnés par les auteurs, collections de recueils périodiques. De la sainte, réduite à une maigre pension viagère, le neveu n'attendait rien. Force lui fut de prendre une résolution : du jour au lendemain, comme s'il eût fait un coup de tête, il concourut pour entrer à la Ville. L'ex-architecte, lauréat de l'École, débuta dans la section des Travaux de Paris, comme employé à quinze cents francs.

On était alors en pleine administration de M. Haussmann ; la ville de Paris exécutait toutes sortes de projets grandioses devant moderniser l'aspect de la capitale. Léon Meuriot pressentait que, dans son humble emploi, se trouvant à la source des renseignements, il pourrait guetter au passage l'occasion d'un coup de fortune.

Ce solennel, ce suffisant, ce superficiel, ne manquait donc point de flair au point de vue pratique. En cela, il restait dans la tradition saint-simonienne. Les anciens compagnons de son père, vainqueurs pour la plupart dans la lutte pour la vie, étaient en passe de devenir conseillers d'État, administrateurs de grandes compagnies, ministres : lui, débutait intelligemment. Et il y avait aussi du bon sens dans le choix conjugal qu'il faisait, de Juliette Dragon, toute jeune, sans fortune, mais de goûts simples, active et décidée comme lui, ayant même quelque brouillard sentimental dans la tête, ce qui répondait à son coup de soleil saint-simonien.

Alors, un soir, au « salon » où venaient de passer les pensionnaires, pendant que s'organisait le boston, un vieux monsieur dit à madame Dragon, d'une voix chevrotante :

— Ma... madame... c'est... donc demain... le... grand jour ?

Et ses bras se livraient à une danse de gestes désarticulés. Il était visiblement aussi ému qu'au square, lorsque le groupe des gamins macabres, à la poursuite de quelque jeune bonne, effrayait les petits enfants et les oiseaux. Et, la pension bourgeoise tout entière, ce soir-là, subissait cette involontaire mélancolie qu'éprouvent les père et mère à la veille des noces de leur fille. L'ancien premier ministre portugais, devenu gâteux, poussait une sorte de bêlement plaintif.

Le lendemain, cet homme politique en retraite passa la plus grande partie de la journée seul dans la salle à manger, cloué dans son fauteuil, en face de la fenêtre. A travers les vitres, pour se distraire, il avait la vue du linge qui s'égouttait sur les cordes ; son propre matelas, plat comme une galette, étendu sur deux chaises, séchait aussi au soleil. Pendant ce temps, la partie valide des pensionnaires, et l'hôtesse, et jusqu'aux deux bonnes, assistaient à la cérémonie.

Tout ce monde s'entassa dans cinq fiacres. Mais il y avait peu loin à aller. A la mairie des Batignolles, l'air attentif, même religieux, avec lequel M. Léon Meuriot écoutait la lecture des articles du Code, le ton énergique, plein de rondeur et de décision, avec lequel il prononça le « oui », impressionnèrent l'assistance. Et Juliette parut charmante dans sa simple robe de tulle, dont la blancheur faisait ressortir son teint de brune. « Regardez ! ne dirait-on pas une petite négresse ? » chuchota une des deux bonnes, avec admiration. Ses yeux expressifs, luisants, dégageaient une flamme de vie et de jeunesse.

A l'église, lorsqu'il s'agit de s'agenouiller, Léon affecta de se faire répéter deux fois l'indication par le bedeau. Pour lui, le mariage était terminé, sa religiosâtrerie saint-simonienne n'admettait pas de culte extérieur. Il ne s'était résigné à une cérémonie religieuse que par condescendance aux désirs de madame Dragon. Celle-ci, depuis des années, ne pratiquait pas elle-même ; et, depuis que sa fille était sortie du couvent, elle ne l'avait jamais contrainte à s'approcher des sacrements. En outre, femme sans énergie, écrasée par les malheurs, elle ne semblait plus assez vivante pour vouloir fortement quelque chose ; mais, en cette circonstance, secouant pour un jour son apathie, elle avait tenu bon afin que Juliette se mariât catholiquement, « comme moi, sa mère, à Saint-Étienne, autrefois. » — « Ça lui a joliment réussi ! » disait M. Meuriot, railleur ; mais il avait fini par céder, en haussant les épaules. Sanglée dans une vieille robe de soie noire, blanchie aux coutures, un reste de sa splendeur ancienne, qui faisait encore quelque figure, madame Dragon, pendant toute la durée de la messe, pria et larmoya, le front caché dans les mains. Se revoyait-elle en mariée, dans la cathédrale de Saint-Étienne, quelque trente ans auparavant ? Non loin de madame Dragon, sur une chaise de premier rang, la tante de Léon, mademoiselle Aglaé, se tenait assise, raide. De profil, son nez faisait une arête énorme ; et, de quelque côté que l'on se trouvât placé, on voyait se dilater un de ses gros yeux, cerclés de rouge.

Comme midi sonnait, la noce se retrouva au grand jour, sur la petite place demi-circulaire où l'attendaient les cinq voitures. Là, on se dédoubla. Mademoiselle Aglaé, deux ou trois impotents, et l'hôtesse de la pension bourgeoise, avec les deux bonnes, rentrèrent tout de suite. Entraînant sa femme, sa belle-mère, et une fraction des invités, M. Meuriot leur fit traverser à pied le square des Batignolles. Le temps était couvert, mais doux. Presque personne. Quand on arriva au bord du lac minuscule, les canards filèrent, en laissant derrière eux un mince sillon d'argent. Et M. Meuriot arrêta soudain tout son monde, pour donner des explications sur les jardins publics en général.

Dégoûté maintenant des frontons, pilastres et colonnades, voyant que Robert de Luzarches, et Boromini, et Vitruve, ne l'avaient mené à rien, Léon, à la Ville, dans la section des Travaux de Paris, venait de se faire attacher spécialement aux Squares et Jardins publics. Débordant de projets, parlant là aussi de « faire grand », de « créer », il se croyait devenu un Le Nôtre. Il émerveilla donc la noce, ouvrant avec la main des points de vue, établissant des vallonnements imaginaires. Et ce fut bien autre chose quand, après un « déjeuner sur le pouce », offert dans un petit restaurant de la rue de Rome, il eut mené tout son monde au parc Monceau.

Ici, excité par le petit vin blanc du déjeuner, M. Léon Meuriot fut lyrique. Transformé, démesurément agrandi par ses plans, le parc absorbait des quartiers entiers, finissait par envahir la ville. Et les jardins suspendus de Babylone eux-mêmes n'auraient rien été auprès de cette houle de feuillage, montant toujours, atteignant l'horizon. Quel parleur ! Convaincu de ce qu'il disait, comme il enfonçait sa conviction dans autrui ! Sa voix, montée graduellement aux sonorités les plus éclatantes, redevenait tout à coup familière et modérée. Et Juliette, charmée plus que les autres, oubliait qu'elle était là, en mariée, à tourner avec la noce autour de la colonnade en ruine, et que la curiosité amusée des promeneurs la dévisageait.

Elle demanda pourtant à rentrer, désirant changer de toilette avant le dîner. Vers six heures et demie, quand les pensionnaires la virent descendre, en petite robe de popeline noire, prête à suivre son mari après le repas, tous les cœurs se serrèrent. Et, malgré les fleurs prodiguées sur la table, malgré le menu exceptionnel, les vins fins, et la surprise d'un parfait glacé, malgré l'entrain de M. Meuriot, qui alimentait la conversation, une atmosphère de tristesse pesait sur la salle à manger. Juliette elle-même se sentait songeuse, grave. Que lui réservait l'avenir? Ses regards, de temps en temps, se fixaient sur Léon. Certes, il lui plaisait toujours, leur mariage était un mariage d'inclination. Mais, devant le fait accompli, elle se demandait si elle aimerait d'amour, et si l'amour était bien ce qu'elle avait rêvé chaque fois qu'elle avait fait passionnément de la musique. D'ailleurs, quoi qu'il dût advenir, elle brûlait d'en finir avec le passé, d'entrer dans l'inconnu.

Le café à peine servi, elle brusqua les adieux. Une vieille dame avait pourtant ouvert le piano, allumé les bougies, étalé des morceaux sur le pupitre.

— Juliette, ma fille, tu devrais...

Les pensionnaires la tutoyaient comme à l'habitude, toute mariée qu'elle était. Juliette ferma la bouche à la vieille dame en l'embrassant la première. Après les vieilles dames, ce jour-là, elle embrassa aussi les vieux messieurs. Elle allait pourtant toucher la main à l'ancien chef du cabinet de Lisbonne devenu gâteux; mais celui-ci lui jeta un regard si suppliant qu'elle surmonta sa répugnance. Et elle dut ensuite s'essuyer : l'ex-premier ministre portugais l'avait mouillée de ses larmes.

II

Le lendemain matin, Juliette se réveilla madame Léon Meuriot, dans un étroit logement de la rue Vieille-du-Temple. Ce n'était pas luxueux ; les fenêtres donnaient sur une vaste cour, aérée. La maison, divisée en un grand nombre d'appartements minuscules, était surtout habitée par des familles de petits fabricants, mi-patrons, mi-ouvriers, produisant dans leur chambre l'article Paris. La grande porte noire de l'entrée, le vestibule obscur, l'escalier large, aux marches usées, avec sa solide rampe en fer, rappelaient la vieille maison de province, mais moins calme et moins silencieuse, bien autrement peuplée, avec une trépidation intérieure de ruche humaine. Une sorte de fièvre de travail haletait à travers les murs.

Là, les commencements du ménage furent modestes. Deux pièces, et une petite cuisine, sans gaz, mais ayant l'eau. Du palier, on sonnait à une porte peinte en noir, contre laquelle, sur une plaque en métal : « *Léon Meuriot.* » Et l'on entrait de plain pied dans la première des deux pièces, la plus grande, qui tenait du cabinet de travail, du salon et de l'atelier d'artiste. Sur le parquet, une mince carpette de vingt francs. Au lieu d'une pendule, sur la cheminée, un buste en plâtre bronzé, représentant M. Meuriot père. Un divan, un fauteuil, deux chaises, une table ronde recouverte d'un tapis, et un bureau Empire. Dans une bibliothèque vitrée, figuraient quelques livres de science, des voyages, et la collection des œuvres saint-simoniennes. Enfin, sur le papier gros vert uni, se détachaient quelques eaux-fortes sous verre, et trois ou quatre ébauches, sans cadres, données par des camarades de l'École des Beaux-Arts. La seconde pièce servait à la fois de chambre à coucher et de salle à manger. Le placard profond qui s'ouvrait à gauche de la cheminée, tint lieu de buffet. Matin et soir, une femme de ménage venait faire la cuisine, et Juliette put continuer à donner ses leçons.

La première année, sa vie ne se trouva guère changée. Elle se levait à sept heures et demie, en même temps que Léon. Au lieu d'un miroir de cinq sous, une glace de quinze francs lui servait à lisser ses cheveux ; sa toilette tout aussi simple, se faisait rapidement. Elle prenait son verre de lait, en face de son mari, qui préférait le café noir ; puis, tous deux descendaient. Les matins où il n'était pas pressé, Léon la mettait en omnibus. Ce n'était plus la ligne Batignolles-Clichy-Odéon, mais les conducteurs ne tardèrent pas aussi à la connaître. Avec le même rouleau de musique sous le bras, elle arrivait dans les mêmes familles. Souvent, par distraction, par habitude, les parents de ses élèves l'appelaient « mademoiselle. » Et, à son tour, elle oubliait brusquement sa nouvelle position, s'imaginant que rien ne s'était passé, se retrouvant jeune fille. Elle était enceinte.

Cette sorte d'étonnement devant la réalité la reprenait, le soir, lorsqu'elle pénétrait dans le lit conjugal. Excédée de travail, fatiguée d'avoir parlé, chanté, les jambes moulues, elle éprouvait d'abord un délicieux bien-être à s'allonger la première en un lit autrement spacieux que sa couchette de la pension bourgeoise. Puis, Léon s'étendait à côte d'elle.

— Bonsoir, ma Juju... ma Lili.

Et, sanguin, expéditif et rond, en rapports conjugaux comme dans les autres actes de la vie, Léon, quelquefois, se jetait sur elle, sans la consulter. Lasse ou non, disposée ou pas, elle devait subir. Par exemple, à peine avait-elle surmonté sa stupeur, et lorsque son cœur se mettait à battre à l'unisson, lui, déjà à la fin de ses flambées, s'éloignait d'elle, ouvrait un journal, parlait de ses affaires. D'autres fois, préoccupé, mettant une liasse de papiers, plans et devis, sur la table de nuit, il exigeait en se couchant qu'elle se tournât contre la muraille, ne lui souhaitait le bonsoir que pour se débarrasser d'elle, remplaçait même le baiser machinal par une poignée de main.

Certes, madame Meuriot faisait la part des choses. Elle se disait que la vie ordinaire était ainsi, qu'un homme avait son tempérament particulier, son humeur de chaque jour, ses inégalités de caractère. Mais cela ressemblait peu à cet « amour » dont les romances lui avaient parlé jadis, et qui la faisait encore se pâmer aux langueurs de la musique. Aimait-elle Léon différemment ? L'aimerait-elle un jour de cette manière ? Écartant de son mieux ces questions, elle se persuadait que cet idéal d'amour, irréalisé pour le moment, était comme une fleur de luxe, qui s'épanouirait plus tard, lorsque, par leurs efforts combinés, tous deux seraient arrivés à la fortune.

Son sens pratique prenait donc le dessus. Ce qu'il fallait, c'était parvenir. Pour seconder autant que possible son mari, elle se jeta plus résolument dans le travail. Quand elle accoucha de Marthe, au bout de dix mois de mariage, l'éveil du sentiment maternel se combina en elle avec l'impatience d'être vite sur pied, afin de redonner des leçons. Elle ne se décida point à nourrir. Leur logement d'ailleurs était d'un exigu. Marthe aurait pu attendre deux ou trois ans pour naître ! L'amour maternel aussi lui semblait une plante qu'on ne peut cultiver qu'au milieu de l'aisance. Sans renvoyer à plus tard l'époque où elle aimerait la petite, elle jugea que la seule façon de l'aimer efficacement et tout de suite était un redoublement d'activité.

Levée la première, elle partait maintenant avant Léon. Elle cessa de revenir déjeuner, préférant, vers midi, prendre un potage et une portion n'importe où, dans le quartier de la Madeleine. Bien qu'elle eût élevé les prix de ses cachets, elle trouva de nouvelles élèves. Le hasard lui ayant fait donner des leçons à une jeune Américaine, plusieurs familles de la colonie américaine ne tardèrent pas à s'enticher d'elle et la payèrent bien. Bientôt ses gains balancèrent les appointements de son mari à la Ville. Celui-ci sentant combien sa jeune femme était raisonnable, lui laissait tenir l'argent. Pendant que Léon planait en des régions supérieures, ou se démenait tout à coup lorsqu'il s'imaginait flairer quelque piste, le ménage était prospère et leur mobilier s'embellissait. Un piano fut acheté à raison de vingt-cinq francs par mois ; les tableaux eurent des cadres ; la carpette, déjà usée, fut remplacée par de la véritable moquette à fleurs rouges. La femme de ménage restait maintenant du matin au soir. Puis, ils eurent les moyens de prendre une bonne. Juliette, d'ailleurs, se trouvait de nouveau enceinte, et le moment était venu de retirer Marthe de chez la nourrice.

On chercha donc un autre appartement. M. Meuriot en arrêta un lui-même, de neuf cents francs, rue Rodier. Il aurait plus de chemin pour se rendre chaque jour à l'Hôtel de Ville, mais sa femme se trouverait rapprochée du quartier où elle avait affaire. Lui, dans l'association conjugale, était pour la bonne justice, pour « les deux plateaux de la balance bien équilibrés ». Le prix du nouveau loyer se trouvait un peu élevé ; Juliette le gronda. Depuis quelque temps, Léon semblait avoir la main largement ouverte du joueur. Quelques centaines de francs de plus dépensés pour se loger, la belle affaire ! Lorsque le grand coup de fortune, depuis si longtemps médité, se trouvait enfin engagé ! Aux Travaux de la Ville, il avait eu vent que de nouvelles voies seraient prochainement ouvertes dans la plaine de Monceaux. Actif comme toujours, remuant et rond, au besoin phraseur étourdissant, il avait décidé d'anciens amis de son père, des saint-simoniens enrichis, à risquer deux cent mille francs sur des terrains ; lui, apportant l'idée, devait toucher, si la spéculation réussissait, le tiers des bénéfices. Les terrains étaient déjà achetés. En attendant l'expropriation de leurs rêves, les trois associés s'occupaient à donner de la plus-value à leur acquisition, en y établissant des maraîchers. Même, pour la forme, une construction d'usine fut commencée.

De longs mois s'écoulèrent. Les projets que M. Meuriot croyait avoir pressentis ne sortaient pas des cartons. Les deux bailleurs de fonds, inquiets, parlaient de revendre à perte. Les travaux d'appropriation de l'usine furent complètement suspendus ; les maraîchers périclitaient. Très inquiet au fond lui-même, l'ex-architecte devait faire bon visage à mauvaise fortune, et il lui en coûtait d'étaler une confiance qu'il n'avait plus. Cette contrainte lui aigrit même le caractère et Juliette en subit le contre-coup. Quelques nuages obscurcirent alors le ciel conjugal. Le soir, dans leur nouvelle chambre, Léon s'endormait à côté d'elle sans lui adresser la parole; et, dans cette froideur, il entrait autre chose que des préoccupations d'affaires. Souvent, il ne revenait pas dîner rue Rodier, sans prendre la peine d'avertir ; il ne rentra une fois qu'à cinq heures du matin, en invoquant des prétextes vagues. Vers la fin de sa grossesse, elle surprit plusieurs privautés entre son mari et la nouvelle bonne, une jeune Vendéenne très grassouillette, qu'on aurait dit désossée, et qui, à chaque instant, pour un rien, s'affaissait de tout son long sur le parquet, en riant aux larmes.

Cette fois, Juliette eut un fils. L'accouchement fut laborieux. Le petit Gustave manqua coûter la vie à sa mère. A quelques heures près, sa naissance coïncida avec la mort de madame Dragon, malade depuis quelque temps dans la pension de famille. Par prudence, il fallût même cacher la nouvelle à l'accouchée. Six semaines après, quand celle-ci commençait à se lever, Léon dut lui apprendre, avec de grandes précautions, que madame Dragon était dans la terre. Lui, comme c'était son devoir, avait conduit le deuil aux funérailles, suivi de la plupart des pensionnaires.

Elle ne pleura point sur le moment; mais cette mort la jeta dans une profonde et persistante mélancolie. Orpheline ! Pour la première fois, elle sentait un grand vide, malgré la présence de la petite Marthe, bien jeune. Son mari, oh ! il pouvait ne pas rentrer de la nuit, ou plaisanter tant qu'il voudrait avec la bonne grassouillette, maintenant que, depuis la naissance de Gustave, les époux faisaient lit et chambre à part. D'ailleurs, l'indifférence subite qu'elle éprouvait à l'endroit de Léon, justement à l'heure où, pour la première fois, un appui lui eût été nécessaire, étonnait profondément Juliette. « Mais Léon est le père de mes deux enfants ! se disait-elle. Je n'ai jamais appartenu à un autre, et il ne me reste que lui ! Suis-je devenue un monstre de froideur et d'égoïsme ? »

Alors, aux heures des repas, quand elle se retrouvait en face de son mari, au lieu de lui adresser les réprimandes méritées, elle se battait les flancs pour se montrer tendre et douce, affectueuse. Touchant à peine à la nourriture, tandis que M. Meuriot mettait les morceaux doubles, elle parlait avec une sollicitude attendrie de leur tante, « la sainte ».

— Nous n'avons plus qu'elle, mon ami... Doit-elle se faire âgée !

— Va ! elle est toujours la même ! répondait gaîment Léon, la bouche pleine. Elle se porte mieux que toi et moi !... Et le marquis donc ! Ah ! le vieux gredin d'ancien ministre !

— N'importe ! insistait-elle. Es-tu sûr qu'elle

ne manque de rien?... Si tu veux, nous irons ensemble la voir, dimanche matin?...

Et, comme il faisait : « Oui! Oui! » elle ajouta :

— Nous pourrions même y déjeuner... C'est ça qui leur ferait plaisir à tous... S'il pleut, je leur jouerai quelque chose, comme autrefois...

Le dimanche, il n'en fut plus question, M. Meuriot, toujours par monts et par vaux, pour « la grande affaire », avait autre chose en tête qu'à s'occuper des épaves humaines de la pension de famille. Cependant, vers trois heures de l'après-midi, chaque dimanche, Juliette sortait. Donnant la main à la petite Marthe et accompagnée de la nourrice, qui portait Gustave, elle prenait par les boulevards extérieurs, se rapprochait souvent des Batignolles. Mais les jambes ou le courage finissaient par lui manquer.

Étaient-ils laids, ces couples de gens endimanchés, qui, entre les jeunes arbres rabougris de la chaussée, traînaient les pieds dans la poussière. Quel air d'ennui profond ou de satisfaction niaise, d'incurable bêtise! Était-ce là l'existence? L'idée de devenir subitement une de ces personnes, de troquer sa personnalité contre celle de la plus cossue, de la plus satisfaite de ces promeneuses, lui faisait froid dans le dos. Et pourtant, qu'avait-elle de mieux dans sa vie? Qu'attendait-elle? Qu'espérait-elle? Marthe grandirait, la laisserait, pour se marier à son tour, connaître le même vide et les mêmes platitudes. Gustave? Oh! celui-ci lui donnait du mal et la jetait en des transes continuelles, ne la laissant pas dormir la nuit, avec ses rages; le jour, l'empêchant de retourner donner des leçons. Puis, quand elle avait passé des heures à le changer, à le nettoyer, à le droguer, elle se disait que tout cela n'était rien. Les vrais soucis commenceraient plus tard : lorsque, comme son père, il se mettrait à chatouiller les domestiques ; puis quand, à sa sortie du collège, il choisirait une carrière ; enfin, lorsqu'il aurait lui-même femme et enfants.

Elle changea la direction de ses promenades. Plusieurs après-midi par semaine, elle se rendait en omnibus aux Champs-Elysées. Là, au moins, les promeneurs lui semblaient moins laids; et la magnificence du décor, la hauteur des ombrages et la verdure des pelouses, la gaieté des cafés-concerts, la réconciliaient avec l'existence. Décidément, il n'y avait que la fortune. Il fallait être riche. Et elle songea à redonner le plus tôt possible des leçons. Elle rencontrait quelquefois une jeune Américaine de ses élèves, pas beaucoup plus âgée que Marthe. Les deux petites s'embrassaient gentiment et montaient aussitôt dans la voiture aux chèvres; puis, il fallait les conduire à Guignol. Là, un jour, pendant une scène, où était absolument rossé le commissaire, à la joie débordante et aux rires de crécelle de toutes ces voix enfantines, Juliette, assise, sentit soudain, contre son genou droit, la pression sournoise d'un autre genou. Elle retirait la jambe, doucement; mais la pression sembla la suivre, recommença. Elle s'aperçut alors qu'à sa droite était assis un grand jeune homme, à l'air distingué, très blanc de peau, aux cheveux acajou. Quelque étranger assurément, de race septentrionale, un fils d'Albion ou un Suédois, ou un Russe. Cette fois, elle endura un moment le contact, faisant semblant d'être distraite. Et elle s'interrogeait curieusement, n'éprouvant ni plaisir, ni émotion quelconque, mais s'étonnant de ne pas ressentir la moindre indignation. Jadis, avant son mariage, la même chose lui était arrivée au milieu de la foule et elle avait été prise d'une angoisse électrique, d'un recul de tout l'être. Maintenant, non. Pas même la révolte : « Pour qui ce monsieur me prend-il ? » Elle n'en voulait nullement au jeune inconnu. Seulement, n'éprouvant de son côté aucune satisfaction, elle se leva sans colère et déplaça sa chaise avec tranquillité.

Elle revit plusieurs fois le jeune étranger, très blanc de peau, aux cheveux acajou. Oh ! c'était décidément un assidu de Guignol, qui paraissait ne pas perdre un mot des scènes naïves. Juliette ne s'étonnait plus de le voir chaque fois fourré dans les jupes de quelque femme, souvent d'une très jeune fille. Peu à peu, elle en vint à le chercher du regard, les jours où elle ne l'apercevait pas en arrivant, et, au lieu de s'indigner, elle ne se défendait point d'une sorte d'intérêt, en suivant ses mystérieuses manœuvres.

Une fois, debout contre la barrière avec Marthe et la nourrice, elle attendait la fin d'une représentation avant d'entrer et de s'asseoir. Tout à coup, Juliette tressaillit : à deux pas, un peu en arrière, l'homme aux cheveux acajou. Qu'allait-il se passer ? Celui-ci s'avança, plus près encore, avec toute une stratégie savante. Mais ayant aperçu le visage de la jeune femme, il n'entreprit rien. Il l'avait reconnue, lui aussi, s'était souvenu. Rien à espérer avec elle ! Et, après avoir tourné un moment autour de la nourrice, très indécis le jeune homme alla opérer ailleurs.

Ce fut avec un réel contentement secret, que, sa convalescence achevée, madame Meuriot redonna des leçons. L'oisiveté ne lui valait rien, décidément. Au bout de quelques semaines d'activité, elle retrouva son équilibre. Il lui semblait être rajeunie de cinq ans, elle recommençait leur lune de miel, l'époque où dans l'étroit logement de la rue Vieille-du-Temple, elle s'imaginait parfois être encore mademoiselle Dragon. Même, l'illusion devint complète : ayant mis lui-même à la porte la bonne Vendéenne, Léon redevenait tendre.

— Ma Juju, n'est-ce pas que j'ai bien fait de la renvoyer? avait-il l'audace de dire. Moi, je ne peux pas supporter les voleuses !

En effet la jeune domestique, grassouillette et comme désossée, avait eu l'audace de ne pas lui rendre la monnaie d'une pièce de dix francs, à elle confiée pour l'achat d'un paquet de maryland. A la réclamation bourrue de son maître, elle avait opposé un mutisme entêté; celui-ci s'étant fâché à la fin, elle s'était laissée choir de tout son long sur le parquet, en riant aux larmes. Ça n'avait pas pris cette fois. Depuis qu'il touchait enfin à la fortune, M. Meuriot, plus compassé et autoritaire que jamais, redoublait d'austérité en paroles. Une austérité onctueuse, par exemple, avec des « Ma Juju... Ma Lili... » dont il avait plein la bouche. Cet homme sentencieux semblait avoir deux missions au lieu d'une à remplir, maintenant qu'il devenait riche. Le fils du saint-simonien avait eu le flair. Un matin, au moment où Juliette, son rouleau de musique sous le bras, se disposait à descendre, elle vit Léon entrer comme un fou, le sang à la tête, brandissant le *Journal officiel.*

— Paru!... Le décret!... Lis ça... Riches!... Riches!

La respiration lui manquait; les jambes aussi. Il dut s'asseoir et attira Juliette dans ses bras. Elle ne l'avait jamais vu ainsi.

— Nous allons être riches!... Nous sommes riches! s'écria-t-il, dès qu'il put parler. Toi, enlève ton chapeau... Tu ne donneras plus de leçons!

Et il alla embrasser Marthe, dans son petit lit. Marthe, qui dormait d'un beau sommeil, ne se réveilla même pas.

— Je viens de lui gagner sa dot.

Il voulut aussi s'approcher du berceau de Gustave. Celui-ci souffrait de la dentition, en proie à une véritable rage. La présence de son père ne fit que redoubler ses cris perçants. De peur qu'il ne tombât en des convulsions, la nourrice dut l'emporter précipitamment. Et la joie de M. Meuriot non plus ne se calmait pas.

— Ne crains rien!... On le sauvera avec de la campagne, des bains de mer... L'argent, c'est la santé!

Après avoir recommandé à sa femme, si elle sortait dans la journée, de chercher déjà un autre appartement, plus confortable, il descendit quatre à quatre pour rejoindre les deux anciens amis de son père, ses associés. Et Juliette resta toute secouée.

« Riche. » Ce mot, qui, quelques années avant, veût transportée de joie, lui semblait aujourd'hui vague, troublant, presqu'inquiétant. Sa vie allait-elle changer. Elle entrait une seconde fois dans l'inconnu, comme lorsqu'elle s'était mariée. Cette fois, l'inconnu contenait-il le bonheur ?

Malgré l'exclamation de son mari : « Tu ne donneras plus de leçons ! » elle avait gardé son chapeau sur la tête. Elle sortit, vaqua à ses occupations ordinaires, eut la prudence de ne parler nulle part du décret, qui donnait de la plus-value à leurs terrains, en fixant le tracé de nouveaux boulevards. Elle trouva, en rentrant, Gustave très malade ; le médecin qu'elle fit demander, ne vint pas. Affolée, elle envoya trois fois chez lui. Gustave, plus calme, s'était assoupi, quand le docteur arriva enfin. Celui-ci ne put qu'ordonner une potion. Elle sentit le creux et l'incertitude de ses phrases rassurantes.

Vers sept heures, quand il vint dîner, Léon lui apporta un bouquet et un gâteau. Mais toute sa joie du matin était tombée. Mille soucis nouveaux l'inquiétaient. En outre, il était redevenu compassé, sentencieux, décidément insupportable. Elle ne fut pas fâchée de le voir partir au dessert ; il oubliait de plier sa serviette.

Gustave fut de nouveau très mal, dans la soirée ; elle fit revenir le médecin. Puis, vers deux heures du matin, Léon n'étant pas rentré, elle se jeta tout habillée sur son lit, inquiète, lasse, endolorie par ce premier jour de fortune.

Cinq douloureuses semaines encore, le petit Gustave traîna, avec des hauts et des bas ; elle finit par le perdre. Et elle eut horreur de cet appartement de la rue Rodier. On n'était qu'en décembre : jamais elle n'aurait le courage d'habiter là jusqu'en avril, époque où leur location finissait. Gentil en cette circonstance, lui-même serré au cœur par la tristesse de ces pièces où la mort avait passé, Léon ne regarda pas à un sacrifice d'argent. Dès le 15 janvier, ils vinrent occuper, rue Grange-Batelière, un bel appartement de trois mille six cents francs, au quatrième étage, sur la cour et sur la rue, à deux pas des grands boulevards.

III

Ils habitaient là depuis huit ans. De ces années lentes, à la fois pleines et vides, gonflées d'agitations stériles, puis qui tombent dans le vide comme les grains du sablier.

Les mille détails de l'installation s'éternisèrent, furent d'abord une distraction, puis devinrent une fatigue. Le meuble du salon serait-il Louis XV, Louis XVI, ou moderne? En damas de soie, brocart, ou velours de Gênes? Grosses questions! L'argent était là, dans le secrétaire de M. Meuriot, à portée. Dix-huit mille et quelques cents francs de rentes, en fonds d'État; sa part dans la spéculation heureuse des terrains. Son emploi à la Ville lâché, ayant pris du moins un congé illimité, Léon était redevenu architecte; il parlait de nouveau de Mansard, de Philibert Delorme et de Brunelleschi, remontait encore jusqu'à Vitruve. Et les clients commençaient à savoir le chemin de son nouveau cabinet, comme si la présence des titres, là, dans un tiroir du secrétaire, avait la vertu cachée de les attirer. Elle et lui, possédaient chacun une clef de la caisse; le fils de l'apôtre Meuriot l'avait voulu ainsi. « L'égalité parfaite de l'homme et de la femme! » — « L'épouse associée du mari! » Avec ce régime financier, chargée d'ailleurs de détacher les coupons et d'aller les toucher aux échéances, afin d'alléger Léon « l'homme de Paris le plus occupé », Juliette se blasa très vite sur la joie de manier de l'argent, d'acheter à sa guise, de se payer des fantaisies. Sans cesser d'être une femme pratique et de s'occuper de son intérieur, elle ne connut pas longtemps cette petite fièvre amusante de courir les magasins, de comparer, de marchander, de profiter des occasions. C'est que ça n'en finissait plus et devenait fastidieux à la longue, de se monter en toute chose, de mettre la maison sur le pied de leur position nouvelle. Rien que sur le chapitre « domestiques », ayant maintenant femme de chambre et cuisinière, elle se buta à toutes sortes de contrariétés, connut des ennuis véritables. Lorsque la fortune, semblait-il, aurait dû tout faciliter et aplanir, voilà que tout se compliquait. N'ayant plus rien à faire, jamais elle n'avait été si occupée.

Alors, non! il ne valait décidément pas la peine d'être riche, si la fortune consistait dans un surcroît de corvées, de soucis. Et encore « être riche », ces mots avaient-ils un sens? Avec leur argent placé et ce que Léon avait gagné les deux premières années, le chiffre de trente mille francs de revenu annuel n'était pas dépassé. Même si, par la suite, ce chiffre doublait, triplait, ne faudrait-il pas quand même calculer, économiser, se restreindre! Donc: ils n'étaient pas riches, ne le seraient jamais. Plus de rêves de ce côté-là. Une fenêtre bouchée.

Une source de désirs tarie. Alors elle s'occupait passionnément de sa fille, lui lavait le visage et son petit corps, la peignait, lui faisait la classe, la conduisait elle-même à la promenade, lui faisait travailler son piano. « Je n'ai plus que toi, ma belle Marthe... Tu es devenue ma vie. » Léon parlait déjà de prendre une institutrice à demeure : partisan de l'internat pour les garçons, il n'admettait point que les filles quittassent la maison paternelle avant d'être mariées. Mais Juliette ne consentit pas encore. « La meilleure institutrice, c'est moi ! » Et, dans sa fougue maternelle, tout une fin d'hiver, elle ne sortit plus le soir, refusant d'aller au théâtre, ne dînant jamais dehors, à moins de pouvoir y mener la petite. « Si elle se réveillait en sursaut, sans que je sois là !.. Jamais je ne la confierai à une domestique, entendez-vous ?.. Je les connais trop... maintenant ! »

Dès la fin septembre, au contraire, après quelques semaines passées à Houlgate, elle revint de la mer avec une fringale de plaisirs mondains. Et M{^{lle}} Ida Cordhomme, une longue jeune fille sans hanches, pas laide, d'aspect britannique, se présenta une après-midi. Madame Meuriot lui avait deux ou trois fois adressé la parole sur la plage, où elle la voyait chaque après-midi, entourée d'une ribambelle d'enfants anglais. Ayant brusquement quitté cette famille anglaise, — sans expliquer nettement pourquoi, — M{^{lle}} Ida Cordhomme venait de découvrir sur le *Bottin* l'adresse de l'architecte. Elle affirmait hardiment ceci : à Houlgate, madame Meuriot lui aurait confié son intention de prendre bientôt une institutrice pour Marthe. Ne se souvenant de rien de pareil, Juliette se trouva pourtant disposée à l'accepter les yeux fermés.

— C'est aller un peu vite ! s'exclama M. Meuriot, qu'elle était venue chercher dans son cabinet.

Mais, au salon, Ida le salua avec une aisance si distinguée ; puis, après quelques gentilles phrases, sur Houlgate et ses plaisirs, débitées avec un imperceptible accent insulaire, elle étala toutes sortes de références pompeuses, rien que des lords anglais, des banquiers américains, dont les noms, aux syllabes sifflantes, sortaient de ses lèvres minces, avec des gazouillements d'oiseaux.

— *Miss Ida* est sans doute *of London?* demanda l'architecte en riant.

— Aho ! s'exclama britanniquement mademoiselle Cordhomme.

Et, avec sa voix naturelle, où il n'y avait plus d'accent du tout :

— Non, monsieur !

Puis, elle commença, sur son origine et son histoire, un récit incohérent, débité très vite. Conçue dans les colonies espagnoles, d'une mère française et d'un père polonais naturalisé français. Née pendant la traversée, quelques heures avant d'arriver à Bordeaux, elle avait grandi aux bords de la Garonne.

— Une Gasconne ! Tous du Midi, alors !... Je m'en doutais, dit M. Meuriot, amusé, conquis.

Galamment, il offrit le bras à mademoiselle Cordhomme, pour aller lui montrer « la chambre de l'institutrice ». Tout au fond de l'appartement. Il fallait passer par la salle à manger. Très spacieuse, cette chambre avait un beau jour; son unique fenêtre donnait sur la grande cour de la maison. Au cinquième, en face, par une fenêtre ouverte, on distinguait la crédence d'un buffet en acajou; des pièces d'argenterie luisaient; c'était la salle à manger des Honorat, que les Meuriot ne connaissaient pas encore. Enchantée de la chambre, l'institutrice eut un sourire énigmatique quand on aborda la question des appointements. D'ailleurs très coulante, elle exigea seulement qu'on lui changerait le papier. Elle le choisirait elle-même. Et, séance tenante, elle demanda à « embrasser Marthe ».

Le papier, mademoiselle Ida Cordhomme le choisit bleu de ciel, avec un semis de toutes petites roses. Puis, dès qu'elle fut installée dans la maison, Juliette, sans savoir pourquoi, se mit à la détester.

C'était instinctif. Ida se tenait pourtant à sa place, « conservait les distances », ne coquetait plus avec M. Meuriot. L'abandon et la loquacité avec lesquels elle s'était présentée, ne reparurent jamais. A table, elle mangeait beaucoup et vite, ne prenait part à la conversation que par des monosyllabes, se retirait avant le dessert. Le temps qu'elle ne consacrait pas à Marthe, elle le passait enfermée dans sa chambre, lisant énormément et n'importe quoi, avec le même appétit glouton qu'elle avait en mangeant. Toute la bibliothèque saint-simonienne de M. Meuriot y passa, puis elle s'abonna à un cabinet de lecture. Et Juliette ne savait vraiment que lui reprocher.

Marthe ne partageait nullement cette aversion, s'était au contraire attachée tout de suite à son institutrice.

Rassurée de ce côté, mettant son antipathie invincible sur le compte d'un simple éloignement physique, s'accusant même d'injustice et de bizarrerie d'humeur, madame Meuriot confiait de plus en plus sa fille à l'institutrice. Et, tout ce nouvel hiver, le quatrième qu'elle passait rue Grange-Batelière, ce fut le monde qui l'absorba.

Elle ne se reconnaissait plus. Ses goûts, ses habitudes, même son tempérament et son caractère, avaient changé à la longue. Elle venait d'avoir vingt-six ans; et, depuis neuf révolus, elle était mariée : la femme qu'elle avait toujours été n'existait qu'à l'état de souvenir. Les occupations dans lesquelles avait jusque-là consisté sa vie, lui sortaient des yeux. Active, volontaire, pratique, pondérée, elle était devenue molle, sans énergie, lunatique, bizarre. Ses résignations avaient fait place à des révoltes.

Les choses et les êtres l'irritaient. Des bijoux dont l'acquisition lui avaient procuré une joie d'enfant, elle les reléguait au fond d'un meuble. Léon, elle se surprenait à le haïr autant que mademoiselle Cordhomme. Marthe, enfin, lui semblait moins la chair de sa chair, depuis qu'elle avait cessé de s'en occuper du matin au soir.

Le matin! Ça ne comptait plus dans sa journée. Maintenant, elle était à peine levée pour le déjeuner de midi. Puis, elle s'habillait et sortait, à moins que ce ne fût son jour. La maison semblait lui peser sur les épaules. De la fin novembre surtout, à la fin mars, la crise fut terrible. En moins de quatre mois, elle donna huit dîners, suivis de petites sauteries, assista à quatorze bals de ministères. Et d'autres bals, des dîners en ville; deux fois par semaine, le spectacle. Quand Léon, sur les dents, refusait de l'accompagner, une femme séparée, devenue son intime, lui servait de chaperon.

Cependant, elle se fatiguait de tout. Dans cette vie surmenée, où elle se jetait tête baissée, rien ne l'attirait irrésistiblement : ni l'hérédité, ni le tempérament, ni le pli contracté dès les jeunes années. Elle ressemblait à quelqu'un qui, n'aimant guère les huîtres, en prendrait souvent, pour arriver à les aimer : elle « se forçait ». Jamais la musique ne l'avait si peu remuée que depuis qu'elle allait chaque semaine à l'Opéra. Jamais elle n'arriverait à avoir la tête aussi vide que celle de ces femmes. Et puis, était-ce là le vrai monde ! Elle en était restée à la tradition provinciale, ayant encore présents à l'esprit les récits dont sa mère avait bercé son enfance, sa mère qui, à Lyon, à Saint-Étienne, à Tours, avait fait partie de « la société ». Ici, rien de pareil. On se visitait, on se recevait, on se retrouvait partout, sans réellement se connaître. Ce qui la choquait, c'était précisément cette facilité de liaison, dont elle avait été la première à bénéficier. Pas un salon, le sien comme les autres, où l'on n'entrât comme dans l'entrepont d'un transatlantique. Une vraie société de casino, dont faisaient partie ceux-ci, parce qu'ils étaient riches ou avaient l'air de l'être, dont n'étaient pas exclus ceux-là, pourtant des pique-assiette avérés. D'ailleurs, elle ne prit pas d'amant. De ces hommes graves, établis, riches, qui, attirés par la flamme et la promesse passionnée de ses yeux, venaient causer longuement avec elle; de ces jeunes gens, tous habillés à la mode et taillés sur le même modèle, qui n'avaient, eux, guère de conversation, mais qui la faisaient danser assidûment, en la pressant tout à coup très fort, à un moment du cotillon ou de la valse : Juliette n'en distingua aucun. Personne ne lui aiguillonna les sens, n'éveilla en elle une préoccupation de tête ou de cœur, ne lui laissa une curiosité. Et, elle n'avait pas plus de mérite à rester fidèle à son mari, qu'une après-midi, bien longtemps auparavant, devant le Guignol des Champs-Elysées, elle n'avait eu de mérite à repousser le frôlement du jeune étranger aux cheveux acajou. Elle s'interrogeait : dans les salons, comme au milieu de la foule, ces attaques de l'homme ne lui causaient ni plaisir, ni trouble. Non ! si elle s'entraînait comme un cheval de course, si elle s'abandonnait à ce tourbillon mondain, au milieu duquel elle ne trouvait aucun attrait supérieur, c'était par désœuvrement, curiosité, besoin de dépenser une énergie sans objet. Au fond, tout cela lui paraissait harassant et inutile. N'ayant augmenté en rien sa somme de bonheur, elle se trouvait dupe.

Puis, au bal de l'Opéra de la Mi-Carême, où elle avait eu la curiosité d'aller avec la femme séparée, le rôle de celle-ci, dans une sotte aventure de couloir, lui parut louche. Quel intérêt poussait la vieille évaporée à la compromettre ? Découvrant des abîmes de noirceur, s'expliquant maintenant certaines particularités, elle brisa énergiquement. Désenchantée du monde, lasse, écœurée, elle passa plusieurs semaines amères, ne voulant voir personne, ni aller nulle part. Et elle était encore dans cette disposition morose, lorsqu'une après-midi, le surlendemain de Pâques, sur le point de descendre l'escalier, elle entendit, à l'étage supérieur, une voix de femme appeler : « Gustave !... Gustave ! » Le nom de l'enfant qu'elle avait perdu et auquel elle n'avait guère pensé depuis quatre mois, lui fit une sorte de commotion. Instinctivement, elle leva les yeux. Au-dessus de sa tête, une main blanche, tout ouverte, exsangue, donnait de petits coups contre la rampe. Une locataire du cinquième qu'elle n'avait jamais aperçue — madame Honorat — rappelait son fils, déjà descendu au premier étage.

En remontant parler à sa mère, Gustave passa devant madame Meuriot, sans soulever son képi de collégien. Sorti de pension pour les vacances de Pâques, il était en uniforme, un joli uniforme d'une recherche fantaisiste, bleu clair, avec passepoil indigo. Bien qu'il eût peut-être quatorze ans, tandis que son Gustave à elle n'aurait pas eu encore la moitié de cet âge, Juliette, tout en descendant les marches, pensait au bonheur de cette mère qui avait su conserver son fils. Le cœur serré, même jalouse, elle ralentit son allure, voulant revoir le petit garçon. Au rez-de-chaussée, dans le long vestibule étroit, quand elle se rangea pour le laisser sortir, il leva un peu son képi, cette fois, en lui disant de sa voix grêle :

— Pardon, madame.

Il avait le front très blanc, un peu étroit. Ses cheveux d'un blond pâle, clairsemés, étaient taillés en brosse. Il lui parut bien jeune, de santé délicate, doux comme une petite fille, admirablement élevé. Comme elle l'aurait embrassé ! Mais il l'avait déjà dépassée, courant presque et gambadant. Elle n'osa le rappeler.

Dans la rue, elle suivit du regard le joli uniforme bleu clair, jusqu'à ce que le collégien fût entré dans le passage Jouffroy. Puis, elle arrêta d'un geste un cocher qui passait, garda le fiacre toute l'après-midi, fit des visites, des emplettes, ayant oublié le petit garçon. Un peu avant sept heures, en remontant l'escalier, elle pensait de nouveau à lui, et à l'autre. « Dire qu'il s'appelle Gustave !... Mon pauvre petit Gustave, c'est toi qui serais gentil maintenant... Où es-tu ? Que reste-t-il de toi ? » Elle fut sur le point d'éclater en sanglots. Son cœur se déchirait. Quelque part, dans la terre, il devait y avoir un cercueil tout petit, contenant, quoi ? Elle dut se tenir à la rampe.

Cependant, elle montait toujours, et elle revoyait son fils, maintenant, dans le berceau, près de l'alcôve, dans la chambre de la rue Rodier, tordant ses pauvres bras sans savoir parler. Elle dut s'arrêter au palier du troisième, n'en pouvant plus, essoufflée. Là, une voix perçante d'enfant, qui poussait des cris pendant qu'une voix d'homme grondait, lui fit diversion. Le vacarme venait de la cour, semblait sortir d'un étage supérieur. Probablement le collégien du cinquième, rentré avant elle, que son père accablait de reproches. Elle écouta. Oui ! ce devait être lui. Et elle monta très vite les marches, indignée. Pouvait-on brutaliser ainsi les enfants, sans motifs ! Ça faisait mal à entendre ; et comme elle regrettait de ne pas connaître un peu les gens du cinquième ! Elle serait montée séance tenante, sous un prétexte, aurait intercédé en faveur de leur petit Gustave. Puis, elle eut la satisfaction de reconnaître que ce n'était pas lui. Les cris, décidément, arrivaient d'un autre appartement sur la cour. Elle rentra, toute soulagée.

Le soir, au salon, quand Marthe alla se coucher, à neuf heures sonnantes, après avoir embrassé sa mère, mademoiselle Cordhomme fit le salut automatique ordinaire et se retira aussitôt dans sa chambre. Restée seule, Juliette s'allongea sur la chaise longue. Elle se sentait lasse, et, en récapitulant sa journée, resta surprise. Jamais peut-être, pour un fait de si mince importance, elle n'avait traversé de semblables alternatives. Ce gamin, qui après tout ne lui était rien et qui maintenant là, à quelques mètres d'elle, devait dormir à poings fermés, en rêvant de parties de barres et de cheval fondu, lui avait causé plus d'émotions, en une après-midi, que tous ses danseurs et soupirants de cinq longs mois d'hiver. Et comme, en dix ans de mariage, elle n'avait jamais « aimé d'amour » Léon, elle en conclut, une fois de plus, que c'était un sens qui lui manquait, qu'arrivée ainsi jusqu'à vingt-huit ans, elle ne connaîtrait jamais la joie d'aimer. Elle alla se coucher à son tour, très mélancolique.

Des années encore s'écoulèrent, à la fois vides et remplies. Elle repassa par les mêmes chemins, s'attarda dans les mêmes ornières, se dépensa aux mêmes inutilités. Tour à tour le monde, Marthe, son intérieur, la dépense, des engouements de tout genre, des amitiés, la reprenaient entière, puis la lassaient de nouveau. A mesure qu'elle avançait dans la vie, elle semblait moins savoir où elle en était, perdre pied complètement. Le retour des mêmes dégoûts, la périodicité de ses lassitudes, la mettaient en défiance. Au recommencement de chacun de ses espoirs, elle éprouvait une sorte de honte.

A d'irréguliers intervalles, elle rencontrait dans l'escalier le collégien du cinquième. C'était comme un fait exprès : elle ne pouvait plus sortir ou rentrer, sans qu'il se trouvât sur son chemin, ce qui, à la longue, lui devenait désagréable, car la vue de « ce Gustave » la bouleversait quand même, évoquait d'attristants souvenirs. Puis, le hasard s'en mêlant en sens contraire, ou quand celui-ci était rentré au collège, elle passait des six mois sans le revoir. Mais il ne sortait pas pour cela de sa pensée. Le rencontrer de nouveau devenait une de ses préoccupations. « Il est à un âge où les enfants changent tellement... Doit-il avoir grandi ! » Et elle faisait parler de lui la concierge, les domestiques, ou Mlle Cordhomme, qui, par la fenêtre de sa chambre, l'apercevait quelquefois. Elle savait maintenant le nom des parents, leur âge, leur profession. Fils unique, arrivé tard, après neuf ans d'une union stérile, il était très gâté. Sa mère atteinte d'un commencement de paralysie, venait encore quelquefois jusque sur le palier, mais en traînant les pieds, en s'appuyant aux murs. Juliette avait maintes fois vu de dos M. Honorat, montant les marches deux par deux, ingambe lui, une serviette bourrée de papiers sous le bras. Cependant elle n'avait jamais parlé à Gustave.

Ce fut Gustave qui, un jour, courut derrière elle, la rattrapa sur le palier du troisième et le chapeau à la main, pas timide, lui dit avec sa gentillesse de jeune Parisien :

— Pardon, madame, de vous adresser ainsi la parole... Mais je crois que vous venez de perdre quelque chose?

Et il lui remit un très beau brillant, qu'il venait de ramasser sur le paillasson de l'entresol. Le brillant manquait en effet au bracelet de madame Meuriot qui, stupéfaite, comme embarrassée, le tournait et le retournait dans les doigts. Mais ce n'était plus le diamant qu'elle regardait. Gustave avait grandi! Comme elle le trouvait beau! L'enfant s'était tout à coup changé en jeune homme, précoce, élégant.

Un peu cancre dans sa classe, et comme la pension l'ennuyait, il avait obtenu de la faiblesse de ses parents qu'il lâcherait ses études, afin d'entrer tout de suite dans une maison de commerce. L'uniforme de fantaisie se trouvait remplacé par une jaquette du bon faiseur, également bleue, mais d'un bleu cru, insolent, tout à fait extraordinaire. Le monocle à l'œil, un stick à la main, il souriait à Juliette, ayant l'air de la connaître; et Juliette ne détachait pas les yeux de ses dents blanches, de sa bouche restée d'un enfant, fine, pure, avec des lèvres vierges de moustache. Alors, ce fut plus fort qu'elle : n'osant l'embrasser, elle lui prit la main et la garda dans les siennes, en lui jetant tout ce qui s'était entassé à la longue au fond de son cœur. Oh! elle le connaissait depuis des années! Son nom, son âge, elle les savait; elle s'était aussi informée de ses parents. Un jour, en entendant des cris d'enfant dans le voisinage, elle s'était imaginée qu'on le battait, avait manqué s'évanouir.

— C'est que, vous ne vous doutez pas... J'ai

perdu un fils qui s'appelait... Gustave, comme vous!... Vous me le rappelez...

Elle s'appuya à la rampe. Lui, sans retirer sa main, trouvait cette jeune dame très bizarre, étouffait une envie de rire. Elle voulait dire autre chose ; les mots n'arrivaient pas. Puis, comme elle entendit qu'on montait, elle lui glissa bien vite le diamant dans le creux de la main.

— En souvenir... gardez-le...

La personne qui montait, passa. Ils se taisaient. Gustave était devenu très rouge. Puis, se mettant à faire scintiller le brillant, il parla de sa famille. Ne le gronderait-on point, s'il acceptait ?

— Quel besoin de leur dire.. ? s'écria-t-elle avec feu. Vous l'aurez trouvé, voilà tout... Et, ce ne sera pas un mensonge ! ajouta-t-elle en souriant.

Ce jour-là, elle ne lui en dit pas davantage ; et, ce fut trois semaines plus tard, le premier samedi où elle monta chez les Honorat, qu'après l'avoir pris dans ses bras, elle dut fuir, pour ne pas le manger de caresses.

TROISIÈME PARTIE

I

Un peu avant minuit, les Meuriot redescendirent. Dans l'antichambre, en allumant leurs deux flambeaux, Léon donna tout de suite son impression sur les Honorat.

— Des braves gens!... Ce sont de très braves gens!

Et, l'allumette encore entre les doigts, il arrondissait la bouche, croyant avoir porté un jugement profond. Quant à l'oncle Camoin, il le trouvait « bruyant et léger, presque commun ». Le Blacé ne manquait que d'instruction première; M. Murard lui allait beaucoup, « à cause de sa tenue, de son austérité ». Enfin, le peu qu'on lui avait dit du docteur Silvy, le rendait impatient de faire sa connaissance. Un milieu très convenable en somme, commode par la proximité, et où il serait désormais agréable, le soir, d'aller faire quelquefois un rob avec des gens intelligents.

— Mais nous bavardons, quand demain, j'ai beaucoup à faire... Allons, bonsoir.

Il tenait son flambeau et, de la main restée libre,

toucha l'épaule de sa femme; puis il la baisa au front, sans passion ni froideur, sérieusement.

Seule enfin, Juliette entra au salon, s'assit. En commençant à dégrafer son corsage, elle regardait autour d'elle. C'était plus vaste, plus encombré de meubles, autrement luxueux, que chez les Honorat. Même à la lueur de l'unique bougie, tout cela lui semblait vivant, intime. Elle retrouvait quelque chose d'elle et de sa fille, jusque dans la débandade des fauteuils et des poufs. Des plantes d'hiver sommeillaient dans les jardinières; un restant de braise se fondait en cendre rose dans la cheminée. Il faisait tiède. Elle se sentait bien.

Minuit sonna lentement à la haute pendule en bronze doré. Au-dessous du cadran, dans une barque, l'Amour, reconnaissable à son bandeau et à ses ailes, était occupé à ramer, afin de traverser un cours d'eau, simulé par de petites vagues d'argent; et à l'arrière de la barque, debout, un vieillard à longue barbe portait une faux. Par conséquent « l'*Amour faisait passer le Temps* », un rébus philosophique, du goût de M. Meuriot. Distraite, indifférente au Temps et à l'Amour, n'entendant même pas les douze coups du timbre, non plus que le roulement des fiacres, en bas, sous les fenêtres, plus fréquents à l'heure de la sortie des théâtres, Juliette revivait les divers incidents de la soirée. Un sourire passa sur ses lèvres : elle revoyait un à un les invités habituels des Honorat. Comme un coin de province en plein cœur de Paris, et à un cinquième étage de la rue Grange-Batelière! Un monde qui lui rappelait celui de la pension bourgeoise, les ruines et les momies de la cité Lemercier, au milieu desquelles s'était écoulée sa jeunesse. Qu'est-ce que ça lui faisait, que M. Blacé lâchât des cuirs en parlant, que M. Murard restât muet comme une carpe? Que lui importaient les plaisanteries de corps de garde de l'oncle Camoin, et le teint de cire jaune de madame Blacé? et la laideur des petites Blacé? et l'épaisseur empâtée de la tante Camoin? Se connaissant depuis des vingt-cinq ans, ne s'étant jamais perdus de vue, ces gens-là valaient bien ce monde mêlé, cette société douteuse, cette bohème de parvenus problématiques, auxquels elle se félicitait d'avoir fermé sa porte. Puis, quand même, est-ce que tout cela existait? Elle ne voyait déjà plus les comparses, en train qu'elle était de revivre l'incident capital de la soirée, retrouvant l'afflux de sang subit, l'ébranlement de tout l'être, les sensations exquises d'une minute extraordinaire, inattendue, unique dans sa vie. De nouveau seule à seul avec Gustave, le tenant là, contre elle, en pensée, cette fois elle le dévorait de caresses.

La demie sonna. Avant d'entrer dans sa chambre, elle passait ordinairement par celle de sa fille. Dans son étroit lit de fer, Marthe dormait d'un calme sommeil. Elle avait dû lire un moment. Quoi? un volume d'Auguste Comte, que son père lui avait mis entre les mains, assurant que ça intéressait plus que Walter Scott. Comte avait fini par glisser sur la descente de lit. Au lieu de le ramasser, Marthe avait soufflé la bougie.

— Pourvu qu'elle ne mette pas le feu, quelque soir!

Juliette écarta vivement les légers rideaux de mousseline, comme si un danger d'incendie était imminent. Puis elle toucha le bout du nez de Marthe, pour voir si la fillette n'avait pas froid. Elle l'embrassa doucement, lui borda les couvertures. Et sa sollicitude n'était pas satisfaite ; elle resta encore longtemps dans la petite chambre, inspectant tout de son œil de mère, rangeant les affaires jetées sur un fauteuil, ouvrant même les cahiers de devoirs, déposés sur la commode. « Comment, elle n'en est que là ! Encore tant de fautes ! Je secouerai mademoiselle Cordhomme, moi... je la chasserai, si elle ne la fait mieux travailler. » Et, regardant de nouveau sa fille endormie, elle ne résista pas au désir de lui donner une dernière caresse. Marthe, cette fois, se réveilla.

— Toi, maman ?.. quel bonheur !

Deux minces bras, sortis du lit, tout tièdes, entouraient le cou de Juliette.

— Es-tu restée encore longtemps ?... A-t-on servi des gâteaux avec le thé ?... A-t-on fait de la musique ?

Elle aurait multiplié les questions. « Chut ! il est tard ! » Elle se tourna de nouveau vers la muraille.

Retirée maintenant dans sa chambre, Juliette se déshabillait. « Ma pauvre Marthe, comme elle est douce et aimante ! J'en fais ce que je veux... Un geste, et elle me devine. Mon sang et ma chair ! » Debout devant l'armoire à glace, Juliette enlevait lentement son corset. Un nœud l'arrêta. Puis, se sentant à l'aise, elle s'assit. Et ses regards se portèrent au plafond, vers le ciel de lit. « L'autre » était là, derrière une muraille, pas loin. Oui, l'autre ! car il lui semblait avoir deux enfants.

Une fois couchée, la lumière éteinte, elle se

sentit encore plus près de tout ce qu'elle aimait. Marthe et Gustave ! Gustave et Marthe ! Elle ne les séparait plus. L'air qu'elle respirait, lui semblait doux de leur présence, léger de leur jeunesse, comme parfumé d'eux. Elle n'avait qu'à étendre le bras, s'imaginait-elle, pour les toucher l'un et l'autre, les attirer sur son cœur. Non ! ils étaient déjà en elle, l'absorbant tout entière et s'y confondant. Elle s'endormit ainsi.

Elle se réveilla le lendemain comme brisée, ne sentant plus son corps, éprouvant de nouveau cette lassitude heureuse qui alanguissait ses réveils de jadis, à l'âge de la puberté. Elle était pourtant loin, sa seizième année ! Allait-elle repasser par les ignorances et les émerveillements ? Non ! il était autrement doux de ne pas chercher à savoir, de s'abandonner au destin les yeux fermés, de croire qu'elle venait de combler un peu le vide laissé en elle par la perte du « premier Gustave ». Puisqu'il y en avait un second, dont elle se sentait déjà un peu la maman.

L'habitude fut bientôt prise : chaque après-midi, bien avant l'heure où Gustave sortait de sa maison de commerce, Juliette montait chez madame Honorat. L'infirmité de celle-ci justifiait suffisamment cette grande intimité subite. « Vous verrez, les jambes reviendront, chère madame ! Mais il vous faut beaucoup de distractions... Ah ! si vous vouliez vous en remettre à moi, me laisser vous soigner à ma guise... » De ses deux mains engourdies, la malade, dans une effusion reconnaissante, saisissait maladroitement une main de madame Meuriot. Celle-ci apportait son ouvrage, lui faisait de la musique, surveillait les heures des potions.

Juliette écoutait avec déférence les bavardages de la vieille dame. Portée à se passionner en tout, et prenant très au sérieux son dévouement filial, elle eut voulu de toutes ses forces activer le traitement, enrayer le mal, accomplir un prodige. Vers six heures, Gustave arrivait.

Elle connaissait son pas dès l'escalier, sa façon de refermer la porte. Son stick tombait bruyamment sur le parquet, dans l'antichambre. Une gêne la prenait pendant qu'il embrassait sa mère ; vite elle détournait la tête, de peur qu'on lût dans ses yeux son regret de ne pas recevoir, elle aussi, une caresse. Mais elle regardait à la dérobée la main gauche du jeune homme ; et le moindre scintillement du brillant monté en bague la dédommageait. Ça, c'était resté entre elle et lui ! Gustave s'était bien gardé de parler, personne ne se doutait de leur secret.

Et elle aurait voulu d'autres secrets entre eux.

— Gustave, lui dit-elle un jour, permettez-moi de vous faire une observation... ici, devant votre mère... même de vous gronder...

Avant de savoir de quoi il s'agissait, madame Honorat faisait des gestes d'assentiment. Elle ajouta de confiance :

— A ton âge, mon fils, il faut écouter les personnes qui te portent intérêt...

— Oui, c'est dans votre intérêt, mon enfant ! reprit Juliette. Allez ! c'est très sérieux !

Et elle lui reprocha maternellement de ne pas approfondir l'étude du piano. « A vos moments perdus, bien entendu ? Sans que ça nuise en rien à votre carrière. » Mais il avait de grandes dispositions naturelles, puisque, à peu près sans leçons, il accompagnait, jouait tout ce qu'il voulait. Pourquoi ne pas cultiver cela? On ne savait jamais comment tournait la vie. Il fallait avoir plusieurs cordes à son arc, etc. Qui lui disait qu'un jour, avec « l'incertitude des temps et la fréquence des révolutions », il ne serait pas bien aise de posséder un vrai talent, susceptible, selon les circonstances, de devenir une ressource.

En entendant ces choses sages, madame Honorat ne se tenait plus d'aise dans son fauteuil. La paralytique était comme le poisson dans l'eau, chaque fois qu'il s'agissait de morale usuelle et d'exhortations à la jeunesse. Elle eût embrassé madame Meuriot qui venait de parler à son fils unique dans les termes qu'elle eût employés elle-même. Et elle fut du complot: on convint que deux fois par semaine, le soir, après dîner, Gustave descendrait chez madame Meuriot, sans dire pourquoi, afin de piocher le piano. Puis, quand il serait devenu très fort, un jour, par exemple pour la fête de M. Honorat qui avait lieu le jour des Rois, dans deux mois et demi, on ferait à ce dernier une surprise musicale.

La première semaine, Gustave descendit deux fois. Puis, ce fut chaque jour, à chaque instant. A la fin, M. Honorat le remarqua.

— Il est toujours fourré au quatrième... Qu'est-ce qu'il y fabrique?

Madame Honorat lui répondait par un haussement d'épaules. Son fils était son fils, et elle entendait que personne, pas même son mari, n'intervînt entr'elle et son fils. Gustave descendait au quatrième, de par sa permission. Et, si elle avait permis, elle devait avoir son idée.

Juliette aussi avait son idée, quand Gustave, en descendant, les trouvait encore à table. C'était que le dessert ne traînât pas en longueur, que M. Meuriot sortît, que mademoiselle Cordhomme se retirât vite dans sa chambre. Croyant ne rien faire que de très naturel et légitime, elle avait les aplombs de l'innocence.

— Léon, mon ami, disait-elle en souriant et le front haut ; vous n'avez pas à vous gêner... Je sais, vous avez envie d'aller fumer ; eh bien ! allez-y.... Pourvu que vous ne me donniez pas la migraine...

Et, à mademoiselle Cordhomme :

— Vous êtes heureuse de pouvoir lire au lit ! moi, je n'ai jamais pu... Ça m'agite, et je continue l'histoire en m'endormant... En êtes-vous restée à quelque passage palpitant ?

Ida comprenait. Sans répondre, comme mue par un ressort, elle était déjà debout, allumait sa bougie, partait avec un « bonsoir » bien sec.

Juliette quelquefois prenait le bras de Gustave pour passer au salon et Marthe suivait. Ou, sans préférence, elle enlaçait la taille frêle de sa fille et le jeune homme les précédait, en portant la lampe. Puis, comme elle refermait sur eux trois avec plaisir ! Si elle se fût écoutée, elle aurait donné un tour de clef. Et le reste du monde cessait d'exister. A eux trois, ils étaient un univers. Comment employaient-ils ces soirées ? Elle n'aurait su le dire. Tout leur était bon : le piano, le chant, la causerie, des jeux inventés, des enfantillages, ou même rien ! Des disputes pour rire, avec des raccommodements où elle faisait autant de bruit qu'eux, riait plus fort, était le boute-en-train. Des vues regardées à trois dans un stéréoscope, leurs joues se touchant presque, une triple étreinte les réunissant. Seulement c'était court. Elle évitait de regarder la pendule, où « l'Amour faisait passer le Temps » trop vite. Tout à coup, dans l'antichambre, des pas, un plateau transporté avec des heurts de tasse, des remuements de petites cuillères. Déjà le thé! Onze heures venaient de sonner. Marthe allait se coucher et M. Meuriot rentrait. C'était fini, jusqu'au lendemain soir.

Marthe couchée, que son mari fût là ou non, madame Meuriot ne cherchait point à retenir Gustave. Le tête-à-tête lui semblait moins désirable que leurs bienheureuses soirées à trois, où la présence de sa fille rendait l'abandon plus complet. Et, ce qui la ravissait, c'était l'innocence parfaite de ces heures légères, qui lui laissaient croire qu'elle éprouvait pour ce garçon un sentiment tout maternel. Cette illusion lui suffisait, elle ne demandait pas à creuser davantage. Une partie de son ravissement lui venait même de l'incertitude. Elle trouvait un grand charme à se laisser vivre ainsi, sans chercher le pourquoi ni le comment, à s'abandonner les yeux fermés au mystère de cette douceur. Il lui semblait marcher sur le tapis de mousse d'un sentier inconnu, plein d'ombre, embaumé d'odeurs fraîches, peuplé de frémissements d'ailes dans les feuilles, et elle ne désirait que marcher longtemps, toujours, le sentier ne dût-il conduire nulle part.

Chaque samedi, par exemple, au lieu que Gustave descendît, c'était elle qui passait la soirée chez les Honorat. Avant d'y monter, casanière comme elle était devenue, elle se disait : « Quelle corvée! » En effet, ce n'était pas amusant, d'abord d'essuyer les compliments insipides, les protestations exagérées, les questions indiscrètes, puis, au milieu de leurs mamours, de se sentir examinée, étudiée, par l'instinctive méfiance de gens détournés de leurs habitudes. Mais, comme le premier jour, le jeu ne tardait pas à faire diversion, le tabac aussi. Retirée au salon avec Marthe et Gustave, elle retrouvait les joies de leurs soirées ordinaires, avec des dérangements subits, des immixtions d'intrus loin de se douter combien ils gênaient. Par exemple, elle n'amenait jamais mademoiselle Cordhomme.

A la table de whist, M. Meuriot, quand venait son tour de donner les cartes, disait tout à coup : « Et le docteur Silvy? » C'était comme un fait exprès ! Voilà cinq semaines qu'il n'avait donné signe d'existence. Patience ! on le reverrait l'autre samedi. Ou l'autre !

Il y avait deux grands mois que les choses se passaient ainsi, et Gustave, « l'élève » de madame Meuriot, faisait comme pianiste des progrès problématiques. Une après-midi de décembre, quelques jours avant la Noël, un vendredi, à l'heure où le gaz s'allume, Juliette rentrait en remontant à pied le Boulevard. De l'angle de la rue de Grammont au théâtre des Variétés, elle marchait à petits pas, regardant certaines devantures, coupant lentement le flot humain qui s'empressait. Par un temps sec, la lune déjà levée dans le bleu violet du ciel, il faisait vaguement jour encore. Mais le gaz déjà flambait de toutes parts ; sur la chaussée du milieu, se croisaient en tous sens les étoiles filantes des voitures ; d'un kiosque lumineux à l'autre, les petites baraques encore vides faisaient penser à quelque prochain campement de nomades. Jouissant de l'heure charmante entre chien et loup, de l'époque de l'année unique, chaudement vêtue, heureuse de marcher sur le macadam balayé comme le parquet d'un salon, elle éprouvait une plénitude de bien-être. « C'est bon de vivre!... Paris me semble étonnant, superbe ; jamais je ne l'avais compris, senti, comme aujourd'hui. » Debout, adossé à une petite baraque, un aveugle vendait des crayons ; elle lui donna deux francs. « Dans une heure, nous serons à table ; dans une heure trois quarts, il descendra... » Elle traversa la chaussée. Pour couper court, elle rentrait par le passage Jouffroy. Soudain, au coude du passage, pendant qu'elle descendait les quelques marches, ce fut une consternation.

Là, devant la boutique du décrotteur, un peu dans l'ombre, Gustave, arrêté, parlait de très près à une femme. Oh! c'était lui, le monocle à l'œil, et avec quelle femme ! Énorme, un colosse avec une mise affichante ! Rien qu'à son chapeau, orné de deux grosses plumes, pas de doute à avoir sur ce qu'elle était. Juliette, toute rouge, détourna la tête.

Elle les avait dépassés. Plus loin, plantée devant un marchand de parapluies, elle considérait maintenant des ombrelles, des cannes. Que faire? Revenir, passer devant eux, lui heurter le coude? Ou l'aborder carrément, l'emmener? Elle sentait ses yeux se remplir de larmes. Le cœur déchiré, elle se retourna. Gustave l'avait vue, et, avec un aplomb au-dessus de son âge, il ne s'en allait pas, semblait la braver. Alors, comme mues par la détente d'un ressort, ses jambes l'emportèrent. Elle fuyait, en courant, comme poursuivie.

II

Ce soir-là, Gustave ne se levait pas de table avant ses parents. Au dessert, quand Rosalie apporta le café, lui qui le prenait ordinairement chez les Meuriot, réclama une tasse.

— A la bonne heure ! s'écria M. Honorat, qui ne disait rien depuis un moment, mais dont les yeux pétillaient à travers ses lunettes.

Et il félicita son fils. C'était très bien d'avoir des amis, mais on ne devait pour cela laisser de côté ses père et mère.

— Ne l'écoute pas ! dit madame Honorat, impérieuse. Tu peux descendre... Je t'y autorise, moi, ta mère...

Mais Gustave remuait flegmatiquement son sucre avec la petite cuillère. C'est alors que Rosalie vint dire que la bonne du quatrième était montée :

— Madame Meuriot attend monsieur Gustave pour sa leçon.

Mme Honorat fit la réponse :

— Bien ! ma fille... Répondez à Anaïs qu'il descend à l'instant.

Le jeune homme n'eut qu'un haussement d'épaules, avec un petit rire en dessous, et se mit à confectionner lentement une cigarette. Son père parla d'autre chose ; mais, au bout d'un moment, avec bonhomie :

— Voyons ! Gustave... Pourtant, si tu es attendu, la politesse exigerait...

Il n'acheva pas, la porte s'ouvrait. Rosalie, cette fois, introduisait Anaïs :

— Madame me fait remonter...

Gustave lui coupa la parole, presque grossier. Non ! qu'on le laissât tranquille ! Ce soir, il ne se sentait nullement disposé à faire de la musique. Alors, Anaïs :

— Madame n'a pas parlé de musique. Elle n'aurait qu'un mot à dire à monsieur, un seul mot...

— Non ! je n'irai pas !

Anaïs n'emporta point d'autre réponse. Cette fois, ce fut le tour du père à pousser le fils à descendre, tandis que la mère avait la faiblesse de l'encourager dans son caprice. Peu importait à celle-ci de se contredire elle-même. Puisque son enfant ne se sentait guère en train, elle lui défendait maintenant de bouger, elle, sa mère ! La santé avant tout, n'est-ce pas ? Ils seraient bien avancés, vraiment, quand leur Gustave garderait le lit ! Et elle se fâcha pour de bon, quand son mari lui eût objecté qu'on ne tombait pas malade pour descendre quelques marches. Un mot n'était qu'un mot ! Sans être tenu de s'éterniser comme à l'ordinaire, Gustave ne pouvait se dispenser de faire au moins une apparition chez madame Meuriot.

— Qu'elle vienne elle-même ! répliquait Adélaïde.

— Eh bien ! si mon fils ne m'écoute pas, j'irai à sa place l'excuser, voilà tout.

Enfin, quand M. Meuriot lui-même fut venu dire que sa femme voulait « demander un simple renseignement à ce jeune homme », madame Honoré tint longtemps tête aux deux hommes. Tous les trois parlaient en même temps.

— Mais... à propos! où est-il? s'écria l'architecte.

On chercha Gustave, on l'appela. Il n'était pas dans sa chambre; Anaïs n'avait entendu sortir personne. Puis, on vit que la porte de l'appartement était entrebâillée.

Juliette attendait au salon. Ce soir-là, bien qu'il ne fut guère que neuf heures, elle avait envoyé Marthe se coucher. Pendant que son mari était monté chez les Honorat, elle avait réfléchi. Elle s'était fait une raison.

Quoi d'étonnant que Gustave eût été vu par elle en conversation avec une femme? C'était de son âge, après tout. Le premier saisissement passé, elle se croyait une mère avertie par la première escapade de son fils. Il fallait considérer froidement les choses, ne rien exagérer, ne rien brusquer, et, dans l'intérêt de cet enfant, conserver toute sa prudence, se montrer à la fois très franche et très fine, concilier l'indulgence avec la fermeté. Elle avait même préparé tout un plan d'interrogations adroites. Elle n'avertirait madame Honorat qu'à la dernière extrémité. Mais au léger toc-toc à la porte qu'elle entendit, toutes ses résolutions se fondirent.

Elle avait dit: « Entrez », mais d'une voix si faible. Le toc-toc recommença. Elle se levait pour courir à la porte, lorsque cette porte s'ouvrit. « Gustave!... Gustave! » balbutiait-elle. Et elle lui prit les mains. Le canapé se trouvant là, elle y tomba assise, sans lâcher ces mains. « Gustave!... mon Gustave!... mon pauvre Gustave! » Il ne lui venait pas autre chose. Des larmes l'eussent soulagée. Mais ses yeux restaient secs, brûlants, allumés comme deux braises. La gorge se soulevait et s'abaissait, avec la continuité d'une houle de douleur.

Leurs visages étaient si près l'un de l'autre, que, lâchant les mains du jeune homme, elle se rejeta un peu en arrière. Celui-ci ne s'éloignait pas ; seulement, fatigué d'être penché sur elle, il s'agenouilla devant le canapé. Elle s'aperçut alors qu'il était devenu très rouge, aussi rouge que le jour où elle lui avait fait cadeau du brillant tombé dans l'escalier. Que lui donner cette fois pour se montrer bonne encore, pour lui causer un nouveau grand plaisir ? Oh ! elle comprenait ce qu'il désirait présentement. Les yeux alanguis de Gustave lui disaient sa convoitise ; ses mains, égarées, l'étreignaient. Tout à coup, ce fut plus fort qu'elle. Elle le prit dans ses bras. Ses lèvres cherchaient les siennes et ses yeux se fermaient. Elle le laissa faire. Le tic-tac continu de la pendule lui semblait un bruit considérable. Deux fiacres, luttant de vitesse, passèrent follement dans la rue, en sonnant sur les pavés. Il y avait une bataille dans le Faubourg-Montmartre, très loin ; un brouhaha de voix exaspérées et glapissantes lui parvenait confusément.

L'idée : « aucune des trois portes du salon n'est fermée à clef » ne lui vint qu'après. Maintenant le danger passé, elle en eut une sueur. Si Léon les avait surpris ? Léon ou une domestique, ou mademoiselle Cordhomme ? Quelle honte ! Et si Marthe était entrée ? Marthe qu'elle savait couchée, endormie, mais qu'une indisposition, un mauvais rêve, une peur d'enfant, aurait pu faire se lever pieds nus, accourir. Tout son sang se glaça.

— Oh ! Gustave, faut-il que je vous aime !

Devenue très pâle, elle se voyait courant à la fenêtre, enjambant le balcon, se jetant tête première dans le vide.

— Es-tu heureux, au moins ? Seras-tu bien gentil ?

Comme il voulait la reprendre, elle le repoussa doucement.

— Je ne vous aimerai que pour vous... Jeune comme vous l'êtes, voudrez-vous me croire, m'écouter ?

Mais elle n'osa faire allusion à la « mauvaise femme » qui avait parlé à Gustave dans le passage. Les dangers moraux et sanitaires de ces liaisons de rencontre, elle aborderait ce sujet délicat un autre jour. Après quelques phrases échangées sur des choses indifférentes, elle songea à le renvoyer.

— Déjà ?

— Vous savez qu'il est minuit !

Tout son monde devait être monté ; elle alluma un bougeoir.

— Si M. Meuriot est resté avec votre père, vous lui direz de se dépêcher.

Dans l'antichambre, debout devant la porte, avant d'ouvrir, ils se tinrent longuement embrassés, sans rien dire. Enfin, sur l'oreille de Gustave, passa un souffle tiède :

— M'aimes-tu un peu ?

Comme tous les soirs, avant de se coucher, madame Meuriot alla border la couverture de sa fille.

Elle était encore près de l'étroit lit de fer, aux rideaux de mousseline, quand elle entendit rentrer son mari. Léon se frottait les mains. A vingt sous la partie, il avait fini par gagner dix-huit francs au père Honorat, et les avait empochés.

— Imaginez-vous, ma Lili... commençait-il en se frottant les mains.

Un « chut », énergique, lui coupa la parole. Si c'était raisonnable ! Voilà qu'il allait réveiller Marthe, à une heure du matin ! Et, comme il voulait s'avancer, elle se mit résolument en travers de la porte.

— Ma Juju, vous ne savez pas... Demain soir, nous verrons enfin le docteur Silvy... Il a écrit... Et nous sommes invités à dîner avec lui.

Sans vouloir rien entendre, Juliette le repoussait. Elle se fâchait. Elle lui pinça même le bras. Et, dans l'énervement de sa maussaderie, il y avait autre chose que le désir de ne pas laisser troubler le sommeil de Marthe.

— Vous me faites mal ! Aïe ! Mon bras !.. Ce soir, vous n'êtes pas précisément commode, ma chérie !

Sur ces derniers mots, le repoussant de toutes ses forces, elle lui ferma la porte au nez. Au bout de quinze ans de mariage, elle savait que, de la part de Léon qui la tutoyait à l'ordinaire, le « vous » et ces petites appellations douces, étaient un indice d'intentions conjugales. Alors, ce soir, comme ça, après l'autre ? Oh ! non mille fois ! Et, secouée d'un frisson, elle se sauva dans sa chambre, s'y enferma à double tour. En une minute, elle fut déshabillée et au lit, sa bougie soufflée. Puis, rassurée par le noir, n'entendant rien, elle éprouva un bien-être.

Ses nerfs se détendirent. Et elle s'endormit d'un beau sommeil profond, sans rêves.

Le lendemain, pour elle et pour tous, commença une période heureuse.

Sa conscience ne lui faisait entendre aucune voix, et elle jouissait d'un grand calme. L'événement de la veille lui semblait une chose vague, lointaine, finie, qui n'entraînait aucune conséquence. Le matin, au sauter du lit, en se changeant de chemise devant le feu, elle se dit pendant une minute qu'elle avait un amant. Eh bien, oui ! Après ? Il en adviendrait ce qu'il en adviendrait, et elle pensait peu à peu à autre chose. L'habitude l'avait reprise; ses occupations ordinaires s'imposaient en l'absorbant. La blanchisseuse, dont c'était le jour, la retint une demi-heure. Puis, comme c'était un samedi, elle se rendit aux bains avec sa fille.

— Marthe, nous sommes en retard... Neuf heures passées ! Partons-nous ?

Marthe attendait depuis longtemps. Dans une sorte de filet, elle avait tout préparé : du savon, deux grandes éponges, des ciseaux, la lime à ongles, leurs peignes et leurs brosses, un flacon d'eau de Cologne. Depuis sa plus tendre enfance, elle considérait ce bain hebdomadaire comme une partie de plaisir. Même, d'un samedi à l'autre, quand elle avait fait une grosse sottise, sa mère n'avait qu'à lui dire : « Je te prive de bain. » Alors la petite de fondre en larmes. « Maman, je serai sage... Je ne le ferai plus... Prive-moi plutôt de dessert, deux fois si tu veux ! » Et il fallait que la sottise fût considérable pour que, le samedi venu, la peine ne se trouvât point commuée. Quand la privation était maintenue, madame Meuriot se sentait punie elle-même.

Ce matin-là, Anaïs étant occupée, Marthe porta le petit paquet jusqu'aux bains de la rue de Provence. La dame de l'établissement, qui connaissait bien les deux abonnées, les accueillit avec un sourire aimable.

— Votre cabine est libre...

Et, à la bonne qui se présenta :

— Préparez le 8.

C'était généralement le 8, une cabine à deux baignoires, la plus spacieuse et la plus commode, au rez-de-chaussée. Juliette, en entrant, alla ouvrir toute grande la fenêtre aux vitres dépolies. Et pendant que se dissipait la buée, elle considéra un instant le jardin, entouré de hauts murs, humide, avec sa pelouse d'un vert noir, et ses quatre squelettes d'arbres rabougris, dépouillés de feuilles. Elle referma. La bonne venait de partir. Marthe, en jupon de flanelle rouge, avait déjà la gorge et les bras nus. Ayant elle-même retiré son corsage, Juliette trempa son coude jusqu'à l'avant-bras dans la baignoire de Marthe. Un procédé qu'elle tenait de sa mère, pour doser la température du bain, « oui, un thermomètre naturel. » Elle dut ajouter de l'eau froide. Puis, la fillette, déshabillée, n'eut plus que sa chemise.

— Attends ! voici ton peignoir, dit Juliette.

Pendant que la chemise tombait, elle le lui présenta, tout ouvert. Et, comme à l'ordinaire, elle porta les mains sur cette tendre nudité, pour s'assurer que la petite, pas en moiteur, pouvait se mettre dans l'eau sans danger.

« La petite ! » Maintenant, entrée à son tour

dans l'autre baignoire, dans la tiédeur de l'eau de son où elle enfonçait jusqu'au cou, Juliette éprouvait un bien-être physique, une volupté. Tout à coup, elle se rappela l'autre. « S'il était ici ! » La tête un peu renversée, elle ferma les yeux. « Oui, ici, bien près ! » Elle aurait voulu le tenir. Elle ne l'avait jamais vu déshabillé.

III

Cependant, le soir même, en dînant chez les Honorat, elle ne fit presque pas attention à Gustave. Celui-ci, placé à côté d'elle, secrètement chatouillé par le souvenir de la dernière soirée, très excité au fond, se demandait si « sa maîtresse » n'était point fâchée. Lui versait-il à boire, elle répondait par un « merci » tout sec. Il ne la quittait pas du regard : elle n'avait d'yeux et d'oreilles que pour le convive d'en face, le docteur Silvy.

Il ne plaisait pourtant pas à Juliette, le fameux docteur, dont elle avait si souvent entendu parler. Ce n'était que ça ! Elle s'en faisait vraiment une autre idée. Ses travaux, ses thèses, son renom de spécialiste dont les Honorat avaient plein la bouche, était-il possible que tout cela pût émaner de cet être chétif, plutôt laid, n'ayant pas d'âge, qui eût passé inaperçu sans le ton, mordant et gelé à la fois, avec lequel il émettait des opinions. Même ses phrases de politesse aux dames contenaient du vinaigre. Au fond, Juliette le trouvait « en bois ». Justement, c'était ce contraste avec sa propre nature, qui, tout en la mettant hors d'elle, irritait sa curiosité.

Pendant le dîner, au milieu de la conversation générale, avec des bribes de phrases, rapprochées de ce qu'elle avait dix fois entendu rabâcher par Casimir, madame Meuriot reconstitua un docteur Silvy complet. Méridional de nom et d'origine, car ses parents sortaient d'Arles, la ville natale de M. Honorat, lui, était né à Paris. Déjà vieux, le père Silvy gérait une pharmacie, quelque part, là-bas, derrière le Jardin des Plantes. Dominatrice, étroite d'idées, ne riant pas tous les jours, économe jusqu'à l'avarice, madame Silvy mère tenait la caisse. Et leur fils unique n'avait pas eu d'enfance joueuse. Au lieu de lui donner un cerceau, un cerf-volant et un cheval de bois, on lui avait mis dans les mains un mortier à pilon et un pèse-gouttes. Les jours de congé, on lui payait le Jardin des Plantes, avec le musée d'anthropologie. A quinze ans, vers l'âge de la puberté, une vraie débauche : un médecin en chef de la Pitié, lié avec sa famille, le fit assister à une dissection. A ces derniers souvenirs évoqués, que pourtant les convives du père Honorat savaient par cœur, des rires imbéciles s'élevèrent. Mais, saisi d'enthousiasme, Léon fit le geste d'applaudir. A la bonne heure, voilà comment il comprenait l'éducation, lui. Vive la gravité précoce ! Bravo ! l'enfance cultivée de bonne heure, comme une plante ! Et profitant de ce qu'on arrivait au dessert, il se leva avec sa chaise, comme attiré, pour aller s'asseoir à côté du docteur Silvy.

— Bon ! remarqua le père Honorat, avec un sourire triomphant, je l'avais dit, qu'ils étaient faits pour se comprendre !

Ils se comprenaient tellement que bientôt, dans

le silence et la curiosité des assistants, les deux hommes forts parlèrent à la fois, suivant chacun le fil de ses idées, sans écouter l'autre. C'est qu'elle était si importante, cette question-mère de l'éducation, « la matrice de l'avenir, dites donc, et une base! » Des deux, pourtant, l'architecte se montrait le plus loquace, le plus bruyant, semblait être justement l'homme du Midi. Tandis que le docteur Silvy, aussi congelé que d'habitude, devenait amer et agressif, même mauvais.

— Vous avalez tout et vous confondez tout! laissa-t-il tomber à la fin. Par la nature même de vos habitudes, de votre profession, vous croyez édifier quelque chose : tandis que rien ne se fonde, tout ira toujours aussi mal que possible, rien ne tiendra jamais d'aplomb ni debout...

— Mais le Progrès?... Vous ne tenez pas assez compte du Progrès humain! clama M. Meuriot.

— Ce n'est qu'un leurre, votre Progrès! ripostait le docteur.

Et il donna des preuves. Jadis, avant l'invention du chemin de fer, lorsqu'il fallait une semaine pour se rendre en diligence de Paris à Marseille, celui qui pour ses affaires, ou entraîné par une passion, faisait le trajet avec la malle-poste, en trois jours et quatre nuits, avait la sensation d'aller très vite. Tandis qu'aujourd'hui, celui qui, voulant distancer quelqu'un, manque le « rapide », qui fait le même voyage en quinze heures, et est réduit à prendre l'express, — qui met dix-huit heures, — aura, dans sa fièvre plus grande d'arriver, la sensation d'aller très lentement. Donc, à quoi bon inventer, si l'homme ne doit jamais être satisfait, si la somme de bonheur particulier et général ne sera jamais plus grande?

Léon se grattait la barbe. M. Honorat, l'oncle Camoin, et M. Murard, qui venait d'entrer, car c'était son heure, avaient suivi le raisonnement et bâillaient d'admiration. Même la tante Camoin, sans y comprendre grand'chose, sinon que tout le monde trouvait ça fort, approuvait de ses hochements de tête. Mais Juliette l'aurait giflé, ce docteur Silvy, rien que pour sa façon aigre de prononcer : « Votre Progrès ! ». Elle n'entendait point que personne parlât sur ce ton à son mari. Et, dans son agacement, elle repoussa avec indignation Gustave qui, sous la table, s'était mis à lui presser tendrement le genou. Absorbée tout entière dans l'effort de ses mains engourdies, qui ne parvenaient plus à plier sa serviette, la mère Honorat, elle, n'était pas à la conversation. Marthe non plus. Un peu pâle, ne mangeant guère, elle restait silencieuse. Le bain du matin l'avait fatiguée.

— Pourtant ! riposta l'oncle Camoin, goguenard, supposez quelqu'un qui voudrait envoyer une bouillabaisse, de Marseille à Paris... Du temps de la diligence, son poisson serait arrivé pourri, tandis qu'il peut arriver très frais, aujourd'hui !

— Bravo ! fit Juliette, vous y êtes, vous !

Elle l'aurait embrassé pour son gros bon sens. Voilà ce que Léon aurait dû répondre.

— Oh ! dit lentement le docteur Silvy, ça, c'est le progrès matériel...

Et, avec un dédain, supérieur :

— Je vous accorde l'existence du progrès matériel, si vous y tenez !

Juliette l'examina de nouveau, avec un redoublement d'attention ; elle sentait de l'inconnu. Les autres, ceux qu'elle avait rencontrés ici, ne l'avaient jamais intéressée. Ni l'insignifiance de la tribu Blacé, ni le mutisme de M. Murard, ni même la rondeur parfois drôle, la lourde naïveté sympathique, de l'oncle Camoin ! A l'égard du docteur Silvy au contraire, son aversion irraisonnée, instinctive, se compliquait d'une curiosité. Qu'avait-il vraiment au fond du sac, celui-là ? Était-il mauvais ou bon ? Jouait-il un rôle, était-il sincère ? Cette âpreté dans de la froideur, cette sécheresse qui arrivait à des effets, recouvraient-elles une profonde intelligence, ou le néant et le vide ? Enfin était-il heureux ? Pour quoi se passionnait-il, lui ? Où se raccrochait-il ? En quoi consistaient ses joies, ses luttes, ses espoirs ? Un éclat de voix de Léon lui entra dans l'oreille :

— La Science, pourtant ! clamait celui-ci. Au nom de la Science, mon cher docteur, je pense avoir le droit de vous répondre que...

Le docteur Silvy eut un jaune sourire. Il n'y croyait même pas, à la Science. Et il fit allusion à sa mémorable révolte contre la science officielle.

— Sans un passe-droit qu'on lui a fait, dit le père Honorat, il serait depuis des années professeur à la Faculté de médecine : une position magnifique !

— Parbleu ! toujours des injustices ! s'écria Léon.

En effet, c'était la loi : tout marchait aussi mal que possible, ça irait de plus en plus ainsi. Et le docteur Silvy se mit à raconter complaisamment cette rupture, la plus belle page de sa vie. La chose, dans sa bouche, prenait des proportions ! Il semblait que, blessée au cœur, la Faculté ne s'en relèverait jamais, au grand jamais. Alors, comme il entrait dans toutes sortes de détails peu intéressants, Juliette cessa de l'écouter. Cette fois, ce fut son pied qui chercha celui de Gustave, sous la table.

Leurs genoux aussi se touchaient. Puis, la jambe de Gustave se glissa peu à peu sous la sienne, qu'elle tint soulevée. Pas très hardie, Juliette se sentait rougir ; mais ses sens restaient calmes. Même, comme elle ne perdait point son sang-froid, la peur qu'on ne se doutât de quelque chose, lui rendit pénible sa complaisance. Mais elle endurait cette anxiété, pour ne pas repousser Gustave une seconde fois. Heureusement, madame Honorat eut envie de jouer au bézigue :

— Vous savez, mes enfants, s'il vous plaît de passer au salon ?...

Ce « mes enfants », qui s'adressait autant à elle qu'à Gustave et à Marthe, en les unissant tous trois, toucha madame Meuriot. Aussi, dégageant son pied, elle fut tout de suite debout ; et, cédant à un besoin d'effusion :

— Oui, vos enfants, n'est-ce pas ?... Vos trois enfants ! dit-elle à l'oreille de la paralytique, en la pressant dans ses bras.

— Et moi ? fit l'oncle Camoin, qui ne ratait jamais ces plaisanteries ; il n'y en a donc pas un peu pour moi ? Un tout petit bout ?... Grand comme ça, tenez !

Et il fit mine de courir embrasser Marthe, qui se dirigeait vers le salon. Celle-ci ne s'étant pas retournée, il se dédommagea sur les joues fraîchement rasées de son neveu Gustave, lequel d'ailleurs, n'aimait guère ces démonstrations. Mais la maussaderie de Gustave disparaissait, emportée dans le courant de gentillesse et de sympathie qui, depuis quelque temps, fusionnait tout ce monde-là. Plus de distinction entre les anciens habitués du samedi et les nouveaux venus ! Déjà les Camoin, les Meuriot, les Honorat, grâce à une sorte de lien mystérieux, semblaient constituer une seule et même famille, dont les célibataires Murard et Silvy faisaient partie, à laquelle n'étaient pas étrangers les Blacé. Ceux-ci, au moment où s'organisait le besigue des dames et le whist des messieurs, venaient d'arriver, avec leurs trois filles. Présentées à mademoiselle Meuriot, dont on leur avait parlé depuis longtemps, les trois se mirent tout de suite à jacasser avec, familières comme si elles retrouvaient une cousine.

— A la bonne heure !.. Tous au grand complet, aujourd'hui ! fit le père Honorat en se frottant les mains, au milieu du remue-ménage.

Et il s'amusa à compter.

— Nous sommes quinze.

Comme s'il contestait le chiffre, l'oncle Camoin hochait la tête.

— Comment ! s'écria naïvement Casimir. Cinq Blacé, deux Camoin, trois Meuriot, trois Honorat, et deux vieux garçons, ça ne fait pas quinze ?

— D'accord ! répondit gravement l'oncle Camoin, mais il y a des dames... Et, lorsqu'il y a des dames quelque part, on n'est jamais sûr de n'être que quinze !.. Oui, mon bon !

La mère Honorat pouffait, lui faisait des « chut ! » énergiques.

— Je sais, continua-t-il, il y a des demoiselles ! Mais elles ne peuvent pas... elles ne doivent pas... me comprendre. D'ailleurs elles sont au piano... Je ne parle que pour les dames mariées !

— Mais M. Murard, le pudique..? Et le docteur Silvy..? riposta Casimir.

— Oh ! ceux-ci !.. Je peux bien faire rougir les *damoiseaux*.

On riait pour peu de chose, on riait aux larmes. De la joie était dans l'air, une influence salutaire planait ; toute cette famille agrandie semblait heureuse. Chacun oubliait ses maux, ses angoisses particulières, ses contrariétés de la journée, ses ennuis de la semaine, ses appréhensions pour l'avenir, les charges et les corvées prochaines du jour de l'An. Et tout semblait de connivence ; les choses elles-mêmes, les choses ! inertes, prêtaient leur concours. Le dîner avait été succulent, le café exquis, servi bouillant ; maintenant, il ne faisait ni trop chaud ni trop froid, les lampes ne fumaient pas, les bougies des flambeaux et candélabres éclairaient bien. Jusqu'aux jeux de cartes tout neufs, qui brillaient sur le tapis gros vert, à côté des jetons de nacre. Au caoutchouc du salon, une petite feuille, d'un joli vert pâle, était née le matin.

Juliette, ce soir-là, ne craignait plus la fumée du tabac, demandait au contraire que la porte restât ouverte, la portière soulevée. Du salon à la salle à manger, elle allait et venait, disant un mot à chacun, aimable et séduisante avec tous. Le contentement des autres lui faisait plaisir, comme si elle eût deviné qu'elle y contribuait pour quelque chose. En passant devant une glace, elle s'aperçut et fut heureuse de sa coiffure nouvelle, de l'ensemble de sa toilette, du brillant de ses yeux. Pour la première fois, elle se plaisait à elle-même, se sentait vraiment jeune et joyeuse de vivre.

Elle se mit au piano, laissa bondir son cœur et courir ses doigts, avec passion. Puis, tout à coup, non ! Elle s'interrompit, ne voulant pas davantage d'une jouissance égoïste, qui l'isolait d'autrui comme une barrière, bonne seulement autrefois quand, ne sachant pas, repliée sur elle-même, elle rêvait vaguement. Aujourd'hui, elle savait, elle croyait tenir. Plutôt vivre en se donnant, se prodiguer et se répandre, presser tout le monde sur son cœur !

— Tenez ! maman Honorat, je vois que vous avez beaucoup de brisques : laissez-moi vous les compter.

La paralytique, pour qui compter était une fatigue, la regardait avec reconnaissance.

— Ça fait quinze, voyez-vous... Votre marque ?.. Là, je vous ajoute cent cinquante points...

Un mot aimable à madame Blacó, une câlinerie pour la tante Camoin. Voilà qu'elle tournait autour de la table de whist.

— Messieurs, une nouvelle ! Pas ce soir... vous êtes au grand complet... mais, un de ces jours, vous aurez peut-être une recrue...

Accoudée sur le dossier de la chaise de Léon, elle lui murmurait dans le cou :

— Mon ami, vous voudrez bien m'apprendre la marche du jeu, dites, consentirez-vous ?

Le père Honorat voulait tout de suite lui faire tirer une carte.

— Non ! un de ces jours... seulement quand il faudra un bouche-trou...

Enchanté du mot « bouche-trou, » l'oncle Camoin, allait lâcher quelque énormité.

— Ne dites rien, vous !...

Et elle lui ferma la bouche, d'un joli geste, pressant, familier. Elle trouva même une gentillesse pour M. Murard, qui la regardait gravement sans rien dire, toujours impénétrable. Revenue au salon, elle voulut faire danser ces demoiselles.

— Oh, oui... madame, une schottisch ? demanda la seconde des petites Blacé.

Juliette, au piano, attaquait une schottisch. Gustave avait la tête à tout autre chose.

— Vous ne voulez pas danser avec mademoiselle, mon ami ?

— Non, madame !

— Pas même si je vous en priais ?

— Pas même !

— Et avec ma fille ?

— Pas davantage.

— Alors, avec moi ?

— Avec personne.

— Ce soir, vous n'êtes pas bien gentil, mon ami ?

Elle eut beau lui dire des « mon ami », ces demoiselles durent danser entre elles ; puis, Marthe remplaça sa mère au piano et ce fut madame Meuriot qui leur servit de cavalier à chacune tour à tour. Avec quel entrain ! Elle s'amusait pour son compte.

— Hein ! vous vous en donnez ! leur criait-on de la salle à manger.

On leur demanda « si le docteur Silvy mazurkait bien ? » Et l'oncle Camoin, lui, réclamait de sa place « une valse langoureuse », pour la valser, « avec quelqu'un ! »

Elle leur tenait tête à tous, en continuant à danser. Entre une polka et un quadrille, elle tomba essoufflée sur le canapé, à côté du docteur Silvy.

— Alors, monsieur, ni danseur ?... ni fumeur ?... ni joueur ?

— En effet...

— Et la joie des autres vous paraît aussi inutile que l'invention des chemins de fer ?

— Ça se vaut...

— Alors qu'aimez-vous ?

Il sourit sèchement. Elle se leva pour la première figure. Et, pendant la ritournelle, ne partant pas encore, tenant déjà le bout des doigts de la plus jeune Blacé, elle se disait : « Quel bonheur d'être comme je suis, moi ! » Et son regard cherchait les yeux de Gustave, où elle lut une supplication, oh ! elle savait laquelle ! Alors elle sentit son cœur se fondre. Laissant le quadrille, lâchant les doigts de la petite Blacé, elle marcha brusquement vers lui, l'attira dans une embrasure de fenêtre. Là, à la barbe des autres et au mépris des convenances, le rideau enroulé autour d'eux, elle lui parla longuement à l'oreille, tandis que Marthe s'escrimait à recommencer la pastourelle.

Gustave n'était plus maussade, quand on revit son visage. Un sourire découvrait même la pointe de ses dents blanches : elle avait consenti.

Une promesse formelle. Pour le lendemain dimanche, dans l'après-midi.

IV

Vers midi trois quarts, comme c'était convenu, dès la fin du déjeuner, Gustave, tout habillé, son stick à la main, prit son chapeau.

— Tu sors? lui dit madame Honorat.

— Oui, maman... Tu vois!

— Où vas-tu? demanda son père.

Gustave fit l'étonné :

— Tiens! c'est dimanche... Un petit tour; il fait si beau!... On m'attend.

Le père, démangé par l'idée de sortir lui-même, avec ou sans son fils, allait opposer une objection; sa femme le prévint.

— Va, Gustave... Sors seul, mon enfant, tu es un homme et l'on ne te demande plus tes petits secrets... Seulement, ne te fais pas attendre pour le dîner.

Dans l'escalier, la porte de l'appartement refermée, Gustave descendit bruyamment trois étages, puis s'arrêta ; après avoir écouté un moment, certain qu'on ne le rappelait pas, il remonta jusqu'au quatrième, sur la pointe des pieds. La porte des Meuriot n'était qu'entrebâillée.

— Seuls! mon chéri, mon amour... Seuls! imagine-toi...

Pâle d'émotion, dansant presque de joie, Juliette le tenait dans ses bras. Puis, elle se hâta de fermer à double tour, poussa le verrou.

— Regarde, je t'attendais là, écoutant les

moindres bruits... Des gens, sur le palier du second, n'en finissaient plus de causer... Puis, Rosalie a ouvert un moment votre porte; j'ai entendu ton père... J'avais une peur!

Et elle le reprit. Dans l'obscurité de l'antichambre, où, par prudence, elle avait fermé les contrevents, ils restèrent un moment debout l'un contre l'autre, enlacés dans une étreinte muette.

Elle le fit entrer au salon et, pour lui montrer que l'appartement était vraiment désert, ouvrit toutes les portes, celle de sa chambre à droite, à gauche celle du cabinet de M. Meuriot. Maintenant elle parlait fort. Tout à coup, devant le piano ouvert, sans toucher pour cela au clavier, elle attaqua à pleine voix un air des *Huguenots*. Non pour s'étourdir, se donner le change comme les poltrons; mais fière d'elle-même, joyeuse de son audace.

— Oui! Gustave, toute l'après-midi à nous... jusqu'à sept heures du soir, si nous voulons... Puis, rien à craindre, absolument rien!

Elle lui raconta gravement son habileté. M. Meuriot? A Versailles! avec Marthe et mademoiselle Cordhomme, pour leur montrer les grandes eaux. Prise déjà, la veille, en flagrant délit d'infidélité, sa cuisinière venait de partir, renvoyée pour une insolence. Enfin Anaïs, dont c'était le dimanche de sortie, lui avait demandé la permission de minuit, afin d'assister à un baptême.

— Aussi je vous préviens que ce soir, nous tomberons tous à l'improviste chez votre mère, pour lui demander à dîner avec les reliefs d'hier... Nous amènerons même mademoiselle Cordhomme...

Pensez-vous que la chose soit par trop indiscrète?

— Non! répondit naïvement Gustave.

— Mais vous, mon ami, vous?... Vous en serez peut-être contrarié?

Lui, était tout drôle, distrait et nerveux. Inutiles, ces préliminaires. Il ne goûtait pas la plaisanterie; et ce vouvoiement substitué aux « tu » de la veille, car elle l'avait tutoyé en lui parlant dans le rideau, le rendait impatient. « Pourquoi lanterne-t-elle ainsi au dernier moment, lorsqu'elle m'a fait venir pour..? » Ses yeux se tournaient à chaque instant du côté de la chambre. Il y faisait sans doute moins clair, que dans ce salon aux deux grandes portes-fenêtres, ouvertes sur le balcon en plein soleil. Puis, là, il y avait un lit.

Deux heures sonnèrent à la pendule-rébus où « l'*Amour faisait passer le Temps* ». Madame Meuriot venait de s'asseoir, sur le canapé où elle s'était donnée l'avant-veille, à la même place. Alors, renonçant à l'idée du lit, Gustave s'approcha et, avec une brusquerie résolue, tenta de la renverser.

— Non! non!... Gustave, non! entendez-vous...

Elle était déjà debout, sans colère, mais ferme, ne voulant point de ces procédés-là. Non qu'elle eût la sottise de faire de la dignité tardive! Seulement, elle se souvenait : l'autre soir, son bonheur le plus positif n'avait-il pas consisté à se donner. Alors, en refusant qu'on la prît, elle défendait simplement son bonheur personnel. Mais, pas plus que la première fois, elle n'éprouvait rien qui ressemblât à du remords, même à un regret. Et, quand un grand coup de timbre retentit soudain à la porte, elle ne perdit pas son sang-froid; Gustave était tout pâle, lui. Elle alla sans bruit écouter dans l'antichambre ; le timbre retentit de nouveau, très fort cette fois, et longuement. Le cœur de Juliette ne battait pas plus vite.

Puis, retentit un autre timbre, celui de l'appartement d'en face : quelqu'un s'était trompé, tout simplement. Alors, à la pensée que Gustave avait eu peur, elle le reprit dans ses bras.

— Enfant, va !

Ce fut Juliette qui le conduisit dans la chambre. Et, ayant fait méthodiquement la couverture, elle se mit à le déshabiller sans fièvre, sans hâte, comme au bain, le samedi, elle aidait Marthe à se dévêtir. Quand il n'eut plus qu'à ôter ses bottines :

— Tu te coucheras, lui dit-elle.

Et elle passa un moment dans son cabinet de toilette, referma la porte. Là, en se déshabillant à son tour, en faisant des ablutions, en choisissant sa plus belle chemise parfumée, en dénouant ses cheveux, elle éprouvait une joie nouvelle, inouïe, extraordinaire. Il lui semblait qu'elle allait accomplir un devoir, une bonne et généreuse action ; le cœur d'avance lui en sautait, avec des impatiences enfantines. Enfin prête, en fine chemise brodée et en bas noirs, ses hauts bas de soie noirs, tendus comme un maillot, qui lui montaient à mi-cuisse, elle goûta cette plénitude : rouvrir la porte, passer d'abord la tête, l'apercevoir au lit et ne faire qu'un bond, se couler à son côté.

Lui, était nu, cette fois, tout nu ; pour ne pas casser son plastron, ni défraîchir les longs rouleaux de ses faux poignets, il avait eu la précaution d'enlever sa chemise. Elle ôta également la sienne, n'ayant rien à cacher ni à sauvegarder. Et elle frissonnait de bonheur, en se blottissant dans lui.

Gustave aussi était heureux, mais d'une autre façon que Juliette. Il se sentait flatté d'avoir une femme mariée, une vraie femme comme il faut. Dans un transport d'amour-propre, il la serra dans ses bras. Maintenant, il n'en revenait pas, d'avoir été ému, tantôt, au coup de timbre. Au contraire, si le monde entier avait pu le savoir ici! On l'aurait envié! Même, dans un éclair, il se vit au lendemain matin, arrivant dans sa maison de commerce et regardé comme un phénomène par les autres employés, qui ne devaient avoir que des amours vulgaires. Hélas, non! il ne connaîtrait pas cette joie : et, dans son regret, ses bras, inertes soudain, s'éloignaient de Juliette. N'importe! même sans raconter sa bonne fortune aux camarades, puisque ça ne se faisait pas, il saurait leur faire sentir son écrasante supériorité. Et il la reprit, dans un transport nouveau, l'aimant à sa manière.

Mais, s'imaginait-il, c'était elle qui ne savait pas l'aimer. Jusque dans ses bras, toute nue, Juliette restait chaste, en se livrant, gardait une simplicité. Interdit devant cette retenue instinctive, lui, regrettait les exagérations d'attitude, de gestes, de soupirs, l'étalage voluptueux et toute la frime impudique des filles fréquentées jusqu'à ce jour. « Elle se tient mal », pensait-il. « Une ignorante! » L'absence de certains raffinements, obtenus des autres pour un supplément de cadeau, quelquefois gratis, lui était une privation et le déconcertait. Précoce, de goût perverti, il ressemblait à celui qui, n'ayant jamais bu que des vins frelatés, ferait le dégoûté devant un cru naturel. L'audace lui vint, tout à coup, de solliciter certaines choses.

— Veux-tu, dis...

Tout en implorant de la voix, il l'attirait, avec violence, de façon à ne lui laisser aucun doute. Elle resta étonnée : Léon, en seize ans de mariage, ne lui en avait jamais autant demandé. Cependant, avec des répugnances, elle consentit à essayer.

— Non !... Tu ne sais pas !

Il la repoussait avec dépit. Alors, sans défense devant les désirs de cet enfant, elle voulut recommencer :

— Attends ! tu vas voir !..

— Non ! c'est inutile, va...

Cette fois, d'elle-même, Juliette s'abattit sur lui ; et, y mettant l'abnégation nécessaire, elle le satisfit, en fermant les yeux. Puis, se détournant, le visage dans son mouchoir, elle se sauva dans le cabinet de toilette.

Quand elle revint, les yeux ardents et les joues enflammées, toute vibrante d'une excitation inconnue, elle prit Gustave dans ses bras et, se cachant le front contre lui :

— Ce que tu me fais faire !.. tu n'oseras plus m'embrasser ?

Lui, voulut se montrer gentil, affectueux même. Il la baisait longuement sur la bouche, pour lui prouver le chimérique de ses appréhensions. Puis, comme elle se mit à le presser de façon significative, en femme qui, pas plus ce jour-là que l'avant-veille, n'avait encore réellement songé à elle, il sauta du lit, pour couper court.

— Comment, tu t'habilles ?... Il n'est pas tard !

11.

Son pantalon mis, déjà rechaussé, il alla au salon, regarder l'heure à « l'*Amour fait passer le temps* ».

— Cinq heures moins un quart! s'écria-t-il.

Il mentait : la pendule ne marquait que trois heures et quelques minutes. Mais quelle envie d'aller faire un tour de boulevard, et de s'offrir un apéritif, au café de la Paix, comme un homme!

Une fois seule, quand elle eut refait son lit, tout remis en ordre dans le cabinet de toilette, madame Meuriot revint au salon. Étonnée qu'il ne fît pas nuit, elle regarda la pendule. A peine trois heures vingt! Alors, sans prêter une importance exagérée à la supercherie de Gustave, quelques larmes lui vinrent aux yeux. Ils auraient eu encore deux grandes heures, largement. Était-ce la peine d'avoir assuré si laborieusement la sécurité de leur tête-à-tête. Quand un pareil concours de circonstances se représenterait-il? Au moins, une autre fois, profiteraient-ils mieux de leur liberté? Et, dans son agitation, quelque chose, qui ne s'était pas accompli, l'énervait. Elle allait et venait à travers l'ombre croissante, mal à l'aise et désœuvrée, puis rangea furieusement de la musique dans le casier, à tâtons. Et le piano, refermé avec violence, se plaignit longuement.

Du balcon, où elle s'accouda, elle ne s'intéressait pas comme d'ordinaire au gaz qui venait de s'allumer en même temps à toutes les fenêtres d'en face, une maison occupée du haut en bas par des journaux. En vain, un peu sur la gauche, à ses pieds, de la sortie du passage Jouffroy à l'entrée du passage Verdeau, le défilé continu des passants barrait la rue, d'une grouillante fourmilière sombre, qui était de la vie, de l'humanité, peut-être de la passion aussi, de la joie ou de la fièvre. A sa droite, l'intersection des rues Faubourg-Montmartre, Monthyon et Geoffroy-Marie, formait une sorte de carrefour que le flamboiement cru des devantures éclairait mieux que le soleil. De biais, son regard plongeait jusqu'à la rue Richer, où les Folies-Bergère, déjà allumées, toutes braisillantes, mettaient au loin comme un appel d'ivresse chaude. Mais elle regardait sans voir : que lui importaient d'ailleurs ces choses, retrouvées ainsi chaque jour, aux mêmes heures ? Elle rentra.

Maintenant, le salon était plongé dans l'obscurité. Sans allumer, assise sur le canapé où, l'avant-veille, pour la première fois, lui et elle... Juliette eut une lueur subite, intérieure. Ça ne dura qu'un éclair, mais elle éprouva l'angoisse de l'avenir. Elle se sentait en plein inconnu, sur une pente où rien ne l'arrêterait, dont elle n'entrevoyait pas la fin. Quoi qu'il y eût au bout, du bonheur ou rien, c'était fait ! Revenir en arrière ? C'eût été possible, qu'elle n'aurait pas voulu. Non, en avant ! quand même, en avant ! Tout de suite ! Déjà debout, elle frottait une allumette.

— Qu'est-ce que je fais ici ?.. Et madame Honorat, que je n'ai pas prévenue de notre invasion... Montons...

Madame Honorat était assise à la place accoutumée, dans son fauteuil, devant la fenêtre de la salle à manger.

— Quelle bonne idée d'être montée ! dit elle à Juliette qui l'embrassait. Vous voyez ? toujours seule !.. Gustave est sorti depuis le déjeuner.

— Et M. Honorat ?

— Casimir aussi est allé faire un tour... C'est moi qui l'ai envoyé... Quelle riche après-midi d'hiver nous avons eue !... J'ai pu garder la fenêtre ouverte jusqu'à la nuit.

Elle frottait l'une contre l'autre ses mains pâles, tâchant d'y ramener le sang ; sa voix avait cette mélancolie qui alanguit certains malades sur la fin des belles journées. « Dire que c'est moi qui l'ai privée de son Gustave ! » pensait Juliette, toute rougissante ; et elle la reprit dans ses bras, plus longuement, comme pour la dédommager.

— Ma fille ! soupirait la paralytique.

Oh ! oui, c'était cela : « sa fille ! » En accaparant parfois le fils, Juliette se substituerait au moins à celui-ci.

— Ma fille... Tenez, regardez !

Madame Honorat désignait Rosalie en train de mettre la table. Sachant que la cuisinière des Meuriot était partie le matin, elle avait fait ajouter quatre couverts.

— Et moi qui venais justement... Comme vous êtes bonne, d'avoir prévenu mes désirs !

— Il faut s'entr'aider, quand on le peut... C'est si gentil : faire comme une seule et même famille !...

Et elle se tut, intimidée, voyant Marthe un jour mariée avec Gustave, craignant d'en avoir trop dit.

Un peu avant sept heures, M. Meuriot arriva avec Marthe et l'institutrice, suivi du père Honorat qui était allé à leur rencontre à la gare Saint-Lazare.

— Pardon de tomber chez vous, avec ce sans gêne ! dit l'architecte à madame Honorat.

Il ajouta gaiement :

— J'y suis bien forcé, me trouvant à la porte de chez moi !.. Littéralement à la porte !

Et il entra dans une explication : lui, avait dû prêter sa clef à madame Meuriot, qui avait égaré la sienne, circonstance extraordinaire.

— Vous avez tant d'ordre, ma Juju, et je ne vous ai jamais rien vu perdre !

— La voici... Je l'ai retrouvée ! dit Juliette sans sourciller, comme si, toute sa vie, elle n'avait fait que ça : mentir.

— Bravo, ma Lili, je savais bien... Vous êtes une vraie femme, une épouse supérieure : on peut répondre de vous.. !

Il l'embrassa, consciencieusement, puis s'occupa aussitôt de mademoiselle Cordhomme.

L'institutrice était restée dans l'antichambre, malgré les instances empressées du père Honorat :

— Entrez, mademoiselle... Voyons, vous êtes ici chez vous !..

Debout, plate et haute, affublée d'un tout petit chapeau rond, elle refusait. « Nulle part, je ne suis chez moi ! » semblait-elle dire. Pas laide d'ailleurs, susceptible de taper dans l'œil à un homme, par une sorte d'attrait vicieux.

La mère Honorat, de son fauteuil :

— Faites comme Marthe, mademoiselle... Allez dans ma chambre vous débarrasser de votre chapeau et de vos fourrures !

Et M. Meuriot, avançant ses mains :

— Ida, permettez que je vous aide...

— Non !.. leur répondait-elle sèchement à tous. Je descendrai !

Alors Léon fit signe qu'il ne fallait point la contrarier.

— D'ailleurs je descends moi-même... J'ai des papiers à consulter...

Léon et mademoiselle Ida n'étaient pas remontés au bout d'une demi-heure. Gustave rentra, on allait passer à table.

— Mais que font-ils tous les deux ? s'écria le père Honorat, sans y attacher malice.

Et il ajouta avec candeur :

— Fâcheux que l'oncle Camoin ne soit pas ici : ce qu'il en dirait !... Il prétendrait que c'est l'air vif de Versailles... l'effet des Grandes Eaux.. !

— Mangeons la soupe : ça les fera venir, dit Juliette avec indifférence.

Elle détestait pourtant l'institutrice, d'instinct. Mais il était loin le temps où, pour la première fois, les privautés de Léon avec une domestique l'avaient désolée. Oui, elle se souvenait : d'abord la première bonne de Marthe, la petite Vendéenne, comme désossée, qui, pour un rien, se laissait choir sur le paquet ! Et les autres, en seize ans de ménage, toute la kyrielle. Jusqu'à la cuisinière congédiée le matin ! Par exemple, elle n'avait jamais suspecté Anaïs, depuis dix-huit mois sa femme de chambre, une fille meilleure que sa réputation, et qui, en tout cas, valait au moins autant que cette sainte-nitouche de Rosalie, avec laquelle le père Honorat, c'était connu de toute la maison, s'éternisait quelquefois à la cave. Qu'importait d'ailleurs la conduite d'autrui ? Ils devaient avoir leurs raisons d'agir, tous : est-ce qu'on savait ? Plus large de cœur et d'esprit, elle se sentait portée à l'indulgence.

Elle ne touchait plus à la terre. Maintenant, comme dans un lointain, les êtres, les choses et les événements, lui semblaient devenus sans importance. Tout ce qui n'était pas Gustave, ou ne tenait point à Gustave, s'enfonçait là-bas quelque part, diminuait, devenait trouble, se nivelait, disparaissait. Lui, au contraire, venait en avant, absorbait tout. Le reste n'était que poussière lointaine, que fumées d'un rêve éveillé.

Quand Léon et mademoiselle Cordhomme furent enfin remontés, elle les regarda sans les voir, leur sourit même, d'un rire de somnambule. Ce soir-là, elle mangea et but comme à l'ordinaire, plaça les quelques mots indispensables dans des conversations indifférentes; au dessert, elle n'aurait pu dire de quoi on avait causé, pas plus que nommer les plats servis. Elle se sentait très heureuse qu'on fût entre soi, les deux familles n'en formant qu'une. La clarté de la suspension tombait plus douce, plus intime, sur la table cette fois sans rallonge. Sous la nappe pendant jusqu'à terre, le pied de Gustave touchait continuellement le sien. Et une chaleur, de lui montait en elle, l'envahissait toute, lui noyait le cœur.

Un moment, elle devint très rose, et ses yeux brillèrent. Un petit souffle frais lui chatouillait le cou, elle se sentit pénétrée d'un frisson délicieux. Pourquoi n'en avait-elle pas éprouvé un pareil, tantôt dans la chambre? Ah! que n'était-ce maintenant? Et, de nouveau nue par la pensée, elle revécut son après-midi, recommença la séance du lit, sans rien omettre, en la complétant. Puis, une lassitude : comme si le rêve eût été la réalité. Son pied s'éloigna de celui de Gustave : une détente en elle. Même, à une minute, pendant que le père Honorat lui demandait les causes du départ de son cordon bleu, ses paupières appesanties se fermaient.

Et elle ne s'aperçut pas que sa fille avait ce soir-là quelque chose.

V

Mademoiselle Meuriot touchait à peine à ce qu'on lui servait, semblait toute triste. La mère Honorat lui adressait-elle la parole, Marthe répondait si doucement que personne ne l'entendait.

— Voyons ! un doigt de Bordeaux, mademoiselle..! Puisque Versailles et les Grandes Eaux ne vous ont pas mise en appétit !.. lui disait M. Honorat.

Puis, à deux ou trois reprises, son père :

— Que te sens-tu ? Si ça ne va pas, il faut parler, ma chère enfant !

Marthe protestait, très nerveuse dans sa timidité, visiblement contrariée qu'on s'occupât d'elle. Puis, à la fin du dessert, quand mademoiselle Cordhomme se leva pour descendre, la petite prétexta de la fatigue :

— Papa nous a fait beaucoup marcher... Vers le soir, j'ai eu froid...

Et, avant de suivre l'institutrice, elle fit le tour de la société, en embrassant tout le monde, à l'exception de Gustave, qu'elle salua d'un imperceptible signe de tête, gravement, sans lui présenter la main comme les autres soirs.

Le lendemain, Marthe allait mieux, mais il lui resta une tristesse sans cause, comme une courbature morale. Elle se sentait une fraîcheur dans les os, avec de l'angoisse continue, le malaise d'un vide intérieur. Des tendresses la prenaient, à son tour; subitement elle éprouvait le besoin d'embrasser quelqu'un ou quelque chose. C'était surtout son père qu'elle entourait de ses câlineries nerveuses, comme si, d'instinct, elle eût senti qu'un grand malheur avait frappé M. Meuriot. Les nuits, elle se réveillait en sursaut, dans le noir. Qui était là? Un lame du parquet avait crié, peut-être, sous un pied furtif. A travers les cloisons, n'entendait-elle pas des voix étouffées et caressantes, des chuchottements, comme des murmures de baisers? Elle n'en était pas certaine, ne savait rien. Mais elle aurait eu horreur de savoir, sa tête se renfonçait peureusement sous les draps.

Cinq semaines s'écoulèrent. Les fêtes de la Noël et du Jour de l'An que les Honorat et les Meuriot passèrent ensemble, tantôt chez les uns, tantôt chez les autres, ne firent qu'accroître l'intimité générale. Marthe et Gustave semblaient avoir chacun deux pères et deux mères. A l'exception des deux jeunes gens, qui ne se départissaient pas d'une réserve polie, ces personnes se complimentaient, se choyaient, s'accablaient de flatteries, de protestations, de caresses, d'attentions et de prévenances. Casimir, son éternelle serviette sous le bras, toujours déjeté depuis son « coup de mistral », et claudicant certains jours, battait quand même le pavé de Paris, aimait à « faire des coups » aux Halles et ailleurs : jamais une langouste, un gibier rare, un mets exotique, un cantaloup sans reproche, ne passaient sur sa table, sans qu'il en réservât la part des Meuriot. « Une assiette, Rosalie?... Tenez, descendez-moi tout de suite ça au quatrième! » Quelquefois de son côté, Léon, qui avait une bonne cave, remplissait lui-même trois petits verres avec un soin religieux. « Anaïs, montez-moi ce vin du Rhin à madame Honorat, sur un plateau... Prenez bien garde! » Et Juliette avait commencé en tapisserie une chaise longue pour Adélaïde. Au milieu de ces gâteries, celle-ci était comme le poisson dans l'eau. De son fauteuil, elle dirigeait tout, prodigieusement vivante; sa tête, du matin au soir, travaillait, occupée des moindres détails, s'imaginait préparer l'avenir par des combinaisons à la Machiavel. Elle allait même mieux, depuis qu'à toutes ces excitations, se joignaient celles d'un traitement nouveau. A l'insu du docteur Silvy, qui était pour la méthode expectante, le médecin de M. Meuriot lui administrait de l'arsenic, l'émoustillait par de l'électricité, des douches, des pointes de feu. Ça durerait ce que ça durerait! Pour le moment, les douleurs aiguës se calmaient et elle semblait recouvrer l'usage de ses jambes; souvent, après le repas, pour faire sa digestion, elle descendait, sans l'aide d'aucun bras, chez les Meuriot, puis remontait, en se tenant à la rampe. Enfin Gustave fréquentait de plus en plus le quatrième. Sans qu'il fît de progrès sensibles comme pianiste, Juliette continuait à lui donner des leçons quotidiennes. Traité maintenant en grand garçon, par ses père et mère, qui lui avaient remis une clef de l'appartement, il ne remontait chez lui qu'à des heures indues. Marthe, que sa présence semblait gêner, prétendait tout de suite avoir sommeil, et les laissait en tête-à-tête au salon. Vers onze heures, M. Meuriot rentrait, prenait une tasse de thé avec eux, puis se retirait à son tour. Certains soirs, après avoir renvoyé Anaïs et la cuisinière qui couchaient au sixième, elle faisait bientôt semblant de reconduire Gustave. Lui, se déchaussait sur le palier, revenait, ses bottines à la main, se glissait silencieusement dans la chambre de Juliette. Là, les deux portes verrouillées, la porte-fenêtre bien close aussi, car on aurait pu venir par le balcon, leur sécurité était profonde. Il ne s'en allait plus qu'à deux ou trois heures du matin; pour qu'il n'eût pas à traverser le salon, contigu à la chambre de son mari, Juliette le faisait partir, sans lumière, par le cabinet de toilette et la chambre de sa fille. Les rideaux de Marthe étaient fermés; madame Meuriot se tenait entre le lit et le jeune homme qu'elle dirigeait à tâtons dans les ténèbres, très doucement.

Une fois, tout à coup, elle eut peur.

— Maman?... dit une voix, à travers les rideaux, une voix de rêve, traînante et plaintive.

Son amant était au milieu de la petite chambre, et sa fille se réveillait. Que faire? Ce fut une seconde anxieuse. Sa main crispée, qui tenait un bras de Gustave, le serra convulsivement.

— Maman... quelqu'un marche... est-ce toi?

— Qui veux-tu que ce soit!.. Va, dors tranquille... Dors, ma chérie...

Sans perdre la tête, et tout en poussant peu à peu le jeune homme dehors, de son autre main elle renversa une chaise, afin que le vacarme couvrit le départ. Enfin elle put refermer derrière son amant.

— C'était la porte que j'avais laissée ouverte... As-tu besoin de quelque chose?... Veux-tu que j'allume?

Maintenant, le danger passé, elle eut comme une faiblesse. Ses jambes pliaient sous elle, il lui fallut s'asseoir. Elle se pencha au chevet de Marthe.

— Comment vas-tu, dis?.. Tu n'es pas malade, au moins... Chère petite!

Elle la prit dans ses bras, posant sa joue sur le même oreiller, lui fit les plus tendres caresses. Son cœur se fondait. Grâce à l'obscurité, ses larmes, de douces larmes tièdes, lui mouillaient secrètement les yeux. Et une tentation : tout avouer à sa fille! Oser lui crier : « Ne crains rien : je ne l'aime pas autant que toi!.. Tu restes la première, tu es tout, mais permets-moi de l'aimer un peu... Il ne te fera jamais du tort : mon cœur est assez large pour vous contenir tous deux... Mais si tu ne veux pas, si ce qui te semble un partage devait te faire souffrir, sois sans inquiétude : je me résignerais... Je puis le perdre comme j'ai déjà perdu ton frère, mon autre Gustave : sans mourir... » Et ces pensées la secouaient d'un long frisson.

— Tu trembles, maman... Ne va pas prendre froid... Recouche-toi vite... murmurait Marthe, bien doucement, d'une voix d'enfant qui se rendort.

Alors, elle ne dit rien. Et elle alla se recoucher, dans son lit défait, encore chaud.

Les soirs où, après le dîner, elle n'entendait pas à travers le plafond, le grand coup de talon qui était leur signal, madame Meuriot montait elle-même chercher Gustave. D'autres fois elle envoyait Anaïs le demander, ou la cuisinière, même mademoiselle Cordhomme. On était en plein carnaval : par des connaissances à elle, d'anciennes élèves entrées depuis au théâtre, elle avait souvent des billets de faveur. Il ne se passait guère de semaine, sans que, les Honorat étant au dessert, M. Meuriot entrât, en veston d'appartement et en pantoufles.

— Bonsoir, tout le monde! disait-il, en continuant de bourrer sa pipe.

Puis, avancé jusqu'à la chaise de Gustave :

— Mon ami, un service?... Madame Meuriot a une loge pour ce soir, une très belle loge, pour...

Il disait le nom du théâtre, de la pièce, racontait même un peu celle-ci et louait les acteurs, en monsieur grave, supérieur, tenu au courant de tout par le *Temps*, quotidien du soir, et sachant par cœur des phrases du feuilleton dramatique de M. Francisque Sarcey. Puis, il parlait de sa lassitude à la fin du jour, de la tension d'esprit que produisent les grandes affaires, de son envie de rester là, au coin du feu, à jouer à l'écarté avec M. Honorat.

— Gustave, concluait-il, je viens vous prier de me remplacer ce soir auprès de madame Meuriot... Consentez-vous à lui servir de cavalier?

Gustave se levait aussitôt de table, courait s'habiller. Déjà prévenu d'habitude, il n'avait qu'à passer son habit. Madame Meuriot aussi était prête, et envoyait chercher une voiture « chauffée ». Sa fille, qui n'était pas couchée, assistait à leur départ. Quel crève-cœur!

Mais Marthe se maîtrisait. Elle tenait sa mère embrassée un peu plus longtemps que d'habitude, en lui souhaitant le bonsoir :

— Pourquoi ne mets-tu pas ton manteau de fourrure ?.. L'air est humide et froid, prends bien garde !

Elle multipliait les recommandations, et, dans sa sollicitude, c'était elle qui semblait la mère :

— Ne reste pas trop tard... Si je dors, quand tu viendras dans ma chambre, je veux que tu me réveilles... Tu me raconteras la pièce !

Elle les accompagnait sur le palier, s'accoudait à la rampe, les écoutait descendre. Puis, rentrant vite, elle traversait en courant le salon, et se mettait sur le balcon pour les voir monter en voiture.

Un soir, par un temps mou, le Lundi gras, malgré une bruine qui mouillait l'atmosphère, Marthe s'accouda sur la rampe comme à l'habitude. Elle aperçut la voiture, un fiacre fermé, à lanternes rouges, qui attendait devant la maison, la portière ouverte. Mais eux ne paraissaient plus. Que de temps pour descendre les derniers étages ! Avaient-ils oublié quelque chose : la lorgnette? des gants ou un mouchoir? Peut-être quelque accident arrivé à la toilette d'Opéra : un volant de dentelle accroché à la rampe? Les fleurs de la coiffure tombées ou un soulier de satin déchiré? Gustave sans doute remontait la chercher, elle ou Anaïs, afin de réparer le dégât. Puis, non, pas de dégât : ils étaient enfin sur le trottoir. Une vision : sous le reflet rouge de la lanterne, sa mère, dans les bras du jeune homme qui l'aidait à monter, puis qui disparaissait avec elle dans le noir de la voiture. Un bruit de portière refermée, un claquement de fouet, le clic-clac sur le pavé des sabots ferrés du cheval, un roulement léger avec les deux lanternes rouges s'enfonçant dans la rue Grange-Batelière. Bientôt, là-bas, à l'angle de la rue Drouot, plus d'étoiles rouges! Rien : la nuit de carnaval, où rampaient des formes noires, des passants sous leur parapluie, où filaient d'autres fiacres emportant d'autres couples aux plaisirs des Jours-Gras, à des théâtres, des bals, des soupers, à des éblouissements et des ivresses! Rien : la pluie, glacée mais fine, fine, qu'elle ne sentait pas descendre sur sa tête nue, qui ruisselait sur une de ses joues! Soudain, derrière elle, tout près, presque dans son dos, un léger bruit. Avant qu'elle se fut retournée, la voix de madame Honorat, affectueuse :

— Marthe!.. Que fais-tu là ?

Descendue seule après son dîner, comme ça lui arrivait, et trouvant les portes ouvertes, la paralytique avait traversé à tâtons le salon obscur; maintenant, là, debout dans l'embrasure de la porte-fenêtre, elle se retenait au volet. Elle aussi était venue les voir partir.

Alors Marthe, le cœur crevé, se jeta au cou de madame Honorat. Et, dans un sanglot, son secret lui échappait.

— Je ne serai jamais aimée, moi!

QUATRIÈME PARTIE

1

Quand l'aveu échappé à Marthe eut ouvert enfin les yeux à madame Honorat, celle-ci, comme secouée, se cramponna plus fort au volet de la porte-fenêtre. Dans l'ombre du salon, un rire solitaire passa sur sa large bouche, aux mâchoires solides. Elle eut besoin de s'asseoir, puis attirant à elle la jeune fille, la baisa sur le front.

— Va, sois tranquille... Ne dis rien, seulement ! Tout s'arrangera : je m'en charge...

Remontée chez elle, une fois bien seule, madame Honorat se remit à rire. Une partie d'elle était enchantée, au fond de sa révolte bourgeoise, et amusée, flattée. Une phrase, un dicton de son pays, entendu dans sa jeunesse, la hantait : « Mon coq est lâché, répétait-elle à satiété, surveillez vos poules ! »

Une joie secrète, débordante, la chatouillait. Elle se sentait fière de « son coq », autant que le jour où il avait fait sa première dent. Quelle bénédiction du ciel, que Gustave fût un garçon ! Avec un garçon, rien à craindre. Tant pis s'il s'amusait : c'était de son âge et de son sexe. Dans ce qui était arrivé, elle considérait surtout une chose, la preuve que ce fils, unique, tardivement conçu, au bout de neuf ans d'union stérile, était un gaillard, richement constitué tout de même. Aujourd'hui, après vingt ans de soins méticuleux, d'une sollicitude maternelle de chaque heure, elle se voyait au bout de ses soucis, enfin. Et la fougueuse virilité de Gustave lui semblait une récompense méritée.

Puis, intervint la prudence. Parbleu! si elle s'était écoutée, elle aurait crié sur les toits sa satisfaction de mère! A cause du mari, pourtant, mieux valait tenir la chose cachée. Non qu'elle le crut bien redoutable, au fond, cet architecte aux airs d'artiste. Mais la circonspection lui semblait préférable, ne fût-ce que pour éviter à Gustave des obstacles, des complications inutiles, un tas d'ennuis. D'ailleurs, si M. Meuriot concevait jamais des doutes, que devenaient ses chers projets? Son fils épouserait-il jamais Marthe? C'est que, loin de renoncer pour si peu à cette espérance, elle s'y cramponnait au contraire. Tant que la faiblesse de madame Meuriot ne serait connue que d'elle, tout pouvait s'arranger encore. Pour être moins direct et plus accidenté, le sentier de l'adultère où venait de s'engager son fils, le conduirait tout de même au but, si l'on ne tombait dans aucune faute.

Madame Honorat était donc décidée à garder un silence absolu quand, le surlendemain, dans l'après-midi, sa sœur vint la voir. Il n'était qu'une heure et demie. Dans son fauteuil habituel, à côté de la fenêtre, le journal glissé sur ses genoux, Adélaïde somnolait; soudain, le timbre.

— Rosalie! appela-t-elle.

Le timbre retentit de nouveau. Éveillée tout à fait, madame Honorat se rappela que sa domestique était sortie. Mieux portante depuis quelques jours, elle se disposait à aller voir, lorsque madame Camoin fit tourner la clef de l'appartement, laissée dans la serrure par la bonne.

— Qui est-ce ? dit Adélaïde.

— Moi... Ne te dérange pas !

Les deux sœurs, maintenant, étaient assises en face l'une de l'autre. Au dehors, un brouillard intense. A travers les vitres, entre les petits rideaux soulevés par des embrasses, on voyait la cour envahie d'une nuée jaunâtre.

— Alors, quoi de neuf ?

— Pas grand'chose... Rien !

A travers les murailles, comme un émiettement, l'imperceptible bruit d'un mystérieux travail de fourmis, lointain, continu : les piétinements des passants dans le passage Jouffroy, plus fréquenté par le mauvais temps, où le gaz devait être déjà allumé.

— Rien, ce n'est guère !

Elle, avait du neuf : le cœur lui battait à l'idée de raconter. Pourtant, non ? elle ne dirait rien. Même à sa sœur, une autre elle-même. Ce qu'elle taisait lui faisait briller les yeux. Mais, en brave femme, elle se mit à questionner madame Camoin, sur ce qui pouvait l'intéresser. S'accoutumait-elle à l'appartement de la rue d'Argout ? Le serrurier du rez-de-chaussée commençait-il encore son vacarme à cinq heures du matin ? Ses cheminées fumaient-elles toujours ? Avait-elle fait poser des bourrelets ?

L'autre répondait par monosyllabes, avec des

lenteurs. Ce jour-là, pourtant, elle poussa un long soupir, finit par dire quelque chose. Elle avait reçu des lettres, pas bonnes, de Bruxelles, où son fils, anciennement chez un agent de change parisien, vivait depuis dix-huit mois, réfugié. Des lettres contenant des demandes d'argent, pressantes ! Il y allait de l'honneur encore ; cette fois, peut-être, de la vie. Inquiété par certaines menaces de suicide, flairant d'ailleurs une carotte, Rodolphe, perplexe, battait le pavé depuis deux jours, afin de se procurer des fonds, à tout hasard.

— Et voilà ce que tu appelles : rien !.. Il t'en faut à toi, pour te faire sortir des gonds... Jamais tu ne t'animes ! s'écria Adélaïde.

Un « aïe », soudain. Voilà que ses douleurs aiguës la reprenaient, rien que pour s'être trémoussée dans son fauteuil. Puis, la vive souffrance calmée, quelle extraordinaire envie de tout dire à son tour ! Non, certes, pour désoler sa sœur par l'étalage de sa satisfaction maternelle. Seulement, un besoin de solidarité la poussait à parler : « Aujourd'hui, c'est toi qui souffres par ton fils ; demain, ce sera peut-être moi... » On ne savait jamais ! Mieux valait ne rien se cacher, afin d'être plus fortes, arriver à former une sorte de ligue des mères ? Enfin, sevrée de distractions, passant sa vie à se traîner d'un meuble à l'autre, elle était incapable de résister à un prurit de bavardage. Ne pas baisser mystérieusement la voix, tendre ses facultés, sortir d'elle-même, ne pas oublier un moment ses tortures, c'eût été par trop bête : elle s'en garda bien. Seulement, après avoir raconté avec force commentaires la bonne fortune de son fils, Adélaïde, pour satisfaire sa conscience et ne pas renoncer tout à fait à ses résolutions prudentes, ajouta :

— Pas un mot à Casimir, surtout !.. Un panier percé... qui ne sait rien garder.

La tante promit, et s'en alla. A l'égard de Casimir, elle tint parole ; sans grand mérite d'ailleurs, car elle resta plusieurs jours sans rencontrer son beau-frère. Mais, le soir même, elle coulait la « bonne histoire » dans l'oreille de Rodolphe.

Lui, dans un grand trouble, cherchait de l'argent pour son fils. Ne voulant pour rien au monde s'adresser à Honorat, déjà mis à contribution et qu'il n'avait jamais pu rembourser, Rodolphe, le lendemain matin, alla supplier M. Blacé, au milieu du magasin d'articles religieux. Et, comme celui-ci faisait l'homme étonné, l'oncle Camoin, à tout hasard :

— Je me serais bien adressé à Casimir ; mais le malheureux a lui-même assez de tracas avec son fils...

Puis, « sous le sceau du secret, bien entendu », il raconta ce que lui avait appris sa femme. M. Blacé lui serra les mains, avec componction. Et quel pli profond sur son front jaune ! Ses trois filles elles-mêmes lui donnaient du souci. Non qu'elles fissent des bêtises, oh ! pour ça non, heureusement ! Mais elles arrivaient à l'âge d'être pourvues ; alors, avec le prosaïsme du siècle, ne pouvant leur donner qu'une dot plus que modeste, comment arriverait-il à les marier ? D'ailleurs, rien ne marchait : mauvaise année ! La vente des chasubles et des mitres ne rendait pas ; il y avait une crise du bénitier. Madame Blacé vint se mêler à la conversation, renchérit sur ces plaintes. Et l'oncle Camoin n'eut qu'à reprendre l'omnibus Odéon-Batignolles-Clichy, qui passait devant la boutique. Au lieu de descendre rue Richelieu, comme la matinée n'était pas avancée, il alla jusqu'à la rue de Provence, pour solliciter M. Murard dans la maison de banque où celui-ci tenait la caisse.

— Je me serais adressé à Casimir, parbleu ! recommença-t-il devant M. Murard ; mais le malheureux est bien ennuyé lui-même, au sujet de Gustave..

Et, à voix basse, afin de ne pas mettre les autres employés au courant, il raconta encore la faiblesse de madame Meuriot. L'après-midi, ce fut au tour du docteur Silvy, relancé derrière le Jardin des Plantes. Nulle part, il ne trouva les dix-huit cents francs que son garnement de fils réclamait. Mais le secret faisait son chemin. Seul, le père Honorat, comme M. Meuriot d'ailleurs, ne se doutait encore de rien.

De son côté, Gustave, tout en enveloppant d'un profond mystère le nom de la dame, n'avait pas résisté à la tentation de laisser entendre aux petits camarades, aux employés de sa maison de commission, qu'il était un mauvais sujet supérieur. Depuis longtemps, la fameuse bague en diamant les impressionnait moins ; blasés à la longue sur les feux du brillant à facettes, ils recommencèrent aussitôt à voir en lui un heureux gaillard, à l'envier, prononçant même le nom de la cliente célèbre, qui, un jour, accompagnée jusqu'à la portière de sa voiture par le fils Honorat, lui avait donné une petite tape sur la joue. Cette familiarité ancienne, et les allures nouvelles de Gustave, surtout les mœurs faciles bien connues de la princesse Badajoz, une femme à caprices, mûre, mais toujours belle, suffisaient à échauffer les imaginations des employés. Lui, ne s'efforçait nullement de détruire une erreur qui chatouillait son amour-propre et lui attirait de la considération.

Il trouvait donc la vie bonne, les choses s'arrangeaient d'elles-mêmes pour lui procurer du plaisir et des satisfactions. Son haut mérite lui paraissait dorénavant hors de doute. Et le sol, sur lequel il lui arrivait de taper fort du talon, en signe de prise de possession, lui semblait à la fois doux et résistant. Dans la rue, s'apercevait-il dans la glace d'une devanture, la coupe de ses habits et, ce qu'il croyait la correction même, son chic bookmaker, lui faisaient plaisir. De son faux-col évasé, à la mode, sortait un cou d'autruche dont il parvenait à ne pas perdre une ligne.

Alors, le surlendemain de la visite inutile de l'oncle Camoin à M. Blacé, quelle ne fut pas la stupéfaction de Gustave!

Dans une galerie du Palais-Royal, plantées devant un bijoutier comme des provinciales, madame Blacé et ses trois filles contemplaient une rivière de vingt mille francs, exposée sur un coussin de velours grenat; quand le jeune homme s'avança, le chapeau à la main, madame Blacé affecta de ne pas le voir. Vite, d'un mot marmotté à voix basse, rassemblant sa smalah, elle entraînait déjà les trois laiderons. Abasourdi plutôt qu'irrité, Gustave resta d'abord planté à leur place, devant le coussin de velours grenat. Qu'avaient-elles donc à le fuir comme un pestiféré? Sa conscience ne lui reprochait rien à leur égard: quel cancan avait-on pu faire! Courir après, demander quelques éclaircissements ? Non ! elles étaient loin. Et il s'en alla de son côté, haussant les épaules, et la trouvant par trop grotesque, cette mère affreuse, qui se donnait des airs de dragon veillant sur les trois petites horreurs.

Rue Vivienne, il entra dans un bureau de tabac, pour s'offrir un londrès. La buraliste, au moins, était jolie : à la bonne heure ! Et il s'attarda devant le comptoir, débitant à celle-ci des phrases quelconques, sans intention séductrice, pour rien. Dans l'unique but de se reposer la vue et par protestation contre la laideur.

Un quart d'heure après, boulevard des Italiens, devant le bureau d'omnibus, Gustave fut appelé de la main par le docteur Silvy, qui attendait l'appel de son numéro.

— Bonjour, jeune homme ! fit le docteur, moins en bois que d'habitude et tout guilleret, du ton dont il aurait dit : « Bonjour, heureux coquin ! »

— Bien des choses chez vous ! ajouta-t-il... Demain, samedi?.. Ne m'annoncez pas, mais j'irai peut-être... Sans doute !

Il regardait le fils Honorat avec un intérêt spécial, d'un œil de botaniste découvrant quelque plante remarquable. Une sympathie naissait sur ce visage, d'ordinaire mordant et gelé. « Mais que me trouvez-vous donc? Ne suis-je pas comme à l'habitude? » était sur le point de lui crier Gustave, lorsque le conducteur appela le numéro 35. Et le docteur Silvy monta sur l'impériale.

C'était le jour des rencontres. En quittant sa maison de commission, vers six heures, Gustave se trouva nez à nez avec M. Murard, devant l'entrée du passage Jouffroy.

Tous les jours, à la même minute, M. Murard passait là, prenant par le passage quand il y avait du gâchis, préférant le Faubourg-Montmartre quand le pavé semblait sec. Cette fois, le gâchis était terrible, au point qu'il avait mis ses socques. Lui, ne fut pas bavard, son visage resta fermé comme toujours, son regard mort. Seulement, à la sortie du passage, rue Grange-Batelière, lorsqu'on fut sur le point de se quitter, devant le passage Verdeau, M. Murard tint la main de Gustave dans la sienne plus longtemps qu'à l'ordinaire. Celui-ci n'y prit pas garde, distrait. En face, à l'entresol, derrière la vitre d'une fenêtre aux petits rideaux écartés, une forte dame, en peignoir blanc, s'escrimait à leur faire des signes, pressants mais inutiles.

Malgré ces divers avant-coureurs, l'ingénuité de Gustave était complète quand, le lendemain samedi, dès l'antichambre, l'oncle Camoin dit à son neveu, accouru gentiment pour l'aider à quitter son pardessus :

— Eh bien, veinard ?

— Je ne comprends pas, mon oncle ?

— Oui, veinard ! Et un fameux encore !... Il n'y a qu'à voir tes yeux battus...

Ici, l'oncle eut une absence, grave soudain, pensant à son fils, qui, le matin, lui avait envoyé de Londres une nouvelle dépêche, plus pressante encore. Puis, revenant à son idée de mettre les pieds dans le plat, d'en faire une bien bonne :

— Et, en bas ?.. Don Juan !..

A travers le parquet, il désignait la chambre de madame Meuriot.

— Comment se porte-t-on, en bas ? La personne a-t-elle aussi les yeux battus ?...

Son neveu, abasourdi, se taisait; l'oncle Camoin entra dans la salle à manger. Il arrivait au fauteuil de sa belle-sœur, les bras ouverts et le sourire aux lèvres, quand Gustave se jeta presque sur lui, pâle de fureur.

— Eh bien, quoi?.. Quoi donc? s'écriait la mère Honorat.

— Il ne va peut-être pas battre son oncle! s'exclamait la tante Camoin.

M. Murard et le docteur Silvy, qui arrivaient pour le dîner, n'eurent que le temps de s'interposer. Casimir rentrait. On l'aperçut, debout dans l'antichambre, sa serviette sous le bras, toujours déjeté par son coup de mistral. Lui, n'était au courant de rien, et, dans sa satisfaction de trouver les chapeaux accrochés aux patères, des chapeaux bien connus, il chantonnait son air provençal : « *Oh! Magali, ma tant amado* », en homme heureux.

—Bonjour, vous autres! lança-t-il, en entrant.

Soudain, à la vue de Gustave qui menaçait encore l'oncle Camoin, les bras lui tombèrent, sa serviette glissa, les papiers se répandirent.

— Mon fils!... Que t'a-t-on fait?

—C'est indigne!.. infâme!.. vociférait Gustave. On ne compromet pas une femme ainsi!.. Une honnête femme!

— Qui?.. Quoi donc?.. Qu'est-ce?.. Quelle honnête femme?.. J'avoue que je n'y suis pas, mais, là, pas du tout! s'exclamait le père Honorat... Où vois-tu des honnêtes femmes compromises, toi?

En attendant des explications, il s'était agenouillé pour ramasser les papiers, qui avaient volé partout. M. Murard et le docteur Silvy l'aidèrent.

— La plus irréprochable des mères de famille ! continuait le jeune homme. Mariée au meilleur de nos amis !

Monté comme une soupe au lait, il dévisageait chacun tour à tour, puis roulait des regards de fureur circulaires. Beau de colère chevaleresque, l'animal ! Stupéfiant de conviction ! Lui qui, peu de jours avant, eût voulu que tout Paris connût sa bonne fortune ! Maintenant, outré par la brutalité goguenarde de son oncle, il posait pour le dévouement complet à la « dame », comme au temps des Cours d'Amour, pour la discrétion quand même et le mensonge héroïque. Un peu de crainte du mari décuplait son indignation. Puis, surtout, il ne voulait plus « être pris pour un imbécile. » Le camouflet de madame Blacé, qui avait fait mine de l'éviter pour garantir ses laiderons, comme aussi certains mots ambigus échappés au docteur Silvy: il s'expliquait tout, aujourd'hui. Jusqu'à la poignée de mains prolongée de M. Murard, qu'il découvrait suspecte. Tout cela, dans son entourage immédiat, de la part de proches, d'amis l'ayant vu naître, et sous le nez de ses parents, qui, n'osant contrecarrer ouvertement leur fils, devaient avoir déchaîné contre lui, à la sournoise, cette meute. Eh bien, à son tour ! Et si on l'avait pris pour un autre, il allait leur montrer qui il était. Quand ? Tout de suite.

— Mais enfin, de quoi s'agit-il ?.. dit le père Honorat en se relevant.

Maintenant qu'il avait bourré de nouveau la serviette, lui, regardait tour à tour sa femme et son fils. Très pâle, depuis un moment, Adélaïde ne disait rien, ne remuait pas, comme pétrifiée dans son fauteuil!

— Il y a... s'écria Gustave, rouge de colère... Il y a... Je ne dînerai pas ici ce soir, à cause de mon oncle!

— Voyons, Gustave, voyons!.. Es-tu bête : pour une plaisanterie! fit l'oncle Camoin, tout secoué, et humble, se sentant coupable.

— Oui, ton oncle plaisantait! dit la tante Camoin.

M. Murard acquiesçait. Casimir guettait déjà le moment, voulait à son tour en faire une bien bonne à son fils et à son beau-frère : rapprocher soudain leurs deux têtes et les forcer à s'embrasser comme des courges. Cette réconciliation par force opérée, il connaîtrait toujours assez tôt le motif de la querelle, quelque vétille sans doute.

Il y avait de l'apaisement dans l'air. Rosalie apporta la soupière fumante, et chacun avait grand appétit. Gustave allait évidemment se calmer, lorsqu'un sourire, surpris sur les lèvres du docteur Silvy, un simple sourire, le remit en rage. Sans desserrer les lèvres, il sortit, nu-tête, en faisant claquer les portes.

Alors, comme le père faisait mine de courir après, la mère Honorat, violemment impérieuse :

— Ici, Casimir!... Laisse-le : j'aime autant qu'il dîne en bas!... J'ai mes raisons!...

Elle s'efforçait de sourire aux invités :

— Allons, à table!.. Il ne faut pas que nous mangions froid pour ce monsieur...

Et, présentant un bras à l'oncle Camoin :

— Voulez-vous me relever?

Cependant, quelque chose qu'elle n'avait jamais

éprouvé, une jalousie de mère, la déchirait. « Il l'aime déjà tant que cela ! » Son Gustave, un enfant si longtemps désiré, devenu toute sa vie, depuis qu'elle l'avait pour la première fois senti remuer en elle, voilà qu'une autre le lui volait, maintenant. Et quelle autre ! Une mère de famille. Justement celle qui avait donné le jour à la compagne convoitée pour son fils. Quel supplice de ne plus être alerte, ingambe, comme jadis ! Elle serait descendue tout de suite, lui dire sa façon de penser, la faire rougir. D'un mot qu'elle sentait là, en elle, gonflant son cœur, elle eût tout fait rentrer dans l'ordre. Mais que personne ne s'en mêlât, au moins ! Surtout son mari. Ces questions délicates ne devaient être traitées qu'en tête à tête, de femme à femme. Aussi, disposée de nouveau à la discrétion, affectait-elle de se montrer indifférente, même gaie. Elle rembarra de la jolie façon Casimir, qui voulait la questionner.

— Mais, enfin, pourrais-je savoir?..

— Tu nous ennuies !

— C'est que je ne suis nullement au courant...

— Flûte !..

Et, comme son mari regardait d'un air désespéré l'oncle Camoin, elle malmena ce dernier:

— Vous, Camoin, vous êtes prié de ne vous mêler de rien... De rien, entendez-vous ?... Vous avez assez de votre linge sale particulier, mon pauvre ami !

D'ailleurs, on parla longuement du fils Camoin. Vers la fin du repas, du réfugié à Bruxelles, la conversation venait de sauter sur la Belgique et les Belges en général. Tout à coup, à l'appartement d'en face, de l'autre côté de la cour, une femme se mit à chanter. Une voix de théâtre, un contralto d'une puissance et d'une tendresse extraordinaires. Les convives se regardèrent, étonnés. M. Honorat fit « chut », de la main, se leva pour aller entr'ouvrir la fenêtre. Jusqu'à la fin du morceau, tout le monde écouta religieusement. Puis, l'oncle Camoin :

— Fichtre ! vous ne nous aviez pas dit ça... Une nouvelle locataire ?

Elles étaient deux, la mère et la fille : des Italiennes. La fille, disait-on, étudiait pour entrer à l'Opéra.

— Mazette ! la belle voix !.. Et, dites-moi donc : jolie ?

— Est-il curieux, ce Rodolphe ! dit la tante Camoin. Je vous demande un peu si ça le regarde !

Il faisait calme et doux. Des autres étages, aucun bruit ; rien que le ronflement lointain du Boulevard, le murmure de fleuve des voitures. La voisine commença un autre morceau, plus brillant, un vrai feu d'artifice de vocalises, une cascade de perles égrénées. Et les fenêtres du salon où elle chantait, restaient ouvertes, comme en juillet.

— C'est de notre chambre, qu'on les verrait !.. insinua Casimir. Notre chambre se trouve juste en face, et, comme nos voisines demeurent au quatrième... nous plongeons...

Au dessert, avant que Rosalie apportât le café, une curiosité poussa les messieurs. A la queue leu leu, Casimir ouvrant la marche, puis l'oncle Camoin, suivi de M. Murard ; enfin le docteur Silvy, raide, formait l'arrière-garde, comme à regret. Ils arrivèrent dans la chambre à deux lits des Honorat, sans lumière. Dès qu'ils eurent franchi le seuil, le manque d'air, une certaine odeur fade de vieux linge, d'autre chose encore, les prit à la gorge. Comme M. Murard et le docteur Silvy, deux célibataires, semblaient hésiter devant ce relent de ménage patriarcal, Casimir se glissa entre eux et la porte, qu'il referma tout doucement :

— Là ! dit-il tout bas, on ne va pas nous voir.

Et, comme son beau-frère fumait :

— Camoin, votre cigare !

Puis, avec mille précautions, il ouvrit la fenêtre. Et le salon d'en face leur apparut, dans une pénombre, mystérieux, uniquement éclairé par le feu de la cheminée. Un feu de bois, clair par intermittence, dont les dansants reflets dessinaient alors des silhouettes de meubles riches, un morceau du piano à queue, et les jambes croisées d'un monsieur, renversé dans son fauteuil, à côté de la chanteuse. Son pied en l'air battait la mesure et l'on ne distinguait rien de plus ; la jeune femme restait invisible. A côté, les fenêtres de la salle à manger, semblaient flamber ; contre les vitres, passait et repassait une ombre difforme.

— Quelque bonne ? murmura l'oncle Camoin.

— Non : la mère... sans doute en train d'ôter son couvert...

— Et le monsieur ?

— Dame ! un dilettante, à coup sûr. Peut-être un protecteur... Peut-être les deux !

— Le fait est que la mère ne les gêne guère, ni elle, ni lui.

— Chaque soir, c'est pareil... Ça a l'air de se passer en famille...

Les quatre hommes guettèrent encore, silencieux. On entendait le souffle de M. Murard, comme oppressé. A la fin, le docteur Silvy, maussade :

— Eh bien, et ce café?.. Nous n'allons pourtant pas prendre ici racine... indéfiniment !

Lui, quand on fut retourné auprès des dames, vida d'un seul coup sa demi-tasse, et se leva pour partir.

— Comment ! déjà ? fit M. Honorat. Et notre wisth ?

— Vous le ferez à trois, avec le mort... Moi, j'ai la tête un peu pleine.

Il fila, en ayant assez, indifférent à tout, depuis que Gustave n'était plus là, pris d'ailleurs d'une de ces migraines auxquelles il était sujet, et maudissant les maisons où il faut sortir de table pour faire plaisir à un amphitryon chatouillé par des curiosités de concierge. Les deux sœurs et les deux beaux-frères restèrent donc avec M. Murard. Mieux que la présence muette de celui-ci et que la ressource des cartes, la chanteuse d'en face les aida à tuer le temps jusqu'à minuit. Dispensés de causer pendant ses vocalises, ils la remettaient sur le tapis dès qu'elle se taisait, faisant mille suppositions sur sa vie, ses moyens d'existence, sa moralité, commentant ses habitudes, l'heure de ses repas, l'attitude du monsieur âgé. La soirée s'acheva ainsi, tout tranquillement, après avoir débuté par un orage. Quand M. Murard et les Camoin se levèrent, la voisine chantait encore Marguerite de *Faust*, l'acte du jardin.

— Eh bien, et Gustave, pourtant?.. Voyons ! Me mettras-tu au courant, à la fin? demanda M. Honorat, lorsque sa femme et lui se retrouvèrent seuls.

Quand il connut l'aventure, Casimir passa par une suite de sensations analogues à celles d'Adélaïde. La même révolte bourgeoise, aussi calmée très vite, par certain chatouillement personnel, plus égoïstement vaniteux chez lui que chez sa femme. « Ah ! le gaillard ! Celui-là est bien mon fils ! Je me reconnais : j'en eusse fait autant à son âge. » Puis, tout de suite : « Et au mien, d'âge ? Solide, encore vert comme je le suis, n'aurais-je pu, même maintenant ?.. N'aurais-je pas dû.. ? » Ici, à son tour, il se sentait mordu d'une jalousie, mais très différente de celle qui poignait Adélaïde. Lui, souffrait de ne pas avoir pris les devants sur son fils. Cette fleur d'adultère, poussée là, à sa portée, il aurait dû la cueillir à la place de Gustave. Marié à une paralytique, ayant passé l'âge d'aller courir, il était bien en droit de s'offrir quelque douceur tardive, sur le déclin d'une existence toute de droiture et de travail. Tandis que son fils, le malheureux, avait à se faire une position. Pourquoi compromettre niaisement son avenir, gâcher sa vie, rendre impossible un mariage inespéré qui s'offrait là ? Manquer une affaire superbe et si facile avant cette malencontreuse incartade, presque conclue.

— L'idiot ! répétait-il, en se montant. Quel sacré imbécile !.. Sa conduite est le comble de la stupidité !

Il demanda si Gustave n'était pas remonté du quatrième. Et il roulait ses plus gros yeux, comptant l'attendre pour lui dire vertement sa façon de penser, parlant même d'aller le relancer en bas, faire une esclandre, avertir au besoin M. Meuriot. Adélaïde eut toutes les peines du monde à le décider à se coucher.

Longtemps, Casimir se tourna et se retourna dans son lit, faisant craquer le sommier. Encore indigné, il mâchonnait à demi-voix des mots rageurs, qui s'achevaient en murmures. Enfin, moins agité, il ne pensa plus à son fils, ni à Juliette, ni à Marthe, mais à la domestique alsacienne des Meuriot. Quelle gaillarde que cette Anaïs, avec une tignasse de cheveux roux, étonnante ! Et des joues, des bras, des seins ! Des cuisses ! Il poussa un long soupir. Oui ! il la déshabillait en pensée, maintenant. Dans les parties secrètes de cette personne, celles qu'il avait bien tâtées quelquefois à travers les jupes, mais sans jamais les voir, la chair devait être autrement blanche, ferme, dodue et fleurer meilleur que celle de leur maigre Rosalie, bâtie à coups de serpe et restée paysanne depuis sept ans qu'elle était à leur service, même à son service particulier. Il finit par s'endormir, en projetant d'avoir du toupet à son tour, de mettre une bonne fois vingt francs dans la main d'Anaïs, pour la décider à descendre en même temps que lui à la cave.

II

M. Honorat ronflait. La chambre n'était éclairée que par la veilleuse qui se mourait sur une petite table encombrée de potions et placée entre les deux grands lits. La voisine d'en face avait cessé de chanter. La maison entière reposait et, par-dessus les toits, le grondement continu du Boulevard était devenu imperceptible. Très loin, parfois, le roulement d'un fiacre, quelque murmure de voix éméchées, un rire de fille. Puis de grands silences retombaient sur le quartier, paisible enfin, mais pas pour longtemps. Des voitures de maraîchers allant aux Halles, commencèrent à passer. C'était aussi la descente des balayeurs ; et une nuée de marchands de journaux devaient se rendre rue du Croissant, pour « attendre le papier ».

Madame Honorat n'avait pu fermer l'œil. Reprise par ses douleurs aiguës, ne sachant quelle position garder, elle se tenait à quatre pour ne pas appeler, sonner. Rosalie l'eût probablement soulagée avec de la morphine ; mais Casimir, réveillé, n'eût pas manqué de s'apercevoir que leur fils n'était pas rentré. Elle préférait endurer la souffrance, étouffer ses cris. Une demie sonna ; puis, au bout d'une éternité, trois heures. Toujours pas de Gustave. Au moindre craquement du parquet, elle s'imaginait l'entendre ouvrir avec précaution la porte de l'appartement. Hélas ! rien. Le sommeil de Casimir avait des sonorités de trompette mouillée, si fortes parfois, que le dormeur semblait s'éveiller dans la secousse ; il changeait seulement de position, repartait de plus belle, après quelque long soupir. La veilleuse à bout se mit à crépiter, laissant soudain la chambre toute noire, puis éclairant de nouveau. Enfin la malade entendit marcher légèrement.

— Est-ce toi ?.. Gustave ?..

La petite porte du couloir était ouverte.

— Bonsoir, maman... dit tout bas le jeune homme, en avançant la tête.

Enfin, l'autre lui rendait son fils. Elle allait pouvoir s'endormir, sans piqûres de morphine. Comme la voix de Gustave était douce, cares-

sante quand il voulait, « sa voix de petit garçon ! »
Il n'entrait donc pas ! Comment faire pour qu'il
vînt l'embrasser de lui-même ? Sous quel prétexte ?

— La veilleuse... dit-elle.

Il vint rallumer la veilleuse ; puis, se penchant
vers elle :

— Tu n'as besoin de rien, maman ?

— Plus près !.. Encore !

Et, de ses bras engourdis par le mal, elle l'étreignait, maladroitement. Elle le baisait avec avidité, n'importe où, sur la tempe, l'œil, la moustache. « Oh ! Gustave ! Gustave ! mon Gustave ! » Et elle ne trouvait que ça, comme l'autre, le soir où madame Meuriot l'avait surpris, dans le passage, avec une mauvaise femme. Reproches, conseils, supplications, tout ce que dans l'insomnie elle avait projeté de dire, s'était dissipé comme une fumée. « Mon pauvre Gustave ! » Il lui restait une grosse envie de pleurer. Et elle ne le lâchait pas ; maintenant que ses lèvres avaient fini par trouver la joue de son fils, elle s'était remise à le manger de caresses. Dans le lit d'en face, ne ronflant enfin plus et tourné vers la muraille, le père Honorat dormait d'un sommeil paisible.

— Voyons ! ne te fais pas de mal... Sois raisonnable ! dit Gustave, trouvant l'étreinte longue, mais enchanté que sa sortie contre l'oncle Camoin eût passé comme une lettre à la poste. Laisse-moi t'embrasser, moi...

Ayant effleuré de ses lèvres le front de sa mère, il se dégagea. Puis, au lieu de se retirer, il alla sur la pointe du pied jusqu'à la fenêtre, écarta les rideaux, pour voir si c'était éteint chez la voisine d'en face. Alors sa mère fut très contente.

Oh ! celle-là, oui ! à la place de l'autre ! Tant qu'il voudrait ! De suite, si c'était possible, ô mon Dieu !

Gustave trouvait cette voisine tout à fait de son goût. Il sut par la concierge qu'elle s'appelait Stella Saulini. Un nom distingué, poétique même, dans son exotisme, qui ferait joliment bien sur les affiches et dans les comptes rendus des journaux, plus tard, quand elle serait une Patti ou une Nilson, parcourant les capitales, d'où elle ne manquerait pas de rapporter des millions, en laissant derrière elle comme une traînée de gloire. Déjà, n'était-elle pas reçue chez la princesse Badajoz ! Oui ! à quelques jours de là, dans un journal boulevardier qui racontait une fête chez la princesse, au milieu de l'énumération des invitées, il remarquait « la signorina S. S., » avec une description très reconnaissable de sa personne, de son genre de beauté, et la nouvelle que le directeur de l'Opéra devait donner prochainement une audition « à cette merveilleuse jeune fille, descendant d'une très bonne famille de Florence ». Il éprouva comme un éblouissement. Et elle avait dix-neuf ans, quelques mois de moins que lui. Être un jour l'amant, même le mari, d'une semblable étoile: quel rêve ! Même sans tenir compte de la jeunesse, il la trouvait autrement séduisante que Juliette, dont la possession continuait pourtant à flatter son amour-propre. Mais non ! il se croyait trop sérieux et trop positif, pour se bercer d'un espoir fou, imbécile. D'ailleurs lui, maintenant, « avait son affaire ». Et s'il passait quelquefois un quart d'heure à la fenêtre de la chambre de ses parents, en regardant Stella de tous ses yeux, c'était par curiosité pure, dans un simple intérêt artistique.

Ce matin-là, au déjeuner de midi, Gustave lut tout chaud, à ses parents, l'écho du journal boulevardier.

— Qu'est-ce que cela prouve? s'écria M. Honorat. La réclame, nous savons ce qu'en vaut l'aune!.. N'empêche que ta S. S. est une fille perdue... Du moins, elle m'en a tout l'air.

La veille au soir, Casimir avait fait four avec Anaïs, rencontrée dans l'escalier. Au lieu de consentir à l'accompagner à la cave, cette Alsacienne parisianisée lui avait jeté au nez la pièce de vingt francs offerte; la pièce s'était mise à rouler de marche en marche, si bien que, pour la rattraper, il avait dû redescendre deux étages. Ce qui le disposait aujourd'hui à la vertu, et le rendait rigoureux à l'endroit des autres.

Mais madame Honorat prit carrément la défense de leurs deux voisines. Est-ce qu'on savait? Il ne fallait jamais se fier aux apparences. Ce qu'on prenait pour de l'étrangeté d'allures, n'était sans doute qu'une conséquence naturelle de leur qualité d'étrangères.

— N'importe! riposta Casimir. Cette mère, maigre comme un cent de clous et mise en souillon, traînant ses savates du matin au soir, ne peut qu'avoir rôti tous les balais.

Alors, excitée par la contradiction, Adélaïde se passionna tout à fait:

— Pour moi, jusqu'à preuve du contraire, Stella est une honnête jeune fille... oui, honnête!.. Je ne tolèrerai pas qu'on touche à sa réputation en ma présence.

Casimir se montrait entêté, par boutades. Des révoltes de vieux gamin contre son pion, le soulevaient quelquefois.

— C'est comique ! C'est à se tordre !.. s'exclamait-il en haussant les épaules. Elle dit « Stella », maintenant !.. Comme si tu la connaissais ! Comme si la particulière nous était quelque chose !.. Est-ce Stella *matutina*? ou Stella *nocturna*?

Tandis qu'Adélaïde, agacée par ce latin, battait l'air des deux bras, comme pour lui fermer la bouche, il ajouta :

— Puisque tu y es, que ne la demandes-tu en mariage pour ton fils !.. Un parti de perdu, un parti de retrouvé... et sans sortir de la maison, encore ! Toujours au quatrième étage !

C'était trop fort ! L'exaspération de madame Honorat fut telle que, empoignant son verre comme elle put, à deux mains, elle en jeta le contenu en l'air, dans la direction de son mari. Quelques gouttes d'eau rougie tachèrent la nappe, éclaboussèrent une assiette de fruits ; le reste se répandit sur le parquet. Puis, regrettant déjà cette violence, si en dehors de son éducation et de ses habitudes, voilà qu'elle s'arcboutait sur les deux poings, voulant se lever de table, sans le secours de personne. Gustave dut se précipiter, elle serait tombée. Appuyée au bras de son fils, et tâchant d'aller vite malgré ses mauvaises jambes, elle traversa la salle à manger, le salon ; dans la chambre, elle se laissa aller sur un fauteuil. La respiration lui manquait, ses yeux étaient gonflés de larmes.

— Tu vois... gémit-elle. Tu vois, mon pauvre enfant !

De ses mains raidies, maladroites, elle tâchait de saisir une main de son fils. Et, sans intention de reproche, plutôt avec l'humilité d'une plainte :

— Regarde de quoi tu es cause !

— Mais, maman... commença Gustave.

Ses yeux désignaient les fenêtres d'en face. Il allait objecter que la défense seule de cette jeune fille avait tout amené, que lui n'y était pour rien. D'un haussement d'épaules, sa mère lui ferma la bouche. Vraiment, il s'agissait bien de la jeune Italienne ! Mais l'autre ? Il n'était question que de l'autre, dans son regard. Malgré sa belle assurance de Parisien précoce, Gustave se mit à rougir. Alors, madame Honorat :

— Tu l'aimes donc bien... celle-là ?

Il ne répondit que par un haussement d'épaules. Moins emportée alors, avec une résignation, et entre les dents, comme se parlant à elle-même, la paralytique :

— Parbleu ! elle lui rend des services que sa mère ne peut lui rendre.

Soudain, comme par un fait exprès, Stella Saulini, qui sortait de table, pianota quelques mesures de prélude et se mit à chanter. Et le morceau italien semblait aussi de circonstance. Des râles d'amour satisfait, avec un recommencement éternel du désir, étaient le dessin général du thème, énervant dans sa simplicité. Toujours cette voix si souple promettait de la volupté ; puis, la passion une fois satisfaite, montée à une plénitude, quand la volupté assouvie se brisait dans un paroxysme, la même voix appelait encore, promettait de nouvelles joies chaudes. La mère et le fils écoutaient: elle, accoudée au bras du fauteuil, pliée en deux par la douleur, souffrant le martyre d'une crampe subite, qui lui tenaillait ses pauvres jambes, tantôt surmenées ; lui, debout devant la fenêtre entr'ouverte, content de son entrée dans la vie, de la tournure que prenait sa première liaison, en rêvant déjà une seconde, prévoyant tout au moins des complications agréables. Quelque chose pourtant gâtait sa satisfaction : sa maison de commerce et l'idée qu'il fallait s'y trouver à deux heures précises. Plus que dix minutes à rester. Quand Stella Saulini se tut, la mère et le fils se regardèrent. Alors madame Honorat :

— Eh bien ?

Et, tâchant d'oublier son mal, s'efforçant de sourire :

— N'est-ce pas que j'ai raison ?.. Ne trouves-tu pas cette jeune fille charmante ?

Elle n'en dit pas davantage. Gustave d'ailleurs abondait dans son sens, et obtint de ne pas aller travailler cette après-midi-là. Oui, puisqu'il ressentait un peu de migraine ! Son père dirait ce qu'il voudrait : la santé avant tout ! Sa mère prenait cette absence sur son bonnet.

III

Madame Honorat se montrait de plus en plus faible à l'endroit de son fils. Quoi qu'il fît, elle lui donnait raison, s'entremettait sans cesse pour favoriser ses paresses et lui passer ses caprices, se fâchant tout rouge dès que Casimir, naïf, osait faire de l'opposition. Elle traitait Gustave en malade, qu'il faut entourer de condescendance et de mansuétude. Pourquoi l'exaspérer en vain, l'aigrir en l'énervant, par une lutte ouverte ou sourde? Pourquoi jeter du bois dans le feu? Non, mieux valait faire la part de ce feu, monter la garde autour, éviter que des mains maladroites ne vinssent l'alimenter de combustible, s'en remettre enfin au temps, au hasard, à la force des choses, et le laisser se consumer de lui-même. Aussi, des mois s'écoulèrent sans que les Honorat fissent moins bon visage aux Meuriot.

L'hiver s'acheva. Les « samedis » continuaient, sans que l'assiduité des gens du quatrième se ralentît. Il faisait encore jour et la lampe n'était pas allumée, quand l'architecte entrait le premier, « déjà au frais », c'est-à-dire en veston d'appartement clair et léger, muni de quelque énorme botte de violettes pour madame Honorat. « Vite, dans l'eau ! » s'écriait Adélaïde. « Mais dépêchez-vous donc, Rosalie ! » On eût dit qu'elle souffrait de leur soif, tant elle aimait les fleurs ; il y en avait toujours de gros bouquets, sur la table, sur le buffet; sans compter les pots d'une jardinière placée devant la fenêtre, à côté du fauteuil où elle passait ses journées : celles-ci, elle les cultivait elle-même, de ses mains décharnées, que la vie abandonnait un peu chaque jour.

Quand madame Meuriot montait à son tour, les deux mères s'embrassaient avec autant d'effusion que jadis. Madame Honorat semblait ne rien savoir: jamais une impatience, ni une mauvaise humeur; nul mot à deux tranchants. Quelquefois, pendant le contact de leurs visages, tandis que les lèvres de l'une baisaient les joues de l'autre, par la fenêtre maintenant grande ouverte, arrivait la voix de Stella, plus voluptueusement ardente par ces soirées tièdes. Voilà celle que son fils eût dû avoir pour maîtresse. Mais pourquoi cette préférence de sa part, en une chose où n'interviennent pas souvent les mères ? Elle détestait donc bien « l'autre. » Non, pourtant ; surtout quand « l'autre » était là, rajeunie et toute vibrante, la pressant dans ses bras. Elle cessait de lui en vouloir, dans ces minutes. Le besoin satisfait de la contempler emportait tout.

Sa jalousie devenait une avidité de lui parler, de la toucher. Seulement, quand Marthe arrivait enfin avec son institutrice, Marthe devenue contrainte, taciturne, maussade, et qui montait maintenant au cinquième comme elle aurait monté au supplice, Marthe qui lui tendait par habitude un front de bois à embrasser, et dont le regard évitait obstinément le sien, madame Honorat se sentait le cœur tout retourné. Pauvre petite ! La vue de ce chagrin muet ravivait aussitôt ses souffrances, sans doute parce que ça lui rappelait son impuissance jusqu'ici à arranger les choses, à tenir ce qu'elle avait promis. Mais comme elle pénétrait cette froideur de surface, comme elle devinait l'envers de ce masque indifférent ! Oh ! elle ne l'aimait que mieux, pour cette réserve, faite de patience et de délicatesse, aussi d'une confiance en elle illimitée. « Va, gentille Marthe, avait-elle envie de lui crier, ta confiance est bien placée, tu es déjà ma fille ! Gustave n'épousera jamais que toi ! Attends un peu : je saurai en même temps te donner un mari et te rendre ta mère. » Mais elle savait se contenir maintenant, depuis que l'indiscrétion de sa sœur lui avait servi de leçon. Ne voulant pas être en reste de prudence avec une enfant, certains jours, au lieu d'embrasser Marthe, elle se contentait de lui donner une petite tape sur la joue.

Juin arriva. L'été s'annonçait très chaud, Paris se dépeuplait de bonne heure. M. Meuriot dit un soir à sa femme, devant les deux familles réunies :

— Et les bains de mer?.. Mon amie, quelle décision prenez-vous cette année au sujet des bains de mer?.. Dois-je écrire au propriétaire de Houlgate, comme les autres saisons?

Avec beaucoup de maris parisiens, Léon affectionnait cette époque de bride sur le cou, de célibat momentané. Ses regards se croisèrent avec ceux de mademoiselle Cordhomme.

— *Yès*, déclara l'institutrice avec poésie, je suis folle de la mer, *mod*, de la grande immensité bleue.

— Nous verrons, répondit simplement Juliette. J'ignore encore... Nous en reparlerons, dans quelques jours...

Un sentiment de délicatesse à l'égard de madame Honorat, la faisait hésiter. Quitter Paris rien qu'avec Marthe et l'institutrice, se séparer de Gustave pendant deux grands mois, elle n'en n'avait guère le courage ; mais elle reculait devant l'énormité d'emmener Gustave, de priver la malade de son fils.

Cependant Léon remettait chaque jour Houlgate sur le tapis.

— Mais vous n'y pensez plus, mon amie ? Tout se trouvera loué... L'année dernière, à pareille époque, vous aviez fait vos malles...

De son côté, mademoiselle Cordhomme à chaque instant avait la bouche pleine de la mer. Servait-on des crevettes, au déjeuner, elle parlait de celles qu'elle avait pêchées la saison dernière, avec de l'eau jusqu'à mi-jambe ; et des bons endroits qu'elle connaissait, des prouesses qu'elle se promettait de recommencer bientôt. A dîner, elle racontait avec intention qu'elle venait de passer devant un étalage de ravissantes ombrelles de bain de mer, en satin cerise, avec bouquet de myosotis, à glands assortis, doublées de surah crème.

Juliette feignait de ne pas comprendre où Léon et l'institutrice voulaient en venir. Ce qui la remuait autrement, c'était le silence de Marthe. Les médecins le lui avaient maintes fois déclaré, les bains de mer étaient nécessaires à sa fille. Frêle, maigrichonne, d'une nervosité excessive, celle-ci ne se portait vraiment bien que sur la plage, ne semblait heureuse que là. Pourtant, Marthe ne se plaignait pas, elle, ne faisait aucune allusion, ne prenait point les airs languissants de mademoiselle Ida, ne mettait jamais de supplication muette dans son regard.

Aussi, le 13 juillet, un vendredi, la veille de la fête nationale, en venant embrasser sa fille qui se mettait au lit, Juliette eut un bon mouvement :

— Ne dis rien... va !.. J'écris ce soir au propriétaire d'Houlgate !.. Nous tâcherons de partir lundi.

Dans sa bonne foi, elle écrivit le soir même. Puis, en attendant que Gustave descendît, elle commença une liste des objets à emporter à la mer. Cependant, deux semaines plus tard, elle n'avait pas encore quitté Paris. Pourquoi? Une sorte de lien invisible l'attachait décidément là où Gustave était obligé de se trouver.

Maintenant, la location du chalet d'Houlgate courait depuis un grand mois. Léon commençait à ne pas être content, et mademoiselle Ida Cordhomme, comprenant l'inutilité de ses allusions, boudait ; désagréable à table, au salon, partout. Même en examinant les devoirs de Marthe, elle conservait une exaspérante attitude de victime qu'on force à s'étioler dans l'étouffement d'une capitale en temps de canicule, tandis qu'elle a droit à la brise fraîche et salée. Puis, Marthe fut prise d'une espèce d'indigestion, un soir, à la suite d'un repas où, pour ne pas attrister sa mère, elle avait feint d'avoir appétit. Alors, Juliette eut comme une explosion de maternité longtemps refoulée. Vite, du thé au rhum, bouillant ! Des flanelles chaudes ! Et ce docteur qui n'arrivait pas ! Elle se désolait. Pour la tranquilliser, Anaïs lui expliqua, avec son flegme alsacien, que le docteur chez qui elle était allée se mettait à table, qu'il viendrait plus tard. Comment ! on ne quittait pas tout pour sa fille ! « Courez chez un autre. » Et, Gustave s'étant présenté à cet instant afin de lui offrir ses services, Juliette n'écouta guère sa phrase de condoléance. Elle semblait à peine le reconnaître et s'éloigna, lui jetant la porte au nez.

L'indisposition ne fut rien. Le surlendemain soir, un samedi 3 août, — le matin, Anaïs avait pris les devants, afin d'aller préparer le chalet, — madame Meuriot partit enfin pour la mer, avec sa fille et mademoiselle Cordhomme. Léon et Gustave les accompagnèrent à la gare. Sur le trottoir de l'embarcadère, pendant que M. Meuriot s'occupait des bagages, elle, au bras de Gustave, dépassa le wagon où Marthe et mademoiselle Cordhomme étaient déjà montées. Elle serrait le jeune homme contre elle, tout en lui donnant des conseils pratiques, de sages recommandations. Il travaillerait n'est-ce pas ? s'efforcerait de contenter sa mère, « son admirable mère », dont il faudrait lui donner souvent des nouvelles. « Dites, Gustave, vous m'écrirez... Au moins, tous les deux jours ! » Ils étaient près de la locomotive, qui l'impressionna comme une puissante bête cruelle, inexorable, à la rougeur farouche : elle se pressa davantage contre lui, et, en revenant lentement vers son wagon, se mit à le tutoyer :

— Tu viendras, dis ? ne fût-ce qu'une fois, du samedi au lundi matin...

— Je ne demande pas mieux, moi... C'est facile ! dit-il, un peu sottement.

Sa sottise même exaltait Juliette. Le soir, à la marée basse, ils s'aventureraient sur le sable, très loin. Et elle lui pesait sur le bras, en pensant qu'ils s'étreindraient par une nuit noire, bien seuls, les joues rafraîchies par la brise du large.

Dans le wagon, Marthe, en léger costume de foulard gris à dessin bleu, semblait plus jolie, déjà mieux portante. Mademoiselle Cordhomme, elle, en robe de satin noir à devant de jais et retroussée de satin cerise, avec capote assortie, avait déjà vidé une boîte de bonbons anglais, offerte par M. Meuriot. On sonnait, quand Juliette se décida à monter. Presque aussitôt le train s'ébranla et trois mouchoirs blancs, agités par la portière, dirent adieu à Léon et à Gustave, plantés debout au beau milieu du trottoir, côte à côte.

IV

A Houlgate, rien ne réussit à madame Meuriot. Le soir de l'arrivée, une tempête se déchaîna, secoua le frêle châlet comme une paille, disloqua des portes, arracha une fenêtre, poussa des vagues jusque dans la cuisine. Le surlendemain, une accalmie permit de sortir, laissant voir la plage encombrée d'énormes galets. Puis la mer redevint mauvaise, et, en quinze longs jours, Marthe ne put prendre que deux bains. Mademoiselle Cordhomme, par là-dessus, faisait un nez allongé. Aussi, quand l'institutrice déclara sèchement, un matin, qu'elle aurait besoin de passer quarante-huit heures à Paris, pour des emplettes oubliées, Juliette lui répondit avec non moins de sécheresse :

— Vous n'avez qu'à vous rendre à la gare !

— Tiens ! je pourrais revenir samedi soir, avec M. Meuriot?

— Comme il vous plaira...

Mais pourquoi Gustave n'écrivait-il pas ? Peut-être attendait-il qu'elle prît les devants. Pendant que la mer battait la côte avec un bruit d'artillerie, elle ouvrit son buvard, resta deux heures à se dévorer devant une feuille blanche, puis accoucha d'un « Mon cher Gustave... » Non ! c'était trop familier : elle ne lui avait jamais écrit ! et il fallait qu'il pût montrer cette lettre. Elle prit une nouvelle feuille : « Mon jeune et cher ami, vous « m'aviez promis de m'envoyer des nouvelles de « madame votre mère, si parfaite, si excellente « pour tout le monde, si... » Etc. « Quant à nous, « sachez que depuis notre arrivée ici, le mauvais « temps... » Etc. Et, après lui avoir rappelé qu'on attendait sa visite, « sa bonne visite, » elle signa, lasse d'avoir rempli plusieurs pages pour ne rien dire, écœurée.

Les nouvelles demandées, M. Meuriot et mademoiselle Cordhomme les rapportèrent de Paris, le dimanche matin, toutes chaudes, après une nuit en coupé-lit, et exécrables. Madame Honorat avait manqué mourir. Madame Honorat se tordait de douleur sur son lit, ne poussant qu'un cri. Son mari et son fils se relayaient à son chevet, redoutant un dénouement fatal : Gustave ne viendrait pas.

— Si j'y allais, moi, pour soigner madame Honorat? s'écria-t-elle dans un transport de sympathie, d'affliction vraie.

— Comme vous l'entendrez, mon amie, répondit doucement M. Meuriot.

Mais il lui expliqua que son arrivée inopinée surprendrait peut-être ces messieurs, en risquant d'effrayer la malade. Les convenances les plus élémentaires exigeaient qu'elle se fît précéder d'une lettre, où elle se mettrait à leur disposition.

— Soit! vous pouvez avoir raison...

Et elle secouait la tête, découragée. Du moment que son élan de cœur devait aboutir à une autre épitre banale, à de simples protestations et à des offres de service, elle n'écrivit même pas. Le lundi soir, après avoir pris quatre bains de mer en deux jours, M. Meuriot repartit. En embrassant sa fille, puis sa femme, Léon dit à celle-ci :

— Voulez-vous me charger d'être votre interprète auprès de nos chers voisins, mon amie ?

— Oui, oui... Dites-leur ce qu'il convient...

Sa résignation de surface couvait une révolte. Pourquoi les choses les plus simples ne se conformaient-elles pas à ses désirs ? D'où provenaient ces résistances du hasard, cette taquinerie perpétuelle des événements ? Chacun prenant son plaisir où il le trouve, elle s'était promis une joie, une joie surhumaine, de posséder Gustave, ne fût-ce qu'un soir, au milieu du cadre de la mer : voilà que ce bonheur si simple lui échappait. Pourquoi ? Cela aurait-il nui à quelqu'un ou à quelque chose, suspendu la marche des astres. Le pis était que le temps fuyait, les mois et les années s'accumulaient, sans que l'on réalisât ses rêves. Elle en éprouvait comme une humiliation, qui rendait mortifiant son désespoir. Eh bien, non, c'en était trop ! Comme on ne vivait probablement qu'une fois, elle voulait sa part entière, de sensations et d'émotions. « A cet hiver !.. Oh ! quand nous serons rentrés à Paris !.. » Et, ce qui ne se formulait pas nettement dans sa pensée, était gros de menaces, aboutissait à toutes sortes de désirs nouveaux, impérieux.

Pendant le reste de son séjour à Houlgate, elle ne songea plus qu'au retour, à des joies chaudes où elle se plongeait déjà en imagination. Gustave serait arrivé enfin, que sa présence ne l'eût plus jetée dans le même ravissement, maintenant qu'elle en était à rêver des satisfactions autrement larges et complètes. En septembre, il fit au moins quelques beaux jours. La semaine la plus ensoleillée fut justement celle où mademoiselle Cordhomme s'absenta du lundi matin au samedi soir, en compagnie de M. Meuriot, qui l'emmena cette fois, puis la ramena. Pas une seconde, elle ne trouva étonnante, singulière, cette soif de Paris qui, maintenant, s'emparait de l'institutrice, naguère si impatiente de quitter la ville. Aucune ombre de jalousie! Non qu'elle manquât de perspicacité; mais elle se sentait portée à trouver naturels les événements qui, loin de la contrarier, l'arrangeaient. Du moment que Gustave n'était pas présent, qu'on la laissât, seule avec sa fille, à ses souvenirs et à ses projets : le reste ne la regardait plus.

Enfin, le mardi suivant, sur la plage, comme elle se dirigeait vers la cabine où Marthe achevait de mettre son costume de bain, madame Meuriot aperçut le facteur, qui se dirigeait vers elle, en fouillant dans sa boîte. Une lettre! Elle tendit la main, très émue, avec le pressentiment que c'était une lettre de Gustave.

Il s'excusait, tant bien que mal, d'avoir mis un mois à lui répondre. La maladie de maman! sa maison de commission! une négligence coupable! Mais, enfin, maman allait mieux, son patron lui accordait un congé, et, samedi, il viendrait solliciter son pardon, « par le train des maris », celui que prenait ordinairement M. Meuriot, lequel le chargeait d'annoncer que ses affaires, cette semaine, le retiendraient à Paris.

— Tu ne sais pas? une nouvelle!.. Devine!.. cria-t-elle joyeusement, du bord, à Marthe déjà dans l'eau jusqu'aux épaules, et qui commençait à faire des brassées.

Le bruit des vagues emporta ses paroles.

Elle prépara elle-même la chambre de Gustave, près de la sienne, qui était aussi celle de Marthe. Dans le large cabinet, ayant vue sur la mer et tendu de bleu, qui leur servait à toutes deux de cabinet de toilette, elle fit apporter un lit. Au porte-manteau, un costume de bain très élégant, avec, à terre, dans un coin, des espadrilles neuves ; sur la cheminée, tout un attirail de fumeur et un paquet de maryland, son tabac habituel. Mais en installant ces choses, Juliette fut surprise de ne pas éprouver la fièvre d'impatience qui l'eût brûlée quelques semaines auparavant. Est-ce qu'elle avait trop attendu ? Nos désirs étaient-ils de simples tisons, déjà à moitié brûlés lorsqu'ils flambent, prêts à finir par une pincée de cendres.

Le choc fut tout de même rude, quand, le samedi matin, une dépêche de M. Honorat l'avertit de ne pas compter sur Gustave. Madame Honorat n'allait de nouveau pas bien.

— Oh ! maman, s'écria Marthe, pour s'associer à l'affliction de sa mère, quel malheur qu'il ne profite pas de sa jolie chambre !

Mademoiselle Cordhomme jugea convenable de faire chorus :

— Oh ! yès, quel malheur !.. Moà, je trouve tout à fait fâcheux même...

Madame Meuriot ne dit rien, n'eut qu'un froncement de sourcils. L'après-midi, à la marée basse, pour se trouver seule et réfléchir, elle s'aventura très loin, sur le sable lisse. Déjà de retour, rue Grange-Batelière, elle pénétrait chez les Honorat.

Y parlait-on d'elle quelquefois ? Gustave et ses vaines promesses d'écrire : quelle idée ! la voisine d'en face, cette Stella Saulini, si sympathique à madame Honorat, était peut-être pour quelque chose.. ? Ici, de la jalousie ; une souffrance toute physique la poignait. Et, à travers son angoisse, un autre soupçon. Un soupçon au sujet de la récente crise de la paralytique, quelque feinte, inventée sans doute pour que Gustave ne mît pas les pieds à Houlgate. « Oh ! si c'est vrai... ils s'en repentiront ! » Et, dans une révolte, son front se dressa, en face de la mer, d'une mer grise et par endroits violette, sans une voile, sans soleil, fermée comme l'avenir et sévère. Quelques larmes lui vinrent. Puis, avec le coin de son mouchoir trempé dans une flaque d'eau salée, elle se mouilla les paupières. Voilà que la mer commençait à monter: elle rentra.

Cependant, au lieu de faire comme les autres années, de quitter Houlgate en septembre, afin d'habiter quelque temps leur villa de Maisons-Laffitte, elle ne revint à Paris que vers la mi-octobre, lors de la réouverture de certains cours que Marthe suivait.

V

Le train choisi par Juliette arrivait à la gare Saint-Lazare vers quatre heures de l'après-midi. Les roues tournaient encore, quand Marthe, déjà debout, s'écria :

— Tiens ! M. Honorat... Tout seul !

Seul et galant comme d'habitude, son petit bouquet à la main; on lui avait permis de passer sur la voie, et il se trouvait là pour donner la main à ces dames.

— Vous n'avez pas vu papa? lui demanda Marthe, avant de descendre.

Justement, M. Meuriot, retenu par ses affaires, l'avait envoyé à sa place. Quant à Gustave, il ne sortait qu'à six heures, de sa maison de commission.

— Et comment va madame Honorat? fut la première question de Juliette.

— Mais... parfaitement bien! s'écria-t-il, avec le détachement d'un monsieur ayant un bouquet à offrir.

Un peu gauche, toujours déjeté par son coup de mistral, il le tournait et le retournait dans les doigts, son bouquet. L'expression sérieuse, étonnée, du visage de madame Meuriot, le ramena pourtant à la réalité.

— Eh! sans doute... Aussi bien du moins que le comporte son état... Par exemple, la semaine qui a suivi votre départ, elle nous a donné une de ces alertes... Même, pour ma part, j'ai bien cru... Mais, depuis la fin d'août, heureusement!..

Depuis la fin d'août! Elle ne le lui avait pas fait dire. Le malheureux se coupait.

— Et votre dépêche, alors? Votre dépêche du huit septembre, qui nous a définitivement privées de la présence de Gustave?

— Ah!... Oui, j'oubliais... Fausse alerte, cette fois, une simple fausse alerte... Une mauvaise digestion d'Adélaïde, la nuit... au beau milieu de la nuit...

Il mentait mal. En vieux gamin maladroit, pris la main dans le sac, et qui, à chaque effort pour s'en tirer, s'enfonçait davantage. Cela, sur le trottoir du débarcadère, devenu désert, car les derniers voyageurs de l'express venaient de filer, et aux yeux de l'employé impatient de refermer « la sortie » derrière eux.

— On n'attend plus que nous : marchons ! dit Juliette, impassible, froide.

Dans la grande salle des Pas-Perdus, cependant, elle dut accepter enfin le bouquet. Et en descendant l'escalier, elle entendit M. Honorat s'excuser de nouveau, maladroitement. Sans doute, dès le lendemain de la dépêche, après avoir absorbé du thé, beaucoup de thé, Adélaïde s'était sentie mieux, et Gustave aurait pu partir encore pour Houlgate. Lui, son père, ne s'y fut pas opposé, bien que peu content de Gustave, qui flânait dans sa maison de commission : mais c'était sa mère, qui n'y avait plus consenti, uniquement sa mère, toujours sous le coup d'une rechute, d'ailleurs ; et le docteur Silvy avait tant commandé de ne jamais la contrarier.

— A propos, mesdames, et vos bagages?

— Anaïs s'en occupe.

— Permettez-moi au moins de vous ramener en voiture.

— Merci, cher monsieur... Il fait beau, puis c'est si près.

— N'importe ! M. Meuriot m'accuserait avec raison de l'avoir mal remplacé... Puis, songez que ma femme est impatiente de vous embrasser...

Juliette n'était impatiente de rien. Elle se laissa ramener en voiture, conduire jusqu'au cinquième étage, pousser devant le fauteuil d'Adélaïde et baiser sur les deux joues. Elle rendit les baisers, parbleu !

— Si nous dînions ici... tous ensemble? risqua M. Honorat.

Non! elle se sentait fatiguée du voyage. Un autre jour. On aurait le temps de se voir, maintenant. Elle se leva, Marthe aussi.

— Je vous enverrai Gustave dès qu'il rentrera! dit avec bonhomie madame Honorat, qu'elle n'avait jamais vue aussi rose et fraîche.

Gustave, tout à coup, parut, debout dans l'encadrement de la porte, souriant et gentil. Juliette fut étonnée de ne pas se sentir émue davantage.

— Tiens, mon fils! s'écria la paralytique. Justement, on parlait de toi : arrive... Va, tu peux les embrasser toutes les deux !

Le jeune homme lui ayant présenté son visage, madame Meuriot le baisa sur chaque joue, sans fièvre, ni joie. Était-ce la présence de la mère, son autorisation surtout, qui la glaçait? Elle n'aimait point recevoir l'aumône, même d'une caresse. Et puis, quelque chose d'indéfinissable semblait avoir changé cet intérieur. A moins que ce fût elle, qui se trouvât changée. Effet de l'absence, de l'habitude tranchée? Un commencement d'oubli peut-être? Enfin, à demain ! Demain, elle y verrait clair, au fond de son cœur et de celui des autres ; demain, serait calmé l'énervement du retour. Énervement que décuplait une cause fortuite, la coïncidence de certaine indisposition périodique.

Sur le palier, où le jeune homme les accompagna, tandis que Marthe descendait la première,

Juliette et Gustave, debout à côté de la rampe, enfin seuls, se regardèrent avidement.

— Ce soir! murmurait-il, en lui saisissant les mains... Ce soir, je descendrai, après le dîner?... Oui? Dites oui, je vous en conjure...

Marthe était rentrée. Alors, il se pressa contre Juliette, l'entourant de ses bras. Elle le sentait trembler de désir.

— Non, pas demain : ce soir!... Il y a si longtemps!.. Je veux!.. continuait-il...

Elle faiblissait, malgré sa résolution de sagesse. Lasse, agacée, mécontente des autres et d'elle-même, quoique au moment le plus désagréable de son indisposition mensuelle, elle était pourtant sur le point de céder : les notes lointaines d'un piano arrivèrent.

— Chut! fit-elle, en repoussant Gustave, qui, de ses lèvres tièdes, lui cherchait certaine place dans le cou.

Elle écoutait. Une voix de femme, qu'elle reconnut tout de suite. Cette Stella Saulini, dont le nom exotique suffisait à la mettre hors d'elle. Son front se plissa.

— Non... J'ai besoin de dormir... A demain! dit-elle avec une résolution subite.

Et ayant ajouté un : « bonsoir », sec, madame Meuriot descendit chez elle.

Puis, le lendemain, quel déchirement cruel! Après une après-midi fatigante passée à courir les magasins pour ses emplettes d'hiver, Juliette rentrait, un peu avant six heures. Bien qu'il fît nuit, le gaz, dans la maison, n'était pas allumé. Après avoir refermé la porte de la rue avec quelque difficulté, ses mains embarrassées de menus paquets, elle passa lentement devant la loge, déserte, encore obscure. Ses pas ne faisaient aucun bruit sur le tapis du vestibule. Devant le premier escalier, elle venait de s'arrêter, pour reprendre haleine avant de monter les quatre étages. Même elle hésitait, sur le point de ressortir, ayant oublié une commission de Marthe, un rassortiment de laines qu'elle trouverait dans le Faubourg-Montmartre. Tout à coup des chuchotements, des rires : ici, tout près, au bas des marches du second escalier. « Quelque bonne de la maison en train de flirter avec le concierge ! » pensa-t-elle. Peu curieuse de ce qui ne la regardait point, elle s'éloignait, lorsqu'elle entendit distinctement ces mots, murmurés par une femme : « Non ! Gustave, non ! Gustave... laisse-moi... On n'aurait qu'à descendre : veux-tu finir ! » Stella ! Pas de doute : le timbre de voix d'abord, une voix de contralto, un peu rauque et grasse quand elle ne chantait pas. Puis, le concierge commençant à allumer le gaz en haut du deuxième escalier, Juliette reconnut le chapeau mousquetaire de la demoiselle, qu'elle lui avait vu porter tout le printemps, un excentrique chapeau à bord démesurément large, relevé sur le côté, et dont l'immense plume retombante avait des balancements, à la lueur jaune qui déjà tombait des étages supérieurs. Et Gustave ne finissait pas, moins rebuté qu'excité par le refus et ses froufrous soyeux. Sans le voir, dans l'enfoncement de l'escalier où il se tenait, elle devinait pourtant les péripéties de l'attaque et de la résistance. Enfin, volés ou donnés, plusieurs baisers chantèrent ; des éclats de rire étouffés se terminaient en longs soupirs : quel crève-cœur !

Que faire ? Bondir sur eux ? Les jambes lui flageolaient. Crier ? Elle ne l'aurait pu, dans l'étranglement de son gosier. Alors fuir ? Comme dix mois auparavant, le soir où, déjà, elle avait surpris Gustave causant avec une fille, dans le passage ? Il ne lui était encore rien, en ce temps-là : aujourd'hui, on lui arrachait une partie d'elle-même, son cœur, son second enfant. Elle demeura donc sur place, les dents serrées, pétrifiée. Un des menus paquets qu'elle portait lui ayant glissé des mains, elle le ramassa lentement, puis s'appuya contre la rampe, bien effacée, dans l'ombre. Au moins, la certitude de ne pas être aperçue lui procurait une satisfaction, une sorte de dédommagement. Mais eux, ne risquaient-ils pas d'être surpris. Le concierge, en train d'allumer, devait être redescendu au second étage, peut-être au premier : pour peu qu'ils attendissent, cet homme les verrait. Une tentation, alors : les rappeler à eux-mêmes, d'une façon quelconque, les avertir. Elle toussa. Mais ils ne se dérangeaient point. Quel mépris de tout ! Comme ils avaient l'air heureux ! Que lui avait-on fait de son Gustave. Voilà le résultat de deux mois d'absence : du joli ! La cause de tout, c'était la mère, là-haut, cette imbécile de mère : monter en courant, alors, entrer au cinquième le front haut, crier à madame Honorat au milieu de ses invités : « Quelle riche idée de l'avoir empêché de venir à Houlgate ! » Oh ! l'égoïsme des malades, les vieilles gens retombées dans l'enfance ! Elle gravit des marches. Impossible : des jambes de plomb. Puis, abandonner ainsi le pauvre enfant ! Dans une lâcheté physique, une veulerie générale, elle se retrouvait à la même place, avide de les entendre encore, et y savourant une volupté âcre, celle des blessés qui arrachent leur bandage. Enfin, un dernier choc, plus douloureux, une dissolution de son être, comme un détraquement de toute sa personne. A l'approche de Gustave qui, la Saulini disparue, arrivait sur elle, sans la voir, n'était plus qu'à deux pas, elle tremblait, comme si un vent glacé s'était mis à souffler, secouée d'un grand frisson.

— Vous ici ! dit seulement Gustave.

Le son de cette voix suffit : elle se remettait. Les horreurs entendues s'enfonçaient dans un recul, devenaient du passé. Plus qu'un besoin : le reprendre, tout entier et pour toujours. L'emporter. Où ? elle l'ignorait encore ; mais dans un endroit sûr, qu'elle saurait certainement découvrir, où il ne serait qu'à elle désormais, loin des tentations, à l'abri de la bêtise des siens. Dès lors, elle fut toute à cette idée fixe.

Elle se serait jetée à son cou, là, dans l'ombre, comme l'autre. Ses bras s'ouvraient d'eux-mêmes, lorsque, le concierge allumant, le vestibule se trouva soudain inondé de clarté. Au moins elle le regarda avidement. Oh ! il n'était pas rassuré du tout ! Cette inquiétude : « Se doute-t-elle de quelque chose ? » se lisait si clairement dans les yeux du jeune homme, qu'elle ne put s'empêcher de sourire.

— Hein ! Vous ne vous attendiez guère à me trouver ici ? dit-elle avec douceur.

— Certes ! J'étais à cent lieues... Vous m'avez presque fait peur ! répondit-il avec naïveté.

Cette naïveté présentement la désarmait, réparait déjà quelque chose, lui semblait un baume. Avec cela, elle se mordait les lèvres pour ne pas éclater d'un fou rire convulsif. Non, il était drôle, décidément, oh! très drôle, et ce n'était qu'un enfant. Un enfant quand même, qu'il ne fallait pas gronder trop fort ni tout de suite, qu'il était encore possible de sauver.

— Eh bien, vous ne savez pas, Gustave, puisque je vous y prends, — et en disant ce : *Je vous y prends!* elle manqua se trahir, fut sur le point de fondre en larmes, — vous allez désormais être à ma discrétion, oui! faire tout ce que je vous dirai... Tenez, commencez par me débarrasser !

Et elle lui fourra, partie dans les mains, partie dans les poches du pardessus, les menus objets qu'elle portait.

— Là ! maintenant, il faut me suivre... J'ai besoin de vous... Nous avons encore trois bons quarts d'heure, avant le dîner.

Elle l'emmena rue du Faubourg-Montmartre, faire la commission de Marthe. Il s'agissait de plusieurs écheveaux de laine de diverses couleurs à rassortir, pour la continuation d'un ouvrage au crochet entrepris par sa fille. Ce fut toute une affaire, de mettre la main sur des nuances exactement semblables à celles des échantillons apportés. Même, un rouge feu et un bleu tendre restaient tout à fait introuvables ; ils durent grimper jusqu'au haut de la rue Notre-Dame-de-Lorette, où elle connaissait un magasin spécial. Avant de redescendre, elle voulut acheter un gâteau pour madame Honorat. A la devanture du pâtissier chez lequel ils entrèrent, tout en faisant son choix, elle aperçut, au milieu des tartes et des saint-honorés, un écriteau : *Petit appartement de garçon à louer.* Et l'on avait ajouté à la main : « *De suite — tout meublé — bail de trois ans — pour cause de départ. On céderait le mobilier à des conditions très modérées.* »

— Tiens ! tiens ! dit à demi-voix madame Meuriot.

Dans un éclair, tout un plan lui apparut.

— Où est-ce, cette garçonnière ?.. demanda-t-elle à la patronne.

— 7 *bis*, rue Léonie, madame, à deux pas... C'était une de nos clientes, une actrice, partie la semaine dernière pour la Russie.

Et la pâtissière se répandit en détails sur les commodités de ce pied-à-terre, c'était le cas de le dire, puisque tout se trouvait au rez-de-chaussée. Une chambre, un cabinet de toilette et une mignonne salle à manger, avec entrée, cuisine et cave. Et c'était meublé avec un goût ! Vitraux aux fenêtres, tapis partout, un lit Henri II à colonnes avec des pentes en tapisserie du temps ! Enfin, une installation complète, sans compter de la vaisselle dans le buffet, des casseroles à la cuisine, jusqu'à du linge dans les placards. Et l'on aurait le tout, pour le quart de ce que cela avait coûté : rien que pour douze mille francs ! En payant comptant, on se ferait rabattre au moins cinq cents francs. Une vraie occasion, quoi ! Le lit, à lui seul, en valait toujours trois mille.

— Est-ce qu'il y a deux entrées ? demanda tout à coup madame Meuriot, silencieuse depuis un moment, très attentive.

Qu'importait à Gustave, que ce logement d'actrice eût deux entrées ou une ? Les mains embarrassées, chargé en outre du gâteau déjà empaqueté, ficelé, il ne pouvait comprendre quel intérêt trouvait Juliette à tous ces bavardages. « Non ! Décidément les femmes, même les femmes du monde, ne sont jamais à la hauteur ! Quelle infériorité marquée ! » pensait-il, gonflé encore de contentement au souvenir des minutes agréables passées tantôt avec Stella. « Cette pauvre Juliette est à cent lieues de se douter !.. » Puis, ses regards se portèrent sur la pendule. Sept heures vingt-trois ! Plus que sept minutes et la soupe serait servie, chez lui. Comme ça vous creusait, une bonne fortune ! Quel coup de fourchette il se sentait disposé à donner ! Pourvu qu'ils n'arrivassent pas encore en retard : à quoi bon mécontenter ses parents, pour rien, comme à plaisir. Dans son impatience, affamée, il tournait déjà le bouton de la porte, lorsqu'il entendit Juliette demander où étaient les clefs, et si l'on ne pourrait tout de suite voir l'appartement ?

— Vous n'y pensez pas, madame : regardez l'heure !.. Est-ce qu'on visite la nuit les appartements à louer ? s'écria-t-il avec une brusquerie impolie, presque brutale.

Absorbée par la conception hardie de tout un plan de sauvegarde et de sécurité sentimentale, Juliette avait autre chose en tête qu'à s'arrêter au ton sur lequel lui parlait le jeune homme. Les clefs, d'ailleurs, la pâtissière ne les aurait que le lendemain. Pauvre Gustave ! Il ne savait sans doute pas que c'était à lui qu'elle pensait, de lui qu'elle s'occupait. Cette ignorance même l'attendrissait, en achevant de rafraîchir sa brûlure, la noyait de douceur, la jetait dans une sorte de compassion délicieuse.

Ils rentrèrent. Au grand complet et déjà debout dans la salle à manger, les fidèles du samedi les attendaient, et Marthe aussi, avec son père et mademoiselle Cordhomme.

— Enfin ! voici la jeunesse ! dit gaiement M. Honorat. Il ne faut pas trop crier : le rôti ne sera brûlé qu'à moitié.

— Oh ! c'est beau la jeunesse !... Ça ne vivrait que d'amour et d'eau fraîche ! clamait l'oncle Camoin, en ouvrant des grands bras, comme s'il allait presser le couple sur son cœur.

Et la tante Camoin dodelinait de la tête, en adressant à sa sœur de petits : « Vois-tu ? Vois-tu donc ça ? » Pas un muscle du visage de M. Murard ne remuait, comme d'habitude. Et, avec son amabilité gelée, le docteur Silvy vint demander à Juliette si la mer lui avait été favorable, sans que M. Meuriot, en train d'initier le docteur à un projet depuis longtemps caressé, interrompît sa phrase.

Lui aussi, Léon mitonnait quelque chose, « une grosse affaire, voyez-vous, et qui pourrait être féconde. » Tout le temps du dîner, et après, pendant les parties de cartes, la grosse affaire fut mise sur le tapis. L'idée première remontait haut, bien haut, avait des racines dans sa première jeunesse, découlait sans doute de l'hérédité, devait lui venir de son père, le saint-simonien. Quant aux moyens d'exécution, il y avait énormément pensé, à Houlgate, sur la plage et, après mûre réflexion, s'était arrêté à ceci : en convoquant la presse, « toute la presse », lui, simple architecte, comptait donner à à la salle du boulevard des Capucines une série de conférences sur des sujets larges, élevés, utiles surtout. Pas trop d'ailleurs : six ! Une par mois devait suffire : qu'en pensait le docteur ? Il en sortirait ce qu'il en sortirait. « Qui sait? Peut-être un bien énorme ! » — Et voilà que des objections se dressaient devant Juliette. Dans la paix bourgeoise de cette salle à manger, où elle dînait sans doute pour la dernière fois, elle se sentait défaillir. La lampe de la suspension répandait une clarté trop claire : avait-elle le droit de troubler cette quiétude? Des roulements lointains de fiacre arrivaient comme un murmure étouffé : que penseraient d'elle, bientôt, quand ils apprendraient... ces gens qui lui étaient devenus sympathiques ? — « Oui, six conférences mensuelles, j'entends !... Pourtant, une série de douze serait autrement efficace ! » calculait le docteur Silvy, de son air mordant et gelé, mais attentif comme s'il eût dosé des pilules purgatives. — Et Juliette se mit à considérer les convives les uns après les autres, longuement, comme si, sur le point de partir pour un grand voyage, elle eût voulu emporter leur souvenir à jamais gravé en elle. — « Douze ! ripostait Léon. Diable! Vous n'y allez pas de main morte, vous ! Mais les affaires ?.. Ce n'est pas à vous, docteur, qu'il faut rappeler la tyrannie du devoir. » — Jusqu'à l'insignifiance de madame Camoin, jusqu'à la nullité morne de M. Murard, qui, ce soir, la jetaient dans un attendrissement. Et madame Honorat donc ? — « Quant au thème élevé, large, suffisamment profond, pour mes six conférences, voici : j'avais d'abord pioché l'*Amour !*... Puis, je me suis livré à quelques recherches sur l'*Utilité de la Mort*, docteur. » — Ce qui ôtait tout le courage à Juliette, c'était de voir la mère de Gustave, si débonnaire, si vivante et si gaie malgré sa paralysie, à cent lieues de se douter qu'elle était sur le point de lui voler son fils. — « Mais la Mort, monsieur le conférencier, la Mort... pour ce public des Capucines, élégant, bourgeois, où le sexe féminin domine... cela ne vous paraît-il pas bien noir ? » — « Eh ! docteur, sans doute... Et l'Amour, d'un autre côté, vous dirai-je, l'Amour, pour six conférences, m'a semblé restreint, étroit, mince, menu. » — « Oh ! évidemment ! » — « Toute la vie n'est pas là... »

— Vous ne savez pas ce que vous dites ! leur cria-t-elle violemment.

Et elle se leva de table, avant le dessert. Volontiers, elle les aurait giflés, les deux imbéciles. Et, pendant qu'on se regardait en silence, elle passa au salon, se mit à jouer nerveusement du piano. Elle le leur montrerait à tous, et à leur barbe, ce qu'était l'amour. Plus d'hésitation, maintenant ! Non, ces braves gens, y compris Léon, lui semblaient décidément trop bêtes. Pas à se gêner avec eux ! Soudain, au milieu d'une cataracte vertigineuse de triples croches, elle s'arrêta net de jouer ; et, par la porte de la salle à manger restée ouverte, elle entendait encore : « Je ferai donc mes six conférences sur : *Les Causes, les Moyens et les Résultats du Progrès dans l'Humanité.* Hein ! docteur, qu'en pensez-vous ? » — « J'aime mieux ça, en effet ! » — « Les affiches sont commandées, voyez-vous... Néanmoins, si vous me convainquiez, peut-être reviendrais-je à la Mort... A moins, pourtant, de me remettre à potasser l'Amour ? »

Alors, avec une satisfaction profonde, madame Meuriot sentit qu'elle n'était pas libre. Qu'importaient les dispositions de ses nerfs, les hauts et les bas de son vouloir, ses alternatives d'enthousiasme ou de défaillance? Puisqu'il ne dépendait point d'elle de rien changer aux choses, de retourner sur ses pas, ni de s'empêcher d'aller de l'avant. Tant pis pour les personnes que cela dérangerait! Ces personnes feraient comme elle, parbleu : elles s'agiteraient d'abord, ayant l'illusion de résister; puis, fermant les yeux, elles s'abandonneraient à leur destin.

Lorsque Gustave vint lui apporter une tasse de café, qu'elle refusa d'ailleurs, Juliette lui reprocha brusquement ses « inconvenances » avec la personne d'en face. Certes, elle n'avait voulu rien dire sur le moment; mais elle avait entendu tout, au bas de l'escalier. Dans la stupéfaction de cette algarade tardive, inopinée, Gustave balbutiait. Retrouvant pourtant son aplomb, il nia avec effronterie. Une sorte d'altercation, fort vive, s'éleva entre eux.

— Tiens, tiens !... Mais qu'est-ce qu'ils ont donc ? Que leur prend-il ? fit remarquer l'oncle Camoin, encore à table avec les autres et se versant un petit verre d'eau-de-vie de cidre.

Du salon, arrivait un murmure de chuchotements coléreux, qui devenaient parfois des sifflements, puis retombaient en plaintes sourdes.

— Pourvu qu'ils ne se dévorent pas! insinua la tante Camoin.

Soudain, la bousculade d'une lutte, pour rire, en apparence, les trépignements d'une poussée. Puis, comme le glissement d'un meuble à roulettes, sans doute le casier à musique, rejeté au loin dans la bagarre et la chute d'un guéridon avec le bris d'une potiche! Pendant qu'on entendait Gustave vociférer :

— Voilà que vous abîmez les meubles de mes parents, maintenant !

La répartie fit sourire. « Quel gaillard que ce Gustave! En voilà un qui a de l'esprit quand même! » pensait tout le monde. Seule, la mère Honorat avait l'air consterné, pour la perte de sa potiche; sur un regard d'elle, Casimir s'empressa d'aller recueillir les morceaux. Mais personne ne semblait ému plus que de raison, ni ne cherchait à approfondir les causes de la querelle, qui ne devait pas être la première. D'ailleurs, l'on entendit tout de suite madame Meuriot, redevenue calme, dire très distinctement, afin de reprendre sa dignité : « Allons ! j'ai de la bonté de reste, monsieur... M'émouvoir pour une chose qui ne regarde que vous : vraiment, vous n'en valez guère la peine. » Pendant toute la scène, M. Meuriot, en train de noter au crayon certains aperçus, que le docteur Silvy venait de lui signaler pour ses conférences, ne s'était même pas interrompu.

Quelques minutes plus tard, réconciliés en apparence, Juliette et Gustave exécutaient un grand morceau à quatre mains. Et nul ne remarqua certains regards furieux dont ils se poignardaient encore. Des mots aigres-doux, qu'ils se décochaient toujours, furent perdus au milieu de l'entrain, de la gaieté générales. Une sorte d'électricité dans l'air avait comme émoustillé tout le monde. Ce fut un samedi exceptionnel. On joua à des jeux innocents. Même, les Blacé étant arrivés sur ces entrefaites avec leurs trois demoiselles, une petite sauterie fut improvisée. Juliette tint un moment le piano, puis voulut danser à son tour. De loin en loin, pendant qu'elle valsait avec Gustave, quelque allusion aux inconvenances du vestibule partait encore, comme une de ces fusées oubliées, qu'on tire bien après le feu d'artifice.

Vers minuit, quand on se quitta, au milieu des adieux et des embrassades, madame Meuriot, toute courroucée qu'elle était encore, regarda Gustave d'une façon significative. Elle lui refusa une poignée de main, mais lui dit un mot à l'oreille, très bas. Même, vers deux heures du matin, Gustave, encore dans la chambre de Juliette, n'était pas complètement pardonné. Elle le prit tout à coup dans ses bras, ardemment.

— Mon Gustave, je t'aimerai encore... mais, à une condition !

Plus tard, avant de le faire partir par la chambre de Marthe, elle reparla de la condition :

— Tu seras à moi, tout entier, mon Gustave, à moi seule !... Sans cela, vois-tu, je me torturerais toujours : ce ne serait plus une vie !

Comme il voulait lui fermer la bouche d'un baiser, elle ajouta :

— J'ai pensé à un moyen...

Mais elle n'acheva point, hésitante.

— Eh bien, quoi ?... Voyons !.. Dis !... murmurait-il, d'une voix traînante d'enfant fatigué.

Il réprima un bâillement. Une demie sonnait. Elle, cessant d'être amante, ayant d'ailleurs pardonné, et avec la caresse au front que donnent les mères :

— Dodo alors ?..

Le moyen de s'appartenir entièrement l'un à l'autre était simple, facile. Mais il n'allait pas s'envoler dans la nuit, ce moyen. Demain, il ferait jour. Autant remettre à demain de lui en parler.
— Eh bien, va, mon enfant... Va dormir.

CINQUIÈME PARTIE

Une nuit, trois semaines plus tard, madame Meuriot dormit d'un sommeil entrecoupé. A chaque instant, réveillée tout à fait, elle s'asseyait sur son lit, regardait la fenêtre, dont elle avait laissé les contrevents et les volets ouverts. Comme elle eût voulu qu'il fît jour ! Dans son impatience, elle se leva même, ayant pris pour l'aube naissante la clarté de la pleine lune, toute ronde au milieu d'un ciel de novembre, froidement pur : et la pendule marquait trois heures et demie. C'était de la joie qui l'agitait ainsi. Une joie débordante, inconnue, une sorte de fièvre, mais douce, tiède comme la place moite où elle venait de se couler à nouveau. Et elle ne se rendormit pas. Enfin, un de ses désirs se trouvait exaucé.

Ce projet d'avoir Gustave à elle seule, était donc chose accomplie. Depuis la veille au soir. Était-ce possible ? Un enfant à qui l'on fait cadeau de sa première montre, la glisse sous son oreiller la nuit, puis, cédant à la tentation de la toucher au lieu de dormir, la reprend, l'approche de son oreille, l'écoute battre comme un cœur. De même, il fallait que Juliette revînt à chaque instant à la façon dont s'étaient passées les choses. Elle les retournait en tous sens, revivait pour la millième fois les mêmes détails. Par exemple, elle jouissait encore de la stupéfaction naïve, puis de la belle fierté indignée, avec laquelle Gustave avait d'abord repoussé ses propositions : lui, abandonner la maison de son père ! allons donc ! Ce n'était point que l'envie lui en manquât : mais, avec quelles ressources s'en irait-il, grand Dieu ? Puis, quand elle lui avait donné à entendre qu'elle ne le laisserait manquer de rien, il s'était noblement indigné. Et quelle attendrissante rougeur à la joue ! « Ah, non, par exemple ! Vous figurez-vous que *j'en suis un ?*... Je n'aurais plus qu'à m'acheter une casquette à trois ponts, dites ! » Elle s'imaginait l'entendre encore. Et comme elles l'avaient transportée, ces phrases ! Non pas tant les mots : mais l'air, l'accent avec lequel il avait parlé, certains tremblements dans la voix, puis les sous-entendus d'un garçon bien élevé, sans doute autant d'indices d'une honnêteté profonde. Et elle se sentait encore toute remuée par cette honnêteté. Quel redoublement de désir, alors, en elle ! Quel paroxysme ! Elle lui en avait dit, des « mon enfant, » et invoqué des bonnes raisons, en sous-entendant la véritable : cette Stella Saulini ! A la fin, Gustave avait dû céder, le chéri, mais en mettant une sorte d'amour-propre à vouloir se charger de l'exécution : « Je suis un homme, n'est-ce pas ? et mes parents sont mes parents ! Que tout soit prêt jeudi, et, jeudi soir, j'irai coucher dans *mon* beau lit Henri II. » Oui, il avait dit « mon » ! Que de joie pour elle, dans ce simple mot, où elle avait vu comme une première prise de possession. « Que tout soit prêt ! » cela n'avait pas été difficile : l'actrice partie précipitamment pour Saint-Pétersbourg, une femme d'ordre, montée en tout, n'avait eu le temps de rien emporter. L'argent? Avec les recouvrements, dont Léon lui laissait le soin, ayant d'ailleurs comme lui une clef de la caisse, et pouvant disposer de certaines sommes, depuis quelques mois mises de côté à tout hasard, elle venait de tout payer comptant. Enfin, la date de jeudi étant convenue, dès la veille, vers huit heures, dans la salle à manger, pendant que Léon faisait reprendre des œufs à la neige à mademoiselle Cordhomme, tout épanouie de gourmandise, comme le cœur lui avait battu, à certain coup de timbre. Léon, sa cuiller pleine de crème à la main : « Tiens, Gustave? » Marthe : « Il ne sonne jamais aussi fort ! » L'institutrice : « C'est qu'il aura senti les œufs à la neige. » Dès le seuil, les regards du jeune homme avaient cherché les siens: parbleu ! la chose était faite ! Quelle joie ! Elle avait dû fermer les yeux pour ne point se trahir, pendant qu'il avait annoncé la nouvelle, la grande nouvelle, précisément dans les termes arrêtés entre eux. Tout d'abord, à brûle-pourpoint : « Vous ne savez pas? Depuis cinq minutes, je viens de prendre une grande décision, un parti irrévocable. » M. Meuriot : « Ah bah !... prenez-moi aussi une assiette de ce nanan : ça fera deux grandes décisions, mon garçon ! » Lui, sans se démonter : « J'ai rompu avec ma famille. » M. Meuriot : « Rompu... quoi? » Lui : « Toutes relations?... La vie était devenue impossible. » Léon étonné, la bouche pleine : « Ah bah ! » Gustave : « Comme je vous le dis ! D'ailleurs, il y avait longtemps que ça branlait au manche : ce n'était qu'une question de jours... » — « Eh bien, vous voilà dans de jolis draps, vous ? » — « Chacun doit suivre sa destinée : allez ! c'était écrit ! » — « Voyons, Gustave, mon ami, voulez-vous que je monte là-haut... après avoir avoir avalé mon café, pourtant... et que j'arrange les choses?... Oui, connaissant vos parents comme je les connais, je me fais fort... » — « Gardez-vous-en, monsieur... Outre que votre démarche resterait inutile, vous me désobligeriez. » Un peu interloqué alors, son mari : « N'en parlons plus, mon cher enfant ! C'était uniquement pour vous rendre service que je me mettais à votre disposition : mais, du moment que le torchon brûle à ce point... D'ailleurs, vous êtes maintenant un assez grand garçon.... majeur, je crois?... pour savoir ce que vous avez à faire. Moi qui vous parle, à votre âge, je me suffisais... Enfin, appartenant à une maison de commission, vous avez le pied à l'étrier ! » Mais Gustave, avec une fierté et une autorité qui lui seyaient si bien : « Je la quitte, cette maison !... D'abord, on y gagne trop peu ; puis, c'était ma famille qui me l'avait procurée, et je ne veux rien devoir qu'à moi-même... Je suis jeune, j'ai du courage : avec ça, l'on arrive... » Parbleu ! si l'on arrivait ! Et, tout en lui faisant accepter enfin du gâteau, Léon s'était mis à l'approuver gravement : « A la bonne heure ! Du moment qu'il s'agit d'une entrée dans le monde, sérieuse et définitive, jeune homme, j'en suis ! » Et il lui avait donné mille conseils ingénieux sur l'art de parvenir, s'écoutant parler et semblant préparer une conférence. Profondément indifférent d'ailleurs, puisqu'il n'avait même pas demandé au fils Honorat : « Où allez-vous coucher, ce soir? » Mais elle, au milieu du remuement des chaises, lorsqu'on était venu prendre le café au salon, avec quelle émotion elle lui avait remis furtivement une clef de sûreté, imperceptible. Puis, en jouant du piano, au milieu d'un morceau à quatre mains, bien vite et très bas: « Où sont vos affaires? » — « J'ai déposé mon sac de nuit chez le concierge : demain, je ferai prendre mes malles. — « Vous avez pensé à tout?.. Vos pantoufles? » — « Même mes pantoufles? » — « Il doit faire bon, chez vous, avec le grand feu que j'ai donné l'ordre d'allumer... Je veux que vous vous retiriez de bonne heure... surtout le premier soir, songez donc... afin qu'on ait une bonne opinion de vous. « — « Quand il vous plaira... après le morceau, si vous le désirez? » Et il était descendu avec Léon, sagement, en garçon devenu tout à coup grave et mûr, qui entre dans le monde et n'ignore qu'il passe par une bonne porte. Cette certitude parut douce à Juliette, maintenant tombée dans une sorte d'engourdissement voluptueux. Ayant trouvé une position très bonne, où elle ne sentait plus son cœur, dont les battements, au lit, la fatiguaient, elle ne remua plus. Et la lune disparut derrière les toits d'en face. Quand il fit de nouveau nuit noire dans la chambre, ses idées se brouillèrent. Madame Meuriot se rendormit profondément.

Soudain, une cloche : l'angelus de Notre-Dame de Lorette.

— Il est temps!

Elle était déjà debout sur la descente de lit.

Un frisson. Elle alluma vite une bougie, mit ses bas. Les dents lui claquaient de froid ; n'ayant pas l'habitude de se lever à cette heure indue, elle avait encore sommeil. Et son lit était à portée, entr'ouvert, tout moite : mais, dans un autre lit, il devait faire meilleur. Elle se dépêcha donc. Quand elle se trouva prête, coiffée, chaussée, habillée, n'ayant plus qu'à mettre son chapeau, elle approcha sa bougie de la pendule. A peine six heures et demie.

Que faire? Sortir tout de suite, nuitamment, au risque d'étonner ses gens, le concierge, de s'exposer à des questions? ou attendre? Elle s'assit, réfléchissant. Devant elle, dans la cheminée, à la pâleur de l'aube naissante, tout un écroulement de cendres refroidies. Elle écoutait. En bas, dans la rue, quelques rares passants, puis un passage de chèvres, avec le tremblement argentin de leurs clochettes et le rustique air de flageolet du chevrier. Rien ne remuait dans l'appartement, les domestiques ne devaient pas être descendus ; tout au fond, cependant, sans doute chez mademoiselle Cordhomme, un bruit de porte ouverte et refermée. Juliette, à tout hasard, sonna. Personne.

Et elle se disposait à rallumer elle-même son feu, lorsque Marthe, après un « Maman, c'est moi, puis-je entrer? » murmuré à travers la cloison, ouvrit doucement, parut.

— As-tu bien dormi, maman ?

Marthe était à son cou, l'embrassant avec une effusion extraordinaire, comme si l'heure matinale avivait sa tendresse, ou qu'elle eût quelque chose à se faire pardonner.

— Dis, maman, tu ne m'en voudras pas de m'être levée ?

N'était-ce pas vendredi : elle avait bien un cours à neuf et demie ; mais, désireuse de faire ses adieux à Céline, une amie, de santé délicate, qui partait pour Nice avec ses parents, par le rapide de huit heures vingt, elle avait comploté la veille au soir, avec l'institutrice, d'aller embrasser Céline à la Gare de Lyon...

— Comment, mademoiselle Cordhomme !.. si paresseuse à l'ordinaire..?

— Oui, maman, elle va être prête : je suis allée deux fois tambouriner à sa porte et... Mais, je crois entendre ses hauts talons pointus !... Tiens, justement, la voici.

Elles sortirent toutes les trois. Madame Meuriot accompagna sa fille et l'institutrice jusqu'à la prochaine station de voitures.

Une fois seule au milieu du trottoir, libre enfin, Juliette, toute emmitouflée de fourrure, commença par marcher très vite jusqu'à la Chaussée d'Antin. Place de la Trinité, sur le trottoir qui contourne le square, elle ralentit le pas, surprise et gênée de se voir dehors à cette heure et pour une course pareille. Puis l'aspect des rares passants, petits employés, ouvrières, garçons de bureau, tous talonnés par l'heure et ne la regardant même pas, la rassurait. Rien que des physionomies inconnues ! « Quand même quelqu'un me connaîtrait de vue, qui pourrait jamais se douter?»

En commençant à gravir la rue Blanche, par surcroît de précaution, elle baissa sa voilette. Mais sa peur n'était plus qu'un chatouillement, un voluptueux prurit d'aventure et de mystère. Dans la solitude de la cité Gaillard, dont chaque fenêtre, volets et contrevents clos, semblait dormir et où, seul être vivant, un chat de gouttières rentrait de quelque expédition nocturne, en s'aplatissant sous une porte, madame Meuriot s'arrêta un instant, enivrée. Quel bonheur d'être là ! Elle reviendrait chaque jour, par tous les temps et à toutes les heures, dès qu'elle aurait un peu de liberté, et en refaisant de préférence le même circuit, « adopté », présentant une sécurité absolue. Impossible d'ailleurs qu'elle se comportât mal, du moment qu'elle éprouvait cette joie pure. Des remords ! Elle se sentait meilleure, en ce moment, capable de se dévouer à un vieillard infirme, de jeter son manteau à quelque pauvresse et tout naturellement. Comme elle aurait baisé un de ces pavés luisants, entre lesquels un peu d'herbe verdissait, ainsi que dans certaines rues de province.

Puis, Juliette arriva dans la courte rue Léonie, aussi paisible et déserte que la cité Gaillard, sans autre boutique que celle d'une blanchisseuse, qui commençait à ôter ses volets. Sans changer de trottoir, elle venait de tourner à droite. La porte de la maison formant l'angle de la rue et de la cité était ouverte. Elle entra vite. A peine dans l'étroit vestibule, dallé de losanges blancs et bleus, devant une petite porte en bois noir, très vernie, celle de l'appartement de droite au rez-de-chaussée, elle éprouva une oppression dans la poitrine, comme l'essoufflement de quelque longue course. Elle introduisait déjà sa clef dans la serrure de sûreté, une seconde clef qu'elle s'était fait faire en aluminium et toute légère, un bijou de clef, lorsqu'un tapotement au carreau de la loge la fit tressaillir. En train de se coiffer, Mme Doucet, la concierge, une femme âgée qui avait conservé une taille de jeune fille, venait de la reconnaître et lui envoyait son plus hospitalier sourire.

La concierge entr'ouvrit même la porte vitrée et, sans sortir, par pudeur, car elle était en jupon, et aurait montré ses frêles épaules nues :

— Madame, la porteuse de pain vient de passer... Sans connaître les habitudes de madame et de monsieur, j'ai cru devoir prendre ceci à tout hasard...

Elle lui tendait un énorme pain de quatre livres, d'une main, sans, de l'autre, lâcher son faux chignon ni son tour de tête où le démêloir était resté enfoncé.

— Bien... Je vous remercie, dit Juliette en recevant le pain, qu'elle manqua d'ailleurs laisser échapper.

— J'attends le laitier d'un moment à l'autre... dit encore la concierge, toujours à travers la porte entrebâillée.

Et cette femme serviable signala une boucherie, avantageuse, exceptionnelle, « ici, rue Labruyère, à deux pas. » Si madame et monsieur déjeunaient chez eux, elle serait en mesure de leur procurer des œufs frais pour à la coque « oh, mais là, d'un frais : sortant de la poule ! » Enfin, elle se tenait à leur disposition : « Moi qui aime tant avoir affaire à des personnes de qualité ! »

— Bien, bien... on verra... De toute façon, merci.

Madame Meuriot put enfin pénétrer chez Gustave. Elle referma, poussa le verrou et, déposant le fameux pain sur la table Henri II de la petite salle à manger, se mit à rire toute seule. La drôle de concierge tout de même, avec ses avances, ses efforts de distinction, son goût pour les « personnes de qualité ! » Grâce à elle, ils ne mourraient toujours pas de faim : elle leur supposait un bien formidable appétit ! Peut-être, gourmande comme les personnes de son âge, se figurait-elle qu'ils avaient loué cet appartement à double sortie pour se livrer en sécurité à quelques débauches de fines bouches ? Puis, tout en quittant son manteau fourré et son chapeau, des réflexions plus graves : « Quelle opinion de moi a dû se faire madame Doucet ? Voyant que je conserve mon domicile particulier, me prend-elle pour quelque parente de Gustave, cousine ou tante, ou sœur aînée ? ou flaire-t-elle une maîtresse ? » Ici, pour y voir clair, tirant les rideaux de la fenêtre, elle se regarda dans la glace ovale penchée au-dessus de la cheminée.

Alors, malgré la flamme jeune de ses yeux, l'animation de son teint, l'éclat bleuâtre de son épaisse chevelure, coiffée à la diable ce jour-là et tout ébouriffée de la course matinale, elle se dit : « Je marque dix ans de plus que lui ! » Pensée pour la première fois cruelle, disproportion d'âge dont elle n'avait jamais souffert, jusqu'au moment où elle prenait possession de son « ménage en ville ».

Eh bien, tant pis ! Ce chagrin subit de n'être plus jeune, au moins la rendait indifférente à l'opinion des autres. Mme Doucet pouvait la prendre pour une « personne de qualité » ou pour une rien du tout, au choix : peu lui importait ! Même si cette concierge, très comme il faut, l'espionnait un jour, découvrait son adresse et son nom, se mettait à bavarder par bêtise, à la compromettre pour le plaisir, ou se faisait acheter grassement son silence, Juliette se résignait à tout, acceptait d'avance les complications, les ennuis. Elle l'aurait voulu. « Aucune rose sans épines. » Et cette image ramena le sourire sur ses lèvres.

Elle entr'ouvrit avec précaution la porte de la chambre, passa seulement sa tête, ne vit que de la nuit : une nuit tiède, un peu lourde et capiteuse, au milieu de laquelle s'entendait une respiration calme, doucement régulière ; le sommeil léger et pur d'un enfant. Elle referma sans bruit, tremblant de le réveiller. « Il a dû s'endormir tard, hier soir : l'émotion... le changement de lit... peut-être un remords d'avoir quitté sa mère... » Voilà qu'elle le partageait, maintenant, ce remords. « Une simple d'esprit, même complètement bornée, cette madame Honorat ! mais pour qui son fils était tout, et, avec ça, infirme... » N'était-ce pas elle, la grande coupable ! Mais qu'y faire ? A présent, cette cruauté accomplie, impossible de revenir sur ses pas. Il lui semblait, du moins, que respecter le sommeil du fils et lui prodiguer sa sollicitude, diminuerait d'autant ses torts envers la mère.

Elle passa donc tout en revue, et commença par la salle à manger, ouvrit le buffet, les placards, mettant de l'ordre, prenant note de ce qui manquait. Dans le cabinet de toilette, très large, l'ancien salon de l'appartement, dont l'actrice avait modifié la destination, elle changerait la glace, rayée au diamant comme celle d'un cabinet particulier, ferait recouvrir le divan et les poufs, ajouterait un élégant bureau en bois des îles, surmonté d'une étagère, où Gustave tiendrait ses livres. Oui, des livres ! car, il ne fallait pas croire... ce garçon-là travaillerait ! Et, intelligent comme elle le voyait, précoce et sympathique, avec ça affranchi de l'influence d'une famille aux idées rétrécies, il irait loin, dans le commerce ou l'industrie, ou dans les arts. Il serait son œuvre. Elle le pousserait dans la bonne direction, maintenant qu'elle allait avoir le loisir d'étudier ses penchants, de deviner ses aptitudes.

Au milieu de la cuisine, elle trouva les bottines de Gustave mouchetées de boue, encore toutes mouillées : sans quoi, elle les eut cirées elle-même.

« Tiens, il a donc plu, hier soir ! » Pourtant, la veille, lorsque Gustave était parti en même temps que M. Meuriot, elle croyait bien se rappeler que le temps... Non ! elle n'était pas sûre, et pensa à autre chose. Décidément, il faudrait une femme de ménage. « Comment ! je n'y ai pas encore pensé ! » Mais cette concierge, d'âge convenable, propre, tirée à quatre épingles, en même temps si avenante, était tout indiquée. « Elle n'attend que ça, parbleu, et sera enchantée ! » Puis la prudence conseillait de ne rendre personne témoin de leur intimité. Rien que cette femme dans leur secret, c'était déjà trop. Tirant alors le verrou de la petite porte au fond de la cuisine, elle passa par cette seconde sortie, se trouva dans la cour, voulut tout de suite aller s'entendre avec Mme Doucet.

Son arrivée dans la loge parut émouvoir et déranger beaucoup un monsieur entre deux âges, très correct, tout en noir et ganté, qui se tenait debout dans l'arrière-loge, une sorte de petite chambre sans fenêtre, close de rideaux comme une alcôve, où il faisait sombre et mystérieux.

— Pardon... pardon... balbutia le monsieur correct, en oubliant d'ajouter : « Madame ».

Il avait dans les mains un objet, quelque chose de blanc et de rond, qu'il déposa précipitamment sur une petite table, dans un angle obscur de l'arrière-loge, puis passa vite devant madame Meuriot, en soulevant son chapeau à haute forme. Une seconde, apparut son crâne, chauve comme un genou, fuyant et lisse, très rouge. Rouge comme son visage rasé de près, aux traits forts, le nez en pied de marmite. Mais, ce qui déplut surtout à Juliette, ce fut son salut d'une politesse exagérée, qui, dans son humilité, révélait de la bassesse et une hypocrisie.

— N'est-ce pas qu'il est laid? dit à brûle-pourpoint la concierge, dès que le monsieur fut parti.

Et, rajeunie d'en parler, subitement rose sous ses rides, l'œil moins bridé, vibrant de toute sa svelte personne à taille de fillette, elle vint regarder madame Meuriot dans le visage, répétant :

— Oui, laid... épouvantable avec son pif couleur tomate!... S'il vous produit le même effet qu'à moi, madame : moi je le trouve affreux !

Juliette ne disait pas non, au fond absolument de cet avis, mais venue pour causer de tout autre chose que du physique des messieurs qu'elle pouvait rencontrer dans la loge. D'ailleurs madame Doucet ne lui laissait pas placer un mot :

— Il faut que vous soyez au courant : ce coco-là, c'est mon ami, madame!... Oui, mon bon ami! Du moins, toute la maison le croit, le monde le dit dans le quartier... A mon âge! je vous demande un peu... Si c'est croyable et possible?... Il faudrait que je sois folle, folle à lier : une vieille bique comme moi, sauf votre respect, aller avec M. Volcknar!.. Mais, il n'en voudrait pas, Jésus Dieu!... Autrefois, du vivant de mon pauvre mari, on n'a pas été plus mal qu'une autre : eh bien, il n'aurait pas voulu davantage... Une pipelette! songez donc... Il est bien trop fier... On voit que vous ne connaissez pas Enrick, madame!

Madame Meuriot ne demandait pas à connaître Enrick. Et, voyant madame Doucet un peu essoufflée, crut le moment arrivé et lui proposa de faire le ménage de Gustave. La concierge lui coupa tout de suite la parole. Le ménage de ce jeune monsieur si convenable : parbleu! si elle acceptait! Trois heures par jour. L'argent? On s'entendrait, bien sûr. Toute sa vie, elle n'avait eu qu'un désir : avoir affaire à des personnes de qualité. Même c'était ce penchant irrésistible vers la distinction, qui, depuis quelques mois, l'avait fait s'intéresser à M. Enrick Volcknar, un Norvégien, sculpteur de beaucoup de talent.

— Attendez! madame... De grâce, si vous avez une minute... je veux vous montrer ce qu'il sait faire.

Et, ayant allumé un bougeoir, elle conduisit la nouvelle locataire dans l'arrière-loge, où, sur des journaux étendus pour protéger le marbre de la commode, Juliette aperçut une longue statue en plâtre, n'en finissant plus. Une madame Doucet, si l'on voulait, mais passée au laminoir, toute en hauteur, comme fondue et presque diaphane, dans une sorte de peignoir blanc sans plis. Un vrai fantôme, sans sexe, sans corps, la caricature de la concierge, délivrée de la prison de la matière pour devenir une simple walkyrie scandinave. Peu versée dans les arts plastiques, mauvaise connaisseuse, en sculpture surtout, madame Meuriot n'en poussa pas moins un « ah! » de surprise, et un sourire passa sur ses lèvres. Redevenue grave, elle continuait de regarder, consternée, ahurie.

— N'est-ce pas, madame, que ça vous produit le même effet qu'à moi?... Je fais peur, dites? s'écria madame Doucet, toute heureuse de cette gravité consternée, qu'elle prenait pour de l'admiration.

Et, tenant toujours son bougeoir, dont elle promenait la flamme pour éclairer les divers côtés de la statue, elle lui confia des enfantillages. La nuit tombée, seule dans la loge, elle n'osait guère s'approcher de sa propre image. Par exemple au cimetière, morte, elle ne tremblerait plus : oui, elle comptait, dans son testament, ordonner à ses héritiers de mettre cette figure sur son tombeau. Tiens! elle l'avait payée assez cher : dix-huit cents francs pour le moins. Ça ne semblait pas possible! Ici, elle se mit à énumérer le détail, en calculant sur ses doigts : tant pour la maquette, l'argile, l'armature, le moulage, tant pour un modèle qui avait posé la draperie des semaines entières, tant pour l'atelier, pour trois termes en retard, payés d'un coup au propriétaire qui l'avait fait répondre dorénavant pour le sculpteur. Sans compter tout ce qu'elle passait sans cesse à Volcknar, argent de poche, vêtements, linge, provisions.

— Eh, tenez, ce matin encore...

Elle lui montra, déposé sur la commode, à côté de la statue, un bol énorme où il restait de la soupe.

— Il ne l'a même pas finie !.. Voilà ce qu'il était en train d'avaler quand vous êtes entrée...

Elle en était arrivée à ne plus mettre le pot-au-feu, faire un ragoût, un rôti, sans lui prélever sa part, qu'il ingurgitait comme ça sur le pouce, en se tenant au fond, dans l'ombre, toujours debout.

— Ce serait plus simple de le faire manger avec vous, dit madame Meuriot, intéressée.

— Parbleu !.. Je le lui ai dit assez souvent... Mais monsieur ne veut pas !.. Déjeuner et dîner avec une concierge : fi donc ! monsieur est bien trop fier !.. Et le monde ?.. Les gens qui passent à chaque instant devant la loge nous verraient attablés... Avec ça, mon vilain coco n'est guère commode...

Et la concierge soupira profondément, sur sa misère à elle, sur l'étendue de ses sacrifices, sur ce que vilain coco lui faisait endurer. Depuis un moment, Juliette n'écoutait plus, inspectant l'arrière-loge, stupéfaite de certaines particularités non remarquées tout d'abord. On eût dit une chambre de jeune fille vouée au bleu et au blanc, avec l'étroit lit de pensionnaire, pas défait, aux rideaux de mousseline, avec une petite chaise au bout de la descente de lit, et des couronnes vert sombre pendues au mur, un peu haut, au-dessus de la mignonne étagère, où étaient conservés mille riens d'enfant, débris de joujoux anciens, bibelots sans valeur, à côté des livres de distribution de prix.

— Ah, vous regardez tout ça... Ça vous intéresse! dit madame Doucet avec un épanouissement sur le visage.

Puis, baissant la voix, comme pour ne pas réveiller certains échos :

— C'était la chambre de ma fille.

— Votre fille!.. répéta madame Meuriot d'un ton grave, émue de l'émotion qu'elle remuait.

— Oui, je l'ai perdue... Morte de la poitrine... à dix-neuf ans.

Et, par habitude, la concierge porta son mouchoir aux yeux : il ne vint pas de larmes. Les yeux restaient secs; mais, ayant aperçu de la poussière sur un joli pupitre en acajou, repoussé au bord de la commode par la statue, elle alla l'épousseter, du revers de son tablier.

Et elle dit encore quelques mots de sa Carmen, une perle, une merveille de gentillesse, de belle éducation. Et de beauté, donc! Ici, elle exhiba une photographie-miniature, trop noire, qu'elle portait au cou, dans un médaillon, mais où l'œil d'une mère pouvait seul retrouver le charme du modèle. Carmen chantait comme un ange, presque sans avoir appris : mais, douée! C'était à se mettre à genoux quand, le dimanche, ou chaque soir pendant le mois de Marie, son filet de voix argentin modulait des cantiques à la chapelle de la rue de Calais, chez les Sœurs. Le théâtre? non. Carmen n'eût pas mangé de ce pain-là. Elle se destinait à l'état d'institutrice, donnait des leçons, oui déjà, à dix-neuf ans.

— Morte au moment où elle gagnait enfin sa vie... Est-ce pas dommage?.. Puis, si je ne l'avais pas perdue, madame, jamais l'autre...

Alors, Carmen oubliée, la concierge ne parla plus que de « l'autre ». Si elle en avait fait connaissance, c'était la faute de la locataire d'avant, de la comédienne partie à Saint-Pétersbourg. Un joli cadeau qu'on lui avait laissé là ! Eh, oui, Volknar était camarade avec un ami de la dame. Connaissant « la dèche » d'Enrick, le particulier l'amenait de temps en temps, dans l'espoir de « *tomber* l'actrice au buste, ou au médaillon, au moins ». Mais ça n'avait pas pris. Bien trop malines, toutes ces femmes ! Tandis que c'était elle, une malheureuse pipelette, sans défense et pas riche, qui avait été « tombée », à la statue, à bien d'autres choses encore. A quoi cela la mènerait-il ? Et madame Doucet était devenue très rouge. Une sorte de colère montait en elle, depuis un instant, lui étranglait la gorge. Pendant qu'elle se remettait un peu, Juliette, ne songeant plus à partir et considérant la face ridée de la concierge, son tour de tête trop noir, pensait : « En effet, à quoi cela peut-il la mener ? A son âge ? »

— Un soir, reprit celle-ci, Volknar, invité à dîner chez l'actrice, entra auparavant dans ma loge, et me pria de lui prêter une brosse... Je la lui prêtai, j'eus tort : tout devait découler de cette première complaisance

— Oh, oui... si l'on savait ? dit à demi-voix Juliette... Une chose en amène ordinairement une autre ! ajouta-t-elle en souriant.

— Quand il se fut brossé, arriva une seconde demande, celle d'une aiguillée de fil, afin de se recoudre un bouton... Comme il s'agissait d'un bouton de son pantalon... d'un bouton à une fort mauvaise place... je le conduisis jusqu'ici, dans la chambre de Carmen, pour qu'il ne fût pas exposé aux regards ; je le laissai un moment seul... Puis, voyant qu'il n'en finissait plus, n'entendant pas le bruit de l'aiguille, mais un murmure de plaintes étouffées, comme de longs soupirs douloureux, je risquai un regard à la dérobée... Quel spectacle, madame ! et je ne sais vraiment si je dois vous dire... Le malheureux, sauf votre respect, à moitié déculotté, se tenait au marbre de cette commode, souffrant le martyre... atteint d'une mauvaise maladie, le pauvre diable ! « Jésus-Dieu ! vous ne vous soignez pas, monsieur Volknar ? » — « Et avec quoi ? madame Doucet. Il faut de l'argent, hélas ! beaucoup même, pour suivre certains traitements. Ensuite, si j'avais les remèdes, qui les préparerait ? Qui me les administrerait ? Je ne connais personne assez intimement, en France. » — « Ni parents, ni amis ? Pas même une bonne amie ? » — « Personne ! » — « Et si vous retourniez chez vous... une supposition qu'on vous trouverait l'argent... ou bien en vous faisant rapatrier par votre consul ? — « En Norvège ! c'est loin... Je ne suis guère en état de supporter le voyage... Puis, mes parents sont morts, sauf une sœur, belle comme une fée, dont j'étais fou, pour laquelle je me suis sacrifié afin de lui faire épouser un prince... Mais elle n'a pas de cœur, et me ferait jeter à la porte par ses gardes : aussi, plutôt crever ici comme un chien que de mettre jamais les pieds dans ses domaines ! » Alors, vous comprenez, madame : ces domaines, ces gardes, la sœur princesse, la fée et tout le tremblement, d'une part, de l'autre, mon vilain coco abandonné, son pantalon ouvert, et qui, à chaque instant, s'interrompait en poussant des aïe, tout ça m'avait retourné le cœur... « Attendez-moi ! » fis-je ; et, la rue traversée, me voilà chez le pharmacien, d'où je revins avec des pilules de copahu, et des paquets pour de la tisane, et du tanin... avec une petite seringue en verre... Total : six francs quatre-vingt-dix !

Madame Meuriot n'en revenait pas. Sans faire un retour sur elle-même, trop femme pour s'avouer déjà que, à travers la différence des âges et de la position sociale, il y avait de son cas dans celui de madame Doucet, elle était toute remuée par cette passion de vieille femme, grandie là, dans cette chambre d'enfant blanche et bleue, comme une sorte de plante vénéneuse arrosée de tisanes, saturée de tanin et de cubèbe. Dire que celle-ci s'était acoquinée à un homme de quarante ans, chauve comme un genou et laid, en lui préparant des injections ! Mais, sans s'arrêter à ces considérations, ni à la curiosité de savoir jusqu'à quel point la faiblesse de cette personne était restée, ou non, platonique, Juliette se sentait bien aise que le hasard lui eût fait poser ici le nid de son amour. Question d'atmosphère ! L'odeur sentimentale de la maison, décidément, la ravissait ; comme la paix de la rue sans boutiques, comme la solitude de la cité Gaillard, cette province, où de l'herbe verdissait entre les pavés.

« Quelle joie d'avoir déniché cette garçonnière ! » Elle s'y trouvait déjà comme le poisson dans l'eau, et du moment que la chance s'en mêlait, il ne lui restait qu'à profiter largement de son bonheur.

— Alors, voyons, et ce ménage ?.. Vous ne voulez pas me dire votre prix !

Et comme, pour réponse, elle n'obtenait qu'un sourire diplomatique :

— Trente ? quarante ? quarante-cinq francs ? jeta-t-elle à tout hasard... Cinquante, peut-être ?

— Non, soixante !.. Afin que ça fasse un chiffre rond : quarante sous par jour. Est-ce trop ?.. Non, n'est-ce pas ? du moment que je ferai aussi la cuisine... Et vous verrez comme votre jeune homme sera soigné... Un vrai coq en pâte !..

Entendu : soixante francs par mois. Et la concierge commencerait aujourd'hui même, dès que monsieur sonnerait. Madame Meuriot était hors de la loge, voilà que la concierge lui courut après dans le vestibule.

— Madame, pardon ! J'oubliais... Une recommandation que j'adresse à tous les locataires...

Et, naturellement, du ton dont elle lui eût recommandé de bien arrêter les contrevents ou de ne pas cultiver de fleurs sur les fenêtres, elle la pria de lui mettre de côté ses vieux gants défraîchis, déchirés, ne servant plus, à elle ou à monsieur.

— Ça ne vous privera de rien : je ne vous demande que ce que vous auriez jeté... Tandis que moi, ajoutait-elle avec un air de mystère, j'en fais quelque chose... C'est grâce à ces déchets que l'on voit Volknar toujours correctement ganté...

Madame Meuriot termina son inspection en descendant à la cave, qu'elle ne connaissait pas. Il restait une petite provision de bois et de charbon que, le jour même, elle aurait soin de compléter. Méthodiquement rangés dans trois casiers, plusieurs centaines de bouteilles vides : elle pouvait commander aussi une pièce de vin.

Juliette remonta, traversa la cour, rentra par la cuisine, poussa le verrou. Neuf heures, et Gustave dormait toujours. Elle traîna un peu dans l'appartement, songea même à allumer du feu, car le froid la saisissait. « Tiens ! pas une allumette ! » Elle eut beau chercher, n'osant faire du bruit et marchant sur la pointe du pied. A la fin, elle se glissa dans la chambre, pour fouiller dans les poches de Gustave, qui, fumeur, avait ordinairement des allumettes sur lui. Une fois qu'elle se trouva au bord du lit, ses idées changèrent. Elle se déshabilla très vite, et complètement, ôta ses bas, ne conserva pas même sa chemise. Et transie, les pieds comme des glaçons, elle se coula à côté de Gustave, en évitant de le frôler, de peur de le réveiller.

Maintenant elle se sentait bienheureuse, dans ses moindres fibres ; elle frissonnait tout entière, sous l'enveloppante caresse de ces draps moites, comme vivants. Et elle eut voulu rester éternellement ainsi, blottie et se faisant petite, à écouter le continuel tic-tac, désormais sans signification, de la pendule.

Les heures auraient pu sonner, inutilement, et, le soleil, dont elle voyait des raies poussiéreuses glissées sur le tapis, disparaître, revenir et disparaître encore. Quel rêve ! Supprimer le temps, en n'en tenant plus compte, sortir de la vie. Borner l'univers aux murailles de cette chambre, aux rideaux de ce lit à colonnes, suspendant sur la tête comme un dais de volupté et d'oubli.

Eh bien, et sa fille alors ! Que devenait-elle, au

milieu de ces aspirations? N'y avait-il plus de place pour elle dans son cœur? Toute nue dans ce lit, voilà qu'elle pensait à Marthe. A son mari même! Loin de le détester parce qu'elle vivait à sa guise, elle se sentait toute disposée aujourd'hui à lui rendre justice, à reconnaître en lui un associé ayant toujours fait honneur à leurs affaires. Heureuse, elle serait indulgente à son égard, fermerait les yeux sur ses défauts. Et Mademoiselle Cordhomme? Oh! celle-là était surtout ridicule! Un sourire lui effleura les lèvres. Mais, comme dix heures sonnaient, la pensée de ne pas les faire attendre tous trois, pour le déjeuner de midi, lui fit glisser un bras sous le cou de Gustave, qui entr'ouvrit les yeux.

— Va, c'est moi... je suis là... je t'aime, mon beau paresseux...

Le beau paresseux se laissait embrasser d'un air alangui, en refermant les yeux. Elle le réveilla tout à fait, avec des caresses.

— Je t'aime... je t'aime... je t'aime de toutes mes forces... ne se lassait-elle pas de répéter.

Et elle le serrait à en perdre haleine, l'enlaçant à pleins bras, frissonnant d'impatience. Jusqu'à ce qu'ils ne fussent qu'un. D'ailleurs, elle était un peu l'homme. Une sorte de virilité amoureuse lui était née. Elle attaquait, maintenant, agissait plus que lui, avait des trouvailles de volupté, prenait les initiatives. Gustave la laissait faire, souple et gentil, naturellement enclin à cette passivité.

Blond, avec ses yeux clairs, souvent cernés, son teint de lait, sa moustache naissante, avec la minceur de ses os et le potelé de son corps d'éphèbe au système pilaire indéveloppé, lui, en retour, tenait de la fille. Sa chair lisse, nacrée, était douce à toucher. Au lit, d'ailleurs, cet enfant gâté et tyrannique devenait tout autre, embarrassé, presque timide. Sa gaucherie irritante la charmait. Et son indifférence native avait les attraits de la pudeur, l'excitait comme une résistance à vaincre.

La pendule sonna. Elle comptait les coups, les derniers seulement à haute voix :

— Neuf! dix! onze !... Et tout pour onze...

Plus qu'un quart d'heure de bon, si elle ne voulait pas se mettre en retard. Peut-être vingt minutes, en filant après comme une flèche! Et elle le reprit dans ses bras, oh! sans « penser à mal », cette fois. En amante toujours, parbleu! mais en amante dont le cœur, autrement insatiable que les sens, voulait encore avoir chaud et se fondre dans le sien. Pourquoi Gustave, pleinement satisfait, lui, et se méprenant sur ses intentions, eut-il un mouvement de recul et se retourna-t-il dans le lit, lui montrant le dos? Voilà qu'elle le désirait plus que jamais. Elle avait donc mal su l'aimer, puisqu'il n'était pas à l'unisson de cette tendresse reconnaissante dont son être débordait; aussi voulait-elle une ardente revanche. Et elle la prit, furieusement, énervée par l'heure tardive, surexcitée par la froideur de Gustave, enfiévrée par les moyens auxquels il lui fallut recourir pour le dégeler.

Madame Meuriot revint à deux heures de l'après-midi, et trouva Gustave encore à table, achevant le déjeuner qu'en partant elle avait commandé pour lui à Mme Doucet.

— Tu n'étais pas trop en retard? demanda-t-il, s'interrompant de boire.

Excepté dans les moments d'intimité absolue, jamais il ne l'avait tutoyée ainsi, de sang-froid et à l'improviste. Juliette, occupée à ôter son chapeau, en devint rouge de surprise et d'émotion, de bonheur aussi. Mais elle qui, depuis qu'elle fréquentait les Honorat, tutoyait généralement Gustave, se mit à lui dire :

— Vous vous trompez, mon ami... En retard ! M. Meuriot l'était, lui, et à cause de vous... sans que vous vous en doutiez...

— Ah bah !

— Oui, il vous cherche déjà quelque chose, une position sociale... Quoi ? je vous le dirai, quand les démarches seront avancées... N'empêche qu'on ne s'est mis à table qu'à midi trois quarts : sans ça, croyez-vous que je ne serais pas venue plus tôt !

Elle tirait d'un petit sac son ouvrage, puis autre chose, dans du papier.

— Tenez... j'ai songé à votre dessert... Voyez ce que j'apporte...

— Oh ! la belle poire !... Elle a la forme d'un cœur...

— Mettons que ce soit le mien !

Et, quand elle eut fini de la peler :

— Veuillez accepter mon cœur, monsieur... Vous m'en direz des nouvelles !

— Un beurré blanc !... s'écria le gourmand, la bouche pleine.

Il finit par la remercier, et lui en offrit un quart. Juliette accepta seulement de prendre du café avec lui.

Pendant que la concierge leur apportait les tasses, elle passa un moment dans la chambre, afin de mettre une paire de pantoufles, achetées en venant.

— Là ! dit-elle gaiement, en reprenant sa place vis-à-vis lui ; vous ne vous formaliserez pas, mon Gustave, si je prends mes aises chez vous... avec ce sans gêne ?

— Bête, va... Fais comme chez toi !

Cette réponse l'enchanta, lui fit trouver le café exquis. Elle le dégustait à petites gorgées, accoudée sur la nappe, heureuse d'être là et de se tenir mal, les yeux brillants, les cheveux embroussaillés comme ceux d'une personne recoiffée à la diable. On adressa de grands éloges à madame Doucet : son café était supérieur.

— C'est que, aussi, j'y mets ce qu'il faut pour ça... Dame ! quand on a la chance d'avoir affaire à des personnes de qualité...

Madame Meuriot lui en offrit même une tasse, qu'elle accepta. Mais, à peine y eut-elle goûté, la concierge demanda la permission de se retirer. On l'attendait dans la loge. « On », c'était Volknar, elle l'avouait. « Qui voudriez-vous que ce fût ? »

Et, de la porte, sa tasse à la main, avec un sourire confidentiel :

— Chut !... Il faut bien que je lui porte son canard...

Ils ne sortirent pas, employèrent l'après-midi à compléter l'installation de « la garçonnière », comme disait décidément Juliette. A chaque instant, montée debout sur une chaise, elle plantait des clous, rangeait méthodiquement ses affaires, plaçait les bibelots. « Tiens ! passe-moi un clou à crochet... Non ! un plus petit... fais vite, où je lâche tout ! » Maintenant, elle le tutoyait de nouveau.

— Va, laisse-moi faire à ma guise. Ces détails là ne regardent guère les hommes... Tu verras quel nid tiède et gentil je saurai t'arranger !

Et elle riait de bon cœur, en prenant note de ce qui manquait, sur un imperceptible calepin. Quelque chose de pur vibrait dans sa voix ; une gaieté et une jeunesse qu'elle ne se connaissait pas, chantaient dans toute sa personne. On eût dit une grande sœur aménageant la première installation de son frère cadet. Sa rage passionnée du matin semblait calmée à jamais. Ils n'étaient plus que deux camarades, encore très enfants, au point d'interrompre à chaque instant leur besogne pour se faire des niches. Même les baisers qu'ils se volaient, restaient innocents. Et au milieu de cette intimité, malgré l'endroit, la sécurité du tête à tête, Gustave à son insu recommençait à lui dire « vous ».

Cependant, cette première journée touchait à sa fin. Avec l'ombre qui tombait peu à peu, mettant du vague dans les angles, élargissant la garçonnière, une lassitude et une gravité descendirent en eux, les pénétrèrent.

Ils ne badinaient plus. Tous les deux, en même temps, cédèrent au besoin de s'asseoir. Dans la chambre, lui, sur la chaise longue ; elle, sur un tabouret, à ses pieds. Un moment, ils gardèrent le silence. Puis, dans la cendre grise de la nuit qui descendait, Juliette, d'une voix lente et basse :

— Que doit penser votre mère, à présent ?

— En voilà une question ! dit Gustave, avec un haussement d'épaules.

Une question saugrenue et déplacée, pensait-il. Oh! les femmes! Est-ce qu'il lui parlait de son mari ou de sa fille, lui? Si la conversation glissait sur cette pente, ça n'allait pas devenir drôle. D'ailleurs voici l'heure où il aimait fumer un cigare sur le boulevard, avant le dîner, en attendant de voir passer Stella.

— Oh! je vais vous le dire, moi, à quoi pense maman... Ma tante Camoin vient sans doute d'arriver... Et maman lui demande si ses nouveaux grains de santé sont efficaces, ou quel jour elle compte faire sa confiture...

Juliette n'avait pas écouté. Accoudée sur la chaise longue, où avait fini par s'allonger Gustave, elle regardait la fenêtre, mystérieusement noire maintenant. En elle aussi, il faisait vague, obscur. Jamais elle n'avait vécu de pareilles délices : et, pour un rien, elle eût fondu en larmes. Alors quoi? elle ne savait plus. La passion était donc, elle aussi, une chose bornée, trompeuse et vide comme le reste. A moins que, l'imperfection venant d'elle, elle n'eût pas le cœur construit pour être heureuse.

Eh bien, que faire? Reculer devant l'inconnu, fuir les angoisses de l'incertitude, ne pas continuer l'expérience? Rendre alors ce garçon à ses parents, et à Stella Saulini! Mais elle, se combattre et se vaincre? Repousser sottement cette joie qu'elle avait enfin sous la main, se résigner à une existence de dupe entre Léon et mademoiselle Cordhomme, puisque Marthe, un jour ou l'autre, la quitterait en se mariant? Et vieillir ainsi, en proie à de cruels regrets, lorsqu'il serait trop tard? Enfin mourir, probablement tout entière et pour toujours, avec l'immense regret de ne pas avoir profité de la vie?

« Oh, non! ce serait par trop bête! » pensait-elle. « Et lâche aussi!.. Comment! maintenant que la chose est faite, j'aurais peur! »

Elle se retourna vers son amant, toujours étendu sur la chaise longue. L'obscurité croissante l'empêchait de remarquer l'expression d'ennui de ce visage. Peu à peu, sans quitter son tabouret, après avoir passé un bras autour de la taille de Gustave, elle laissa aller sa tête contre lui. Là! Elle était bien, la nuque sur cet oreiller vivant. Calmée, maintenant, elle se sentait courageuse. Résolue à aller jusqu'au bout, en acceptant toutes les conséquences de ses actes. Reculer? Renoncer à cet amour? Bêtise! Est-ce que les fleuves, renonçant jamais à leur cours, remontaient vers leur source? La conviction de cette impossibilité la fit sourire d'aise, discrètement. Lui, pensait : « Ce cigare... Le voilà compromis, hélas!.. Et Stella? Je ne serai pas sur son passage, aujourd'hui... Bah! c'est un premier jour, il faut y mettre de la complaisance. Seulement, à l'avenir... Dès demain... »

— De la lumière!.. Veut-on de la lumière?

C'était madame Doucet, qui, après avoir éclairé son escalier, venait à la fenêtre leur faire une offre obligeante. A travers les vitres, la lueur de sa petite lampe dansait jusqu'au fond de la chambre.

— Merci... Merci... fit avec impatience Juliette, comme importunée.

— Il est certain que pour ce qu'on fait ici, l'on y voit assez... ajouta Gustave.

Il voulut se lever; Juliette l'en empêcha. Et,

avant que les galoches de la concierge, qui s'éloignait, eussent fini de sonner dans la cour, elle était sur lui, résolue, silencieusement ardente.

Lui, cette fois, se refusait, avec une coquetterie de gestes toute féminine, ramenait un bras sur son visage, comme pour se garer contre les baisers. « Vous voulez encore... » commença-t-il. Mais leurs bouches se rencontrèrent. Leurs haleines et leurs soupirs, déjà, se mêlaient. Et, tout en s'excitant à son tour, plus nerveusement d'ailleurs que le matin, la partie immatérielle de son être arrivait à un spasme spécial, se gonflait solitairement de vanité : « Comme je suis aimé, là, dans l'ombre, par cette femme du monde ! Et, il n'y a pas à dire : c'est pour moi, qu'on m'aime ! Pour mon physique et mon esprit, pour l'excellence de toute ma personne ! Quel dommage que l'existence du mari m'empêche de crier sur les toits ma gloire ! » Tandis que l'obscurité complète où ils se trouvaient, produisait un tout autre effet sur Juliette. Elle croyait enfin le tenir, le posséder plus étroitement, et elle se donnait davantage. Comme ces fleurs qui ne s'ouvrent que la nuit, son amour s'épanouissait. Dans le recueillement du soir et la volupté du mystère, elle le sentait monter en elle, son amour, l'envahir tout entière et la pénétrer délicieusement. Maintenant elle n'était plus que passion, et cette passion était faite de Gustave à elle pour toujours, du corps et du cœur de Gustave. Une sorte d'exaltation épurée, presque religieuse, émanait du délire de ses sens. « Mon Dieu ! Mon Dieu ! Je meurs... » balbutiait-elle. Un moment, elle perdit presque connaissance. Dans son vertige, quelque chose l'emportait délicieusement, elle ne savait où, mais hors de la vie, à une hauteur de prodige, en des espaces inexplorés. Comme elle se croyait légère, ne sentant plus son enveloppe matérielle, mais sachant que Gustave était toujours là ! Puis ses yeux se rouvrirent et elle fut très étonnée de se retrouver vautrée avec lui, sur l'épais tapis de la chambre, devant la chaise-longue, d'où ils avaient glissé insensiblement à terre.

Une heure plus tard, rue Grange-Batelière, madame Meuriot qui venait de rentrer, et Gustave, arrivé cinq minutes après elle, dînaient en face de M. Meuriot, de Marthe, de mademoiselle Cordhomme.

Et il ne se passa rien d'extraordinaire. Sauf que le jeune homme, creusé par son après-midi, demanda une seconde fois du potage, revint à tous les plats.

— Bravo, mon garçon... s'écria Léon en lui mettant d'autorité une troisième tranche de roast-beef saignant sur son assiette. Hein ? ça développe les fonctions, la vie libre et sérieuse, vous prouverait sciemment le docteur Silvy... Tenez ! pour vos résolutions viriles ! Avec du jus... oui, du bon sang... pour votre travail !

Gustave se mordait les lèvres pour ne pas rire. Lasse et absorbée, Juliette ne sourcillait pas.

Elle mena dès lors cette existence en partie double : les journées à la garçonnière, en tête à tête avec Gustave ; les soirées dans son intérieur, encore avec Gustave, d'avance invité à dîner, jusqu'à nouvel ordre. Rien ne transpirait de leur vie secrète. Aucun relent d'amour ne la trahissait. Pas un mot ni un regard qui fût un rappel de leurs lièvres. Méthodique jusque dans ses désordres, elle ne manquait jamais, en rentrant, de passer par son cabinet de toilette. En un rien de temps, lavée, recoiffée, changée, elle semblait une autre femme. L'amante, jusqu'au lendemain, était redevenue la mère de famille.

Chez elle, le soir, il lui arrivait de bâiller à chaque instant, dans une détente nerveuse. A peine était-on passé au salon, des somnolences invincibles la prenaient. Alors Marthe, sans qu'on l'en priât, se mettait au piano, et jouait interminablement, pour qu'on ne s'aperçût point que sa mère faisait dodo dans son fauteuil.

— A la bonne heure! disait l'architecte, souvent présent, car il sortait moins le soir, et enchanté de ce ruissellement de petites notes.

Lui, était pour que chacun cultivât son champ, « quand on avait le bonheur d'en avoir un. »

— Et vous, mademoiselle Cordhomme? ajoutait-il, en se tournant vers celle-ci, quand Marthe s'interrompait pour fouiller dans le casier à musique... Vous restez donc les bras croisés, vous!.. Vous qui, l'hiver dernier, m'avez brodé une si merveilleuse blague... Tenez, la voici!

Ida l'avait achetée d'occasion chez une revendeuse à la toilette. Son travail s'était borné à la porter chez un dégraisseur, puis, à la faire monter.

— Aoh! cet hiver, *moa* ne pas être en train...

— Eh bien, vous avez tort! ripostait-il, avec une brusquerie sévère.

Il avait une devise, lui : « Laboureurs, à vos charrues! » Ou, encore, pour ne pas se cantonner dans la question agricole, où il y aurait d'ailleurs tant à dire, cette autre devise : « Canonniers, à vos pièces ! » Ou celle-ci : « Ménagères, à votre pot-au-feu ! » En un mot, il envoyait l'humanité entière au travail : le progrès était au bout ! Chacun devait faire ce pour quoi il était né, « mais le faire, là ! » Et les détrousseurs de grandes routes eux-mêmes, devaient-ils détrousser sur les grandes routes ? Il n'était vraiment pas éloigné de le croire, puisque telle semblait être leur fonction sociale. La logique le portait donc à ajouter : « Pickpockets, à nos poches ! »

— Quelle horreur !... Aoh ! monsieur Meuriot, quelle horreur ! sifflotait mademoiselle Cordhomme, avec une trépidation effrayée de tout l'arrière-train, comme si elle eût déjà senti une main sans scrupule travailler le long de sa cuisse sèche.

— Oui, mademoiselle !... Qui sait si le vol, le viol, le meurtre, l'adultère, et cætera, n'ont pas leur utilité, sociologiquement ? De même qu'on pourrait démontrer l'utilité de l'ortie, de la vipère... la nécessité de toutes les espèces animales, végétales ou minérales, réputées nuisibles... Tout sert à quelque chose, soyez-en sûre... La nature entière est une harmonie, et la société résulte d'un concert... C'est d'ailleurs ce que je démontrerai avant peu... quelque part... Mes documents sont prêts pour ma série de conférences, et, chaque jour, j'en amasse d'autres... Marthe !... Continue mon enfant : va, fais ta partie...

Et Marthe, indifférente en apparence, mais depuis quelque temps toute triste, « faisait sa partie », se remettait courageusement à égrener des notes, des perles, tour à tour en pluie fine et monotone, en cascades bruyantes, en ruisselets jaseurs, en confuses buées sonores; puis en cataractes inquiétantes, en orages soudains aux furieux grêlons, en tempêtes convulsives avec coups de canons électriques aux lividités aveuglantes; enfin, de nouveau en murmures discrets, tendres, en rêveurs égouttements, révélant une source invisible, vierge encore, ignorée. Et, tant que sa fille jouait, madame Meuriot continuait à sommeiller doucement.

Vers dix heures et demie, on servait le thé. Juliette, reposée, se secouait et changeait de fauteuil, prenait part à la conversation, arrivait à s'animer un peu. Enfin Gustave ne tardait pas à se retirer. « A demain! » lui disait-elle, de l'air le plus naturel du monde. Mademoiselle Cordhomme lui donnait un *shake hand* des plus britanniques. Marthe d'ordinaire n'était plus là, déjà retirée dans sa chambre pour ne pas avoir à toucher la main de Gustave. M. Meuriot lui disait aussi : « A demain! » Et il l'accompagnait poliment jusque sur le palier, s'assurait que le gaz de l'escalier n'était pas éteint, puis fermait à double tour la porte de l'appartement, poussait le verrou de sureté.

Quant aux Honorat, ils ne bougeaient point, faisaient les morts, depuis que leur fils les avait quittés. Par exemple, du moment que ni le père ni la mère ne remettaient plus les pieds chez elle, Juliette se trouvait fixée sur leur compte. Ils entrevoyaient évidemment la vérité, et, courroucés sans doute, mais au fond, assez rassurés, sachant d'ailleurs par les concierges que Gustave, en bonne santé, dînait chaque jour chez les Meuriot, ils devaient avoir pris le parti sage de ne rien dire, de se résigner au *statu quo*, d'attendre : eh bien, elle ne leur en demandait pas davantage ! Donc, de leur côté aussi, sa sécurité était absolue. La seconde semaine de son entrée en possession de la garçonnière, une après-midi, vers trois heures, en traversant à pied la place de la Trinité, afin de prendre la rue Blanche, ne s'était-elle pas trouvée nez à nez avec l'oncle et la tante Camoin, en fiacre. Loin de détourner la tête, le couple, en faisant de grands bras par la portière, lui avait envoyé des bonjours amicaux, accompagnés de gracieux sourires. Même l'oncle Camoin, galamment, lui avait décoché un baiser. Non, elle pouvait, pour le moment du moins, profiter de son audace, se jeter à corps perdu dans sa passion. Après, on verrait.

Elle s'y jeta, tête baissée, sans regarder devant elle, ni autour d'elle, sans attacher d'importance au désespoir muet de Marthe, qui, ne sachant rien, devinait. Elle s'y précipita, avec sa résolution ordinaire, avec la suite dans les idées qu'elle mettait en toutes choses. Elle s'y enfonça, sans se demander où ça la conduirait, d'avance acceptant les conséquences, résignée à tout, comme une de ses anciennes amies de pension qui s'adonnait à la morphine, et chérissant de même son vice, trouvant un raffinement voluptueux à sentir qu'elle détraquait sa vie, à se dire que c'était par Gustave, pour Gustave.

Gustave ! Maintenant, « elle l'avait dans le sang », expression dont s'était servie en cour d'assises une fille publique défendant l'assassin son amant, et qu'elle trouvait d'une vérité profonde. Elle l'avait aussi dans la peau, dans les os, dans les nerfs, dans chacun de ses sens, et dans les cellules de son cerveau, jusque dans les battements de son cœur. Le matin, encore mal éveillée, sa première pensée était « lui ». Elle croyait le voir, le toucher, ses lèvres avaient déjà le goût des siennes, et elle lui disait des mots tout bas.

Au saut du lit, à peine debout et encore en savates, cette autre pensée : filer à la garçonnière! Vite, elle se chaussait. Une robe de chambre sur sa chemise de nuit. Un fichu de laine, avec un épais manteau qui la cachait, de la nuque aux talons; enfin ses gants, sa voilette. Et la voilà partie, à jeun, souvent sans passer par la chambre de Marthe, sans rien dire à personne. Elle ne se donnait même plus la peine d'inventer des prétextes, de motiver les sorties matinales. Madame était allée à ses affaires de très bonne heure, voilà tout. Le pli se trouvait pris, on n'y faisait pas autrement attention dans la maison. On avait bien parlé un moment d'une hygiène particulière, d'une vague ordonnance du docteur Silvy, qui, pour combattre des palpitations cardiaques dont se plaignait parfois madame, lui aurait prescrit l'air oxygéné de l'aurore. Mais ce n'était qu'une invention de Marthe, vigilante pour sa mère. D'ailleurs, M. Meuriot, très matinal lui-même certains jours, approuvait absolument ce nouveau genre de vie : « Va, mon amie, tu sortais de meilleure heure encore, quand nous n'étions pas riches, et que tu donnais tes leçons... Tu ne t'en portais que mieux ! C'était le bon temps, vois-tu... »

Certains jours, au contraire, harassée par son existence surmenée, après de longues heures d'insomnie où son cœur, comme trop gros pour sa poitrine, avait fait des siennes, après de fatigants sommeils du matin, aux cauchemars pleins de Gustave, Juliette se levait très tard. « Comment ! déjà onze heures ! » et elle mettait à peine ses bas. « N'importe ! je ne ferai qu'entrer et sortir. » Elle y allait tout de même. Puis, en route, se ravisant, elle achetait quelque chose, un pâté froid, ou un poulet rôti, ou une langouste, avec un gâteau; et en remettant cela à madame Doucet : « Tenez, j'apporte mon plat... Vous mettrez deux couverts. » Alors, ces jours-là, Marthe savait à quoi s'en tenir, et quand elle voyait arriver son père vers midi, elle faisait ce mensonge : « Maman a mangé une bouchée avant de partir et ne veut pas qu'on l'attende... Allons, à table ! nous autres... »

Qu'elle sortît tard ou de grand matin, Juliette ne se sentait bien éveillée que lorsqu'elle posait enfin le pied sur le seuil de la porte. Sa vraie vie commençait. Oh ! cet air de la liberté qui lui arrivait dans les poumons. Il pouvait pleuvoir, neiger par rafales, venter à démolir les tuyaux de cheminée. Elle aimait le crépitement des lourdes gouttes rebondissant comme des balles sur le ballonné de son parapluie ! Et le froid, ce bon froid, qui lui mettait une larme à l'œil, rosait ses joues sous la voilette, et lui donnait un peu l'onglée à travers ses épais gants fourrés ! Nullement avare, ni à deux francs près, c'était par volupté que, sous les plus mauvais temps, elle ne prenait pas de voiture. Tant mieux si la bise, la mordante bise de novembre, en la pénétrant d'un grand frisson, la faisait d'avance se blottir en pensée dans le lit tout chaud qui l'attendait

Par exemple, elle ne s'amusait plus à suivre le long détour d'autrefois, par la rue Drouot, la rue de Provence, la Chaussée d'Antin, la place de la Trinité, la rue Blanche et la cité Gaillard. A quoi bon cette perte de temps ? Ce surcroît de précautions, aujourd'hui, lui semblait indigne de sa passion. Elle préférait s'abandonner à un rassurant fatalisme. « S'il est écrit qu'un jour je serai vue, suivie, la chose arrivera nécessairement autant ne pas m'avilir... » Et puis, quand même tout se saurait ! Elle avait réfléchi maintes fois sur ce sujet, envisagé froidement les conséquences. Le monde, qu'elle ne fréquentait plus guère, l'opinion de certaines femmes de sa connaissance qui faisaient pis, elle ne les mettait pas en ligne de compte. Les habitués du samedi chez les Honorat ? Oh ! les pauvres gens ! Encourir une fois de plus le mépris des Blacé, forcer l'oncle Camoin à prendre un masque de puritain, entendre M. Murard dire enfin un mot, même sévère, et voir la tante Camoin « comprendre » : autant de joies en perspective ! De quoi la distraire, au besoin la consoler ! Sans compter que le docteur Silvy, dans son bagage de savant, devait avoir une formule toute prête pour cataloguer son cas et, peut-être, l'indulgencer. Les parents de Gustave alors ? Eh ! ceux-ci, elle leur clorait la bouche, en leur retournant un des dictons favoris de madame Honorat : « Mon coq est sorti, prenez garde à vos poules ! » Quant à M. Meuriot, elle le craignait encore moins. Sans recourir aux grands moyens, sans se montrer brutale en lui jetant à la tête mademoiselle Cordhomme, et Anaïs, et la Rosalie des Honorat, et toutes les autres, elle le tenait encore par son saint-simonisme ; par les théories de toute son existence sur la légitimité de l'amour, sur l'émancipation de la femme libre dans ses choix, sur la réhabilitation de la chair, sur l'ineffable communauté du phalanstère. Est-ce que le père Enfantin, et le juif Portugais Olindes Rodrigues, et Pierre Leroux, et Cabet, l'auteur du *Voyage en Icarie*, et toute la clique, n'étaient pas pour elle ? En dix-huit ans de mariage, elle était arrivée à connaître Léon : il baisserait le nez lorsqu'elle lui répondrait au besoin, que, en somme, elle n'avait que mis en pratique le : « *Fair son Paradis dans cette vie* », suivant Buchez.

Donc, elle traversait maintenant le court passage Verdeau, et, sans ses timidités des premiers jours, redoutant moins d'être suivie, montait le Faubourg Montmartre, puis la rue Notre-Dame-de-Lorette jusqu'à la coquette place ronde, passait contre la maison de feu M. Thiers, et, par la rue de La Bruyère, arrivait bientôt rue Léonie. En tout, une douzaine de minutes ; pas davantage, car elle avait retrouvé son pas de coureuse de cachet, souple, cadencé, jeune.

Elle y était, dans « son Paradis. » En apercevant madame Doucet : « Monsieur est-il rentré de bonne heure, hier soir? » — « Lui ! C'est un ange, ma chère madame. Tandis que ce vieux démon de Volcknar... Imaginez-vous que, pas plus tard qu'hier, le mien... »

Le sien ! Le mien ! Il y avait tant d'analogie que cela entre leurs situations. Gustave était donc son Volcknar, à elle ; et Volcknar, le Gustave de la concierge. Alors il fallait admettre que, avec ses soixante ans probables, sous cet affreux tour de tête noir, d'un noir si dur, au bord de ce vieux front raviné de rides, madame Doucet était une madame Meuriot de la loge, une grande passionnée d'en bas, une détraquée du cordon. A son âge! Et malgré elle, Juliette, d'un regard fouilleur qui la déshabillait, se surprenait à rêver au stupéfiant et lamentable groupe d'amour que devait produire leur accouplement : la vieille, rien que la peau sur les os, une ruine; et lui, d'une laideur inquiétante et sournoise, le crâne carré, chauve comme un genou. Mais elle chassait cette obsession. Puis, qu'importaient la forme, l'âge, la laideur ou la beauté physiques, le rang social, du moment que le fond se valait, que cette femme était sincère? Et des tentations lui venaient d'entrer dans l'arrière-loge, dans la chambre de Carmen — la Marthe de la concierge, — morte de la poitrine à dix-neuf ans, de s'asseoir, et là, devant la statue démesurément longue, idéalisée en walkyrie scandinave, elle lui aurait posé des questions : « Aimez-vous autant que moi? Votre passion a-t-elle des ressemblances avec la mienne? Quelles sont vos joies et vous fait-il beaucoup souffrir? Par quelles crises avez-vous passé, avec lui? Oh! si votre expérience est plus grande que la mienne, veuillez m'avertir des casse-cou qui m'attendent, des fautes à ne pas commettre, des précautions à prendre? » Mais non! Conservant les distances, retenue par le respect humain, par sa timidité, elle ne stationnait qu'une demi-minute devant la loge, répondait quelque banalité gentille au cri du cœur de madame Doucet endolorie par Volcknar; puis, un bienveillant sourire aux lèvres, elle passait. Tout de suite l'imperceptible clé en aluminium glissait dans la serrure.

Enfin, comme Gustave était encore au lit, elle ôtait bien vite ses bottines, sa robe de chambre, se couchait à côté de lui. Quel bien-être d'abord! Pénétrée par le froid de la rue, souvent toute transie, dès qu'elle se glissait entre les draps de toile fine, moites de la chaleur de Gustave, il lui semblait entrer dans de la chair, dans un bain de chair aimée, dans une caresse vivante. Et son cœur, surtout, avait chaud.

— Ma pauvre Juju... s'écriait parfois le jeune homme (il disait maintenant « Juju » comme M. Meuriot), tes gentils pétons sont une vraie glace !

Et en humeur de galanterie, dans une de ces velléités de dévouement pour les choses insignifiantes, dont sont capables quelquefois les profonds égoïstes, il ajoutait :

— Avance-les donc tous deux... que je les ranime entre les miens !..

Heureuse de cette prévenance, touchée comme si son amant lui eût offert quelque héroïque sacrifice, Juliette s'éloignait au contraire, pour ne pas le geler, s'enfonçait même jusqu'au milieu du grand lit et se raidissait de toute sa longueur, afin d'avoir les pieds hors d'atteinte. L'autre, d'ailleurs, n'insistait jamais.

Puis, l'avenir ne la préoccupait plus. Elle cessait de passer par ses alternatives de sécurité et d'épouvante : de sécurité, lorsqu'elle se reposait sur la faiblesse des Honorat et la nullité de leur entourage, sur l'idéal philosophique et humanitaire de M. Meuriot et ses propres faiblesses extraconjugales; d'épouvante et de consternation, en se revoyant dans madame Doucet, comme dans un de ces miroirs déformateurs, qui vous renvoient grotesque votre image, lamentablement amincie ou gonflée, risible à faire pleurer. Ni mauvais pressentiment, ni angoisse secrète, quand Gustave était là, en sa possession. Au lieu de broyer du noir, comme les premiers jours, de se torturer par avance, elle avait la folie, ou la sagesse, de s'enfoncer, les yeux fermés, dans sa passion. Il arriverait ce qu'il arriverait : d'avance résignée à tout, elle éprouvait un grand calme à s'en remettre à la destinée. Elle se sentait emportée par un grand courant, plus fort qu'elle : à quoi bon résister? Toute son ambition était de profiter des délices de l'heure présente, de vider à longs traits la coupe enchanteresse.

Donc, Gustave, plus rien que Gustave au monde ! D'abord son corps, naturellement. Son corps, dont chaque parcelle lui était maintenant familière et qu'elle adorait, autant que le sculpteur aime la statue modelée par ses doigts. Du moins, s'il n'était pas son œuvre, ce corps, à force de le caresser et de le soigner, en le modifiant sans cesse et le façonnant à son goût, en s'ingéniant à l'améliorer, elle le rendait sien et le créait une seconde fois.

Une après-midi de novembre, une de leurs belles après-midi de paresse, ils s'étaient fait servir leur déjeuner au lit par madame Doucet. Au dehors, il neigeait depuis vingt-quatre heures ; comme un immense voile immaculé, l'épaisse couche de neige recouvrait Paris, éteignant les bruits, répandant sa douceur et une accalmie sur la grande ville passionnée. La neige tombait encore, et eux, couchés, bien au chaud, s'étaient aimés plus longuement, plus tendrement aussi. Puis, sans se lever, avec des rires d'enfants jouant à la dînette, ils avaient mangé dans la même assiette, se volant des morceaux, confondant leurs fourchettes, se trompant de bouche. Leur café bu dans le même verre, Gustave avait fumé plusieurs cigarettes, que Juliette lui passait tout allumées après en avoir tiré des bouffées. Puis s'étant repris, pour s'aimer encore, ils avaient fini par s'endormir, sans cesser de se tenir embrassés. Maintenant, après l'amour du réveil, ils en étaient à cette heure légère où les amants, satisfaits l'un de l'autre, redeviennent des camarades, reconnaissants et attendris; d'autres, des étrangers froidement égoïstes. Alors Juliette, avec la sollicitude d'une sœur qui va donner un bon conseil à son frère:

— A propos... Gustave..? commença-t-elle.

Et, visiblement embarassée, car le sujet lui apparaissait tout à coup délicat :

— Mon Gustave... c'est une question... une question qui a son importance... Mais tu vas peut-être me trouver... curieuse... indiscrète...

— Vas-y toujours, ma Juju...

— Eh bien... Non! je n'ose pas, je n'oserai jamais ! s'écria-t-elle en cachant soudain son visage contre l'épaule du jeune homme.

— Bête, va ! fit celui-ci, trouvant qu'elle « faisait des manières », sans se fâcher pourtant, étonné lui-même de sa mansuétude.

Elle lui demanda alors depuis combien de temps il n'avait pas pris de bain, tout simplement. Et ce fut au tour de Gustave, de laisser voir quelque embarras. Est-ce qu'il savait ? D'ailleurs, il fallait être juste : par un froid pareil ! Tout à coup, retrouvant son aplomb :

— Suis-je bête !... Ma parole, je suis allé au bain, la semaine dernière...

Et, sans broncher, sous le regard de sa maîtresse qui conservait des doutes :

— Oui, la semaine dernière, un soir, avant de rentrer... Je l'avais oublié, je t'assure... Tiens, le mardi... tu vois que je précise... le mardi où tu avais la migraine, ainsi que Marthe... On s'est séparé de bonne heure... et moi, en sortant de chez vous, je n'avais pas sommeil... Le temps était à la pluie, mais doux, presque chaud... Au lieu de prendre la rue La Bruyère, j'ai continué de monter, toujours tout droit... à petits pas, à très petits pas... Et, devant l'établissement de la rue de Douai encore ouvert, une idée m'a pris, je suis entré... Le garçon m'a même dit : « Monsieur fait bien d'arriver : nous allions éteindre le gaz... mais ça ne fait rien ! Comment monsieur le prend-il ? » Et je lui ai répondu : « Ordinaire... Vous mettrez du son. »

Gustave mentait, n'ayant plus pris de bain depuis la fin de l'été. Par exemple, il savait admirablement mentir, de sa bouche pure, aux lèvres fines, presqu'imberbe encore : ne s'engageant dans ses inventions audacieuses qu'appuyé sur un fond résistant de vérité. Dans la circonstance, la part de vérité était que, un soir de la semaine précédente, en rentrant, il avait en effet procédé à un simple lavage de pieds, avec un peu d'eau chaude qu'il s'était fait chauffer lui-même. Convaincue par ce ton sincère, Juliette n'en persista pas moins dans son projet de « le soigner » de toutes les façons. Sans en dire plus pour le moment, elle laissa passer quelques jours, attendit une température plus douce, le dégel, puis, un matin, en arrivant à la garçonnière, pria la concierge de lui faire apporter un bain à domicile.

— Rien de plus facile ! Y a un établissement tout à côté... Ils connaissent bien la maison : ce qu'ils sont venus de fois pour l'actrice !.. Je vais envoyer Volcknar.

Et, devant l'étonnement de madame Meuriot, madame Doucet continua :

— Volcknar ne saurait être longtemps parti : il est allé m'acheter un pot au feu, voilà une demi-heure... Dame, mes douleurs de tous les hivers m'ont repris, et le médecin du second m'a dit, dans l'escalier, qu'y fallait plus sortir... Alors Enrick, devenu tout plein gentil, ma parole ! me fait mes courses...

— Devenu tout plein gentil, comme ça, tout d'un coup ?.. Diable ! Pourvu au moins que ce ne soit pas pour vous faire danser l'anse du panier ! dit, en plaisantant, madame Meuriot.

Alors, les bras au ciel, moitié riant et moitié fâchée, la concierge :

— Jésus-Dieu ! peut-on dire !.. Moi qui n'ai jamais eu affaire qu'à des personnes de qualité !.. Madame sait pourtant que, entre Volcknar et moi, c'est en tout bien tout honneur.

Une demi-heure après, le bain arriva, et fut installé dans le cabinet de toilette, devant un bon feu. De son lit, Gustave n'eut qu'un saut à faire. Il exigeait que Juliette se sauçât avec lui dans la baignoire : « Ça va être gentil tout plein... Nous ferons les poissons ! » — « Mais que font-ils donc, les poissons ? » demandait naïvement madame Meuriot. « Cette bêtise ! Ils s'aiment dans l'eau... » Elle y mit de la complaisance, se prêta à ses fantaisies, sans plaisir. Son but était tout autre, plus sérieux, certainement moins égoïste. Sortie de l'eau la première, elle le lava à son idée, puis le reçut dans un peignoir chaud, l'essuya, le parfuma : elle voulait lui couper aussi les ongles des pieds.

Ici Gustave, enveloppé de son peignoir, fit des façons. Non, c'en était trop ! Jamais, au grand jamais, il ne tolérerait... « Tu n'es pas une pédicure ! » Et, à mots couverts, en périphrases pudibondes et prudhommesques, il donna même à entendre que, avec l'excellence de son goût, doué comme il l'était d'une supérieure délicatesse, il ne serait pas exempt de certaines répugnances, « presqu'invincibles », à l'endroit d'une personne aimée qui descendrait, même pour lui, à de ces soins plus que vulgaires, bas et désenchantants.

— Mais, malheureux, tu n'as pas des pieds soignés !...

— Qu'est-ce que ça peut te faire ? répondit-il, en la repoussant, maussade, très rouge.

— Va ! continua-t-elle, je te conseille de les cacher... C'est une vraie honte ! Et je ne comprends pas que ta mère...

— Laisse ma mère !... Je t'ai déjà dit de ne pas la faire invervenir à tout propos ! vociféra-t-il, se fâchant tout à fait.

— Elle ne le sait pas, ta mère... mais elle parlerait comme moi !... Si elle voyait ça ! Des ongles mal coupés... pointus comme les défenses d'un animal... qui déchirent tes chaussettes et doivent te gêner horriblement... Mais regarde toi-même! Tiens, en voici deux qui deviennent incarnés...

— Tu crois? dit Gustave, subitement radouci, ayant toujours entendu dire que rien n'est douloureux comme un ongle incarné.

— Est-il encore temps d'éviter ?... ajouta-t-il, tout pâle. Mon Dieu! tu vas peut-être me faire très mal...

Lâche, il lui abandonnait enfin son pied. Toute joyeuse de pouvoir se dévouer, dans un élan de bonté reconnaissante, elle baisa d'abord ce pied, le tint un moment pressé sur son cœur. Puis, prudente et la main légère, ayant d'ailleurs d'excellents ciseaux, elle ne le fit nullement souffrir.

— Comment! c'est fini! s'écria Gustave joyeux, en courant se remettre dans le lit, encore tiède.

— Oui! fini... pour aujourd'hui du moins!.. Tu vois que ce n'était pas si terrible, et qu'on peut m'écouter...

Et, s'étant aussi recouchée, elle continua :

— Le gros, toujours, est fait ; nous prendrons un autre bain la semaine prochaine, un autre la semaine suivante... et ainsi de suite... Et, chaque fois, tu me laisseras faire... Jamais tu ne souffriras davantage, ça je te le promets! Et, avant la fin de l'hiver, nous aurons réparé la négligence de plusieurs années.

Lorsqu'on vint, l'après-midi, reprendre la baignoire, et que le garçon, au moyen d'un siphon vida l'eau dans la cour, madame Doucet, en écoutant jusqu'à la fin ce ruissellement, se sentit devenir toute triste. C'était Volcknar qui aurait eu besoin de prendre des bains! « Là! vrai, ce ne serait pas du luxe... ça lui ferait même un bien!... » Cependant, que d'eau répandue en pure perte, gâchée, hélas! perdue, sans profit pour le monde. Pauvre Volcknar! Une eau embaumée, non refroidie encore, qui fumait. Du moment que cette dame de qualité et son aimable monsieur lui passaient leurs vieux gants pour Volcknar, que n'osait-elle leur demander, aussi pour Volcknar, les bains dont ils s'étaient servis?

Madame Meuriot soigna également les mains de Gustave, modifia la coupe de ses cheveux, l'empêcha de faire raser les quatre poils follets de son menton afin qu'il eût plus tard « une barbe vierge. » Elle le fit changer de tailleur, lui apprit toutes sortes de choses, selon elle indispensables : à choisir mieux ses cravates, à découper à table, à entrer dans un salon. Et même à causer, à avoir du tact et du goût : comme si, après avoir pris possession du corps, elle eût également éprouvé un besoin de s'emparer de l'esprit, de le marquer à son empreinte. En elle, s'éveillait une éducatrice, d'autant plus efficace qu'elle s'ignorait, ne se proposant pas de le styler, ne faisant qu'obéir à ses instincts de Parisienne amoureuse, à son aristocratie native, à ses besoins de correction distinguée; besoins qu'elle conservait jusqu'au milieu de ses transports, de ses délires, et qu'elle ne limitait pas à sa personne. Tout ce qui l'entourait de près ou de loin, choses et gens, elle l'eût voulu supérieur.

L'hiver, cependant, touchait à sa fin. Plus de neige. Une température douce, des matinées de soleil, où les rues que prenait Juliette pour aller retrouver Gustave, étaient toutes gaies. La place

Saint-Georges surtout, avec son élégant bassin rond surmonté d'un réverbère et les lilas en fleur de ses hôtels. A la garçonnière, le train-train était le même. Malgré le beau temps, ils ne sortaient guère. Toujours leurs admirables journées de flâne, se ressemblant toutes, à la fois vides et remplies : les mêmes fringales de passion, où ils se jetaient goulûment dans les bras l'un de l'autre, comme des affamés d'amour qui eussent rompu une longue abstinence. Il y avait pourtant onze semaines qu'elle venait là quotidiennement. Loin de la refroidir, la possession exaltait au contraire ses désirs, affinait sa sensibilité. Et ses extases multipliées, prolongées, arrivaient à un paroxysme, terminé chaque fois par plusieurs minutes d'anéantissement.

Ils n'étaient pas toujours au lit, ni sur la chaise longue. Juliette se mettait au piano, déchiffrait à première vue n'importe quoi, ou se livrait à des improvisations bizarres, désordonnées, détraquées, tantôt douces comme des attouchements, tantôt follement violentes, comme si elle eut cherché à casser les cordes. D'autres fois, elle passait en revue le linge et les habits du jeune homme, recousait des boutons, lui reprisait ses chaussettes. Pendant que Gustave, qui avait toujours un peu dessiné, s'amusait à barbouiller d'enfantines aquarelles.

Un autre de leur passe-temps consistait à s'accouder tous les deux, à la fenêtre de la salle à manger donnant sur la rue Léonie. Une vraie rue de province, où il passait peu de monde. A travers les lamelles de la jalousie baissée, leur désœuvrement regardait, des heures, bien qu'il n'y eût rien à voir. Une femme entretenue, tranquille, sérieuse, estimée de madame Doucet qui l'avait eue pour locataire, habitait au premier étage de la maison d'en face ; quelquefois, écartant ses épais rideaux de damas rouge, cette personne venait interroger le ciel, examiner si le pavé était sec. On n'apercevait bientôt plus, à travers les vitres, que sa tignasse hérissée, teinte, d'un blond jaune : elle était en train de se faire minutieusement les ongles. Puis, le pavé était-il sec, un vieillard très propre, décoré, arrivait à petits pas traînards, montait péniblement sur le trottoir, piétinait un peu devant la porte en cherchant le bouton de cuivre, enfin sonnait. Aussitôt retombaient les épais rideaux de damas rouge, pour longtemps.

Ou bien, des voix, des voix jeunes, très claires, leur arrivaient de chez la blanchisseuse, l'unique boutique de la rue, qu'ils ne pouvaient voir. Souvent, au milieu des romances de ces ouvrières, les coups sourds du fer à repasser. Mais le rire d'une petite apprentie partait comme un pétard, montait en fusée, retombait en perles de joie, lumineuses.

Quelquefois, ils parcouraient ensemble un journal, presque toujours *le Figaro*, que Juliette prenait en venant, chaque matin. Les faits divers et le feuilleton avaient leur préférence ; ils s'offraient aussi les « nouvelles à la main », balayaient du regard le Courrier des Théâtres. Et Gustave, le front dans les mains, lisait attentivement le Sport, pour lui seul. Mais c'était tout. L'étagère surmontant le bureau en bois des îles, acheté pour le cabinet de toilette, restait vide de livres. « Et travailler ? » lui disait-elle de loin en loin, par acquit de conscience. — « Je ne demande pas mieux, répondait-il. Mais à quoi ? C'est bien la faute de mes parents, si je ne fais rien... Je travaillerai, et ferme, quand vous m'aurez trouvé quelque chose de sérieux, les uns ou les autres... » — « Pauvre chéri ! Prends encore un peu patience : si tes parents n'ont pas l'air de s'occuper beaucoup de toi, M. Meuriot, lui, ne s'endort pas, je t'assure... Comme il nous le répétait hier soir, ta grande affaire marche... ». — La « grande affaire », c'était une maison fabriquant et vendant en gros des timbres en caoutchouc, que l'architecte songeait vaguement à monter, et dont il eut peut-être confié la gérance à Gustave. Il avait des idées particulières sur le caoutchouc, ses emplois, son avenir industriel et social, et brûlait de faire exploiter plusieurs brevets d'invention pris par lui. Environ 150,000 francs de capital suffiraient, moins peut-être ; il consentait bien à risquer une partie de la somme, un quart, peut-être un tiers : mais le reste ? Enfin, avec de la persévérance... L'idée d'être patron, à son âge, de devenir enfin son maître, par exemple de pouvoir risquer cent francs sur un cheval gagnant, sans recourir à personne, souriait au fils Honorat, lui faisait prendre en patience l'ennui de n'avoir pas revu Stella, partie avec sa mère pour aller chanter à Bruxelles, l'aidait à supporter la domination exercée actuellement sur lui par madame Meuriot. Celle-ci était moins enthousiasmée que le jeune homme par ce projet d'établissement : « Va, crois-moi, tu as le temps de te mettre la corde au cou... Jouis de ton reste ! Sans compter que je trouve ça bien prosaïque, le caoutchouc! Jamais tu ne seras aussi insouciant, léger, plus heureux. » Et à l'insu de Gustave, dont elle avait peur de froisser les susceptibilités, elle lui dérobait un instant son porte-monnaie et y glissait des louis.

L'hiver s'écoula ainsi. Mais au commencement du printemps, Juliette, qui avait toujours joui d'une santé magnifique, commença à éprouver certains symptômes, d'aspect anodin encore. Ça la prenait la nuit, lorsqu'elle était seule, couchée dans son lit.

Un spasme tout à coup, avec un malaise général, une indéfinissable angoisse. En elle, comme une suspension de la vie et un brusque arrêt de toutes les fonctions. « Cette fois, ça y est! Mais que va-t-il se passer? » Une épouvante mitigée par une curiosité profonde. Puis, non, ça n'y était pas! Elle se remettait à vivre, satisfaite de sentir qu'aucun rouage de la machine ne s'était détraqué, mais presque dépitée de ne rien avoir appris du grand secret.

— Vous n'avez pas grand'chose, madame... Tout cela est nerveux, purement nerveux! lui dit le docteur Silvy, consulté.

— Ah!.. aucun danger.

— Pas l'ombre!.. Aucune lésion, jusqu'ici du moins... Oh ceci, ma parole d'honneur.

— Rien à faire, alors?

— C'est une autre question!.. Il y a toujours à faire : les ressources de la science sont incommensurables, infinies... Dans votre cas spécial, il convient de procéder par l'homéopathie... D'abord, avant tout et par-dessus tout, il vous faut de la distraction, beaucoup de distraction... Et vous prendrez *Aconit*... le prologue de tout traitement homéopathique... trois fois par jour, pendant trois jours, une cuiller à bouche avant chaque repas... Puis revenez... et, d'après l'effet d'*Aconit*, je vous donnerai *Bryonia*, peut-être tout de suite *Nux vomica*...

Elle prit *Aconit*, dans une jolie bouteille toute mignonne : cent vingt-cinq grammes d'eau très claire, avec un léger goût acidulé, plutôt agréable. Ça ne lui fit toujours aucun mal. Et, du moment que ce n'était que nerveux, elle passa tout de suite à la distraction, c'est-à-dire fit quelques sorties avec Gustave.

Leurs grandes promenades, jusqu'ici, avaient consisté en deux heures de voiture pour courir ensemble les magasins, lorsque la nécessité les y forçait; et ils rentraient chargés de toutes sortes d'emplettes. Désormais, ils sortirent pour sortir, pour se sentir renaître au soleil d'avril.

Entre deux giboulées, ils se faisaient conduire au Bois, mettaient pied à terre dans quelque allée écartée, trouvaient deux ou trois violettes, que madame Meuriot se piquait dans les cheveux. Et ils revenaient plus dispos, les yeux moins cernés, comme ragaillardis par la sève des jeunes pousses. Et madame Doucet, guérie de ses douleurs, elle-même sous l'influence du renouveau, se trouvait généralement sur le seuil de la porte pour les accueillir avec une familiarité attendrie :

— En voilà, une conduite!... Allez, vous faites bien! Vous auriez tort de vous brûler les sangs... A quoi que ça sert d'ailleurs? Moi, je ferais comme vous, pour sûr, je me payerais du bon temps, si j'étais pas esclave de mon cordon...

Après un gros soupir, elle ajoutait :
— Et si Enrick, surtout, voulait y mettre un peu de complaisance...

———————

SIXIÈME PARTIE

I

Rentré plus tôt que d'habitude, ce samedi-là, l'air affairé et très ému, M. Honorat, après avoir machinalement embrassé Adélaïde, lui dit à brûle-pourpoint :

— Tu sais que nous avons un tas de dîneurs, ce soir... les Camoin, Murard, les cinq Blacé... On dirait, ma foi que tous se sont donné le mot !.. Eh bien, en homme prudent, j'arrive avant eux pour te faire une double recommandation.

— Ah ! vraiment..? murmura la paralytique, maussade.

Il y avait seulement cinq jours que Gustave avait fui la maison paternelle. Indifférent à cette maussaderie, imperturbable et obstiné, Casimir continua :

— Première recommandation : que le couvert de notre fils soit mis comme à l'habitude !.. *Secundo*, pas un mot sur ce qui s'est passé, je t'en conjure... Pas la moindre allusion !

Et, sa femme laissant échapper un gros soupir, il ajouta :

— Trop gratter cuit : trop parler nuit !

Adélaïde eut un haussement d'épaules. Quel besoin d'aviver sa plaie, en lui rappelant des choses..! Dans son instinct et sa sagesse, ne pouvait-elle se passer de conseils, « elle, la mère. » Et, avec une réelle injustice, elle mit sur le compte de Casimir tout seul, la déplorable éducation donnée jusqu'ici à leur fils. « Tu recueilles ce que tu as semé, vois-tu? » Puis, Casimir ayant eu l'imprudence de protester, elle s'emporta tout à fait. C'était lui, le vrai coupable! Maintenant, c'était lui qui s'était laissé ensorceler par madame Meuriot! Révolté à la fin, celui-ci se leva et, plus penché que d'habitude par son « coup de mistral », claudicant même tout à fait, se dirigea vers la porte.

— Où vas-tu ?

— A la cave... chercher trois bouteilles de bordeaux...

Madame Honorat fit mettre le couvert de son fils comme à l'ordinaire. « Qui sait? ça va le faire venir? » Et ses regards se dirigeaient sans cesse vers cette place vide. Elle évita aussi toute allusion à ce qui s'était passé. Mais, comme par un fait exprès, ce lourdeau d'oncle Camoin, avec un entêtement de gaffeur, revenait sans cesse à l'absence de Gustave. Ah! les jeunes gens d'aujourd'hui, comme ça se gênait peu! Le progrès? C'était pourtant là le progrès! Et, deux minutes après : « De mon temps, nous faisions des affaires à sept heures du matin : tandis qu'à présent, il paraît que c'est à sept heures du soir. » A la fin la tante Camoin, s'apercevant que sa sœur faisait une drôle de figure : « Tais-toi, sacré taquin... Tu ne vois pas que tu la contraries! » Ce qui n'empêcha pas l'oncle Camoin de se tourner, au bout d'un moment, vers la chaise inoccupée, pour dire de son air le plus malin : « Pourvu au moins qu'elle soit jolie !... »

Alors madame Honorat, voyant qu'on savait tout, que les bonnes des deux familles avaient dû causer, vida son cœur. Oui, Rodolphe ne tapait que trop juste. Une femme était là-dessous, avait ensorcelé leur fils unique. Ni jolie, ni jeune ! Une femme qui pourrait être sa mère.

— Ah bah ! fit M. Blacé, dont le nez, couleur de vieille cire, se pinça.

— Est-elle riche, au moins ? demanda l'oncle Camoin, pour rien, pour le plaisir de lâcher une bêtise.

Mais la tante Camoin lui fit « chut ! » en désignant du regard les trois demoiselles Blacé.

— En effet... il y a ici de jeunes oreilles... dit aigrement madame Blacé.

Alors la mère Honorat :

— C'est moi qui me tairai...

— Et bien tu feras !.. C'est même par là que tu aurais dû commencer ! lui décocha son mari.

Parler, était inutile : tous, à commencer par les petites Blacé, savaient que l'ensorceleuse de Gustave n'était autre que madame Meuriot. Mais pendant que les dames, passées au salon, causaient chiffons, ces messieurs, à la table de whist, prirent plaisir à remettre de temps en temps sur le tapis l'absence de Gustave. M. Honorat eut alors la langue plus longue que sa femme, fournit des détails intimes ; les autres buvaient du lait.

— Je m'en étais toujours douté, moi, que ça

arriverait ! dit l'oncle Camoin, malin, en rallumant son cigare à la bougie.

Et M. Blacé, qui donnait pour le Mort :

— Vous voilà dans de jolis draps, mon pauvre ami ! Je ne voudrais pas être à votre place.

— Tiens ! j'aimerais mieux être à la place de Gustave ! s'écria Rodolphe.

Tandis que, tout en rangeant ses cartes, M. Murard eut, par deux fois, un simple hochement de tête. De sa part, cela signifiait beaucoup.

Vers minuit, l'oncle Camoin, déjà en pardessus, revint, de l'antichambre, souhaiter le bonsoir à sa belle-sœur. Subitement ému, peut-être à cause du souvenir de son mauvais sujet de fils, le vieux beau-frère se pencha vers la paralytique, lui garda un moment les deux mains dans les siennes :

— Ma chère madame Honorat... Une bonne nuit ! Dormez sur vos deux oreilles : on vous le rendra, votre coq ! La poulette en question n'est pas bien dangereuse... Et samedi prochain, quand il aura réintégré la maison paternelle, gare à lui ! Nous nous y mettrons tous, s'il le faut, pour lui dire notre façon de penser... Ce qu'on va lui laver la tête, à monsieur le Lovelace !

Deux grosses larmes coulaient lentement, le long des joues molles de la vieille femme, séjournèrent un peu au bas du menton ; puis, l'une après l'autre, les deux perles tombèrent.

— Vous êtes bon, au moins, vous, quand vous avez fini de taquiner... Allons, embrassez-moi !

Hélas ! ni le samedi suivant, ni les autres, « monsieur le Lovelace » n'était revenu. On ne mit plus son couvert. Bientôt même, les amis des Honorat, d'un accord tacite, évitèrent de prononcer son nom, comme s'il était mort.

Dès qu'ils se retrouvaient seuls, Casimir et Adélaïde causaient de l'absent. Longtemps après avoir cessé d'en parler, ils y pensaient encore. Frappés en plein cœur l'un et l'autre, aussi humiliés qu'endoloris, ils passèrent par des états d'âme très divers, chacun selon son caractère particulier, en réagissant sur l'autre et réciproquement.

A la stupéfaction accablée de la première heure, succéda la période de la curiosité inutile, des questions insolubles, que l'on se pose sans espoir d'y répondre, mais pour sonder la plaie : « Depuis quand était décidé ce départ? » — « Pouvions-nous éviter la catastrophe ? » — « Ça vient-il de Gustave autant que d'elle? » — « Nous ne les gênions pourtant guère! Ils n'étaient que trop libres! Alors, dans quel but? » Oui, il y avait là un point obscur, quelque chose d'inouï, dépassant l'intellect : « Seraient-ils devenus fous? »

D'ailleurs, passablement naïf et léger, aussi optimiste que les habitués du samedi, Casimir inclinait à ne voir dans la fugue de Gustave qu'une aberration momentanée, une simple bordée de quelques jours. Selon lui, les effets emportés dans le sac de nuit, et la malle réclamée par un commissionnaire, ne prouvaient pas grand'chose. Tandis que madame Honorat, avertie par son instinct de mère, ne se faisait aucune illusion : on lui avait pris son fils, complètement, peut-être pour toujours.

Casimir blaguait alors sa femme, en prétendant qu'elle poussait tout au noir, que les dames ne savent rien de la vie et n'ont pas pour deux sous de jugeotte ; ses rassurantes conjectures n'empêchaient point son caractère frondeur, vantard et briseur de vitres, de se manifester, non par des actes, heureusement, mais en paroles. On ne la lui faisait pas impunément, à lui ! Personne n'avait pu, et ne pourrait jamais se vanter... non, personne, pas même son fils ! Il ne digérerait jamais un pareil camouflet, portant atteinte à sa dignité, à sa majesté de père de famille. « Pensez-donc, le *paterfamilias!* » Ce grand mot lui remplissait sans cesse la bouche, et il ne savait pas le latin. Pendant que la profonde douleur de sa femme restait silencieuse, il s'agitait dans le vide, se grisait avec sa salive. « Mais tu es là, toi, calme... immobile comme un terme... Tu vous as une façon de prendre les choses !... Est-ce que tu n'aurais plus de sang dans les veines ? » Les soirs où il ne sortait pas, tout en tisonnant, sa calotte de velours sur le côté, il exhibait les motions les plus extraordinaires, en discutait le pour et le contre, rêvait des mesures extravagantes. Par exemple : il irait tout raconter à M. Meuriot ! De deux choses l'une : ou celui-ci comprendrait « la délicatesse de son procédé », et tous deux, alors, chercheraient de concert les meilleurs moyens de couper court au scandale ; ou il se fâcherait... Ce qui ne lui faisait pas peur, à lui. « Ah ! mais non ! » A la fin, madame Honorat impatientée :

— Et s'il se fâche contre notre fils ?...

— Je trouverai le moyen de me fâcher plus fort contre lui...

Tout à coup, la paralysée cessait d'écouter ces divagations.

— Chut! faisait-elle, élevant un peu ses mains raidies.

De son fauteuil, le corps projeté en avant, elle regardait avidement le parquet, avec des yeux ronds, les pupilles dilatées. C'était l'heure. Il devait être là-dessous, à trois mètres d'elle. Par Rosalie, qui le tenait de l'Anaïs des Meuriot, elle n'ignorait pas que son fils dînait chaque soir au quatrième. Alors, que Casimir remuât seulement et fît craquer sa chaise, elle s'emportait:

— Insupportable!... Te tairas-tu à la fin! disait-elle à demi-voix, comme si on eût pu les entendre.

Penchée en avant davantage, elle écoutait. D'abord, longtemps, rien que le tic-tac de la pendule; certains crépitements du parquet et des meubles, comme une mystérieuse souffrance nocturne de l'âme des boiseries. Tout à coup, le murmure adouci du piano, quand Marthe se mettait à jouer, éclairait le visage de madame Honorat. Un sourire intérieur arrivait jusqu'à ses lèvres, elle relevait un peu le front et son regard cherchait le regard de son mari: « Ils viennent de passer au salon... Marthe leur fait de la musique, et il est là, écoutant ce que nous écoutons... » Alors, M. Honorat soupirait:

— Ah, Marthe! Marthe!... Le sacré nom de Dieu d'imbécile!... Tout de même, quel triple idiot!

Mais elle, bienheureuse, traversait par la pensée les murailles, supprimant les poutres et les plâtras qui la séparaient de son fils, croyait le revoir, jouissait presque de sa présence. Allons, il venait l'embrasser! Et, dans sa sollicitude, elle le questionnait: « Comment vas-tu, depuis le temps? »

lui adressait mentalement des recommandations : « Portes-tu tes nouveaux gilets de flanelle ? » ou : « Au moins, ne te fatigue pas trop, mon pauvre enfant. »

Seulement, ces bonheurs étaient de courte durée.

— Aï... Aï... Aïïï...

Un spasme subit, douloureux, atroce, lui traversait les muscles, lui arrachait une plainte prolongée.

Son mal, stationnaire tout l'été, avait ensuite fait des progrès rapides. Depuis le départ de Gustave surtout, une sorte de fatigue, de brisement général, lui engourdissait les membres, picotés par des fourmillements. Et l'atrophie musculaire devenait générale. La gêne raidie des mains gagnait le poignet, l'avant-bras. Et ses doigts restaient recroquevillés vers la paume, l'avant-bras lui-même fléchissait, ne se développait plus complètement. La sensibilité des extrémités n'était encore qu'affaiblie, émoussée. Mais, comme si elle s'était subitement alourdie, les jambes ne supportaient plus le poids du corps.

La tête, en revanche, restait lucide, conservait toute son activité. Ah ! si elle n'avait pas eu des jambes en coton ! N'importe ! même sans espoir, elle disputerait Gustave à « sa rivale ». Oui, sa rivale ! Sa jalousie de mère ressemblait à l'autre, employait les mêmes termes, en éprouvait les souffrances physiques.

La nuit, pendant ses longues insomnies, quand la dose de chloral, absorbée pour la faire dormir, ne produisait pas d'effet, elle pensait à son fils. « Où est-il à cette heure ? Dans cet immense

Paris, où il en arrive de toutes les couleurs, si dangereux, il doit être couché quelque part : dans quel quartier? dans quelle rue?... Une autre le sait : moi, pas !.. moi, sa mère, pourtant ! » Jusque-là, elle ne souffrait encore que d'une cuisante douleur morale, faite d'inquiétude, de colère, d'humiliation. Puis, tout de suite, elle se disait que « cette autre » lui volait des caresses, elle s'imaginait la voir. Devant elle, à son nez, madame Meuriot tenait Gustave dans ses bras et lui couvrait le visage de baisers. Alors, bien que ces baisers fussent des baisers d'amante, cette mère se sentait endolorie dans sa chair. De nouvelles pointes de feu la déchiraient, aggravaient son martyre d'ataxique.

Plusieurs semaines s'écoulèrent.

— A la fin! c'est trop fort, de ne pas même savoir où demeure son fils! lui dit Casimir, un matin en déjeunant, rageur, sa calotte presque sur les yeux.

— Qu'est-ce que ça peut te faire?.. Tu serais bien avancé de le savoir!.. répondit Adélaïde, maussade, énervée.

Les grands chagrins ayant leur pudeur, elle n'avouait pas que la même pensée l'avait tenue éveillée les trois quarts de la nuit, ni que, la veille encore, pour la dixième fois, elle s'était efforcée en vain de faire causer Rosalie. Celle-ci n'avait pu rien dire, parce qu'Anaïs, la bonne des Meuriot, n'en savait pas davantage. Et madame Honorat eut à lutter contre l'extravagance de son mari qui, pris d'un prurit de curiosité, proposait les moyens les plus fous, parlait notamment de s'adresser à certaines agences spéciales, dites « de renseignements ».

— Elles te grugeront ton argent, imbécile... Et tu ne sauras rien de rien !

— Alors, je connais un commissaire de police, dont le fils entre chez nous, comme expéditionnaire... Veux-tu que je lui demande, au commissaire, de m'aboucher avec un limier de la police secrète, qui filera Gustave...

— Comme un voleur ou un assassin, n'est-ce pas ?... Tu deviens idiot !

Au lieu de se fâcher, Casimir remonta sa calotte vers son occiput. Il réfléchissait. Puis, se versant du café, radieux :

— Va, j'ai trouvé... Très simple ! Une lettre... Sur l'enveloppe : *Monsieur et Madame Meuriot, rue Grange-Batelière, numéro...*

— Et dedans ?

— Oh, dedans, pas bien long !.. Ceci : « Madame et Monsieur... » Remarque bien, non pas : « Monsieur et Madame ! » mais, « Madame et Monsieur... » Il y a une intention.

— C'est déjà inepte... Et puis ?

— Et puis : « Veuillez me dire ce qu'est devenu notre fils ? » Et je signe...

— Oui, et s'ils te répondent : « Votre fils, est-ce que vous nous l'avez donné à garder ? » Tu feras une drôle de tête...

Madame Honorat eut beau se montrer acerbe, se fâcher. Si elle ne le convainquit pas de sa sottise, au moins elle obtint ce qu'elle voulait, ce qu'au fond Casimir, couard malgré ses redomontades, désirait autant qu'elle. Il ne se mêlerait de rien, n'écrirait pas, n'irait voir personne, ne prendrait aucune initiative ; bref, il s'en remettrait à elle du soin de tirer au clair la situation et de la modilier au mieux, si faire se pouvait. De son fauteuil de souffrance, la paralytique attendrait les événements, guetterait l'occasion. D'ailleurs, elle avait son idée.

Son idée fixe : revoir son fils. Avoir la joie de l'embrasser, d'abord. Puis causer avec lui sans témoins, longtemps et gentiment, cœur à cœur. Elle ne le brusquerait pas, ne lui adresserait même aucun reproche, ayant mieux que ça à faire et mille questions à lui poser, sur sa santé, son nouveau genre de vie, ses besoins et ses projets, sur le présent et l'avenir. En procédant par insinuation, surtout en laissant déborder son trop-plein de tendresse accumulée, nul doute qu'elle ne sût tout ce qu'elle voulait savoir. Gustave, elle pouvait le dire, était un garçon bien né, sa chair et son sang, une partie d'elle-même : elle était sûre de le reprendre, du moment qu'elle le tiendrait dans ses bras.

Seulement, elle hésitait sur la façon de le décider à venir. Lui dépêcher son père? Ça, non. Jamais! La tête près du bonnet, Casimir s'emporterait, compromettrait tout par quelque maladresse. Plutôt, mille fois, faire dire un mot à Gustave par Rosalie, postée sur son passage un peu avant sept heures, au moment où il venait dîner chez les Meuriot. Peut-être même lui faire remettre un billet : « Ta mère n'est pas fâchée, « veut t'embrasser, et t'attend demain, quand tu « voudras, pendant que ton père est au *Soleil*... » Ou quelque chose d'approchant. Mais elle faiblissait devant ce grand moyen. Si Gustave, mal conseillé, allait ne tenir aucun compte de ses supplications! Quel désespoir! Que deviendrait-elle?

Elle se trouvait dans la situation d'esprit du joueur qui, ayant un dernier enjeu à risquer, n'ose le mettre sur une seule carte. Lorsqu'une après-midi, vers deux heures, à travers les vitres de la salle à manger, elle aperçut Marthe, accoudée à la fenêtre de la chambre de mademoiselle Cordhomme. Quelle inspiration subite ! Madame Honorat donna un petit coup contre la vitre. Marthe entendit, leva les yeux, sourit en l'apercevant. La paralytique lui envoya alors un baiser, lui fit signe de monter. Marthe renvoya le baiser et répondit oui, plusieurs fois, de la tête. Elle allait venir, mais pas avant une heure sans doute : car, tirant ostensiblement sa montre, elle leva l'index en l'air. Puis, ayant envoyé de nouveaux baisers, l'aimable jeune fille se retira précipitamment, après avoir répété du geste : « Dans une heure ! »

Cette heure ne parut pas trop longue à la vieille femme, dont l'impatience pourtant était grande ; elle sut l'utiliser, fit ses petits préparatifs.

— Rosalie, vous allez me mettre cette belle bûche dans le feu... avec deux ou trois autres, plus petites...

Quand la flamme se mit à lécher les nouvelles bûches :

— Là ! Maintenant, approchez-moi cette chaise de mon fauteuil... plus près ! encore plus près !

Elle se fit passer ensuite une éponge mouillée sur la figure, et, craignant d'avoir l'haleine mauvaise, prit deux pastilles de menthe, qu'elle laissa fondre doucement dans la bouche. Enfin, voulant éviter à mademoiselle Meuriot la peine de sonner, elle recommanda à Rosalie de tenir la porte de l'appartement entrebâillée :

— Oui, j'attends quelqu'un... Et, dès que la personne sera ici, tâchez qu'on ne vienne pas nous déranger.

Tout à coup Marthe fut là, bien avant l'heure, essoufflée d'avoir monté les marches en courant, et rouge, comme si sa présence eût été un crime.

— Mazette! tu en as, des couleurs!..

La petite alors devint cramoisie, ses yeux se mouillèrent, et elle se jeta au cou de la mère de Gustave, qu'elle tînt longtemps embrassée en lui sanglotant sur l'épaule. Très émue à son tour, madame Honorat y allait de sa larme. Au fond, moins tendre, cependant, bronzée par la vie, et ne perdant pas de vue son idée, elle finit par repousser doucement la jeune fille, sur le pouf, à côté de son fauteuil.

— Causons, veux-tu, ma pauvre Marthe?

Marthe s'essuya les yeux. Plus calme, résignée, elle attendait. Pourquoi madame Honorat hésitait-elle, maintenant? Une sorte de honte lui fermait la bouche. A la fin, sans interrompre le long silence, la jeune fille leva vers elle son regard clair. Alors la vieille femme :

— Mais parlons d'abord de toi, ma chère enfant!

La paralytique s'informa de sa santé, de celle de ses parents. Passerait-elle bientôt son examen supérieur? « Miss Cordhomme » jargonnait toujours autant l'anglais? Au nom de son institutrice, Marthe sourit et s'écria :

— C'est parce qu'elle s'habillait pour sortir, tantôt, que je vous ai répondu par la fenêtre : « Pas avant une heure!... » Mais, par miracle, elle a été un peu plus expéditive... A peine lui ai-je vu les talons, je me suis échappée...

— Alors, ton père?
— Sorti après le déjeuner, comme d'habitude...
— Et ta mère?

Subitement grave, Marthe eut une hésitation puis répondit, en rougissant, que sa mère n'avait pas déjeuné à la maison.

— Ah! fit madame Honorat, d'une voix profonde.

Et, après un silence :
— Où donc a-t-elle déjeuné?

Marthe, troublée, ne répondait pas.

— Au moins, sais-tu avec qui elle a déjeuné?

Pas davantage de réponse. Deux grosses larmes roulaient dans les yeux de la jeune fille.

— Ça lui arrive-t-il souvent de déjeuner ainsi dehors?

Les deux grosses larmes descendirent lentement le long des joues.

— Va, je comprends..!

Dans son égoïsme maternel, impitoyable, elle continuait l'interrogatoire. Mais elle ne tarda pas à voir que si la petite se doutait de certaines choses, elle ne savait rien. Pas même l'adresse de Gustave! Alors, l'humanité lui revenant, elle eut un retour de pitié :

— Ma pauvre Marthe, tu dois me trouver cruelle... Mais, va, c'était pour le bien de tous... d'ailleurs c'est fini... Et puis, je te demande pardon.

— Oh! madame... madame... soupirait mademoiselle Meuriot, confuse, en se cachant le visage dans les jupes de la paralytique.

— Non, pas madame ! Ne m'appelle plus madame : il ne me reste que toi, mon enfant !

— Eh bien, ma mère !.. Ma seconde mère !

Et, avant de partir, Marthe dut lui promettre deux choses : elle viendrait de temps en temps, comme aujourd'hui, en s'échappant lorsqu'on la laisserait seule ; puis, le soir même, si elle en trouvait l'occasion, elle tâcherait de dire secrètement à Gustave : « Votre maman désirerait vous voir. » Pas davantage !

La paralysie, chez madame Honorat, suivait sa marche sûre, commençait à s'étendre des muscles des membres à ceux de la poitrine. Prise de dypsnée après le départ de Marthe, la malheureuse fit, pour respirer, d'incroyables efforts. Elle en avait les lèvres toutes noires, les joues violettes. Comme elle tâchait de continuer quand même le jeu de soufflet indispensable, de rétablir l'aspiration et l'expiration, voilà qu'un râle lui sortit de la poitrine, une sorte de bruit rauque, pénible à entendre comme un appel désespéré. Eh bien, même au plus fort de la crise, pendant que Rosalie, accourue de la cuisine et munie d'un large éventail, essayait de lui chasser de l'air dans la gorge, la malade ne perdait point de vue sa vive et profonde satisfaction d'avoir fait monter mademoiselle Meuriot. Souffrir ? Elle y était accoutumée. Un étouffement de plus ou de moins : la belle affaire ! Elle résisterait parbleu, cette fois, comme les autres. Mais avoir eu l'idée lumineuse de s'aboucher avec Marthe ! A chaque instant, dans l'espoir de mieux respirer, elle répétait mentalement : « Ce soir, cette chérie va parler à mon fils. » Et son fils répondrait peut-être à cet appel, viendrait l'embrasser. « Enfin, on verra ! » Dans tous les cas, « l'autre » n'avait qu'à jouer serré, maintenant que, grâce à mademoiselle Meuriot, cette précieuse auxiliaire, elle venait de se ménager des intelligences dans la place.

Vers la tombée de la nuit, sa suffocation disparut. Et elle se fit apporter une carafe d'eau fraîche, afin d'arroser elle-même ses fleurs.

— Avant de mettre votre couvert, ma fille, ouvrez un moment la fenêtre... Encore !.. Toute grande !

Il faisait un temps gris, mais doux. Le perroquet de la cour voisine, qu'elle n'avait jamais vu, mais qu'elle entendait depuis des années, jacassait ses : « A table ! A table ! » ou bien des : « Ami ! Ami ! Ami ! » immédiatement suivis d'un « Salop », proféré sur le même ton. Par-dessus les maisons, sous le ciel bas qui semblait toucher les toits, le fleuve de voitures perpétuel des boulevards avait à cette heure un glissement particulier, profond, retenu, comme encaissé entre des rives, un murmure spécial jamais entendu à un autre moment de la journée. Et elle se disait qu'aveugle, elle serait arrivée à savoir exactement les heures, rien que d'après les pulsations de la grande artère parisienne. Par exemple, ce qu'elle ne connaîtrait probablement jamais, c'était l'aspect, la couleur du plumage, la taille de « ce vilain monsieur », lâcheur de gros mots, mais auquel elle ne pouvait penser sans rire. Tout mal embouché qu'il était, elle se le figurait bon garçon sur son perchoir, faisant son malin, mais bêta, inclinant de côté la tête pour vous regarder en dessous, avec un gros œil farceur. Puis, du satané bavard, par une association d'idées, elle passa tout de suite à la voisine d'en face, dont le chant et le piano lui manquaient depuis plusieurs semaines. Elle regarda les fenêtres : toutes fermées ! Pourquoi cette Stella Saulini était-elle brusquement partie à Bruxelles avec sa mère ! Quel ennui, qu'elle dût chanter toute la saison au théâtre de la Monnaie ! Non qu'elle regrettât beaucoup ses roulades, certes. Mais, sans avoir jamais adressé la parole à cette personne, elle sentait que sa présence eût pu donner du fil à retordre à madame Meuriot. Enfin, patience ! Ces dames avaient conservé leur appartement ; le jour où Stella serait de retour, gare à Juliette ! Pour le moment, il faisait nuit noire ; voilà que ses mains exsangues et raidies, auxquelles s'accrochait une dernière lueur, s'efforçaient, seules visibles dans la salle à manger obscure, de tapoter un petit air contre le dossier d'une chaise. Rosalie entra, avec la lampe allumée.

— Ma belle, fermez, maintenant.

— On voit que madame va mieux !..

— Je ne me suis jamais aussi bien portée... Et pour peu que votre dîner soit réussi, je vais dévorer tout à l'heure...

Ses regards cherchèrent la pendule. Que Casimir vînt vite ! Elle en avait long à lui raconter, cette fois. Et ce qui augmentait son plaisir, décuplait son envie de parler, elle pensait : « Il va voir de quoi je suis capable, du moment que, ne se mêlant de rien, il me laisse gouverner ma barque. »

II

Ce fut Adélaïde, l'étonnée. D'abord Casimir n'arrivait pas seul.

— Tiens, Camoin !.. Ça, c'est gentil... Et comment va ma sœur ? Elle vous suit, n'est-ce pas ?.. Rosalie, deux couverts.

— Non, rien qu'un !.. Ma femme, très enrhumée, n'est pas sortie et d'ailleurs elle ignore... Sans Honorat, qui a voulu me faire violence... une douce violence...

Casimir, lui, n'était pas à la plaisanterie.

— Il en a, à te dire !.. murmura-t-il, d'une voix profonde.

Et, levant au ciel sa serviette lourde de papiers, il ajouta :

— Ton fils est décidément un pas grand' chose !.. Camoin, que je viens de rencontrer, va t'en apprendre... Oui, un pas grand'chose de bon, notre fils !

Madame Honorat fut sur le point de crier, tant ce qu'elle entendait lui faisait mal. A la gorge, à l'estomac et dans le ventre : partout à la fois ! Et ses mains mortes se mirent à battre l'air, par besoin de violenter quelqu'objet, de souffleter quelqu'un. Comment ! ils se mettaient à deux, les lâches, pour parler ainsi de Gustave ! De son Gustave, absent, qui ne pouvait se défendre ! Et cela, sans prudence aucune, devant Rosalie qui mettait le couvert. Cependant elle se contint, ne répondit pas ; elle attendait que la domestique eut fini, pour la renvoyer dans sa cuisine.

— Allez-vous-en, ma fille... Je sonnerai, lorsqu'il faudra nous servir...

Enfin ils n'étaient que tous les trois. Elle regarda l'oncle Camoin dans les yeux :

— Eh bien ?.. Quoi donc ?

— Mon Dieu, dit celui-ci, vous connaissez votre mari : Honorat exagère... Il est très évident qu'Honorat exagère...

— Moi ! je ne veux même pas ouvrir la bouche... Parlez donc, vous ! riposta Casimir, en haussant les épaules.

Alors, conciliant, bonhomme, l'oncle Camoin raconta qu'il venait de passer plus d'une heure avec Gustave. Les yeux d'Adélaïde s'éclairèrent.

— Venez donc vous asseoir à côté de moi... ici... plus près...

Et elle le contemplait, heureuse. Il avait vu son fils, au moins, lui ! Il avait parlé à son fils, respiré le même air que son fils !

— Dites-moi... où lui avez-vous causé ?

— 11 *bis*, rue Léonie... chez lui.

— Oui, chez lui ! gémit le père Honorat. Ce monsieur se permet d'avoir un chez lui : avec quel argent ?

La tête d'Adélaïde eut un hochement de mépris dans la direction de Casimir, qu'elle ne daignait même pas regarder.

— Honorat exagère, répéta l'oncle Camoin... Voici les faits, tout simplement... Sur le tantôt, vers trois heures et demie, je passais, par le plus grand des hasards, rue Léonie, une rue où je passe peut-être deux fois en dix ans... une rue, d'ailleurs, assez... assez mal...

— Une rue de cocottes !.. de filles entretenues !.. imterrompit M. Honorat.

— Comme tout ce quartier-là du reste !.. ajouta l'oncle Camoin.

Adélaïde ne sourcilla point; elle recommençait à souffrir.

— Donc, reprit Camoin, je venais de faire une course tout à côté... dans la cité Gaillard... Oh ! un billet... de mon sacripant de fils... pour lequel je prends des arrangements...

Et, subitement triste, il poussa un gros soupir.

— Je ne fais même que ça, depuis trop longtemps : prendre des arrangements pour ce misérable... j'en suis fatigué... et ma bourse aussi !

— Allons... allons... Camoin ! murmura avec componction madame Honorat, bien que la pensée qu'elle n'était pas seule à souffrir par sa progéniture, lui fit l'effet d'un baume.

Son beau-frère continua :

— Rue Léonie, sur le trottoir de gauche, je m'en allais, la tête basse, distrait, mal remis d'une scène pénible... comme abruti de contrariété... Tout à coup, sur ma droite, de la fenêtre ouverte d'un rez-de-chaussée, sortent des « pstt, pstt »; mais, à cent lieues de l'idée que ça pouvait s'adresser à moi, je n'envoie pas même un regard dans la direction... Et j'avançais toujours ; soudain, il me semble qu'on a prononcé mon nom... Stupéfait, je me retourne : « Tiens, qui peut..? » Rien ! La fenêtre d'où partaient les pstt, grand'ouverte : mais personne. Haussant les épaules, croyant m'être trompé, je repartais, quand j'aperçois... oh! je vous le donne en mille... votre fils, madame!.. Oui, Gustave, sorti pour me courir après, Gustave nu-tête et en pantoufles... en belles pantoufles brodées... « Bonjour, mon oncle!.. Tu n'entendais donc pas!.. Moi, je demeure ici, au rez-de-chaussée, et je t'ai vu passer : entre donc un moment... » Alors, je suis entré...

Ici, Casimir fit un geste qui signifiait : « Attention! l'intéressant commence. »

— Avant tout, comment se porte-t-il? demanda la paralytique.

Casimir, qui, depuis un moment, ne tenait plus en place, se leva, gesticulant. Il s'agissait bien de la santé! Les garnements de cette espèce ne méritaient pas tant de sollicitude.

— Et de quoi s'agit-il alors? demanda naïvement Adélaïde.

— De l'honneur!

Abasourdie, sa femme le regardait. Il reprit :

— Oui, de l'honneur!... du sien... du nôtre aussi... Demande un peu à ton beau-frère à combien il estime... rien que le mobilier de la salle à manger, par exemple!

Décontenancée, madame Honorat regarda l'oncle Camoin avec des yeux qui demandaient humblement : « Oui, à combien? »

— Mon Dieu, la salle à manger entière, je ne saurais dire... Il me faudrait la revoir, un crayon à la main... Mais le buffet, à lui seul, un magnifique buffet Renaissance, en chêne, avec vaisselier, doubles colonnes, sculptures, vaut 2,000 francs comme un sou : ça, j'en réponds!... Et vous savez que je m'y entends un peu, moi, connu comme le loup blanc à l'Hôtel des Ventes...

A présent qu'il était lancé, l'oncle Camoin entama un inventaire de l'appartement de Gustave, passant du « grand chic » de la salle à manger au confortable de la chambre, aux intimités luxueuses de l'ancien salon changé en cabinet de toilette : « Ce que ça sent la femme, là-dedans ! » Ému par les spacieuses cuvettes « où l'on pourrait prendre un bain », attendri par « le dodo », où il sembla faire un plongeon en passant, chatouillé par l'ingénieux arrangement des miroirs, « où l'on doit se voir des pieds à la tête ; » et, tout en décrivant les rideaux, les tapis, les poufs, les divans, les garnitures de cheminée, les portières, les lustres, il supputait la valeur, lançait des chiffres, établissait des totaux approximatifs. « Oh ! très approximatifs ! Vous comprenez qu'en une seule visite, qui n'a pas duré une heure... » Et, grisé de sa propre parole, il allait toujours, sans s'apercevoir qu'à mesure, le visage de madame Honorat se décomposait.

Comme elle les détestait, ces beaux meubles, ces tentures, ors, soieries, velours, ces glaces, ces dentelles, ces bibelots, tout ce luxe qui sentait la femme, qui risquait d'éloigner d'elle à jamais son fils ! De lourdes larmes amassées au coin de ses yeux, tombèrent ; et, pour qu'on ne les aperçut pas, elle détournait la tête. Elle baissait le front, toute rouge. « Le déshonneur, » avait dit son mari ; oh ! c'était bien le déshonneur ! Avec quel argent Gustave s'était-il offert tout ce luxe ? Une femme lui avait payé ce mobilier. Quelle honte !

— En somme, additionnait l'oncle Camoin, il y a bien là-dedans pour 15 ou 18,000 francs de

meubles, peut-être davantage, est-ce qu'on sait?...
Et comme Gustave a eu le tout pour 10,000 fr...,
j'ai vu le reçu de la somme, à son nom... c'est une
occasion véritable.

Depuis un moment, quelque chose se passait
dans l'esprit de M. Honorat; une sorte de travail
mystérieux y produisait peu à peu un revirement.
D'abord, sa colère était tombée. Son accès d'indignation bourgeoise prenait fin devant la musique
de ces chiffres : 10,000 francs! 15,000 francs!
20,000 francs! Un involontaire respect lui naissait. Il ne la voyait plus tout à fait du même œil,
cette liaison, qui, peu de minutes auparavant,
lui paraissait encore une honte, surtout une
bêtise.

— Si l'on se mettait à dîner?... dit-il en regardant sa montre. Sept heures et quatre minutes!...
Moi, d'abord, j'ai une faim...

Adélaïde, absorbée dans sa douleur, ne faisait aucun geste d'assentiment, ni de désapprobation ; il prit sur lui de sonner pour le potage. Le
commencement du repas fut silencieux. La paralytique depuis quelque temps ne mangeait plus
seule, même en prenant sa cuillère à deux mains.
Les yeux restés humides, la joue mal essuyée,
elle faisait peine à voir et n'en finissait plus
d'avaler.

— Là!... Ça va mieux! dit Casimir avec un
claquement de langue, lorsqu'il eut pris son doigt
de vin pur, après la soupe.

Puis, il s'essuya la bouche, parla de choses
indifférentes. Tout à coup, sans transition :

— Ce qui m'étonne et me dépasse, dans cette
sotte histoire, c'est la façon dont Gustave se com-

porte à notre égard... Que lui avons-nous fait, après tout?..

Justement, l'oncle Camoin n'avait pas manqué de parler dans ce sens au jeune homme.

— Eh bien?.. lui aurait-on monté la tête contre nous?

— Pas le moins du monde, à l'entendre... et je le crois sincère.

— Alors, pourquoi ne plus remettre les pieds chez ses parents?

— Chez sa mère... qui ne va pas très bien? ajoutait madame Honorat.

— Mais, chaque soir, répondit l'oncle Camoin, il a des nouvelles de sa mère... par Anaïs... qui cause avec Rosalie...

Et il ajouta que Gustave comptait, un de ces matins, venir leur demander à déjeuner. « Parfaitement! c'est comme je vous le dis... »

De saisissement, la paralytique, joyeuse, manqua faire tomber son assiette. Casimir aussi contenait mal sa satisfaction :

— A la bonne heure! Que ne le disiez-vous tout de suite!

Le repas s'acheva gaiement; puis ils firent un bézigue à trois. A onze heures, madame Honorat gagnait trente-six sous.

— Tous les bonheurs à la fois! lui dit l'oncle Camoin, en sortant les trente-six sous.

Vexé de n'avoir rien fait, Casimir parlait de continuer.

— Merci, j'ai assez perdu comme ça!.. Je vais être grondé en rentrant, moi, par madame Camoin...

Trois semaines cependant s'écoulèrent: pas de

Gustave! Casimir commençait à la trouver mauvaise, invoquait de nouveau la morale, parlait d'aller rue Léonie, faire rougir son fils.

— Malheureux! garde-t-en bien... Il faut le laisser venir...

Et Adélaïde, qui continuait à voir Marthe en secret, presque tous les jours, ne fut-ce qu'une minute, affectait une indifférence relative et dévorait ses larmes. Devant la petite, en revanche, elle ne se retenait pas.

— Va, tu peux ne rien dire... Dans tes yeux, je vois qu'il n'y a rien de nouveau... Tâche de lui parler encore; répète-lui que son oncle nous a fait espérer sa visite... Que son couvert est mis chaque matin... qu'on ne veut pas le gronder... qu'il ne peut me refuser ça, à moi, sa mère... Que je l'en supplie à genoux... et qu'il ne me reste plus beaucoup de bonheur sur la terre...

Enfin, un jour, vers midi trois quarts, comme les Honorat étaient au dessert, Gustave tout à coup entra, gentil et souriant.

— Bonjour, maman.

De l'air le plus naturel, il commença par embrasser sa mère, comme s'il l'eût quittée le matin. Puis, passant à son père :

— Bonjour, papa.

— Comment! c'est à midi trois quarts que tu arrives! dit celui-ci. Je ne sais trop ce que tu trouveras à manger.

Gustave hésita un peu, en s'excusant du retard; il prétendait avoir déjeuné, de très bonne heure; ne comptant venir que le lendemain, il était entré seulement pour se décharger d'une commission

— Une commission !

— De la part de M. Meuriot... Oh! ce sont tout simplement des billets, que je suis chargé de vous remettre... pour sa première conférence... à la salle des Capucines.

— Merci, dit sèchement M. Honorat en repoussant les billets, sans les regarder.

Mais Gustave, loin de se démonter, d'une voix caressante :

— Tu viendras, dis ?.. Voyons, tu as tout le temps de te décider : la conférence n'a lieu que vendredi en quinze... à huit heures et demie du soir... Bien entendu, ça ne coûte rien !

— Je verrai ce que j'ai à faire !

M. Honorat crut cependant devoir atténuer la raideur de sa réponse.

— Tu vas prendre au moins le café avec nous?

Mais Adélaïde, qui venait de sonner, haussa les épaules.

— Le café... Casimir, tu y vois clair !.. Il n'a pas déjeuné, le pauvre !.. Ça ne devine rien de rien, un père... Mets-toi là, Gustave, à côté de moi... je t'en conjure... Va, il y aura de quoi... Commence par le beurre et les radis...

Et à Rosalie qui se présentait :

— Faites-lui vite une omelette au lard... Vous savez comment il les aime : le lard un peu cuit...

Elle était heureuse du robuste appétit de Gustave. Une chaleur à l'estomac, un bien-être général! La nourriture qu'avalait son fils lui profitait à elle-même. Et elle imposa plusieurs fois silence à Casimir, qui risquait des questions brûlantes :

— Tais-toi, tu l'empêches de manger !...

M. Honorat non plus ne quittait pas Gustave

du regard ; mais la satisfaction qu'il éprouvait aussi à le voir dévorer, ne fut pas longue. Subitement vexé par l'obstination de sa femme à lui interdire de parler, il lui sembla que ce bel appétit le narguait. Oh! cette tranquillité à se couper du pain! Le malheureux! Du pain? Lequel mangeait-il, depuis deux mois?

— Si au moins tu n'avais pas quitté ton emploi... murmura-t-il.

Aussitôt, Adélaïde :

— Silence!.. Tu n'as point la parole, être insupportable!

Elle lui aurait jeté son assiette à la figure. Heureusement, Gustave les eût bientôt rattrapés.

— Là! dit-il à ses parents, en remuant le sucre de son café; maintenant, une grande nouvelle!... Dans quelques semaines, j'aurai une position... et une chic encore!

Il leur raconta le caoutchouc, les projets de M. Meuriot, la maison que celui-ci voulait fonder pour lui.

— Viens m'embrasser! s'écria sa mère, transportée, aux anges.

Casimir fut moins prompt à l'enthousiasme. Il ne demandait qu'à croire, mais voulait d'abord voir, lui. En pareille matière, il y avait toujours loin de la promesse vague à l'exécution. Puis, après avoir étalé les banalités de la prudence bourgeoise, il mit spontanément à la disposition de son fils sa vieille expérience d'homme pratique, lorsqu'il s'agirait de rédiger des statuts, des baux, des polices, des concordats et autres conventions! Et il fermait les deux yeux, en parlant de son aptitude, dans sa pensée un don auguste, supérieur, où se résumait la science de la vie.

Familier avec les dadas de son père, le jeune homme écoutait, faisait oui du regard et de la tête ; puis, saisissant le bon moment :

— Parbleu ! va, quand on en sera là... Je savais pouvoir toujours compter sur toi !... Seulement, te voilà obligé de venir faire acte de présence, vendredi en quinze, dis ?

Madame Honorat approuvait :

— Voyons, Casimir ?.. Tout ceci me semble raisonnable...

Et elle échangea avec son fils un long regard de connivence, qui signifiait : « Sois tranquille, il ira, je m'en charge. »

Alors, déjà forcé dans ses retranchements, M. Honorat trouva une phrase, qui masquait sa défaite en lui donnant une attitude :

— Je ne sais encore ce que je ferai... Mais, qu'il y aille ou non, ton père saura, sois-en sûr, concilier sa dignité avec les intérêts de son fils.

Cette après-midi-là, madame Meuriot, toute seule à la garçonnière, se morfondait. A chaque instant, elle se mettait à la fenêtre de la salle à manger, balayait du regard la paisible rue Léonie. Personne ! Comme Gustave était lent à rentrer ! Alors elle revenait dans la chambre, incapable de lire, même d'occuper ses doigts à quelque ouvrage. Et, dans son désœuvrement, une angoisse inexprimable lui contractait la poitrine. Pourquoi cette sensation de vide ? Était-ce un pressentiment ? Cette tentative de rapprochement avec les Honorats, rapprochement désiré par elle dans une heure de faiblesse, tentative qu'elle avait méditée, ourdie, conduite, maintenant elle la regrettait.

Gustave rentra seulement à la nuit close, vers six heures. Étendue sur le canapé, dans le noir, Juliette n'avait pas songé à allumer.

— Eh bien?
— J'en arrive...

Ce qui n'était pas vrai: le jeune homme, ayant quitté ses parents à deux heures et quelques minutes, en avait profité pour s'offrir toute une après-midi de liberté.

— Cette réconciliation?
— Est une chose absolument impossible...
— Et les billets de conférence?
— Mon père les a fourrés dans le poêle... sans même vouloir les regarder...
— Ah?
— Brusque!... courroucé!... amer!... féroce!... implacable!...
— Tiens, tiens... Il ne viendra pas assister!... s'écria-t-elle, toute secouée, au fond satisfaite.

Alors, enchanté de son après-midi d'indépendance, Gustave éclata de rire.

— Bête, va! qui croit ce qu'on lui dit!

Il avait voulu lui faire peur, tout simplement. Et il lui expliqua son père, sans ambages, tel qu'il l'avait depuis longtemps jugé. Au fond, pas bien terrible, le bonhomme! Taquin et tâtillon, mettant toujours des si, des mais, des car, intraitable en paroles et à cheval sur les principes, « la faisant au sentiment », enfourchant volontiers de grands dadas : le cœur, l'honneur, les convenances, la dignité! puis filant doux, dès que son intérêt, même indirect, était en jeu, dès qu'il voyait au bout une question de galette.

— Vous le calomniez ! s'écria Juliette, révoltée et humiliée, transie, comme si elle eût reçu un seau d'eau froide sur la tête.

— Moi ?.. calomnier papa ?.. Papa est un homme pratique... je n'ai pas dit autre chose.

Après avoir réfléchi, il ajouta :

— Puis, là, voyons... entre nous... est-ce qu'il a bien tort ?

Écrasée, Juliette ne répondait rien. Sans même se douter de sa consternation, Gustave conclut naïvement :

— Dans mon cas particulier, du moment qu'il est question de me créer une position, papa est avec nous, nécessairement... Papa ne mettra jamais de bâtons dans les roues, ma chérie, tu peux dormir sur tes deux oreilles... Non seulement il viendra assister à toutes les conférences qu'on voudra : au besoin, il en ferait une, lui-même !

— Sept heures... Allons dîner, dit seulement Juliette, sombre.

Comme d'habitude, elle partit la première. Dans la rue : « Tiens ! j'ai oublié de l'embrasser... C'est curieux ! »

Elle vécut deux semaines d'incertitude, bizarrement pénibles ; malade d'indécision, elle se tourmentait à plaisir. En aimant toujours Gustave, peut-être davantage, elle ne trouvait plus de joie à la garçonnière, comme si quelque chose, ou quelqu'un, était déjà entr'eux. Comment ! à force de volonté et de savoir-faire, d'audace et de tact combinés, elle touchait à la réalisation de ses plus chers vœux : Gustave établi par elle, ne dépendant plus de personne, grâce à elle ; puis la famille de Gustave consentante, mettant les pouces ou complice. Et voilà qu'elle ne se sentait pas heureuse! Dans un repli de son cœur, saignait cette pensée: « Quelque chose qui ne recommencera plus, vient de finir. » Leur liaison entrait dans une nouvelle phase, pleine d'inconnu, de dangers dont la seule appréhension lui donnait une sueur froide. Même, sans mettre les choses au pire et en fermant volontairement les yeux sur l'avenir, n'avaient-ils pas goûté maintenant le meilleur de leurs joies, respiré la fleur de leur passion. Retrouveraient-ils jamais quatre mois comme ceux qu'ils venaient de vivre, quatre mois de délices — oubliant, oubliés — quatre mois... « Pauvre garçonnière! »

III

Cependant, le jour décisif, le grand jour, à la fois attendu et redouté par madame Meuriot, arriva.

Depuis le matin, boulevard des Capucines, devant le local des Conférences, les passants pouvaient lire, répétée de chaque côté du trottoir, une petite affiche jaune :

« *Ce soir, — vendredi, 22 avril, à huit heures et demie* — M. LÉON MEURIOT, ARCHITECTE. — *Les Causes, les Moyens et les Résultats du Progrès dans l'Humanité (six conférences.)* — *Première conférence* : L'AMOUR — *Sa définition, son but, et sa légitimité.* — La mort. — *Utilité de la mort.* »

Un peu avant huit heures, comme on finissait d'éclairer la salle encore déserte, deux fiacres, entrés par la porte cochère, s'arrêtaient dans la cour. Du premier, sortit le conférencier, avec Mlle Cordhomme et le docteur Silvy, qui avait dîné rue Grange-Batelière pour la circonstance ; du second fiacre, descendit madame Meuriot avec Marthe et Gustave. Aussitôt, ces six personnes envahirent et remplirent l'exigu cabinet directorial. Tandis que le public, qui vient assister aux conférences, franchit l'étroite porte de gauche, ce cabinet, à droite, se trouve en communication directe avec la salle, par une seconde ouverture, que dissimule une portière. Derrière cette portière, chaque soir, quelque cabotin du verre d'eau sucrée, avant de faire « son entrée », a les préoccupations des vrais acteurs, connaît les mêmes angoisses, notamment « le trac ». Léon était déjà nerveux, extraordinairement.

— Comment ! s'écria-t-il en ôtant son chapeau et son pardessus, qu'il accrocha à une patère placée à côté d'un petit bureau ; est-ce que cet animal de directeur ne devrait pas être là ?

Et, pendant que le docteur Silvy expliquait que le directeur, « un de ses bons amis », avait l'habitude, « les soirs où le conférencier était un orateur sûr, au talent éprouvé », de ne faire une apparition qu'à la fin, uniquement pour compter la recette, M. Meuriot, sans l'écouter, frappait du pied, d'impatience.

— Allons, houste ! on est à l'étroit ici !... Tous, à l'exception du docteur, fichez-moi le camp... Allez donc prendre vos places.

Marthe, Gustave et l'institutrice passèrent tout de suite dans la salle. Maintenant, devant une glace de pacotille, penchée, juste en face du bureau, Léon renouait sa cravate blanche, faisait bomber le plastron de sa chemise à jabot. Avec quelle obstination il effilait sa Van-Dyck, pas assez pointue à son gré! Huit heures, à la petite pendule en simili de la cheminée : encore trente minutes! Il n'en finissait plus d'éponger, avec un mouchoir parfumé d'eau de Cologne, son front chauve, où commençait à perler la sueur. Au fond du cabinet, Juliette, au lieu de suivre les autres, était restée debout contre la portière, disparaissant presque dans les plis de l'étoffe. Tantôt elle coulait un regard dans la salle où Marthe, Gustave et l'institutrice se trouvaient seuls; puis, se retournant, distraite, elle ne quittait plus du regard le crâne chauve de son mari, simplement parce que cette calvitie était rose. Peu lui importait, d'ailleurs, que, devant la glace, il préparât sa tête, comme un jeune premier qui attend l'avertisseur dans sa loge. Maintenant, penché sur le petit bureau, sous le lorgnon du docteur Silvy, qui fumait silencieux, il feuilletait plusieurs gros volumes apportés, revoyait ses notes. Eh bien, après? son mari allait parler! « Les Causes, les Moyens et les Résultats du Progrès dans l'Humanité ». Dirait-il que c'était Gustave, le Progrès et que, de lui émanaient les Causes, vers lui tendaient les Moyens et en lui consistaient les Résultats? « L'Amour » : montrerait-il que le But était d'aimer Gustave, que la Légitimité de l'Amour découlait du besoin d'aimer Gustave? « La Mort » : prouverait-il que, pour elle, à moins de consister à ne plus aimer Gustave, la Mort n'était qu'une apparence, aussi indifférente que la Vie? Non, n'est-ce pas. Celui qui donnait un dernier coup d'œil à ses notes n'était pas de force... Eh bien, alors! Du moment qu'aucun de ces mystères ne lui serait dévoilé, que faisait-elle ici?

Elle attendait quelqu'un. Tantôt, en fiacre, le fils lui avait dit tout bas, dans le cou : « Papa va venir, j'en suis sûr... » Dans le cou! L'effleurement des lèvres du jeune homme et la tiédeur de son souffle, elle en avait le frisson encore. Un frisson délicieux, qui, à mesure que les minutes s'écoulaient, se transformait, devenait un ébranlement de tout l'être, un tremblement involontaire, saccadé, pénible. Depuis quelques semaines, d'une nervosité excessive, elle ressentait tout plus violemment, douleur et joie. L'impatience maintenant lui donnait des lancées. A chaque nouvel arrivant, son cœur se mettait à sauter, comme une bête en cage, enragée de ne pouvoir sortir. « Non! pas encore lui! » C'est qu'elle n'avait plus les appréhensions de ces jours derniers. La réconciliation avec les Honorat, ce rapprochement définitif des deux familles, que, le matin, elle redoutait encore, à présent il les lui fallait. Et elle se reprochait sa prudence instinctive, comme un laid égoïsme. « L'intérêt de Gustave avant tout! Il ne faut pas qu'un jour, il puisse me dire... »

Plus que huit minutes avant la demie. Le docteur Silvy était allé voir si tout se passait bien au contrôle. Le conférencier, penché sur le petit bureau et le crâne en sueur, compulsait toujours ses notes. Écartant la portière, Juliette regardait de nouveau dans la salle.

Peu de monde. Les premiers rangs occupés : et encore? Combien de chaises vides! Mais la vue de l'oncle Camoin et de sa femme la remplit d'aise : elle leur aurait envoyé des baisers. Tiens! là-bas, à demi caché par une colonne de soutènement, n'était-ce pas M. Murard? Toujours le même, M. Murard : taciturne et mystérieux. La drôle d'idée que d'être allé se placer tout au fond, seul, au milieu du désert des secondes! D'ailleurs elle connaissait ces gens-là, au moins de vue. Les visages sur lesquels elle n'aurait pu placer un nom, elle les avait rencontrés quelque part. Le ban et l'arrière-ban de leurs relations, des collègues de son mari, invités. Rien que des billets donnés !

Cependant, comme l'aiguille de la pendule approchait de la demie, quelques nouveaux spectateurs arrivèrent, une vingtaine au plus, différant de sexe, d'âge, d'aspect, mais ayant une certaine étrangeté commune, une sorte d'air de famille. Les habitués de chaque soir, ponctuels : des provinciaux ; quelques fortes dames, peut-être des bas-bleus, dont une à lunettes ; une créole, dans les quinze ans, avec un vieillard aveugle ; un très vieux couple, Philémon et Baucis ; un jeune homme, extrêmement chevelu, sans doute un poète. Puis la demie sonna, fit tressaillir Juliette. « Si le père de Gustave n'allait pas venir ? »

Alors Léon leva le nez, regarda successivement la pendule et sa montre, eut un : « Bigre! » Puis, apercevant sa femme :

— Vous étiez là, chère amie !

Il vint à elle, souriant, aimable, fit son joli cœur :

— Ça, c'est gentil... d'être restée près de moi... ma Juju.

Juliette dut se laisser embrasser sur le front, puis le repoussa doucement. Mais Léon, qui lui avait pris un bras, ne le lâchait point, pesant un peu sur elle. Et il écarta la portière à son tour, désireux de faire connaissance avec son public. Il pâlit un peu, devint grave.

— Tiens, les Blacé!... et leur pensionnat! dit-il d'une voix distraite, sérieuse.

En effet, M. et Mme Blacé, accompagnés de leurs trois filles, cherchaient de bonnes places. Juliette en fut heureuse : à défaut de M. Honorat, chaque chaque habitué du samedi qui entrait, n'était-ce pas comme si M. Honorat entrait un peu lui-même. Maintenant il n'en manquait plus un seul. Puis le docteur Silvy arriva du contrôle comme une flèche :

— Il faut commencer!... Voyons, êtes-vous prêt?

— La presse est-elle arrivée? fit M. Meuriot, tout pâle.

— Il s'agit bien de la presse!... Neuf heures moins vingt : ça fait dix minutes de retard... Le public s'impatiente.

— Vous croyez?

— Dame! s'il fallait s'amuser à attendre le bon plaisir de ces messieurs...

— Eh bien... allons-y!

Il se hâta de ramasser ses notes, prit sous son bras les sept ou huit gros volumes, d'où pendaient innombrables signets numérotés. Après s'être revu dans la glace penchée, son paquet de livres lui donnant d'ailleurs l'air d'un vétéran de philosophie qui se rendrait en classe, il franchit la portière. Des applaudissements aussitôt l'accueillirent, claquant plus fort dans la salle aux trois quarts vide. Et cela fit quelque chose à madame Meuriot.

Léon s'assit devant la table, mit une grande minute à installer ses gros bouquins, étaler ses papiers. Elle le vit se verser un verre d'eau, y jeter cinq morceaux de sucre, lui qui avait horreur du doux, au point de ne jamais sucrer son café. Il ne savait donc plus ce qu'il faisait! Aucun de ses mouvements gênés ne lui échappait, et elle eût voulu pouvoir essuyer la sueur qui lui coulait, à petites rigoles, sur le crâne.

« Messieurs... » commença-t-il, d'une voix sourde. Se reprenant aussitôt, mais peu intelligiblement :

— Mesdames... Messieurs...

Et il bredouilla quelques phrases pénibles, une sorte d'entrée en matière : « Il faut se rendre utile, partout et toujours, utile aux autres comme à soi. » Quand on avait la main pleine, — de savoir, sans doute, mais il oubliait de le dire, — il fallait l'ouvrir. Par exemple, il ne l'ouvrirait pas en une fois, mais en six! Oui! en six conférences! Apôtre du Progrès, il aurait ainsi le temps de progresser lui-même, il l'espérait du moins. « Oh! la foi! Avoir une foi, c'est du Progrès... » Allait-il être aussi mauvais tout le temps? Elle souffrait de l'entendre, et n'en revenait pas : lui, un joli parleur d'ordinaire, emballé et s'imposant, être devenu terne à ce point! De sorte que, maintenant, à son angoisse de ne pas voir arriver père de Gustave, s'en mêlait une autre, celle que son mari ne fût trouvé ridicule. Pourquoi l'avoir, à la légère, laissé se donner piteusement en spectacle? Même, en ces derniers temps, elle avait poussé elle-même à cette exhibition : quel remords et quel chagrin ! Trouvant tout naturel de le tromper, elle n'entendait pas que celui dont elle portait le nom fût la risée de personne.

Mais le conférencier n'improvisait plus ; il récitait et lorsque la mémoire lui faisait défaut, lisait à la dérobée :

« L'Amour et la Mort. La Mort et l'Amour. Les
« deux se tiennent, se continuent et se com-
« plètent; les deux engendrent la Vie, sortent
« d'elle et y ramènent. Vie, Amour, Mort : les
« trois côtés d'un triangle, équiangle et équila-
« téral... dont la perfection absolue serait divine...
« et qui tend à se rapprocher perpétuellement
« de l'absolu, sans jamais l'atteindre. Cette ten-
« dance s'appelle : le Progrès. »

« Bravo ! » fit une voix au fond de la salle, tout au fond, celle du docteur Silvy, qui s'était retiré là-bas, afin de pouvoir juger de l'acoustique. A quelques chaises de lui, au milieu du désert des secondes, les yeux en l'air et ne faisant qu'un avec la colonne de soutènement où il avait fini par s'accoter, M. Murard semblait regarder dans un angle du plafond quelque chose, de visible pour lui seul, mais de prodigieusement intéressant.

« La Mort, — continuait à lire M. Meuriot, — la
« Mort que le vulgaire considère comme un mal
« inévitable et dont la plupart des religions n'a pas
« peu contribué à nous faire un épouvantail, la
« Mort... froidement examinée par la Science

« moderne... est reconnue au contraire comme
« un grand bien, nécessaire au progrès général
« de l'humanité, indispensable aux autres, utile à
« nous-mêmes. Eh bien, qu'est-ce que la Mort? »

Répondant au « bravo » du docteur Silvy, deux paires de mains, timidement, applaudirent. Mais cet enthousiasme n'eut pas d'écho. Et les trois demoiselles Blacé, un peu à l'écart de leurs père et mère, chuchotaient, avec de continuels petits rires étouffés, qu'on eut pris pour des grignotements de souris.

« L'Amour? j'y arriverai tout à l'heure, bien que
« j'aperçoive parmi vous, mesdames et messieurs,
« un certain nombre de demoiselles... » (Dans l'inattention générale, cette plaisanterie facile fit long feu.) « Mais commençons par la Mort. En
« soi, qu'est-elle?... Il faudrait d'abord définir la
« Vie... Eh bien, la Vie étant une opération par
« laquelle un être s'empare des substances, forces
« ou matières pouvant servir à sa conservation et
« à son développement, la Mort est l'opération
« contraire, par laquelle cet être, ayant épuisé ses
« forces d'appropriation et de conservation, res-
« titue à la nature toutes les matières, forces et
« substances qu'il ne peut plus retenir : mais il
« les lui rend dans l'état épuré, modifié et raffiné,
« qui résulte du travail de l'existence... »

Crevant de santé, mais grave, l'oncle Camoin secouait la tête, ayant l'air de comprendre, de dire : « Comme c'est bien ça ! » Puis, s'apercevant que sa femme venait de s'assoupir, il la réveilla doucement, du coude. Jaune comme la cire, M. Blacé semblait sculpté dans un vieux cierge d'église. M. Murard regardait toujours le même point fixe au plafond. L'éclairage de la salle était insuffisant, comme si, eu égard à la pauvreté de la recette, l'administration avait voulu faire des économies. Une sorte de buée attristait l'atmosphère : de la poussière d'ennui. Alors madame Meuriot entendit sonner neuf heures. Plus d'espoir! Le père de Gustave ne viendrait pas. Et Juliette, debout toujours, derrière la portière, se sentit humiliée et misérable. Un grand vide en elle et les jambes lasses. Reculant de deux pas dans le cabinet directorial, elle tomba assise sur une chaise. M. Honorat avait dû changer d'avis au dernier moment, et son mari faisait mal à entendre, « ce pauvre Léon », qui continuait :

« Autrement dit, la Mort n'est qu'une restitu« tion à la circulation générale, de matières
« mieux élaborées par la Vie, et elle a cette
« double utilité : de préparer et raffiner les élé« ments des organismes supérieurs qui doivent
« apparaître ultérieurement, et de constituer les
« couches proligères nécessaires à l'apparition et
« à la vie de ces organismes... »

Soudain, quelle émotion! Là, dans la cour, une voiture arrêtée. Et une voix, celle de M. Honorat, s'adressant au contrôleur :

— Voudriez-vous, s'il vous plaît, avoir la complaisance de m'aider?

Il s'agissait de tirer du fiacre madame Honorat, venue malgré ses pauvres jambes, de la transporter dans la salle. Mais Juliette, sortie dans la cour, s'était précipitée à la portière ouverte. Montée déjà sur le marchepied, elle entourait de ses bras la mère de Gustave, baisait ses vieilles joues, et murmurait dans un sanglot :

— Vous !... est-ce possible !.. Comme vous êtes bonne !... Je vois bien que vous nous avez pardonnés !

« La Vie... — continuait pendant ce temps le
« conférencier... — vous êtes-vous jamais de-
« mandé ce qu'elle serait sans la Mort, mesdames
« et messieurs? Songez donc que le chaud n'existe
« pas sans le froid, la lumière sans l'ombre ! De
« même la Mort et la Vie sont indissolublement
« liées, l'existence de l'une entraîne l'existence
« de l'autre, et réciproquement. Mais je dis
« plus !... Veuillez, mesdames et messieurs, me
« prêter ici toute votre bienveillante attention...
« D'une part, rien ne sortant de rien... et, d'autre
« part, rien n'étant fait pour se perdre... j'en
« déduis : 1° Tout ce qui meurt a vécu et revi-
« vra ; 2° Tout ce qui vit a dû déjà mourir, et
« existe de toute éternité... Là Mort n'est donc
« pas une fin, mais un recommencement. Vie et
« Mort ne sont par conséquent que des échelons
« d'une échelle sans fin : le Progrès... »

Avant que M. Meuriot fut redescendu de son « échelle », une inattention subite, générale. Toutes les têtes se tournaient dans la même direction. Portée par son mari et par son fils, que Juliette avait eu la présence d'esprit de prévenir, madame Honorat faisait son entrée. On l'installa un peu à l'écart, près de la porte, dans un fauteuil que le contrôleur, de son propre mouvement, apporta du cabinet directorial. Juliette s'assit à sa gauche, Gustave à sa droite. M. Honorat était allé occuper la chaise laissée libre par Gustave, entre Marthe et mademoiselle Cordhomme. Pendant le remue-ménage, pour avoir une contenance, le conférencier remuait le sucre de son verre d'eau sucrée. Les conversations particulières allant leur train, il fit même semblant de boire, mais, comme il n'aimait pas le sucre, ne desserra point les lèvres. Enfin, il put continuer : « En effet, la Science géologique, et « l'examen des différentes couches terrestres, « venant à mon appui, suffiraient à prouver que « la Mort... non seulement est utile... mais encore « que... » De nouveau, s'entendaient les grignotements de souris des petites Blacé, dissipées et inattentives, décidément, tant que l'orateur n'aborderait pas « l'Amour, sa définition, son but et sa légitimité ».

Oh! sur l'Amour comme sur la Mort, il put débiter tout ce qu'il voulut. Et la recette ne s'éleva qu'à vingt-huit francs cinquante ; résultat, cent soixante et onze francs cinquante, à verser à l'impresario, afin de couvrir les frais. Qu'importait à madame Meuriot? Maintenant que ses audaces lui avait réussi, et que les parents de Gustave fermaient les yeux sur la garçonnière! Maintenant que l'édifice de son amour, élevé jusqu'au faîte, se tenait debout, non comme le fragile château de cartes qu'il était, mais comme une tour glorieuse, bâtie à chaux et à sable, capable de défier le temps et les hommes.

Dès le lendemain, un samedi, les Meuriot firent leur rentrée chez les Honorat, y dînèrent à la satisfaction générale. La joie était sur les visages, au fond des cœurs aussi. « A la bonne heure, répéta plusieurs fois Casimir, sa calotte de velours sur le côté ; nous allons, ce soir, faire un de ces whist... dont il est parlé dans l'Écriture... » Et il se frottait les mains. « Le conférencier, riposta gaiement l'oncle Camoin, pourra nous démontrer: *L'utilité... du Mort!...* » — « Pourvu, ajouta le docteur Silvy, pourvu au moins qu'il n'aborde pas : *Le Schlem, sa définition, son but et sa légitimité!...* » Et M. Blacé semblait moins jaune que d'habitude; madame Blacé, moins laide et moins aigre. Tandis que, émoustillées sans doute par leurs impressions de la veille, les trois demoiselles Blacé, toutes à la fois gazouillaient et frétillaient, en un coin du salon, grâce à elles changé en volière. Marthe elle-même, sans participer à leur espièglerie, portait sur son front comme un reflet du contentement maternel. On se sépara très tard, vers une heure du matin. « Gustave, eut l'aplomb de dire à haute voix Juliette, le gaz est sans doute éteint : si vous descendez en même temps que nous, vous profiterez de notre bougeoir. » Et, pendant que celui-ci mettait son pardessus, elle tint longuement embrassée madame Honorat. Oui, elle était sincère ! Du moins, elle le croyait. Dans tous les cas, son émotion était profonde. Comme elle l'aimait, cette pauvre vieille femme, de lui permettre ainsi d'emmener son fils !

Et ce furent quelques semaines extraordinaires. Madame Meuriot se surprenait elle-même. Une femme qu'elle ne savait pas être, en elle, se manifestait. D'abord elle allait mieux. La névrose la laissait tranquille. Son cœur, dans la joie, se remettait à battre régulièrement. La santé, comme le bonheur, avaient changé jusqu'à son visage, transformé, embelli. Sa glace le lui confirmait. Un teint reposé, l'œil plus limpide et plus profond, un regain de jeunesse : quelle satisfaction ! « Moi, ça m'est égal ! Mais je plairai peut-être un peu à Gustave. » Près des tempes, cette antithèse : une toute petite mèche, cendrée de quelques cheveux blancs. Puis, ses facultés semblaient décuplées. Non seulement un surcroît d'activité, mais comme un élargissement d'intelligence. Prête à tout, supérieure aux événements possibles ainsi qu'à son entourage, elle tenait tête aux circonstances. La maison, elle la faisait marcher comme son amour, au doigt et à l'œil. Son amant, son mari, sa fille elle-même, les Honorat, ses gens et ses relations, elle savait les contenter, les dominait tous en les séduisant. Seule, haineuse et renfrognée, mademoiselle Cordhomme se tenait à l'écart, en boule comme un hérisson. Tout cela au renouveau, parmi les gaietés d'un merveilleux mois de mai, exceptionnel, régénérateur.

IV

Enfin, le deux juin, chez la célèbre Éva de Pommeuse, une conférencière de la salle des Capucines, à qui on l'avait présentée le soir de la conférence de son mari, madame Meuriot passa une nuit délicieuse, inoubliable, remplie d'imprévu, au milieu des étrangetés et des enchantements d'un monde nouveau pour elle, dont elle avait rêvé quelquefois sans jamais y pénétrer.

Une autre bourgeoise émancipée — mais depuis plus longtemps — cette Éva de Pommeuse. De son vrai nom : « Madame de Mornas », mais séparée depuis quelque dix ans, née Augustine Bertin. Fille d'un juge de paix, présentement sculpteur, musicienne et poète, elle vivait avec sa mère, la vieille madame Bertin, ridée comme une pomme reinette, et veuve. Avec un renom universel d'excentricité, ces dames, à la tête d'une certaine fortune, dépensaient leurs rentes à tenir, du premier janvier à la saint Sylvestre, table ouverte : une Providence que leur maison, pour la poésie et la jeune littérature, pour la musique, la peinture, et la sculpture de l'avenir. L'invitation, reçue quelques jours auparavant, sur très beau papier japonais, — au-dessous d'une eau-forte : une divinité japonaise, Eva elle-même, suffisamment ressemblante, tenant une lyre et couronnée de lauriers, — portait cette date en grosses lettres : « le Deux Juin », et, au-dessous, en petites caractères : « Restera chez elle, à l'occasion de sa fête, « comme chaque année. En son hôtel, 27 *bis*, rue « Berzélius, aux Batignolles. »

Ce soir-là, vers dix heures, dans le fiacre découvert qui les emmenait rue Berzélius, Juliette et Gustave, étendus l'un près de l'autre, se croyaient heureux de vivre. Coiffée à son avantage, elle, un peu étrange avec sa toilette noire et rose, sentait mystérieusement bon. Rue de Clichy, lui, dans une velléité brutale, plus vaniteux qu'enivré, voulut profiter du soulèvement des jupes empesées, glisser une main indiscrète.

— Non... tais-toi !...

L'admirable clair de lune. On y voyait comme en plein jour. Pourquoi éprouvait-elle une joie d'enfant, en se rendant à cette soirée? Chez une personne rencontrée une fois, avec qui elle avait à peine échangé quelques mots. Était-ce l'attrait de l'inconnu qui la ravissait, la simple envie de pénétrer dans un monde nouveau? L'abstention de son mari, qui n'avait pas tenu à la suivre dans un milieu où il n'aurait eu aucune chance de placer des actions de son caoutchouc? La bonne aubaine de toute une nuit de liberté?

Dans l'avenue de Clichy, une brusque émotion : l'œil vert de l'omnibus Clichy-Odéon, si souvent pris autrefois! Elle revoyait toute sa jeunesse.

Enfin, au bas de l'avenue, dès que le fiacre eut tourné à droite, à la vue d'un cordon de lanternes vénitiennes allumées en travers de la rue, elle s'écria en souriant :

— Tiens, tiens...

Le naïf étalage de joie ne les trompait point : c'était là. Disparaissant sous des arcs de feuillage, la porte de la petite maison était ouverte à deux battants, à côté de la large baie de l'atelier, toute brasillante. Les trois fenêtres du premier étage et celles du second, également éclairées. A l'intérieur, des voix, des rires, de la vaisselle remuée, des heurts de verre. De grouillantes ombres étaient confusément projetées sur les maisons d'en face. On sonnait du cor dans le jardin, tandis que de l'atelier arrivait un chant de femme, à chaque instant accompagné par un charivari frénétique : tambours de basques, castagnettes, et pincettes choquées, hurlements de fauve et chants du coq, bien imités. On ne s'ennuyait pas, là-dedans.

Sorti du fiacre le premier, Gustave, en se retournant vers Juliette, fut bien étonné. Deux messieurs, debout devant la portière, chapeau à la main, invitaient familièrement madame Meuriot à descendre. Venu à pied avec un de ses frères en poésie, le beau poète Aigueperse, déjà illustre, insistait pour qu'elle s'appuyât sur son bras. L'autre déjà vieux, un peu courbé et laid, d'une laideur originale, la conjurait de contenter Aigueperse :

— Madame ne peut refuser ça à l'auteur des *Aurores Boréales*... que vous devez savoir par cœur !

— Mais vous ne savez pas qui je suis, moi, objectait Juliette, en riant.

Et elle sauta lestement à terre.

— Qui vous êtes? madame, s'écria le poète, en rejetant en arrière, par un secouement de tête, sa longue chevelure de Dieu, doué d'une éternelle jeunesse. Vous êtes jolie... et, en cette minute, avec cette flamme sur la joue et dans les yeux, merveilleusement belle!.. De l'esprit? Je viens de vous entendre causer... Vous êtes aussi une femme intelligente : notre amie Éva de Pommeuse vous reçoit! Et, les amies de notre amie ne sont-elles pas nos amies?... Donc, par Phœbus Apollo mon maître, et par cette printanière lune qui nous éclaire si honnêtement... « Séléné, Rabetna, Thanit », est-il dit dans *Salammbô*... je jure que je connais de vous tout ce qu'il est utile, et même séant, que j'en sache : le reste, madame, ne serait que curiosité impure et mesquine, et banale bonne pour un bourgeois bourgeoisant du Marais... Eh bien...

Ici, une seconde tentative, plus audacieuse, pour passer le bras de madame Meuriot sous le sien, n'ayant pas davantage réussi, le blond poète

Aigueperse, qui, en s'obstinant à ne pas laisser libre le passage, avait dû reculer peu à peu jusqu'au seuil de la porte, reprit en haussant la voix :

— Eh bien, et j'en prends à témoin mon ami, ici présent, le très noble Richard d'Aymeringue, un demi-génie... je le dis, comme je le pense... et, par là-dessus, le descendant direct du dernier grand maître des Chevaliers de Malte, ayant des droits légitimes à la Couronne de Jérusalem : saluez!... que nous empêchons cependant de passer... eh bien, à quoi bon, dites? madame, vous obstiner à ne pas accepter mon bras, lorsque je veux vous servir d'introducteur et de cicerone dans cette maison hospitalière, unique dans Paris : oui, à quoi bon?... Eh! tenez, un sourire aimable du jeune parent qui vous accompagne, m'autorise à insister... Du reste, en ne voulant rien entendre, madame, voici à quoi vous vous exposez...

Et, choisissant son moment, il saisit très vite une main gantée de Juliette, qu'il effleura de ses lèvres, en ajoutant :

— C'est de votre faute, aussi!
— Vous m'en direz tant! monsieur... Mais c'est de la violence...
— Parfaitement! madame...

Alors, radieux de sa victoire et riant de bon cœur, suivi de Richard d'Aymeringue, puis de Gustave, qui s'était effacé pour céder le pas au rejeton du dernier grand maître de Malte, le poète Eudoxe Aigueperse entra triomphalement chez Éva de Pommeuse, en donnant le bras à madame Meuriot.

Dès le vestibule, étroit, lui-même encombré et

où la température était capiteuse, Juliette se sentit jetée dans une demi-ivresse. La plupart de ces visages inconnus s'éclairaient joyeusement à la vue de son cavalier. — « Tiens, Eudoxe! » — « A la bonne heure! Aigueperse, comment allez-vous? » — Des mains se tendaient, empressées, familières. Puis, en voyant une dame au bras du poète, certains hésitaient, se retenaient; et la poignée de mains était remplacée par un salut respectueux. Enfin, l'on s'effaçait pour qu'ils pussent avancer; elle sentait ensuite derrière son dos la curiosité des regards braqués sur elle, l'ardeur des interrogations chuchotées.

La porte de l'atelier, bruyant, bondé à craquer, s'ouvrit toute grande, juste au moment où ils passaient. Dans la bouffée de fournaise qui leur sauta au visage, une seconde, en pleine clarté crue, mais auréolée d'un nuage bleuâtre de tabagie, apparut l'étrange tête d'Eva de Pommeuse, plus toute jeune, belle encore, avec ses yeux en amande, son masque de Japonaise empâtée. Madame Meuriot instinctivement salua. Mais les yeux en amande, aux lourdes paupières, ne la reconnurent pas, ne virent qu'Aigueperse. Sans un sourire, avec un mouvement automatique indiquant chez Éva le comble de la satisfaction, le masque de Japonaise empâtée proféra gravement: « Bonsoir, Eudoxe. » Ce fut tout, la porte se refermait.

— Eh bien, et moi? dit Juliette. J'espère que vous allez d'abord me présenter!

— A quoi bon? s'écria Aigueperse avec son pouffement de rire un peu forcé, mais d'une gaminerie charmante. Vous présenter! Ce mot à lui seul, ma chère enfant, me prouve que vous êtes à cent mille millions de lieues de soupçonner ce qu'est cette maison...

Au « ma chère enfant », elle eut envie de dégager son bras; mais ce diable d'Aigueperse, semblant deviner son intention, serra ce bras plus fort et continua :

— Un peu de logique, voyons?... C'est au reçu d'une carte d'invitation que vous êtes venue...

— Voulez-vous la voir?

— Oh! madame... fit le poète, avec une comique sévérité.

— Voyons! continuez...

— Eh bien... Pour que madame de Pommeuse vous ait invitée le jour de sa fête, il faut qu'elle vous connaisse, ne fût-ce qu'un peu... Ce peu suffit : soyez certaine que jamais elle ne vous connaîtra davantage!.. Mais, moi qui vous parle, qui l'ai vue pas encore mariée et mince comme un fil... moi enfin! croyez-vous qu'elle me connaisse mieux?.. Eh, tenez, c'est une bonne, exquise et suave créature, que j'aime et respecte, pour qui nous nous jetterions tous dans le feu, que vous ne pourrez vous empêcher, vous non plus, d'adorer : eh bien, elle se connaît moins que personne et s'ignorera toujours elle-même... Pourquoi? Oh! les saintes ne doivent pas savoir qu'elles sont des saintes... Mais, voici sa chambre... là, devant nous, cette porte à côté de la première marche de l'escalier... Sa chambre sert de vestiaire : allons nous débarrasser...

Vers le fond du vestibule, l'encombrement était terrible, l'accès vraiment difficile. Soudain, un « ah! » d'étonnement échappait à Juliette. Sous les premières marches de l'escalier, dans une sorte d'enfoncement, à l'abri de la cohue, assis de chaque côté d'une caisse à bois où ils avaient étendu des journaux en guise de nappe, deux invités d'Eva de Pommeuse étaient en train de manger des œufs sur le plat, que la bonne venait de leur passer par-dessus la rampe ; et l'un des deux ne lui était pas inconnu : Volcknar !

— Ah ! oui, jeta négligemment Aigueperse qui se méprenait sur la cause de cette surprise, c'est que vous ignorez les habitudes locales... Ici, chacun se considère comme chez soi, la maison appartient à tout le monde, autant et plus qu'à Éva... Ainsi, ces deux-ci... le petit Hochard, un gringalet, pauvre comme un pilon de l'Hôtel des Ventes, mauvais comme un furoncle, mais dont les pochades musicales ne sont pourtant pas du premier venu... et le grand sculpteur Volcknar...

— Hein ? vous dites...

— Je dis Enrick Volcknar, le plus grand sculpteur de la Norvège, un artiste très noble et très pur... Pourquoi donc cet air étonné ?

— Pour rien ! fit Madame Meuriot en réprimant une envie de rire : elle venait de revoir par la pensée la statue de madame Doucet, en divinité scandinave, démesurément longue.

— Eh bien, riches ni l'un ni l'autre, ils n'ont évidemment pas dîné avant de venir... Et, comme on ne soupera qu'à deux heures du matin, ne pouvant attendre jusque-là le ventre creux, ils seront allés parlementer avec la cuisinière... Or, en agissant avec ce sans-gêne, ils savaient, n'en doutez pas, faire plaisir à la maîtresse de la maison...

« La brave femme ! » pensait Juliette, émue,

conquise. Aussitôt, ce fut tout un vacarme : des éclats de voix perçants, presque une altercation.

Ils n'étaient plus deux, attablés sous l'escalier : un troisième, le vieux Gavin-Truchot, un peintre dont on ne connaissait pas de tableaux, venait d'apporter un tabouret bas.

— Non, vous ne vous mettrez pas là !
— Rien qu'une petite place, messieurs...
— Non ! vous avez dîné, vous...
— Qu'est-ce que ça peut faire ? Voyons, vous n'allez pas manger et boire sans moi... à l'égoïste !
— A bas les pattes !.. vous êtes par trop raseur...

Sans égards pour le patriarche, Enrick et le petit Hochard défendaient âprement leurs œufs, leur pain, jusqu'à l'approche de leur caisse à bois.

— Ah ! jeunesse... jeunesse... glapissait le vieillard, en roulant des yeux blancs.

Ils le traitaient de goinfre, de vieux pique-assiette. A la fin, Gavin-Truchot, hors de lui, voulut leur arracher leur bouteille de bière, qui, dans la bousculade, échappa de leurs mains, se brisa. Au bruit, une petite vieille toute blanche et toute ridée, madame Bertin, la mère d'Eva de Pommeuse, accourut, trottant menu comme une souris, dut mettre le holà. Son jugement de Salomon fut celui-ci : Volcknar et le jeune Hochard conserveraient leur caisse à bois, puisqu'il y avait en leur faveur priorité de possession. Quant à Gavin-Truchot, il mangerait sur ses genoux. Et, sans s'émouvoir autrement, après avoir ramassé elle-même les morceaux de verre, « de peur qu'on se fasse du mal », elle se pencha sur la rampe pour crier à l'office :

— Justine, faites deux œufs sur le plat, pour

monsieur Gavin... En attendant, qu'on lui monte du poulet...

— Avec deux bouteilles de bière! ajouta le patriarche. Du pale-ale!

De nouveaux étonnements attendaient madame Meuriot, dans la petite chambre d'Eva de Pommeuse. Devant l'unique fenêtre, ayant vue sur le jardin, une baignoire pleine, oubliée; avec, jaune comme de l'or, le plus joli rond de citron, flottant encore sur l'eau refroidie.

— Est-ce beau!... L'étonnante nature-morte! murmurait, comme se parlant à lui-même, un homme du monde, entre deux âges, très chauve, mais l'air jeune, en habit, décoré, — qui, en contemplation devant la baignoire, effilait nerveusement l'une après l'autre, les deux pointes flavescentes de sa barbe bien taillée.

Aigueperse le lui présenta : « Edouard Thékel, madame, le maître de l'École des Batignolles, que vous avez cent fois entendu attaquer et défendre... le pionnier de la peinture claire, que notre ami, le nouveau ministre des Beaux-Arts, vient de décorer... »

Thékel rougit, de plaisir; et pendant que Juliette enlevait sa sortie de bal, lui, revenant à la baignoire, d'un ton moitié railleur, moitié attendri :

— Ce rond de citron... cette eau laiteuse... avec, à travers la vitre, le chaud rougeoiement du jardin, incendié par un soleil couchant : voilà le tableau à peindre!.. Oui, ce rond de citron, révélateur, touchant, à vous arracher des larmes, et doré... Pourquoi pas ?...

Pendant qu'elle déposait ses affaires sur le lit,

au risque de déranger les huit chats de la maison, vautrés au milieu des manteaux et des chapeaux, un autre homme mûr, bien conservé, entra.

— Laronceray! s'écria Aigueperse.
— Comment vas-tu? lui dit paternellement l'homme mûr.

Puis, s'adressant à madame Meuriot, qu'il n'avait jamais vue :

— Et toi?

Un si bon sourire dilatait sa ronde face rabelaisienne, humectait ses yeux de tendresse, que Juliette, déjà conquise, ne lui en voulut pas une seconde de sa familiarité. Cependant, tout en la tutoyant ainsi, Laronceray tenait par la taille une jeune personne en cheveux, d'une laideur étrange, distinguée et vaporeuse, qui se tortillait de temps en temps comme un ver, pour éviter des tentatives de baiser, et avec quelle précision de mouvement chaque fois, quelle sûreté de coup d'œil! La grande habitude, sans doute. D'ailleurs, l'étreinte de Laronceray n'avait évidemment rien qui lui déplût, et fort calme lorsque celui-ci se contentait de la tenir dans ses bras, elle lui adressait un tas de questions : « Alors, voyons, ce ballottage à Charonne, c'est pour dimanche prochain?... Le journal dit que Gambetta, cette fois, a du plomb dans l'aile, que vous avez des chances de passer : sur quelle majorité comptez-vous?.. Je veux que vous me donniez une carte, la première fois que vous parlerez à la Chambre ! »

— Justine? vint dire tout à coup madame Bertin à cette jeune personne... Éva vous demande, au jardin.

— Bien, madame!

Et, sans se déranger, la femme de chambre d'Éva de Pommeuse passa encore un moment dans les bras de Laronceray.

— Alors, mon entrée pour la Chambre, n'est-ce pas? j'y compte... Vous dites oui, parbleu! monsieur Laronceray... Mais, à qui ne dites-vous pas oui?... Votre système, à vous... Connu! Sur le moment, ça fait plaisir aux gens, qu'on leur promette... Puis, à peine a-t-on tourné les talons, bonsoir! Vous seriez joliment embarrassé de vous rappeler le quart de ce que vous avez promis, un peu par bonté, et surtout par paresse... avouez-le!

Le futur député ne lâchait pas Justine, maintenant silencieuse, méditative. Soudain celle-ci, en présence de la mère d'Éva, présenta son front à Laronceray.

— Allons, on m'attend... Signez votre promesse... je vous permets!

Puis, comme l'homme politique cherchait la bouche :

— Non, pas là!... Ici!

Après avoir reçu deux gros baisers goulus, Justine enfin s'esquiva. Après son départ, Laronceray très allumé :

— Je la trouve divine... absolument gentille!... Un ange!

Madame Bertin renchérissait. Selon elle, leur femme de chambre était une vraie perle, maintenant surtout qu'elle confectionnait elle-même les robes et les chapeaux d'Éva, oh! avec un goût! Et ce n'était pas tout. On se souvenait de Bon-Géant! Bon-Géant, voyons! Celui qui, parti avec une mission scientifique, venait de faire le tour du monde...

— Parfaitement! interrompit Aigueperse, celui qui a traversé les forêts de l'Amérique, tout seul, à pied, avec une carabine Remington et un volume de Victor Hugo, *les Contemplations*, qu'il relisait la nuit, à la lueur des aurores boréales, dans les arbres, où il grimpait dormir afin de ne pas être dévoré par les fauves... Une âme de héros et un cœur d'enfant, dans un vrai corps de tambour-major.

— Et joli garçon avec cela! continua madame Bertin... Alors, imaginez-vous que, depuis six semaines qu'il est revenu, Bon-Géant a fait la conquête de Justine... Ma parole! Chaque soir, un peu avant le départ général, il feint de filer à l'anglaise, puis monte au second étage, sur la pointe du pied, se glisse dans la chambre de Justine, passe la nuit avec elle... Et moi, je suis bien contente... Trois femmes seules, songez-donc! et dans ce pavillon isolé, presqu'aux fortifications : ce n'était guère prudent! Tandis que, depuis six semaines, je dors sur les deux oreilles, en sachant que nous avons un homme dans la maison...

Juliette commençait à être très étonnée. Les drôles de gens! Cette madame Bertin, indulgente et pratique, enchantée que sa bonne ne couchât point seule! Cet homme politique qui tutoyait tout le monde et embrassait la servante sous les yeux de la maîtresse! L'idylle de Bon-Géant et de Justine! Et les autres donc : l'impressionniste Thékel, un parfait homme du monde, lui; cette mauvaise gale d'Hochard; cette terrible fourchette de Gavin-Truchot; le très noble Richard d'Aymeringue et le très gueux Volcknar! Sans oublier Aigueperse, le poète connu, son entraînant et original cavalier. Et elle n'avait traversé que le vestibule, n'était pas sortie encore de l'étroite chambre d'Éva, servant de vestiaire. Que devaient contenir alors l'atelier bouillant dont l'haleine l'avait brûlée au passage, et le jardin également bondé, et les autres étages! Précisément, elle se trouvait aujourd'hui disposée à tout comprendre, à accepter, les yeux fermés, bien des étrangetés qui, jadis, eussent choqué son bourgeoisisme. D'ailleurs, depuis qu'elle avait franchi le seuil de cette maison endiablée, une sorte d'excitation inconnue, qui était comme l'atmosphère de l'endroit, la pénétrait à son tour. Elle se sentait toute légère, et contente d'être venue, désireuse de voir, d'entendre, de deviner. Aigueperse ne s'était pas éloigné de ses jupes; elle se retrouvait à son bras, sans oser protester.

— Mais... et Gustave? dit-elle seulement.

Ne les ayant pas suivis au vestiaire, il n'était plus dans le vestibule. Elle chercha du regard. Alors le poète :

— Votre bon ami?... Eh! laissez donc... Richard d'Aymeringue vous le rendra! N'est pas homme à le détourner de ses devoirs, Richard d'Aymeringue...

En descendant le perron qui conduisait au jardin, ils se croisèrent avec Éva de Pommeuse. Décolletée très bas, elle exhibait une gorge plantureuse, appétissante. Sans cesser de donner le bras à Juliette, Aigueperse se pencha sur cette gorge, la baisa au passage.

— Pas le temps?... dit simplement Éva. La princesse Badajoz vient d'arriver, et, vous comprenez...

Elle s'empressa d'aller la recevoir.

— La princesse... répéta madame Meuriot, qui croyait avoir mal entendu.

— Oui, répondit Aigueperse, la princesse Badajoz... la vraie... et, d'ailleurs, il n'y en a pas deux!... Celle que vous connaissez, ainsi que tout Paris... Une petite cousine du dernier souverain... Au temps jadis, lorsqu'elle était enfant, Victor Hugo, jeune homme, l'a maintes fois fait sauter sur ses genoux... Le soir, vous allez en juger, elle est restée d'une jeunesse surprenante... improbable...

Du moment que la princesse fréquentait cette maison, madame Meuriot, sans qu'elle s'en rendît compte, se trouva plus disposée encore à ne pas s'étonner du ton général et des excentricités ambiantes : ses résistances dernières tombaient. Les fumées d'une véritable griserie, pleine de charmes, lui montaient à la tête.

— Mais enfin, où est passé mon « bon ami », comme vous dites?

Gustave n'était pas au jardin. Entouré de hauts murs, le jardin, et plus profond que large, en ce moment baigné de clarté par la pleine lune. Un beau tilleul, entouré d'une pelouse, quelques rosiers en fleur, une rocaille au fond, autour de laquelle trois messieurs, nu-tête, l'un en habit, le second en redingote à la propriétaire, l'autre en veston, s'occupaient de la plantation d'un feu d'artifice. Et Juliette se sentit presser le bras d'une façon significative.

— Regardez-les bien, tous les trois!... lui dit à l'oreille son cavalier.

D'abord, elle ne remarqua rien. Si, pourtant.

Les trois, d'âge et de taille différents, étaient hérissés de la même tignasse noire, abondante et crépue, frisant naturellement. Elle leur trouva un air de famille.

— Vous y êtes! continua-t-il. Le hasard, qui les réunit, fait éclater une vérité admirable : les trois ne sont qu'un... le type de beauté pour Éva!

Et, l'ayant menée un peu à l'écart, le poète s'expliqua :

— Ecoutez... Notre amie Éva de Pommeuse, madame, est bien la plus honnête femme du monde. Et, si quelqu'un était assez aveugle et méchant pour en douter, nous répondrions à celui-là que nous venons d'en voir la démonstration vivante... En effet, depuis qu'elle vit séparée, Éva de Pommeuse a eu trois amants... qui sont là, devant vous : Gray, l'habit... Charleval, la redingote à la propriétaire... Lieutaud, le veston... Tous restés bons amis, camarades, et présentement, regardez-les! en train de réunir leurs efforts pour fixer un soleil!... Elle a eu ces trois, *l'un après l'autre*, et jamais un quatrième!... Notez que Lieutaud étant le prince régnant, Charleval et Gray saignent d'avoir abdiqué, pleurent quelquefois dans le gilet l'un de l'autre; mais, loin de détester leur successeur, ils veillent au contraire sur lui, avec une sorte de paternité... Quant à madame de Pommeuse, il est de toute évidence que si elle a eu trois amants, elle n'en a eu qu'un seul amour! C'est le même idéal... brun, nerveux et mâle, avec chevelure crépue... qu'elle a aimé à travers le trio et auquel elle est restée fidèle... honnêtement!

Madame Meuriot souriait, émerveillée de la largeur de cette morale, éblouie par son imprévu, touchée de sa commodité élastique, quand un bruit de chaînette d'acier, brusquement tirée au-dessus de leur tête, lui fit peur. Puis, aussitôt, un « cui, cui, cui, » saccadé et plaintif, qu'on eût pris pour un cri d'oiseau : attaché au milieu du tilleul, Koko, le singe d'Éva de Pommeuse, leur souhaitait un bonsoir, qui se termina par une série de bonds dans les feuilles, enchaînés.

— Mais, avec tout ça, le mari? demanda-t-elle.

— De Mornas... Ma foi, je ne l'ai pas vu, ce soir!... dit Aigueperse, en tournant la tête dans plusieurs directions, comme quelqu'un qui cherche.

— Est-ce qu'il vient jamais ici!... Vous plaisantez!

— Demandez à Gray, ou à Lieutaud, ou à Charleval, si je plaisante... Ces messieurs vous diront, comme moi, que de Mornas... un graveur de son état, et point maladroit du tout... n'a qu'un défaut réel : il boit... et que c'est très malheureux. Jadis, quand il vivait avec sa femme... et un mariage d'amour, s. v. p., imposé au juge de paix Bertin, à coup d'actes respectueux... il buvait et la battait. Madame Bertin, qui demeurait avec eux et qu'il devait battre aussi, se ravisant à la fin, arrangea une séparation à l'amiable... Depuis, chaque fois que de Mornas peut se tenir debout, il vient voir ces dames, qui le reçoivent à bras ouverts. Par exemple, comme il boit davantage encore qu'autrefois, ses visites sont rares. Ce soir, un Deux-Juin, s'il n'est venu souhaiter une bonne fête à sa femme, il faut qu'il soit à rouler sous la table. Mais alors, soyez-en sûre, il aura toujours envoyé un bouquet !

Dans le petit salon du premier étage, ils retrouvèrent Gustave et Richard d'Aymeringue. Devant un buste, une Éva de Pommeuse en glaise, encore recouvert de son linge mouillé, et déposé sur un vieux piano à queue, flambait une grande discussion artistique.

Entre deux bougies allumées, au milieu de quatre ou cinq pots de fleurs, parmi plusieurs gros bouquets émergeant de leur collerette de papier blanc, le buste, en cette sorte de chapelle improvisée, attendait la présence de la maîtresse de la maison pour être « inauguré ». Et, pendant que les petites flammes des deux bougies montaient droit, toutes simples, les paroles et les idées s'échevelaient en crépitant, avaient les dansants caprices d'une flamme de punch.

— Vous êtes timide, vous... et tout petit, tout petit !... beuglait, les yeux hors de la tête, le vieux Gavin-Truchot, s'adressant à l'auteur du buste, Dablemont, un élève de Volknar, rosé et modeste comme une demoiselle.

Dablemont ne bronchait pas. Ses candides yeux, taillés en amande, bêtas mais doux, battaient à chaque instant des paupières, pendant que le peintre dont on ne connaissait pas de tableaux, lui démollissait cruellement son œuvre.

— Vous êtes gris-perle... Un cloporte de l'art, à sang de puceron... Avec votre machine... oui, avec ça ! nous faites-vous pressentir, comme il le faudrait, que le soleil est, que les constellations gravitent, qu'Aristide a été sage, que Solon et Lycurgue ont légiféré, que Christ est mort ?... Tout est dans tout, sacrebleu !... Cette chevelure en torsade, vos ondes de boucles figées, ne me disent pas tout l'Océan... Où est le flux et le reflux?... Où, la houle?... Il me faut Christophe Colomb... et Trafalgar aussi, monsieur... oui, Trafalgar!... Être complet... Le vrai et l'idéal!... Je suis roi de la création, moi!... Mais passer créateur, être Dieu, faire de la vie qui soit plus belle que la vie : voilà le problème!... Vous semblez ne pas vous douter que j'ai besoin de nettoyer ma nuit avec de l'essence d'astre...

— Mossieu fait-il usage du savon?... décocha cette fripouille de petit Hochard, en exagérant l'accent faubourien natal.

Le petit Hochard, assis par terre, avait un bras passé autour des mollets sculpturaux d'une danseuse retraitée, presque sexagénaire et couperosée, couverte de diamants, que chacun, à tort ou à raison, appelait « l'ancienne maîtresse du roi de Hollande ».

— Vous commencez à m'embêter, vous, méchante vipère ! riposta Gavin-Truchot, les yeux hors de la tête, vexé.

Il se mit à démolir « la musiquette » du gringalet, qui devint subitement très rouge. Non à cause de tout ce dévergondage lyrique qu'il n'écoutait même pas : mais sa main, remontant peu à peu le long du bas de soie de la danseuse, si doux au toucher, sa main venait d'arriver beaucoup plus haut. Impassible, la « maîtresse du roi de Hollande » semblait s'intéresser à l'éternel petit pain d'un sou que grignotait Kabaner.

— Tiens! celui-là mange encore!

— C'est parce que ça m'empêche de tousser... Moi, je suis poitrinaire...

Et lentement, posément, en traînant sur chaque syllabe avec un accent méridional, le maigre Kabaner donnait des explications :

— Le matin, dans mon lit, quand je me réveille, avant de bien ouvrir les yeux, j'ai déjà pris mon petit pain sur la table de nuit... Je mange en m'habillant... en me débarbouillant... Je mange en faisant mon ménage... en balayant... en retapant mon lit... Puis, je me mets à mon piano, et je mange en composant ma musique... en écrivant les notes... en pianotant... en chantant... Puis, je sors, pour aller vendre mes morceaux, et je mange dans la rue, en marchant... sur les impériales d'omnibus... sur les bateaux-mouches... Je mange en donnant mes leçons en ville... Je mange dans les pissotières et les water-closets...

Il s'interrompit pour mordre dans son petit pain, puis, la bouche pleine, continua :

— Eh bien ! c'est grâce à ce moyen que je suis encore en vie ! A dix-sept ans... songez donc... le médecin m'avait déjà condamné. A dix-huit et demi, il ne me restait plus qu'un poumon... et je viens d'accomplir ma quarante-neuvième année... Seulement, je n'ai jamais pu devenir gras... non, jamais ! Pour ça, il faudrait que je trouvasse le moyen de manger aussi la nuit, en dormant...

Un bon sourire, résigné, ne fit qu'effleurer son visage d'*ecce homo*. Et il resta silencieux, juché sur le haut tabouret du piano, son menton appuyé sur une guitare sans cordes, que ses longues mains décharnées tenaient comme si elles allaient en jouer. Puis, comme Gavin-Truchot rasait tout le monde, en continuant à jongler avec des constellations et avec des citrouilles, qu'il devenait inquiétant à vous brandir des gloires et agiter sous le nez des plumets, chacun se mit à demander hautement « *le Pâté* », la dernière composition de Kabaner, paroles et musique.

Lâchant la guitare sans cordes, il fit un demi-tour avec son tabouret, et se trouvant en face du clavier ouvert, il s'exécuta. Sa voix n'était qu'une pitié, un miaulement de tête, aigu, inquiétant, une sorte de déchirure lamentable. Ce qui ne l'empêcha point de chanter aussi *la Mortadelle* inédite, à laquelle il travaillait encore.

— Tiens! de la charcuterie musicale! s'écria cette gale d'Hochard. On en mangerait...

— Hé! pourquoi pas? ripostait Kabaner. La charcuterie après la pâtisserie!.. Puis, je passerai à l'épicerie musicale, en composant *le Cornichon*, peut-être *le Pruneau d'Agen*. Mon idée est de faire ainsi le tour de tous les métiers : une excellente préparation à mon grand opéra moderne... en blouse, en vaston et en frac... où seront reproduits les principaux bruits de la réalité.

— N'est-ce pas? le libretto de ton grand opéra réaliste sera écrit en prose? lui demandait le peintre Poldex, une sorte de colosse gauche et chauve, un vieil enfant, naïf, génial, à la fois violent et timide, le seul qui comprît réellement Kabaner.

— Je te crois, qu'il sera en prose!... Oui, Aigueperse et Gavin-Truchot, en prose!... Avec ça que la belle prose, sculptée et vivante, ne mérite pas d'être mise en musique, autant que les vers...

même que ceux d'Hugo et de Baudelaire!... Pour vous le prouver, tenez! écoutez-moi ça...

Et, en miaulant, comme un matou à qui l'on vient d'écraser la queue, il se mit à chanter au piano une page de l'*Assommoir*, la « descente des ouvriers dans Paris », mise en récitatif.

— Bravo!... Superbe!... clama le peintre Poldex, lorsque Kabaner se tut, épuisé.

L'enthousiasme du peintre en entraîna trois ou quatre, qui applaudirent avec lui. Alors, debout, Poldex fit quelques pas de lutteur forain prêt à jeter un gant, qui ébranlèrent le parquet. Presque aussitôt, arrêté devant la muraille, et ayant fait un retour sur lui-même, songeant aux difficultés de son art, à tout ce qu'on ne peut jamais rendre, aux misères du métier, il martelait du poing la cloison :

— Nom de Dieu!... Nom de Dieu!...

Mais Kabaner retrouva un soupçon de voix, un dernier souffle, pour expliquer qu'on n'inventait rien, jamais rien, en musique :

— Voyez-vous, les vraies phrases musicales ont existé de tout temps, indépendamment de nous... Dans les limbes de l'harmonie et de la mélodie, elles attendent, pendant des millions de siècles... Elles attendent qu'un compositeur de génie les devine et les tire de leur léthargie, en les notant dans une portée...

— C'est comme les vérités mathématiques d'ailleurs, et les axiomes de la raison pure... comme les principes de toutes les sciences naturelles, physique, chimie, et cætera... pantoufle ajouta Gray, dont la fine tête brune, énergique et frisée, venait d'apparaître.

— Et ce feu d'artifice ? lui demanda Thékel.
— Vous verrez... vous verrez... mon ami.

Tout était prêt et il remontait du jardin, svelte dans son habit et à l'aise, semblant chez lui, ayant même conservé une affabilité générale d'amphitryon, bien que, le plus ancien des trois amants d'Éva, il eût depuis longtemps passé la main. Le soir, ses quarante ans sonnés n'en paraissaient que trente. Ayant plusieurs cordes à son arc, poète original, chroniqueur aimé, et savant par là-dessus, chimiste estimé, il plaisait tout particulièrement à Thékel, au maître impressionniste qui avait les goûts d'un homme du monde. Et, comme ça, tranquillement — dix ans avant qu'il fût question du phonographe ou du téléphone, — il raconta au peintre qu'il connaissait un moyen de « photographier le son », lui en fit même la théorie :

— Oui, une belle page musicale... par exemple le morceau de l'*Assommoir*, non seulement mis en musique par Kabaner, mais chanté là, tantôt par Kabaner, et avec les éraillures de sa voix... avec les bravos de Poldex à la fin, et le bruit de corde cassée que rendait à chaque instant un *do dièze* : eh bien, je me charge de mettre tout cela en bouteille... c'est-à-dire sur un cylindre...

— Ah, mon Dieu ! quelle horreur !... Mais c'est une vraie peste ! s'écria soudain « l'ancienne maîtresse du roi de Hollande », en se bouchant le nez.

Et, d'un coup de genou, elle repoussa violemment la main égarée du petit Hochard, puis se leva d'un bond et s'éloigna vite du piano à queue, d'où se répandait en effet une odeur nauséabonde. Le voyou de petit Hochard n'osa-t-il point prétendre que l'infection émanait du vieux Gavin-Truchot.

— Chaque fois que vous mangez des œufs sur le plat, ça vous arrive... sans vous en douter encore!

Vérification faite, on découvrit le vrai coupable. Un des nombreux chats de la maison s'était trouvé indisposé sur le piano, entre deux pots de fleurs, derrière le buste. Justine, sur ces entrefaites, vint, de la part « d'Éva », avertir que le souper était servi, en bas, dans l'atelier. Alors, au milieu du sauve-qui-peut général, cette fille s'aperçut de l'accident, mais ne voyant ni pelle ni cendre à sa portée, ses lèvres s'allongèrent. Elle se contenta de faire une moue et d'ouvrir toute grande la fenêtre.

L'effet du mot « souper » sur ses gens-là! A l'exception de Thékel, Laronceray, Aigueperse sûrs d'être placés, eux, toutes et tous se bousculaient, dégringolaient les marches, semblables à un troupeau de bêtes affamées, Gray comme les autres! Et stupéfaite, consternée, madame Meuriot, au bras de Gustave, s'effaçait contre la muraille afin de laisser passer la trombe. D'ailleurs elle n'avait nullement faim. Puis cette odeur écœurante qui la poursuivait! Toute la maison maintenant, lui semblait sentir le chat. Mais autour de son bras resté libre, voilà que se glissait un bras souple, familier, caressant. Aiguepersé!

Le cigare qu'il fumait, sentait bon. Son sourire était doux, ses paroles onctueuses, enveloppantes comme son bras.

— Vous êtes jeunes, vous êtes beaux, mes enfants, et vous vous aimez : donc vous êtes divins... sacrés!

En vain madame Meuriot protestait, il continua, s'adressant uniquement à elle :

— Ce n'est pas devant moi qu'il faudrait vous en défendre ! Votre tendre secret, vous le portez écrit sur votre front lumineux : il chante dans votre voix... éclate dans vos yeux... soupire et palpite sous votre corsage... Eh bien, vous n'avez qu'une chose à faire, madame, qu'un parti à prendre : aimer davantage encore ! C'est si simple... Aimer jusqu'à l'ivresse et à la folie... jusqu'à la mort... Ça vous est si facile et si naturel, madame.

Le poète lui baisait la main, puis se tournant vers Gustave, avec un malicieux sourire :

— Dites donc, vous ! il me semble que je fais passablement bien vos affaires, jeune homme !

Tous trois, maintenant seuls dans l'escalier, se mirent à descendre lentement. Et d'en bas, de l'atelier où les affamés étaient entassés, arrivait déjà un murmure d'assiettes remuées, de cuillers, quand Aigueperse, une main à la rampe et de nouveau très grave :

— D'ailleurs, écoutez-moi...

Il les tint arrêtés au bord d'une marche, pour leur expliquer que tous tant qu'ils étaient, peintres, sculpteurs, musiciens, poètes, prosateurs, enfin ceux qui fréquentaient cette maison, valaient mieux que les bourgeois.

— Voyez-vous ? madame, nous sommes tous sublimes !.. Oui, tous ! Les célèbres, les arrivés, les décorés, comme les obscurs et les méconnus ! Ceux qui n'ont pas dîné aujourd'hui, ou ne déjeuneront pas demain, les vaincus et les ratés, aussi bien que les triomphateurs, ceux dont les moindres productions sont couvertes d'or...

Étonnée et sous le charme, Juliette ouvrait de grands yeux. Aigueperse continuait à exalter les chercheurs d'idéal, meilleurs que le restant des hommes, autrement purs. Tous avaient plus ou moins « caressé la chimère », et il en restait toujours quelque chose. Même les non-valeurs, les incomplets, les grotesques, les détraqués, les impuissants, étaient d'estimables garçons, plus à plaindre qu'à blâmer, valant encore mieux que la moyenne de l'honnêteté bourgeoise, restés capables d'une envolée généreuse, d'un enthousiasme, d'un désintéressement.

— Enfin, ne se met pas qui veut le doigt dans l'œil, là !.. Eux, du moins, n'ont pas une pièce de cent sous à la place du cœur... Et, dans la vie, madame... croyez-moi... tant pis pour ceux qui ne sont pas capables de s'emballer, même pour une folie !

A qui le disait-il ! Juliette eût embrassé Aigueperse ! Du moins, elle lui abandonna son bras, et tous trois pénétrèrent ainsi dans l'atelier.

Serrés les uns contre les autres, on étouffait là dedans. Une grande table en fer-à-cheval occupait tout l'atelier: aucune place vide. On avait bien installé plusieurs petites tables dans le vestibule, contre l'escalier : nul ne voulait s'y mettre. De sorte que beaucoup de convives, arrivés trop tard, étaient là debout, obstruant le passage, et regardant d'un œil d'envie les veinards, qui, pour prendre possession de leur place, s'étaient vite versé à boire, avaient déjà fait main basse sur les hors-d'œuvre. Assise entre Lieutaud et Charleval, Éva de Pommeuse ne s'occupait de rien.

Penchée derrière la chaise de Lieutaud, Éva

causait avec la princesse Badajoz et lui nommait à l'oreille les convives de marque, tous comptant, ou devant un jour compter, dans les arts et la littérature. Belle toujours, improbablement jeune malgré son demi-siècle, la princesse clignait ses yeux d'odalisque myope, et se servait d'une face-à-mains, pour lorgner les bêtes curieuses.

— Et ce n'est pas tout ! dit noblement Éva de Pommeuse, une fois au bout de l'énumération.

Puis, tendant le bras vers le vestibule, dans la direction des petites tables dédaignées :

— Il y en a d'autres encore !... Là... Un tas d'autres !

La princesse Badajoz continuait à lorgner, cette fois dans le vide, en souriant. Un sourire stéréotypé, ne dérangeant pas les lignes, ne changeant rien à l'expression de son visage sensuel. Une aménité diplomatique, qui avait dû servir en bien des fêtes officielles ; une gentillesse de cour, vraiment princière, impériale, comme la petite couronne en brillants qui complétait sa coiffure. Et madame Meuriot, entre Gustave et Aigueperse — lequel, afin qu'ils pussent se mettre tous les trois à table, venait de faire déguerpir le petit Hochard et deux autres minces personnages, — se trouvait enfin assise, juste en face de la petite couronne. Oh ! les scintillements continus de tous ces diamants, qui, tantôt l'inquiétaient comme des regards, tantôt lui éblouissaient le cœur ! Elle avait beau détourner les yeux, répondre à Aigueperse, sourire tendrement à Gustave, observer les soupeurs et les soupeuses, s'étonner de la goinfrerie dominante, de la rusticité disparate de la vaisselle et des taches de la nappe ; elle avait beau reconnaître tour à tour la maigreur apocalyptique de Kabaner, la trogne rabelaisienne de Laronceray, la barbe aux deux pointes effilées du gentleman pionnier de l'impressionnisme, les rides de madame Bertin, la couronne de roses de « l'ancienne maîtresse du roi de Hollande », la laideur vaporeuse de Justine, les solides épaules de Poldex, l'air patriarcal de Gavin-Truchot, sans compter les trois exemplaires — Gray, Lieutaud et Charleval — du même type de beauté ; enfin elle avait beau comparer Éva de Pommeuse, son masque de Japonaise empâtée, avec les innombrables peintures pendues au murs de l'atelier : Éva de face, de profil, de trois quarts, de dos ; Éva en toilette, en négligé, en déshabillé, en chemise ; Éva en pied, en buste, assise, couchée, endormie, fantôme ; Éva en déesse, en muse, en fée, en amazone, en reine, en mendiante, en courtisane, en sœur de charité, en cantinière, en travesti, sans compter certaines Éva en costume d'Ève : non ! quand même, ses yeux revenaient toujours à la petite couronne en diamants de la princesse Badajoz. Son regard finit par ne plus quitter ces scintillantes lueurs qui l'hypnotisaient.

Et, dans l'espèce de rêve éveillé où, tout en reprenant du poulet froid, elle se trouva transportée, voilà que les étonnements de la soirée, l'imprévu de ce milieu original, le charme unique de l'hospitalière maison, Juliette les retrouvait dans leur ensemble, déjà élargis et embellis par le souvenir. Ces premières heures, légères, amusantes, exquises, elle les revécut avec intensité, dans une minute, et elle en savourait mieux la douceur.

Tout en lui offrant de la salade de légumes, Aigueperse :

— N'est-ce pas, c'est joli de couleur ?

Et, sans transition, du bariolage de cette salade passant aux féroces portraits d'Éva qui couvraient les murs, le poète ajouta :

— Quand je vous disais que nous valions mieux que les bourgeois, tous !... Tenez ! celui-ci... l'auteur de tous ces manifestes picturaux que vous contempliez tout à l'heure... Lieutaud, « le second » d'Éva, celui qui a fait trois ans d'intérim, entre Gray et Charleval !... Eh bien, pendant les trois ans, Lieutaud, qui était pauvre, a trouvé ici, la table, le logement, et le reste, sans compter des pinceaux, toiles, tubes de couleur, même du tabac, et des habits : partout ailleurs, une pareille aubaine, ça a un nom, dites !... Seulement, ici, rien de pareil !... Sachez que, homme de génie, ou barbouilleur, Lieutaud est avant tout un artiste, sincère et laborieux : or, l'art purifie, ennoblit tout... Aussi chacun, comme moi, continue à serrer la main à Lieutaud... Tiens ! le pauvre garçon a travaillé, comme vous voyez... n'a travaillé que pour Éva pendant trois années : et ni vous, ni moi, ni monsieur Cabanel... ne pas confondre avec Kabaner !.. ne sommes compétents pour juger, si Lieutaud, donnant en retour sa production à notre amie, ne lui a pas donné royalement pour deux cent mille francs de peinture...

Mais Juliette avait encore devant les yeux la petite couronne de diamants, en feu, au moindre remuement de tête de la princesse. Et elle continuait à rêver, éveillée, s'isolant au milieu de la joie bruyante du dessert, de loin en loin bercée par la voix d'Aigueperse, dont les exaltations lyriques, les paradoxes, les ironies, ne lui arrivaient plus qu'à travers un voile. Déjà, qu'avait-il dit? Ah oui! l'art contenait une noblesse et une grâce d'état : mais l'amour donc? L'amour aussi élevait, purifiait. Tous ceux qui aimaient ou étaient aimés, ne devenaient-ils, par cela même, respectables et sublimes, supérieurs à la tourbe humaine, affranchis de la tyrannie mesquine des usages ou des lois! Et, bien qu'elle eût à peine trempé les lèvres dans sa coupe de champagne, une sorte d'ivresse lui était montée au cerveau. Une ivresse réconfortante et glorieuse: la conscience que, grâce à son amour pour Gustave, elle n'était nullement une intruse dans ce milieu exceptionnel, parmi tous ces escaladeurs d'idéal. Grands et petits, sages ou fous, grotesques ou divins, les triomphateurs comme les impuissants, nul d'entre eux n'eût été en droit de dire à celle qui venait pour la première fois : « Votre place n'est pas ici! » Enfin des fiertés lui venaient à la pensée que son poème, son tableau, son opéra, son livre, sa statue, à elle, c'était sa passion.

Cette pensée ne la quitta plus, l'inondant de joie, d'orgueil. Et la fin de cette nuit trop courte s'écoula comme un songe délicieux. Après le café et la chartreuse, les convives eux-mêmes démontèrent la grande table en fer-à-cheval. On dansa. La princesse Badajoz et Laronceray jouèrent des scènes célèbres. *La Levrette en paletot*, *la Muette*, *la Revanche des Bêtes*, certaines pièces de la *Musc à Bibi*, du *Reliquaire* et de la *Chanson des Gueux* furent dites par leurs auteurs respectifs, « à l demande générale ». On finit par s'amuser à des jeux d'écoliers faisant l'école buissonnière : un grand enfant se dégageait de la plupart de ces artistes et Juliette les eût tous pressés sur sa poitrine, tellement ils lui étaient devenus sympathiques, ceux-ci par leur légèreté spirituelle, ceux-là par leur étrangeté inquiétante, d'autres par leur douceur, un ou deux par leur naïveté d'homme de génie. Elle d'ailleurs, timide, se livrant peu, écoutait plutôt qu'elle ne parlait.

Vers deux heures et demie, chacun se rendit au jardin. « Le feu d'artifice ! » Dans la nuit tiède, sous un ciel sans nuage et criblé d'étoiles, Juliette accoudée sur la rampe du perron, tenait une main de Gustave dans la sienne. Pendant que juste en face, sur le noir de la muraille du fond, les soleils du triumvirat Gray, Lieutaud et Charleval, faisaient tournoyer leurs étincelles, elle eut voulu mettre tout son cœur dans cette pression, y faire passer son ivresse et sa reconnaissance : « Va, je te sens!.. Tu es là, ma passion, et je trouve tout magnifique... Je m'amuse et suis bienheureuse. »

Enfin, après la grande pièce, les nombreuses flammes du Bengale et les embrasements féeriques du jardin, le bouquet final qui fit pousser à Koko, dans son arbre, des « Cui, cui, cui » effrayés, quand les bravos et les « vive Eva de Pommeuse ! » se furent éteints, lorsque l'approche du jour eût décidé beaucoup de monde à partir, madame Meuriot, maintenant assise avec Gustave au milieu du jardin, sur un banc rustique, assista à une scène inoubliable. Dans la clarté de l'aube glissant peu à peu sur la jeune verdure, sous un ciel bleu moins sombre, où ne brillait plus que deux étoiles, et pâli vers l'orient, déjà rosé, Aigueperse se tenait sur un tabouret bas, au milieu d'une vivante corbeille de femmes, toutes sous le charme de sa personne, oubliant l'heure et buvant ses paroles. De tous les âges et de conditions diverses elles se trouvaient là une dizaine ; la princesse Badajoz et sa demoiselle de compagnie, « l'ancienne maîtresse du roi de Hollande », deux élèves du Conservatoire avec leur mère, une frêle jeune femme composant des oratorios, enfin, deux bas-bleu sans compter Juliette. Et toutes, séduites par le poète, irrésistiblement attirées, avaient fini par rapprocher de lui leurs sièges de jardin, de façon à l'entourer. Puis, à sa demande : « Comme ça, on va être entre soi ! » elles avaient fini par resserrer le cercle, en apparence pour se prêter à une plaisanterie, au fond cédant à un instinct. Lui, au milieu de leurs jupes, d'où émergeait sa tête de Christ à la barbe vierge, aux longs cheveux blonds et bouclés, était heureux et débitait mille folies, leur tenant tête à chacune, tour à tour drôle, ému, impertinent, attendri, sublime, discrètement dépravé ; et cela sans efforts, naturellement, en ayant l'air de les aimer toutes, gentil et malicieux comme un singe. Koko, toujours enchaîné dans son arbre, le regardait du haut d'une branche, avec des hochements de tête qui semblaient approuver. Et cela sous la tendresse du jour naissant, dans la fraîcheur et la pureté de l'aurore. Au milieu du silence de Paris encore endormi, des gazouillements d'oiseaux s'éveillaient au fond des jardins voisins. Et plusieurs coqs se mirent à chanter dans les Batignolles, se répondant de loin, s'excitant l'un l'autre. Des jappements de chiens s'entendaient, très loin, comme à la campagne.

— Comme tout cela est beau, et bon, après l'énervement d'une nuit! soupirait Aigueperse. Au moins, mesdames, ça vous détend...

Après un couplet délicat sur le Printemps, cette jeunesse de l'année, sur le matin, cette adolescence du jour, dans une effusion subite, comme cédant à un besoin irrésistible de rendre hommage à un être jeune et pur, il attira à lui la cadette des deux petites du Conservatoire, pour laquelle il avait un faible, car depuis un quart d'heure il lui faisait secrètement le pied, et se mit à la dévorer de caresses. Quelle rougeur à la joue de la rouée encore en robe courte! Quelle joie dans ses yeux de pervenche! Mais, pour ne point causer de jalousies, il embrassa tout de suite la sœur aînée et pressa amoureusement le bras de la mère, fit même une pichenette amicale sur le maquillage de l'ancienne maîtresse du roi de Hollande, et finit par s'accouder familièrement sur les genoux, entre les genoux de la princesse Badajoz, un peu las.

— Dieu! qu'il fait soif! murmura-t-il, des genoux de la princesse, en faisant le geste de boire, à Justine qui passait en ce moment sur le perron.

Ce fut Éva de Pommeuse qui apporta deux bouteilles de bière au poète. Ces dames s'écartèrent un peu, afin de la laisser pénétrer dans le cercle. Toujours sur son tabouret de jardin, Aigueperse la reçut dans ses bras ouverts.

— Mon bon ange... Vous me sauvez la vie!

— Tiens! je n'ai pas apporté de verre! dit Éva, en débouchant une des deux bouteilles.

— Oh! pas besoin... Voyez plutôt!

Et, buvant à la régalade, il vida d'un trait la la bouteille, puis l'envoya au loin. Sans se casser, elle alla rouler dans la pelouse. Éva était toujours debout devant lui.

— Vous êtes adorable! s'écria-t-il en lui enlaçant de nouveau la taille.

Sans la lâcher, en baissant un peu la voix, il se mit à la gronder avec une gravité affectueuse. De toute la nuit, ils n'avaient pas échangé quatre paroles. C'était mal de négliger ainsi les vieux amis. Que devenait-elle? Sa santé? Son travail? Et le reste?

— Oh! le reste!..

Et elle eut un haussement d'épaules.

— La santé, ça va toujours; mais, le travail: pas des masses!... La vie est trop courte, les journées glissent: on ne trouve guère que le temps de s'ennuyer...

Ses gros yeux en amande ne sourcillaient pas, aucun pli ne dérangeait la placidité du masque de Japonaise empâtée, mais une ombre de mélancolie embruma ce qu'elle ajoutait :

— Merci de votre intérêt!... Vous êtes resté gentil, au moins, vous... Mais les autres!... Ils ne reviennent plus dans cette maison à partir du jour où le succès, le succès définitif, leur arrive...

Son ventre, proéminent et dur, portait sur la poitrine du poète. Suffoqué de la tenir encore, endolori à la longue, il sentait aussi qu'elle se fatiguait d'être debout. Où l'asseoir? Aucun siège. Mais Gustave était là, à portée, un peu sur sa gauche. Aigueperse poussa doucement Éva vers Gustave, et finit par l'asseoir sur les genoux du jeune homme, tout en lui demandant ce qu'elle pensait de son récent volume de vers, les *Aurores Boréales*.

— Mon Dieu, c'est vrai! s'écria-t-elle en rougissant. Eudoxe, pardon! Pardon mille fois!... Je suis une oublieuse, une négligente, une impolie... Votre livre, voici tout un grand mois que je l'ai reçu... dévoré... Et, depuis, non seulement j'ai eu la paresse de ne pas vous écrire, me proposant de vous en parler longuement... mais je vous ai rencontré plusieurs fois, sans vous en ouvrir la bouche!.. Que devez-vous penser de moi, mon pauvre ami?

Elle était confuse et désolée. Si sincèrement qu'elle ne savait sur quoi elle était assise : d'ailleurs, Gustave se gardait de remuer. Et elle dit toute son admiration pour les *Aurores Boréales*, s'animant autant que le comportait sa molle nature. Elle en savait des passages par cœur et admirait surtout le poème si profond de *Lazare*, commençant par ce beau vers :

Lazare allait mourir pour la seconde fois...

Et elle récita d'une haleine tout le début. Puis, après avoir un peu soufflé, elle ajouta, avec sa bonté de grosse personne heureuse de faire plaisir :

— Admirer est si doux... Aucune fatigue, d'abord! Et l'on en vient à comprendre que le reste de l'existence est inutile... Vous ne savez pas, mon cher Aigueperse? Vous... et deux ou trois autres... quand j'achève de lire une œuvre nouvelle de vous et que je referme le volume... vous ne vous doutez guère... Eh bien, je suis toute triste de ne pas tomber aussitôt dans un profond sommeil léthargique, dont je ne me réveillerais que le jour où je pourrais prendre connaissance de votre œuvre prochaine...

Ici, un mouvement involontaire, de celui sur les genoux de qui elle était assise à son insu, fit se retourner lentement Éva de Pommeuse. Elle aperçut pour la première fois Gustave. Après l'avoir bien regardé, elle dit tout naturellement et sans se lever :

— Mais... je ne connais pas Monsieur !

SEPTIÈME PARTIE

I

Depuis le terme de juillet, Gustave était établi : fabricant et vendeur en gros de timbres en caoutchouc. Usine à Clichy, où il ne mettait jamais les pieds; entrepôt, comptoir et siège social, 4, rue Mosnier, quartier de l'Europe, à deux pas de la gare Saint-Lazare. Une rue sans boutiques, et habitée par des cocottes chic, qui vous avait un faux air de la rue Léonie; il y passait peu de monde, également; une odeur de vice luxueux, bourgeois, y était relevée par une pointe de mystère. D'ailleurs une rue bizarrement choisie pour un commerce sérieux.

Au rez-de-chaussée, quatre fenêtres, aux solides barreaux de fer, faisaient saillie sur le trottoir; entre la seconde et la troisième, une large plaque de marbre noir portait, en belles lettres dorées : Gustave Honorat. Pas davantage. Par une porte cochère, cossue, on entrait dans la cour, dallée de pierre froide. Et ici, à droite en retour, à côté d'une porte intérieure, plus modeste, on pouvait lire, sur une moindre plaque également noire, en petites lettres dorées : *Gustave Honorat et Cie*.

Timbres en caoutchouc (Système breveté). Découvertes et nouvelles applications. » — Cette porte franchie, on en rencontrait aussitôt une seconde, vitrée, conduisant à une sorte de salle d'attente, où un jeune garçon de quatorze ans, costumé en groom, recevait le monde ; à gauche, les guichets d'une caisse, généralement fermés. Le principal commis se tenait dans une belle salle, élevée de plafond et dont tout un agencement de tiroirs en chêne, superposés et brillants de vernis, garnissaient les quatre murs ; de larges comptoirs, également en chêne et neufs, luisaient comme des glaces. Enfin, à gauche, « la direction », un cabinet plus petit, avait sa sortie particulière, donnant sur une autre cour. Très commode, cette seconde sortie, pour un directeur exposé à recevoir une femme mariée.

« Gustave établi avec l'argent de Léon. » « Gustave établi avec les cent mille francs de la dot destinée à Marthe ! » Loin d'éveiller les remords de madame Meuriot, ces pensées ne lui venaient même pas à l'esprit. N'était-ce pas son œuvre, préparée de longue main, et un définitif triomphe pour elle, que ce dénouement, rendu possible par la réconciliation des deux familles à la salle des Capucines, sorti de la fameuse conférence sur l'*Amour et la Mort*. Le soir même de la conférence, décidée à forcer dans ses derniers retranchements le bailleur de fonds nécessaire, elle avait eu l'instinct de brusquer l'attaque.

A la suite d'une petite collation chez les Honorat, « afin d'arroser le succès du conférencier », Gustave s'était retiré, les Meuriot venaient de redescendre. Marthe, son bougeoir allumé, souhaita le bonsoir à ses père et mère. Mademoiselle Cordhomme avait déjà fermé sa porte. Léon, à peine seul avec sa femme, et encore altéré de compliments :

— Là, entre nous : comment m'avez-vous trouvé, chère amie?.. Sincèrement?..

— Pas trop mal! Même tout à fait bien... à condition de ne pas recommencer! déclara-t-elle.

Lui, eut beau se récrier. Avec un haut bon sens, une logique serrée, elle lui dit nettement ce qu'elle pensait des conférences, « un genre creux, surfait, où ne brillent que les médiocres. » En une heure et quart, pouvait-on inculquer autre chose que des banalités, à un public de hasard, distrait, incompétent.

— Voyons, sois sincère!... Rien de ce que tu leur as débité, n'était véritablement de ton cru! Tu avais tout pris dans des livres...

— Mais, ma chère, je vous assure... balbutia-t-il, vexé.

Il allait se fâcher. Alors, comprenant qu'elle était allée trop loin, qu'il fallait ménager son amour-propre, elle répéta plusieurs fois certain « Vous valez mieux que ça! » très convaincu, ce qui produisit l'effet d'un baume sur la blessure.

— N'importe! il y a un intérêt, pressant, de propagande... risqua-t-il piteusement, en noyé qui se raccroche à une branche.

— Elle est jolie, votre propagande!.. Vous n'avez même pas réussi à couvrir les frais de la salle... ce dont je ne vous fais d'ailleurs pas un crime, attendu qu'il n'y a point de votre faute. Mais soyez sûr que les quatre chats venus sur votre invitation, et qui vous ont applaudi par politesse, n'ont pas attendu l'heure qu'il est, pour vous railler agréablement, vous trouver prétentieux, ridicule...

Bref, elle jeta, séance tenante, un premier seau d'eau glacée sur son ardeur conférencière. Profitant de ce que le docteur Silvy ne reparaissait pas chez eux, — lui, tout puritain et supérieur qu'il se piquait d'être, adorait le succès et ne remettait pas facilement les pieds dans les maisons où il s'attendait à trouver « l'odeur d'un four », — elle arriva à dégoûter son mari des émotions du verre d'eau sucrée. Du moment que la série des six conférences resterait interrompue, à quoi Léon allait-il employer sa remuante activité? Naturellement, les vastes projets sur le caoutchouc et sa destinée sociale le reprendraient tout entier. Voilà sur quoi comptait madame Meuriot.

Le terrain était donc préparé. Peu de jours après, chez les Honorat, elle mit à dessein la conversation sur le caoutchouc. Avec une timidité relative, dont il n'était pas coutumier, M. Meuriot livra un aperçu de ses rêves, de ses espoirs. Comme un de ces vieux chevaux de bataille qui, de loin, reconnaissent l'odeur de la poudre, Casimir dressait l'oreille.

Une société? Parbleu! il n'y avait que ça de pratique, et, ça le connaissait, lui, ancien agent d'affaires, resté un rédacteur de statuts expérimenté. Avec quel soin et quelle prudence, si l'on recourait jamais à ses lumières, il ferait appel à toute sa lucidité, tâcherait de prévoir les éventualités possibles.

— D'autant plus que, cette fois, s'il se surpasse lui-même, M. Honorat va travailler un peu pour votre fils! jeta négligemment Juliette, en s'adressant à madame Honorat.

Et, du ton le plus naturel, à voix posée, presque indifférente, elle rappela, comme une chose allant de soi et d'avance convenue, que Gustave serait le directeur-gérant de la société nouvelle. M. Meuriot ne disait pas non, distrait d'ailleurs, combattu par des hésitations dernières. Même la conversation languit un moment, chacun écoutant ses secrètes pensées. A la fin, Adélaïde, avec sa bonhomie:

— Mon avis, à moi, si vous voulez le savoir, c'est que... Voyons, pour un civet, il faut un lièvre ! Eh bien, pour une affaire de ce genre, ce qu'il faut avant tout, ce ne sont pas des statuts, un directeur-gérant, un personnel... non ! tout cela se trouve toujours... Mais c'est le capital qu'il importe d'avoir : le lièvre !.. Ne mettez donc pas la charrue avant les bœufs : commencez par réunir les fonds...

— Bien parlé ! s'écria Juliette, qui souriait d'aise.

Mais Casimir se fâcha, eut un haussement d'épaules. Les femmes décidément n'étaient point organisées pour les affaires.

— Restons-en là, dit-il à M. Meuriot comme conclusion. Pour le moment du moins !.. Demain, j'irai vous trouver dans votre cabinet. Et à tête reposée, la plume à la main, nous étudierons ensemble une combinaison.

Dès lors, Juliette n'eut plus à se mêler de rien. Une fois sur la piste, le père Honorat n'était pas homme à revenir bredouille. Son entente des affaires, un vieux flair spécial, sa connaissance profonde du cœur humain des capitalistes, sans compter certaines gentillesses ronronnantes de chat rentrant ses griffes, firent le reste. Autrement retors que l'architecte saint-simonien, fort avec cela de l'appui tacite de madame Meuriot, il se sentait même, détail amusant, soutenu par le témoignage de sa conscience. Après tout il ne faisait que travailler pour son fils, son fils unique et chéri. Une voix secrète lui soufflait : « Du moment qu'une dame, plus âgée qu'un jeune homme, prend du bon temps avec ce jeune homme, au point de l'accaparer complètement, d'absorber ses jours et ses nuits, de l'empêcher de se marier, n'est-il pas équitable que cette dame, par ses propres deniers, ou ceux de la communauté si elle est en puissance de mari, assure l'avenir du jeune homme? Parfaitement! si elle procure jamais à Gustave une position conforme à son rang et à son éducation, madame Meuriot ne fera que nous indemniser tous du préjudice qu'elle nous cause à la longue. »

Voici, en fait « d'indemnité », à quoi il eut le talent d'amener assez vite M. Meuriot, après deux jours de pourparlers. Son fils devenait le directeur-gérant d'une Société anonyme, au capital nominal de deux cent cinquante mille francs, — de cent vingt-cinq mille en réalité, — parce que les deux cent cinquante actions, censées de mille francs chacune, ne seraient libérées que de cinq cents francs. Sur ces deux cent cinquante actions, M. Casimir Honorat se chargeait d'en colloquer deux à Blacé, une ou deux à Murard, deux ou trois au docteur Silvy, total six; pour arriver à une vingtaine, il s'en réservait quatorze : par conséquent M. Meuriot prenait les deux cent trente autres. Soit, cent quinze mille francs !

Restaient certains détails. Quels seraient les appointements du directeur ? Le père Honorat parlait de les fixer à huit mille francs par an, sans compter une part dans les bénéfices. Gustave se fâcha tout rouge.

— Comment ? huit mille !... Elle est raide, celle-là... Quant madame Meuriot et M. Meuriot lui-même m'ont toujours dit que, quoi qu'il arrive, j'aurais annuellement mes dix mille francs assurés.. que ce ne sera pas trop, avec de nombreuses dépenses personnelles, des déplacements continuels à faire, un rang à tenir... Et c'est toi, qui viendrais me restreindre, lésiner... toi, mon père !

Son père tenait bon. Il finit par démasquer ses batteries. La vérité était que M. Meuriot lui avait offert d'être « co-administrateur de la Société, chargé de surveiller la comptabilité ». Et dame, tout travail méritant sa récompense, il comptait assurément être appointé. Ce ne serait pas trop de deux cents francs par mois, soit deux mille quatre cents francs par an, pour rétribuer une surveillance qui lui prendrait deux heures par jour en moyenne, « davantage à l'époque des inventaires. »

— Il fallait le dire tout de suite : tu exiges ta part du gâteau ! dit Gustave, du bout des dents, avec un sourire mauvais.

— Et quand cela serait !

— Tu oublies que ce n'est pas toi que l'on veut établir !

Le père se contenta de hausser les épaules. Quelle conformation de caboche devait avoir son nigaud de fils, pour ne pas comprendre ! En voilà un qui ne décrocherait jamais la timbale, dans les affaires. Là, voyons ! raisonnablement, allait-il être obligé d'avouer certaines choses à Gustave ! Celle-ci par exemple : « Ton caoutchouc, et, en général, les inventions de Meuriot, je n'y crois pas plus que de raison ; aussi ne trouveras-tu point mauvais que je m'arrange de façon à rentrer, peu à peu, dans mon déboursé de sept mille francs pour quatorze actions. » Ou celle-là encore : « Qu'est-ce que ça peut bien te faire à toi, d'avoir huit mille, au lieu de dix mille, de fixe ? Farceur, madame Meuriot est là pour le casuel ! » Rien d'ennuyeux, décidément, comme d'avoir affaire à des gens avec lesquels il faut toujours mettre les poins sur les *i*. Le pauvre Gustave !

D'un autre côté, le fils ne pardonnait point au père de tirer ainsi son épingle du jeu. Ces deux mille quatre cents francs d'émoluments, alloués pour la surveillance de sa propre comptabilité, il les eût longtemps sur le cœur. Outre que la création de cette sinécure lui semblait une preuve de défiance, blessant son amour-propre, une véritable humiliation, il trouvait le procédé entaché d'indélicatesse. Et il s'en plaignit amèrement à madame Meuriot, la première fois que celle-ci mit les pieds dans son cabinet directorial :

— Mon père nous a tous carottés... moi d'abord... et puis toi, et ton mari !.. Mon père est un misérable, manquant absolument de sens moral...

— Mais il va trop loin, ce chéri... Heureusement, nous sommes seuls ! s'écria-t-elle.

— Mon père est un voleur !

— Chut !.. Ce serait vrai, qu'il ne faudrait encore point le dire... Allons ! monsieur le directeur, du calme !

Juliette fit le geste de lui fermer la bouche. Et elle restait debout devant le large fauteuil en cuir, où Gustave se prélassait. Heureuse de le voir enfin « monsieur le directeur » depuis trente-six heures, elle jouissait de son œuvre, enchantée aussi de l'aspect sérieux et comme il faut de l'installation, satisfaite de la cour dallée, de l'imposante porte cochère, naïvement joyeuse de leur double sortie, un bon tour qu'ils avaient joué là tous les deux, une véritable sécurité qui les avait décidés à louer dans un quartier si peu commerçant. Et, tout en jouissant de son œuvre, disposée à l'indulgence, elle tâchait de calmer les rigueurs de « ce chéri, » qui gémissait encore :

— Non ! pas à cet argent-là ! entends-tu bien... Il n'eût jamais dû toucher à un sou de cet argent-là... A un sou ! Ne me fais pas dire pourquoi !

Et, sincèrement navré, il ajoutait :

— Certaines délicatesses échapperont toujours à mon père...

Désirant calmer le ressentiment filial du jeune homme, Juliette vint s'asseoir sur le bras du fauteuil. Comme elle se penchait sur son épaule, et lui disait dans le cou des choses qui adoucissent, tour à tour passionnée et délicatement joyeuse, il la prit soudain par la taille, de façon significative, l'attira.

— Oh ! Gustave... mon Gustave... murmurait-elle, d'une voix alanguie.

Dans sa faiblesse, d'avance vaincue, elle regardait la porte de la salle où se tenait le commis : justement, le verrou intérieur était tiré. Mais cinq heures sonnèrent. Elle ne fit qu'un bond.

— Malheureuse !.. Et mon train pour Maisons-

Laffitte !.. Je pars à cinq heures douze !.. Marthe et mademoiselle Cordhomme doivent déjà m'attendre à la gare...

Et, s'étant passée en revue, d'un coup d'œil, devant une glace, mise là à son intention, elle se sauva, sans oser l'embrasser.

— A tout à l'heure, mon amour ! N'oublie pas que tu viens dîner... On te prendra pour le train de six heures douze...

« On », c'était son mari. Cet été-là, au lieu d'aller à la mer, qui ne valait rien pour Juliette, et dont Marthe, mieux portante ou jouant la santé, semblait pouvoir se passer, les Meuriot, depuis le lendemain du Grand-Prix, s'étaient installés à leur villa de Maisons-Laffitte.

Gustave continuait à venir dîner chaque soir, puis rentrait ou non à Paris par le dernier train, ayant d'ailleurs sa chambre, dans une sorte de pavillon contigu à la serre et entouré de rosiers grimpants. Généralement au lit de très bonne heure, à la campagne, l'architecte repartait le lendemain, dès l'aube, sans s'inquiéter jamais de ce qu'était devenu son hôte. Souvent, par exemple, le jeune homme et lui arrivaient de Paris ensemble, par ce train de six heures douze, direct, et commode pour le dîner. Ce soir-là, malgré les recommandations d'exactitude adressées à Gustave, madame Meuriot, assise sur la terrasse, une rose à la main, eut le désappointement de voir son mari arriver seul.

— Gustave? demanda-t-elle, en respirant la rose.

— Ouf... laisse-moi souffler...

Léon avait chaud. Et, déposant sur un fauteuil rustique le melon que sa femme l'avait prié d'acheer, un cantaloup de belle apparence, il fit la plaisanterie médiocre :

— Tiens ! le voilà « Gustave » !...

Puis, en s'essuyant le front, il reprit :

— Le voilà !... Il sent bon, « Gustave », mais est joliment lourd à porter !

Subitement pâle, Juliette :

— Il vous suit, peut-être ?... Non ?... Vous aurez oublié de passer rue Mosnier !

— Mais si, mais si... Et je n'ai trouvé que le petit commis... Notre jeune directeur venait de partir, vous priant de l'excuser... Il dîne en ville, paraît-il, pour affaires sérieuses...

Juliette se contint, ne souffla mot, se contenta d'effeuiller nerveusement cette rose, cueillie pour lui, hélas !

Marthe, à quelques pas, au milieu du parterre, avait tout entendu. Au lieu d'accourir comme d'habitude, pour embrasser son père, elle se baissa vivement au bord du jet d'eau. Là, presque à genoux, entièrement cachée par les plantes et les fleurs, se penchant au-dessus du bassin afin de se faire plus petite encore, elle regardait quelque chose avec une attention désespérée, sans doute les poissons rouges. Et la poussière du jet d'eau, qui pleurait dans la vasque avec un murmure de gouttelettes, tout près de son visage, lui faisait du bien, la pénétrait d'une fraîcheur, d'une pureté. Elle se releva, le cœur moins gros.

Madame Meuriot battit froid à Gustave, lorsque celui-ci vint dîner, le lendemain soir, un vendredi. Ni elle ni sa fille ne lui adressèrent la parole pendant le repas. Mais Léon avait voulu qu'on mangeât dehors, sur la terrasse, devant le pano-

29

rama admirable : la large coulée de la Seine, avec ses îles ombragées, des passages de vapeurs remorquant des trains de bois; les majestueuses masses vertes du parc de Maisons-Laffitte, aboutissant de tous côtés à la forêt de Saint-Germain; puis, les taches blanches, qui étaient des villages, sur de lointains coteaux, encore en plein soleil à sept heures par ces longs jours de juillet. Et Léon exaltait un nouveau système pour faire de la glace soi-même, qu'il avait une formidable envie d'acheter. Mademoiselle Cordhomme, ayant reçu un hanneton dans son assiette, prétendit avoir affaire à des fourmis indiscrètes.

— Tout à l'heure, quand il va faire nuit, gare les chenilles et les papillons noirs!

Maintenant, il faisait noir. Léon, l'institutrice et Marthe venaient de rentrer. De la cuisine dans le sous-sol, où les domestiques n'avaient pas fini de manger, arrivaient des voix et des rires, un murmure de vaisselle remuée. Seul depuis un moment, Gustave se promenait avec lenteur sur la terrasse, en fumant un gros cigare.

Un long bâillement le prit. Tiens, le sommeil! Quelle envie de tomber aussitôt tout déshabillé dans son lit! Ce n'était pas très amusant, la campagne, le soir. Même lorsqu'il faisait doux. « Quand la lune n'est pas levée, on ne voit rien! » Pourtant, il se mit à considérer la lueur, qui pâlissait tout un côté du ciel : Paris, là-bas! Le reflet du gaz de Paris! Et, poussant un soupir, il revécut sa soirée de la veille au *Jardin de Paris*, sous l'éblouissement de la lumière électrique et dans la gloire d'avoir au bras Stella Saulini, arrivée de Bruxelles et devenue aussitôt sa maîtresse en titre.

L'adorable toilette rose, avec d'imperceptibles souliers de satin également roses : puis, surtout, un chic ! Comme on les regardait ! Sans doute, Stella allait lui coûter cher, mais elle lui porterait bonheur, serait son fétiche vivant, et lui ferait décrocher la forte somme aux courses, au jeu de l'industrie et du commerce. Tout à coup, au milieu de ces projets, Gustave se sentit toucher le bras. Juliette ! Il ne l'avait pas entendue venir.

— Je n'aime guère ça... Vous m'avez fait une peur !..

Sans répondre, elle lui serrait le bras plus fort, et l'entraînait, dans l'ombre, sur la déclivité de l'allée sablée qui contourne la pelouse, jusqu'à un kiosque écarté, disparaissant sous des chèvrefeuilles, au bord de l'avenue. Parbleu ! elle allait exiger un tas d'explications. Quel ennui ! Tout n'était décidément pas drôle dans l'existence. L'obligation de lui mentir : quelle misère !

— Où étais-tu, hier soir ? commença-t-elle.

Il faisait très noir dans le kiosque, et le chèvrefeuille embaumait, personne ne passait sur la route : Gustave sut mentir. Le jeune homme lui dit les mots qu'il fallait dire, n'épargna point les caresses nécessaires. D'ailleurs Juliette ne demandait qu'à être convaincue. Elle se cramponnait à son bonheur ; cela faisait trop de mal, le doute. A l'improviste, se sentir dégringoler dans un trou sans fond : elle n'en avait point le courage. Plutôt croire à tout, quand même, les yeux fermés. Croire aux invraisemblances, prouvées par des baisers de cette bouche ; croire aux serments, même suspects, mais changés en soupirs, devenus un râle de volupté. Autour d'eux, les seringas mêlaient leur senteur grisante au parfum du chèvrefeuille.

Au bout d'une heure, bien courte, quand ils rentrèrent lentement, Juliette, lasse et pesant un peu sur le bras du jeune homme, jouissait d'une merveilleuse illusion. Jamais Gustave ne lui avait autant tenu au cœur et à la chair, à tout son être, qu'en cette minute : et elle s'imaginait être aimée. Oh! elle en était sûre! Autant que de la présence de la lune — là, derrière le chalet — en train de se lever, encore invisible, mais risquant déjà des lueurs à travers les feuillages et prête à répandre sur les champs, au loin, sa caresse mystérieuse.

Aussi, lorsque Gustave, son bougeoir à la main, souhaita le bonsoir à madame Meuriot, ce fut avec sécurité qu'elle lui dit : « A demain soir. »

— Oui... Va, cette fois, je ne manquerai pas le train!

— D'autant plus que c'est demain samedi... Quel bonheur! Je pourrai te garder jusqu'à lundi.

— Écoute... Si je peux mettre maman en wagon, et ça dépend de la façon dont elle ira, je te l'amènerai... C'est convenu : pour toute une semaine!

— Oh! si tu fais ça, mon chéri! s'écria-t-elle avec transport.

Toute joyeuse, elle l'embrassa longuement.

— Comme je te récompenserai! ajouta-t-elle.

Puis, tout bas avec une rougeur, le front contre l'épaule du jeune homme :

— Sois gentil, et... nous retournerons dans notre kiosque... Chut! A demain...

Le lendemain soir, Gustave manquait encore de parole. Léon arriva seul, par le train de six heures douze, sans pouvoir donner de nouvelles de leur jeune ami.

— C'est pour nous amener sa mère demain matin, qu'il sera resté... dit madame Meuriot d'une voix sombre, peu convaincue.

L'architecte eut un haussement d'épaules, indifférent. Assise à l'écart, son journal de modes à la main, Marthe ne remuait point, en apparence absorbée dans la lecture.

Gustave ne vint pas davantage le dimanche. Une cruelle journée pour Juliette, angoisseuse et interminable, au milieu du spleen spécial que dégage l'interruption du travail des champs. Par dessus les haies et les murs de clôture, des dos entrevus de cultivateurs, qui bâillaient devant les cultures, en blouses trop neuves, raidies, dont le ballonnement les faisait paraître bossus. L'agacement continu d'un chalumeau invisible, mais tout voisin et persistant, qui, des heures entières, s'épuisait à chercher le même air sautillant de polka, sans y arriver. Au loin, sur la grasse verdure des prairies, des taches laides de citadins, endimanchés, faisant la sieste à l'ombre.

Quand le soleil fut un peu bas, Léon vint proposer :

— Tout de même, pour finir l'après-midi, si l'on allait, tous, faire un tour en canot sur la Seine?

Elle se sauva en courant, pour ne pas être tentée de le gifler, monta dans sa chambre. Là, une grande émotion : on sonnait à la grille. Le facteur ! Une lettre, sans doute? Elle allait savoir enfin pour quel motif, Gustave... Et la voilà postée derrière la jalousie, guettant. Enfin, des pas.

Hélas! la sonnerie à la grille n'était qu'une visite pour le jardinier. Tout à coup, en elle, comme un nouveau déchirement, cette pensée : « Le dimanche, pas de seconde distribution. » Elle ne saurait donc rien, aujourd'hui. Pourtant, se sentir clouée là! Manquer de prétexte plausible pour aller relancer son amant à Paris!

Maintenant, ce voyage qu'elle ne pouvait faire, elle l'accomplissait en pensée : douze minutes pour se rendre à la gare de Maisons-Laffitte; vingt-cinq minutes de chemin de fer ; à la gare Saint-Lazare, elle sauterait dans un fiacre. Elle aurait donc pu être vite soulagée du poids intolérable de l'incertitude.

Mais si c'était un malheur qu'elle devait apprendre, le grand, l'unique malheur, celui qu'une voix secrète l'avertissait pour la première fois de redouter : l'infidélité de Gustave? Gustave menteur, la bafouant, lui préférant les caresses d'une autre? Gustave à jamais perdu pour elle? Épouvantée, elle s'enferma à clef ; puis, se jetant sur son lit, le visage dans l'oreiller, elle resta jusqu'au coup de cloche du dîner, sans courage, anéantie, misérable, tandis que les chocs de billes et les roulements d'une partie de billard montaient à travers le parquet. En effet, voyant l'insuccès de ses propositions de canotage, Léon, qui ne pouvait jamais rester inactif, même le dimanche, avait fini par provoquer mademoiselle Cordhomme, d'une jolie moyenne force sur le carambolage.

Gustave revint le surlendemain, se justifia mal, n'obtint son pardon qu'à dix heures du soir, sous le chèvrefeuille parfumé du petit kiosque. Puis de toute une semaine encore, il ne remit plus les pieds à Maisons-Laffitte.

Juliette entrait dans une de ces périodes cruelles où la femme qui se sent délaissée, doute encore, ne veut ouvrir les yeux à l'évidence, cherche à se duper elle-même. Son intelligence ne s'était pas obscurcie pour cela. Sa raison et son cœur, son instinct de femme, son flair de Parisienne mûre qui connaissait la vie, avaient beau l'avertir de l'inutilité de ses résistances. Tout allait être fini : n'importe! Vaincue d'avance, certaine de la défaite, elle voulait lutter quand même, jusqu'au bout. Au risque de se déchirer pour rien et de compromettre sa dignité.

Une fois de plus, comme le jour où elle avait enlevé Gustave à ses parents afin de goûter les joies d'un « ménage en ville », rien ne l'arrêta : ni son mari, ni sa fille, pas même la crainte du qu'en dira-t-on. Et rien ne lui coûtait. Son amant se refroidissait, manquait à ses promesses, cessait de venir : eh bien, elle irait le chercher là où il se tenait. Pourquoi pas?

Tout le temps par monts et par vaux, elle fut plus souvent à Paris qu'à la campagne. Et l'on ne rencontrait qu'elle dans les trains. Chaque employé la connaissait ; souvent, surprise par la cloche du départ, elle se passait de billet, sautait dans le premier wagon venu, ne payait qu'en route ou à l'arrivée.

Certain matin, ayant pris le premier train avec Léon, qu'elle lâchait à la gare, elle tomba vers sept heures rue Léonie, dans la loge de madame Doucet. Sans faire attention à Volknar, debout devant quelque énorme bol de café au lait fumant, elle allait droit à la concierge.

— Eh bien? demanda-t-elle, en la regardant dans les yeux.

— Oh? il est rentré, madame... Je vous jure qu'il est rentré... aujourd'hui! s'écria étourdiment madame Doucet.

Un premier coup de couteau reçu, cet « aujourd'hui ». Alors, les autres jours? N'en demandant pas davantage, la clef de la garçonnière à la main, sa légère clef en aluminium, elle se hâtait, espérant surprendre Gustave au lit. Mais la concierge lui courut après.

— Madame, ma chère madame, que je vous dise!... Il a vraiment couché chez lui cette nuit, sage comme une image : mais vous n'allez peut-être pas le trouver pour ça... Oui, à moins que j'aie la berlue, sauf votre respect, il me semble que je l'ai déjà vu sortir, de grand matin.

— Ah! soupirait madame Meuriot, navrée.

Elle comprenait, maintenant. Madame Doucet savait mal mentir. Sa voix, le débit inégal et saccadé, l'exagération des gestes, ses deux longs bras décharnés qu'elle agitait comme des ailes de chauve-souris, tout trahissait son trouble. D'ailleurs, l'aspect de l'appartement, le lit pas défait, ne renseignaient que trop Juliette. Enfin la concierge, qui venait de la suivre dans la chambre, lui avoua la vérité, avec des termes maladroits, qui retournaient le couteau dans la plaie. Il lui fallut essuyer de la pitié, subir des consolations :

— Pardon, ma bonne dame... Mille fois pardon!.. Le mensonge et moi, voyez-vous, ça n'a jamais pu aller ensemble : il a découché, parbleu!.. C'était pour vous tranquilliser que j'essayais de vous faire croire... Mais non ! tant pis, c'est plus fort que moi... Je suis, comme un panier percé, sauf votre respect, moi : je puis rien garder sur le cœur ; faut que ça sorte quand même... C'est malheureux ! je vois que je vous fais du chagrin... Si vous saviez... vous avez bien tort de vous brûler les sangs... Découcher... découcher... d'abord, ça ne prouve rien !.. Moi qui vous parle, un jour que Doucet, mon pauvre mari, m'avait permis d'aller à la foire de Neuilly avec une locataire, nous avons manqué le dernier train : on s'en est revenu à pied, par force... Dame ! y faisait grand jour... J'avais donc quasiment découché, et pourtant... Doucet a fini par le comprendre... je vous jure qu'on est rentrée de la fête innocente comme l'enfant qui vient de naître... Et puis, allez, est-ce qu'ils ne sont pas tous les mêmes, les hommes !.. oui, tous !.. Ainsi Wolcknar, mon Wolcknar... si raisonnable et si gentil depuis quelque temps, que j'en suis, moi, toute ébaubie... même que je me dis : « Faut qu'y ait quèque chose là-dessous ! »... eh bien, le diable m'emporte si je sais ce qu'il fabrique la nuit ! Seulement, je m'en doute... Puis, les tours, tous les tours de coquin, que ce monsieur m'a joués !.. Imaginez-vous qu'une fois...

Et madame Doucet continuait.

De là, Juliette se rendit rue Mosnier. Le soleil du matin donnait en plein sur la façade. De loin, elle vit, sur la plaque de marbre noir, reluire les lettres dorées. « GUSTAVE HONORAT » semblait une flamme. Oh ! si elle allait le trouver ! Quel besoin de le voir ! Une envie de le battre ou de se jeter dans ses bras ! Vite, elle franchit la porte cochère. Puis, au milieu de la cour, il lui fallut s'arrêter, sur le point de tomber en syncope. Elle n'allait pas bien, depuis quelque temps. Son cœur, de nouveau, faisait des siennes : le soir, en se déchaussant, ne s'était-elle pas aperçue que ses chevilles cessaient presque de faire saillie, enfoncées qu'elles étaient dans un commencement d'œdème, que le repos de la nuit heureusement dissipait.

Un peu remise, elle franchit la double porte. Toujours en train de dormir ou de manger, se frottant les yeux ou dissimulant un cornet de pommes frites, le gamin, grave, sa casquette galonnée à la main, l'accompagnait dans la salle aux comptoirs de chêne, puis se retirait en la saluant, comme il aurait salué un client. Là, elle interrogea le premier commis :

— M. Gustave Honorat ?
— Pas encore ici, madame...
— Viendra-t-il ?
— Je l'attends, madame...
— A quelle heure ?
— Je ne saurais le dire à madame...
— Le matin ?.. L'après-midi ?
— Il vient aussi souvent l'après-midi que le matin... quand il vient... madame.
— Tiens ! ça lui arrive donc, de ne pas même faire acte de présence ?

Le malheureux bredouillait de plus belle, se coupait. Agacée à la fin, et lui tournant le dos, elle entra brusquement dans le cabinet vide du « directeur », tomba assise sur son fauteuil en cuir. Non ! il n'était pas permis d'être borné, et lent d'esprit, comme ce jeune commis d'une vingtaine d'années, élégamment mis, paraissant bien élevé, pas laid de visage, mais « qui avait eu la fièvre typhoïde », avouait-il, et il lui en restait certainement quelque chose. Dans son énervement, elle l'eût giflé : non seulement il la renseignait toujours mal, mais elle ne lui pardonnait point cette paire de grands beaux yeux en amande, dont les regards limpides, dès qu'elle était là, cherchaient obstinément les siens, et au fond desquels elle devinait quelque chose, qui la gênait en la révoltant. Du désir ? Le triple imbécile ! Se permettre, lui aussi, d'éprouver à son endroit, ce qu'elle avait surpris avec bonheur, jadis, dans les yeux de Gustave tout jeune. Cette fois, ça la mettait hors d'elle ; et, avec l'illogisme des femmes, elle traitait mentalement celui-ci de crétin et de téméraire. Dans son dégoût, renonçant à attendre Gustave, et désireuse de ne pas revoir le commis, elle fila aussitôt par la sortie particulière, dont elle avait une clef.

A peine dans la rue, elle oublia le petit jeune homme ; mais la jalousie la tortura plus cruellement. Comme si ce court répit, cette diversion pourtant désagréable, il les lui fallait tout de même expier.

De grosses larmes lui gonflaient les yeux, sous sa voilette. Machinalement, ses jambes comme en coton suivaient la pente de la rue Saint-Pétersbourg. Sur le pont de l'Europe, à l'intersection de toutes ces larges voies, son malheur lui apparut plus certain et plus net. Gustave, à cette heure, devait être au lit avec une femme. Dans quel quartier louche? Dans quelle rue impudique ou hypocritement paisible ? Non ! peut-être tout près, là, derrière une des innombrables persiennes fermées de ces luxueuses maisons? La femme? Sans doute jolie; mieux qu'elle probablement! Et jeune, surtout. Oh! beaucoup moins âgée qu'elle. Parbleu, avec de l'argent! Maintenant, ça ne devait pas lui manquer. Et, quel argent? Pas de l'argent gagné par lui, à coup sûr! mais celui de la raison sociale, le sien, celui de son mari et de sa fille, celui qu'on venait de lui confier comme un instrument de travail. Le misérable! Comme il s'était moqué d'elle! Devait-il rire, maintenant qu'elle était jouée, que le coup avait réussi. Mais ça ne porterait pas bonheur à ce garçon, d'employer un dépôt sacré à de pareils usages. Ah! elle irait loin, la maison de commerce, administrée de cette façon. L'insensé! Avoir tout dans les mains pour faire fortune, puis tout gâcher: le présent et l'avenir.

Maintenant son dépit d'avoir été dupe tombait, elle oubliait les angoisses de sa prudence bourgeoise, ne pensa plus au côté argent; mais c'était pour souffrir davantage, presque physiquement: elle « assistait » réellement à l'infidélité de Gustave. Du large trottoir de la rue de Rome, qu'elle descendait sans savoir, Juliette voyait en pensée son amant dans les bras d'une autre. Comme ils s'embrassaient longuement, bouche à bouche! Et elle avait la poitrine contractée, le cœur pris dans un étau. Leurs lèvres, mêlées, frémissaient de volupté : et une brûlure intérieure l'eût fait crier, sans la diversion, toute nerveuse, d'une locomotive qui, avant de rentrer au dépôt, dégorgeait sa vapeur, exhalait, dans un monstrueux soupir, son angoisse de machine.

Elle arriva devant l'horloge de la gare. Quefaire? Rentrer à Maisons-Laffitte, où son déjeuner l'attendait, puis n'en plus bouger, se morfondre sur place, attendre en mourant à petit feu? Non! tout plutôt que ce néant! Encore agir, résister jusqu'au bout, tout apprendre au risque de se déchirer. Déjà ses pieds l'emportaient d'eux-mêmes. Un instant après, elle entrait comme une trombe chez madame Honorat.

— Que devient Gustave?... Il ne met plus les pieds chez nous, a l'air de nous fuir... Je ne pense pas qu'on lui ait rien fait...

Au lieu de s'émouvoir, la paralytique joua l'étonnement. Mon Dieu, que lui apprenait-on là? La veille encore, est-ce que son fils n'avait pas dit devant elle : « Je couche ce soir à Maisons-Laffitte. » A moins qu'une affaire imprévue l'eût, au dernier moment, empêché de partir. Dame, on ne faisait pas toujours ce qu'on voulait, dans le commerce et l'industrie. Surtout au début d'une entreprise, lorsqu'il s'agissait d'asseoir une maison, de se créer une clientèle, et cætera. Puis, lorsque Juliette finit par lui dire, qu'elle arrivait de l'entrepôt, où Gustave ne faisait même pas acte de présence tous les jours, enfin qu'il découchait généralement, le menton carré de madame Honorat devint saillant, comme une avancée d'entêtement et de ruse. Avant de répondre, elle battait des paupières, pour ne laisser rien voir de son contentement intérieur. Et elle finit par insinuer malicieusement que, « si Gustave n'avait jamais quitté la maison paternelle, » elle serait plus à même de le retenir sur une pente dangereuse. Son intention n'était nullement de récriminer sur le passé : pourtant, si ce jeune homme se trouvait avoir aujourd'hui la bride sur le cou, à qui la faute?

— Puis, ajouta cruellement madame Honorat, voulez-vous que je vous le dise? Et, avant de parler, croyez bien que j'ai réfléchi, beaucoup réfléchi... Je crois que, si mon fils se comporte ainsi, il y aurait un remède fort simple : le marier.

— Ah! fit Juliette, atterrée, semblant ne pas comprendre.

Et, indifférente en apparence, elle ajouta machinalement :

— Vous croyez?...

II

Un lundi d'août, madame Honorat se fit transporter à Maisons-Laffitte, chez les Meuriot. Elle n'allait guère bien; les jambes étaient mortes; mais, comme elle tenait absolument à accepter enfin cette invitation, et pour cause, elle avait eu l'idée de ne pas faire le trajet en chemin de fer. Ce qui simplifia les choses, en supprimant le triple transbordement. Rue Grange-Batelière, son mari et son fils la descendirent dans un landau de remise bien suspendu, commandé pour deux heures de l'après-midi. Bien avant le dîner, le landau les déposait tous trois au bas du perron de la villa.

On dîna dehors. Bien que Juliette affecta encore de ne point adresser la parole à Gustave, le repas fut des plus gais. On transporta ensuite la paralytique dans sa chambre, une chambre au rez-de-chaussée, justement celle où couchait de temps en temps son fils. Elle ne voulut pas se mettre au lit tout de suite. Marthe lui tint compagnie, pendant que Léon et Juliette reconduisaient ces deux messieurs à la gare.

La soirée était calme, tiède. Par les fenêtres ouvertes, la voix de madame Meuriot s'entendait, disant à M. Honorat, caressante :

— Pourquoi ne pas rester jusqu'à demain ?... Du dérangement ? Mais vos chambres sont prêtes... les lits faits... Voyons, un bon mouvement : il est temps encore...

Puis les voix, sur la route, ne furent plus qu'un murmure indistinct, se perdirent. Deux petits papillons entrèrent dans la chambre; ils voletaient autour du globe de la lampe, éblouis, fascinés. Alors, de ses doigts raides, lourds, une main de madame Honorat atteignit les cheveux imperceptiblement ondulés de Marthe, les caressa.

— Ah! ma petite Marthe.. ma gentille petite Marthe... si tu savais ?...

Et, toute rouge, jolie en ce moment, adorable, la jeune fille se mit à trembler.

— Oui, va, j'ai du nouveau... beaucoup de nouveau !... Écoute... Mais ferme d'abord les fenêtres : j'ai un peu froid.

Madame Honorat avait seulement peur d'être entendue. Docile, mademoiselle Meuriot ferma les fenêtres, reprit sa place. Un des deux papillons, brûlé sans doute, avait disparu. L'autre, comme affolé de se sentir seul, peut-être plus enivré encore, voletait vertigineusement.

« Du nouveau ! » La vieille femme n'avait qu'une recrudescence de son envie folle d'autrefois, de sa rage de désir et de son obsession maternelle : marier Gustave avec mademoiselle Meuriot, une fille unique. Ce désir, l'établissement commercial de son fils l'avait un moment assoupi, mais non contenté ; et il venait de se réveiller, plus vivace qu'auparavant, autrement impérieux: chez elle surtout ! Casimir, lui, avec une inaltérable bonne opinion de ses mérites et facultés, avec sa naïve suffisance, avait peine à admettre qu'une affaire commerciale et industrielle dont lui était échue la haute surveillance, pût vraiment péricliter. Sans doute, l'invention de M. Meuriot ne valait pas le diable ; et, lors de la fondation de la société, bien lui avait pris, à lui, Honorat, de « se garder à carreau, » en exigeant tout un arsenal de précautions, pour la sauvegarde des quatre sous qu'il avait dû sortir de sa poche, afin d'entraîner les cent quinze mille francs de l'autre sur le tapis vert de l'entreprise. Mais, la sauvegarde de ses sous une fois assurée, Casimir, s'emballant à son tour, imaginatif et visionnaire, du moment qu'il pouvait l'être sans risques personnels, commençait à espérer le triomphe miraculeux « d'une affaire ayant la chance de l'avoir pour co-administrateur». Tandis que chez madame Honorat, plus pratique, autrement clairvoyante, s'était produit un changement inverse d'opinion. Déjà, elle ne croyait plus du tout à « l'avenir du caoutchouc », ni à son « rôle social. » Une pure niaiserie ! De la bêtise de saint-simonien ! Les cent quinze mille francs aventurés là-dedans, à ses yeux ne valaient plus grand'chose : alors, pour ce pas grand'chose que Gustave renonçât définitivement à la main de Marthe, c'était lâcher la proie pour l'ombre. Puis outre l'intérêt, d'autres mobiles : son amour-propre engagé, la longue habitude de caresser ce rêve matrimonial, une affection réelle et grandissante pour la jeune fille, la certitude que son fils ne retrouverait jamais une épouse aussi accomplie, enfin son vieux sang de paysanne têtue, la poussaient plus que jamais à s'obstiner. De sorte que, résolue à profiter de son séjour chez les Meuriot pour risquer une tentative suprême, prête à tout, décidée même à mentir du moment que c'était « pour le bien », elle dit à Marthe :

— Là !.. Maintenant, voici ma grande nouvelle : avant trois mois... à moins, ma fille, que tu aies changé d'idée... tu vas t'appeler... madame Gustave Honorat !

Comme Marthe, toute pâle et suffoquée d'émotion, ne répondait rien, madame Honorat eut l'aplomb d'ajouter :

— Ça se fera, sois-en sûre : c'est bien décidé !.. Ta mère y consent... en principe... Même, je suis venue chez vous afin de régler les détails... Seulement... oui ! il y a un seulement !... pour une raison que tu sauras un jour, plus tard, mais que je ne peux te révéler aujourd'hui, il faut que, pendant une ou deux semaines encore, tu ignores, ou sois censée ignorer... Donc, ne dis rien à personne, ma chérie... non ! pas même à ta mère : attends !.. Un seul mot, et... patatras ! tu ferais peut-être tout manquer.

— Merci, madame... Je ne dirai rien à personne... put enfin répondre Marthe.

Toujours pâle, mademoiselle Meuriot ne tremblait plus. Un peu à l'écart et détournant la tête, elle resta pensive. Elle regardait à terre, le front comme alourdi. Et madame Honorat était très étonnée. Comment? la perspective d'épouser son fils ne rendait pas plus joyeuse cette petite. On la lui avait donc changée!

— Eh bien... tu ne m'embrasses pas?

Au lieu de lui sauter au cou, Marthe lui présenta un front distrait, indifférent. La paralytique n'y mit pas les lèvres.

— Tu ne l'aimes peut-être plus!... s'écria-t-elle, désolée.

Alors, rougissante et reprise d'un tremblement, la jeune fille se mit à pleurer à chaudes larmes.

Le changement de lit fit passer une mauvaise nuit à madame Honorat. Elle ne dormait pas et ses douleurs lui arrachaient des cris, qu'elle étouffait de son mieux afin de laisser reposer Rosalie venue par le chemin de fer, et couchée tout près d'elle, sur le divan de la salle de billard. Mais, dans les minutes d'accalmie, elle se frottait les mains et riait toute seule. Allons, il n'était pas trop tard! Marthe aimait encore Gustave. Et, du moment que Marthe aimait, c'était une sorte de mine, toute chargée de poudre fulminante, qu'elle venait de pratiquer dans le cœur de la jeune fille, en ayant eu l'audace de lui annoncer, comme certaine, une chose dont il n'avait même pas été question. Maintenant, il fallait attendre : si, d'elle-même, la poudre ne faisait pas explosion, il serait temps de chercher un moyen de produire l'étincelle indispensable.

La semaine entière s'écoula dans un calme absolu. M. Honorat et son fils ne vinrent dîner que deux fois, le mercredi et le samedi. Le temps d'ailleurs, était détestable. Toujours du vent et de la pluie. Impossible de sortir. On se serait cru en novembre.

— Enfin ! avouez que je n'ai pas de chance... répétait à chaque instant madame Honorat, de sa chaise longue, en regardant l'eau ruisseler le long des vitres.

— D'ailleurs, ajouta-t-elle une fois avec mélancolie, c'est fini pour moi, la campagne !... Enfant, j'y ai passé les meilleures années de ma vie, comme le poisson dans l'eau... Puis, je n'y ai plus vécu que quelques semaines, l'été; enfin, depuis sept ans que Paris me rend malade, je n'y ai jamais remis les pieds... Y revenir aujourd'hui : il est bien temps !.. Aussi la campagne me fait la grimace...

Au fond, tandis que Marthe, troublée au fond de l'être, se morfondait et que madame Meuriot rongeait son frein, c'était, des trois, encore madame Honorat qui souffrait le moins. Elle ne s'ennuyait pas plus que l'araignée, au milieu de la toile tissée par elle, attendant qu'une mouche vienne s'y prendre. Et, comme la mouche tardait, elle voulut épaissir la toile. C'est-à-dire qu'elle résolut de parler à M. Meuriot, afin de l'amener personnellement à l'idée de donner sa fille à Gustave. Justement, le vendredi soir, l'architecte arriva de la gare à l'heure habituelle, crotté comme un barbet, mais de joyeuse humeur.

— Vite, à table !... Bonjour, vous, madame Honorat !... Oui, je suis seul, comme vous voyez... Votre mari et votre fils ont eu peu de temps, mais ils viendront demain avec... avec...

Il pouffait de rire. Puis, continuant :

— Je vous dirai avec qui, tout à l'heure... J'en ai

même une bonne à vous raconter!... Mais d'abord dînons : j'ai une de ces faims...

A table, la soupe avalée, après avoir bu son doigt de bordeaux, il demanda d'un air malin si, depuis le soir de sa conférence à la salle des Capucines, quelqu'un savait ce qu'était devenu leur excellent ami, le docteur Silvy.

— En effet! dit madame Honorat. Je l'ai plusieurs fois envoyé chercher : on a trouvé chez lui porte de bois!.. « Parti aux eaux! » répond la concierge. Même le procédé m'a paru quelque peu sans gêne, à l'égard de ses malades.

Eh bien, le docteur était de retour : M. Meuriot l'avait vu le matin même. Il viendrait dîner le lendemain, avec ces messieurs.

— Vous ne le reconnaîtrez pas, mesdames... Les eaux dont il arrive doivent s'appeler le Pactole : il vient de réaliser un héritage!

— Pas possible? fit mademoiselle Cordhomme, dont les yeux luisaient chaque fois qu'on parlait argent, fortune.

— Voyez-vous ça! dit madame Honorat. C'est bien de lui : faire ses coups sans rien dire... rester boutonné et mystérieux pour son compte... quand il n'est pas mordant au détriment d'autrui... incisif!... Et quelle est la bonne âme qui a jugé à propos de l'enrichir?

— Un ancien médecin en chef de la Pitié, retiré à Cannes... un ami de la famille, devenu son professeur... celui qui le fit assister, encore enfant, à une dissection... vient de lui laisser sa bibliothèque, avec ses manuscrits et dix mille francs de rentes pour les publier en temps et lieu, et continuer ses recherches... Mais le côté surprenant de l'aventure, c'est que vous ne le reconnaîtrez pas, vous dis-je : l'argent en a déjà fait un autre homme ! Métamorphosé lui-même, son pessimisme porte des gants, est devenu gentil, a des indulgences et des effusions... Jusqu'à son binocle, plus clair, qui vous coule des petits regards ravis, où le contentement de soi arrive à la tendresse.

— Tiens, tiens... fit madame Honorat.

— Maintenant, il monte à cheval...

— Pas possible !

— Mais, plus fort que ça : si je vous disais que lui, le vieux garçon endurci par excellence, il pense au mariage...

La paralytique éclatait de rire, en tentant des gestes de dénégation. Arrachée à sa distraction, Juliette, étonnée, eut un simple : « Tiens, le docteur ! »

— Et ce matin même... sans avoir l'air d'être venu pour ça... imaginez-vous qu'il m'a sondé... non, pas d'erreur ! pressenti seulement... sur nos intentions matrimoniales à l'égard de notre fille unique, ici présente...

Madame Honorat ne dit rien, son menton carré ne bougea point. La lèvre inférieure lui tremblait un peu. Et, à la fin de la soirée, lorsque M. Meuriot eût aidé Rosalie à la transporter dans sa chambre, elle ne le laissa point repartir.

— Au moins, dites, vous n'allez pas la lui donner, vous ?

M. Meuriot n'y était plus du tout.

— Donner quoi ?... à qui ?

— Votre Marthe... au docteur !

L'architecte la plaisanta. Cela intéresserait donc toujours les dames, le chapitre du mariage. Qui

l'aurait cru? maman Honorat, une femme sérieuse, attachait encore quelque importance...
Elle lui coupa la parole :

— Et mon fils!... Vous oubliez que Gustave est en âge...

Brusquement, elle démasqua sa convoitise: Marthe devait être pour Gustave.

— Que vous en semble? L'idée ne vous en est donc jamais venue!... Nous sommes seuls, parlez-moi à cœur ouvert.

— Et de deux! répondit-il gaiement. Ça fait deux fois qu'on me la demande aujourd'hui : bigre!.. Si celle-là coiffe jamais sainte Catherine!

— Taquin! riposta la vieille femme, vous plaisantez pour ne pas me répondre... Parce qu'il se fait tard, que vous avez reçu en route la pluie sur le dos... et que, votre lit vous attendant, prendre le moindre engagement vous semblerait une fatigue... Quoi! une vraie lâcheté!... Mais ne pas répondre, c'est ne pas dire non : or, ne pas dire non, c'est consentir!.. Donc, à votre insu, vous venez de consentir... Eh bien, je ne vous en demande pas davantage pour ce soir : serrez-moi la main et allez donc vous coucher.

— Je dors! dit-il en lui tendant la main.

Mais madame Honorat voulut avoir le dernier mot :

— Vous pouvez dormir sur les deux oreilles... Votre fille sera heureuse avec notre fils: elle sait qui elle prend... Pas d'inconnu, ni de surprise! Depuis des années, tous deux se connaissent, se voient journellement, s'estiment et... qui sait? il n'y aurait rien d'étonnant... s'aiment, peut-être, déjà. Puis, vous... à un endormi, n'est-ce pas, on peut tout dire !.. vous n'aurez pas, avec nous, de dot à débourser, puisque la dot, ce sera votre apport dans l'affaire du caoutchouc...

Il ne pleuvait plus, le lendemain, quand M. Meuriot et ses trois invités arrivèrent de Paris, mais le vent soufflait. Un grand vent, qui soulevait des nuages de poussière, desséchait les plantes, altérait les animaux et les hommes, énervait les muscles, exaspérait les caractères. Et c'était surtout Juliette, qui subissait l'influence mauvaise.

Sans rien savoir, elle se sentait menacée d'un malheur. Quelque chose de terrible et d'inévitable, qu'elle ne pouvait deviner, était là, suspendu au-dessus de sa tête. Une inexprimable angoisse l'avertissait.

Toute l'après-midi, désœuvrée, elle n'avait pu tenir en place, errant d'une pièce à l'autre, se traînant de fauteuil en fauteuil, mal à l'aise partout, et gourmandant à tort ses domestiques, sa fille, jusqu'à madame Honorat. Puis, sous un regard apitoyé de celle-ci, attendrie subitement, elle avait dû s'éloigner, pour ne pas tomber suppliante à ses genoux.

La présence de ces messieurs ne fit qu'aggraver son malaise. Le docteur Silvy spécialement l'agaçait.

A table, dans la conversation, pourquoi cette indulgence générale, voulue et déconcertante, qu'elle prenait pour une hypocrisie? D'où lui venaient son air paterne, ce débit pénétré et doucereux? Comme elle préférait le vinaigre d'autrefois, à tout ce miel qui la consternait! M. Honorat et son mari, elle les aurait voulus à cent lieues. Gustave, qui, depuis quelques jours, en signe de fâcherie, n'était plus placé à côté d'elle, à chaque instant, agitée de mouvements contraires, elle le regardait à la dérobée. Tantôt, elle eût voulu se jeter sur lui, l'égratigner, le mordre, tantôt elle l'eût mangé de caresses.

Puis, on alla prendre le café au salon. La paralytique y fut transportée par son mari et son fils. Juliette pouvait encore marcher, elle. Et, pourtant...! Ici, elle se souvint de l'œdème considérable, effrayant, sous lequel ses chevilles avaient complètement disparu la veille au soir, et que, cette fois, le repos de la nuit n'avait pas sensiblement diminué. Un mauvais symptôme, elle le savait, qui, en temps ordinaire, l'eût beaucoup frappée. Et elle était, en cette minute, au bras du docteur Silvy, son médecin.

— Comment allez-vous, vous? lui demandait à demi-voix celui-ci, pendant le trajet de la salle à manger au salon.

Après une courte hésitation :

— Bien... très bien... Oh! beaucoup mieux!

— Prenez-vous vos perles de digitale?

— Régulièrement...

Elle mentait. Pourquoi? D'où lui venait à l'endroit du docteur, cette sourde antipathie, cette subite méfiance générale? Cette catastrophe inconnue, imminente, sous la menace de laquelle elle se sentait, lui arriverait peut-être par le docteur Silvy. Elle le crut, un moment, tant elle souffrait d'assister à la galanterie nouvelle du vieux garçon, s'efforçant de dire des amabilités à Marthe, lorsque celle-ci lui présentait le sucrier et la pince à sucre. Puis, non! la foudre tomba du côté où

Juliette s'y attendait le moins. En passant près d'une fenêtre, dans l'embrasure de laquelle Marthe et Gustave étaient debout devant le fauteuil de madame Honorat, elle entendit celle-ci dire à la jeune fille :

— Va, sois tranquille, ce grand garçon te rendra heureuse... Il m'en a donné sa parole, depuis longtemps... Et si tu avais jamais à te plaindre de lui, il aurait affaire à moi, je t'en réponds !

Elle crut qu'elle allait tomber, s'appuya au marbre d'une console. Et ce qu'elle vit aussitôt confirma ce qu'elle venait d'entendre. De ses mains raidies et maladroites, aux doigts déjà morts, la paralytique était arrivée à mettre la main de Marthe dans celle de Gustave. Et Marthe se laissait faire, rougissait un peu, consentait. Sa propre fille, avec son amant ! Alors un voile lui passa sur les yeux et un bourdonnement lui emplit les oreilles. Puis, plus rien : Juliette avait une syncope.

En revenant à elle, madame Meuriot se trouva étendue sur le canapé du salon, poussé au milieu et transformé en lit de camp. Deux personnes la soignaient, silencieusement : elle ne les reconnut pas, tant elle restait faible. Et ses yeux se refermèrent.

Il lui semblait, au sortir d'un cauchemar cruel, mais déjà confus, être mal éveillée. Son corsage dégrafé et ses jupes lâches lui causaient un vrai soulagement, une sorte de bien-être. De la fenêtre grande ouverte en face d'elle, une fraîcheur calmante lui coulait sur les tempes, sur les paupières closes, sur les joues. Au milieu de cette fraîcheur, tout à coup, un tiède effleurement, et le doux contact d'un jeune visage, les délicates et passionnées caresses d'un être chéri.

— Marthe, murmura-t-elle avant d'ouvrir les yeux.

— Maman!.. Maman!..

De l'autre côté du canapé, le docteur intervint d'un geste autoritaire, mit fin à toute effusion. Celui-là ne badinait pas dans l'exercice de son art; sa galanterie forcée de tantôt était loin.

— Hein? pas de sensiblerie! dit-il à la jeune fille; plus d'embrassades!.. Si vous recommencez, je vous congédie comme les autres.

Les autres, dès que madame Meuriot était tombée sans connaissance, il avait commencé par les mettre tous à la porte, à l'exception pourtant de Marthe, tolérée comme aide. Puis, méthodique jusqu'à la manie, avant de s'occuper de la malade, ne s'était-il pas soigneusement entouré la taille d'une serviette blanche, à l'instar du tablier réglementaire des hôpitaux. Mais Marthe, dans son trouble, n'avait rien remarqué. Que lui importait d'être rudoyée, du moment que sa mère allait mieux? Au contraire, le docteur avait droit à toute sa vénération et à sa reconnaissance; même elle le regardait comme un être supérieur, qui viendrait d'accomplir un miracle.

Dans l'embrasure de la fenêtre, cependant, apparut la tête soucieuse de M. Meuriot, qui, suivi de Gustave, demandait des nouvelles. Le docteur s'avança.

— Je réponds d'elle... La crise touche à sa fin... Mais, vous comprenez, qu'on me laisse tranquille! dit-il à voix basse.

Et il leur tourna le dos, s'approcha du canapé,

resta un instant debout à considérer le plafond, enfin tâta longuement le pouls à la malade, en regardant sa montre.

— Là! nous nous portons bien... lui dit-il. Ce ne sera rien, et nous pouvons passer une bonne nuit dans notre lit... Quant à l'œdème, demain il fera jour...

Juliette, maintenant assise sur le canapé, eut un sourire pour remercier le docteur. Appuyée sur le bras de Marthe, elle monta lentement dans sa chambre.

La nuit fut d'abord agitée. Elle avait de courts assoupissements, interrompus par des suffocations brusques. Mais le calme renaissait peu à peu, elle retrouvait de l'apaisement à sentir sa fille veiller autour d'elle, prévenir ses besoins, l'entourer de douceur et de sécurité. Et Juliette refermait les yeux, tranquillisée, heureuse que les rôles fussent renversés. Oui, Marthe s'avançait sans bruit, se penchait vers elle, lui effleurait le front d'une main délicate, la faisait boire, lui remontait la tête sur les oreillers, la réconfortait d'un baiser rapide : la fille semblait devenue la mère. Et la mère était surtout calmée par cette pensée douce qui commençait à sourdre au fond de son être : « Elle est trop bonne et trop gentille pour me faire du mal... Rien à craindre de son côté : elle m'aime, la chère petite!.. On a pu la circonvenir, l'égarer : mais pas de danger qu'elle veuille jamais de Gustave, lorsqu'elle apprendra... »

Vers le matin, ses idées devinrent absolument claires. Les machinations et châteaux de cartes de madame Honorat péchaient par la base, reposaient décidément sur une erreur, sur l'ignorance du cœur tendre et pur de sa fille. Au moment où celle-ci « saurait », l'échafaudage entier allait s'écrouler. Oh! elle en était sûre! Mais cette certitude en même temps la rassurait et l'inquiétait. Comment faire savoir à Marthe? Faudrait-il lui avouer qu'elle avait un amant, que cet amant était Gustave? A cette pensée, la rougeur au front, suffoquée de honte, elle se retourna dans son lit, avec un long soupir.

Marthe, qui passait sa nuit sur une chaise longue, entendit ce gémissement et fut tout de suite debout.

— Tu veux quelque chose, maman?

Madame Meuriot, au lieu de répondre, saisit une main de sa fille, la porta aux lèvres, puis se l'appuya sur le front, comme pour chasser une pensée importune.

— Mais, maman, qu'as-tu?.. Ta tête est brûlante!.. Te sens-tu plus mal?

Juliette fit signe que non. Ses larmes coulaient silencieusement. Blottie contre Marthe, qui l'avait entourée de ses bras, elle se faisait petite, se cachait le visage, comme un enfant qui a une faute à avouer.

— Si tu... savais?.. balbutia-t-elle.

Elle sanglotait, maintenant, en murmurant des mots entrecoupés :

— On veut... te... faire épouser... quelqu'un... quelqu'un...

Elle ne put jamais dire : « Gustave. » Ce nom lui coûtait trop à prononcer. D'ailleurs, Marthe ne lui laissa pas le temps de surmonter sa répugnance.

— Va, je sais qui... et tu peux rester bien tranquille... Mon Dieu! Mon Dieu! maman... pauvre maman!

La fille sanglotait à son tour et leurs larmes, un instant, se mêlèrent. Leurs deux douleurs se confondaient. Quelques secondes, ne formant de nouveau qu'un être, elles eurent encore le même cœur.

Marthe se remit la première, eut, au milieu de de ses pleurs, un adorable sourire. Dans son chagrin, elle voulait consoler sa mère et, avec un mouchoir, lui essuyait les yeux, avant de songer aux siens.

— Là! petite mère adorée... Maintenant, vois-tu, c'est fini... On va, chacune, être raisonnable... et faire gentiment dodo...

La mère accepta une cuillerée de potion, puis se tourna contre la muraille. Ce dernier aveu, que Marthe ne lui avait pas laissé achever, la soulageait. Tranquillisée, ne voulant plus penser à rien, elle s'endormit profondément. Mais, sur sa chaise longue, la jeune fille resta encore longtemps éveillée.

Elle souffrait cruellement.

En se retrouvant seule avec elle-même, en face de la réalité, Marthe sentait plus immédiatement sa douleur. Elle en était autrement près et rien ne la distrayait. Devant la pâleur d'aube qui commençait à blanchir les vitres, elle y voyait net, plus à fond. Quelques derniers voiles se déchirèrent. C'était donc ça, la vie : pouah! De misère et de dégoût, elle aurait crié.

Puis, elle passait à une prostration subite. Tout, en elle, se détendait et s'affaissait. Comme si elle venait de tomber d'un sixième étage, son être entier saignait, était meurtri ; mais, frappée d'hébétement, elle ne comprenait pourtant plus bien. Comment? il s'agissait de sa mère! C'était la personne qu'elle aimait davantage au monde, qui lui tenait au cœur par toutes sortes d'attaches, oui! une autre elle-même, qu'on lui gâtait presque. C'était « maman » qu'on parvenait à salir. Oh! les méchantes gens! Que leur avait-elle donc fait?

Non, c'était impossible! Cette chose ne devait pas être, n'était pas! Et voilà qu'elle se battait les flancs pour arriver à douter de l'inconduite de sa mère. Elle fondait, tête baissée, sur une muraille qui l'emprisonnait de toutes parts : la vérité. Mais la vérité ne cédait point; la muraille restait autrement dure que sa tête, défoncée à la fin, en bouillie. Une idée cruelle, qui, à l'état de simple soupçon, avait si longtemps empoisonné sa jeunesse, était devenue cette désolante évidence: « Gustave est l'amant de maman. »

D'ailleurs, elle se demandait en quoi, au juste, cela consistait, « être l'amant ». Sans croire que les enfants se trouvaient sous les choux, et bien qu'elle eût déjà maintes fois remarqué, sur des statues, sur de petits garçons, la différence des sexes, un profond mystère enveloppait toujours, dans son esprit, l'acte de la génération, auquel elle n'avait jamais pensé sans un grand trouble. Ce vague même ne faisait qu'accroître sa consternation épouvantée, la révolte de son être, jeune et tendre, aux sensations encore neuves, chaque fois qu'elle se disait que, sans doute, sa mère et Gustave « avaient eu des rapports », — une expression souvent remarquée par elle au milieu des comptes rendus de cours d'assises. — Quels rapports? Ici, subitement, cette vision repoussante : un chien et une chienne, qu'elle avait jadis vus sur une route, collés tous deux, ne faisant qu'un, sans pouvoir s'arracher l'un de l'autre, grotesques et lamentables, sous les huées d'une bande de gamins qui leur jetaient des pierres. Était-ce cela? Mon Dieu, quelle honte! « Maman! Maman! » Et elle se remit à pleurer, cette fois toute seule, silencieusement.

Sa mère, elle l'adorait toujours, quand même : peut-être plus encore qu'auparavant. Mais l'autre? Comme elle l'avait subitement pris en aversion! Était-ce possible qu'elle l'eût aimé en secret. Ne s'agissait-il point d'une autre qu'elle.

Hélas! Il était triste de se l'avouer; mais ce garçon avait été son premier amour, son seul amour. Bien longtemps avant la fréquentation des Honorat, lorsque, après la mort de son petit frère Gustave, « le premier Gustave », dont elle n'avait conservé qu'un souvenir très vague, sa famille était venue demeurer rue Grange-Batelière, dès le surlendemain de l'emménagement, un collégien d'une douzaine d'années avait manqué la renverser en passant, dans le vestibule. « T'ai-je fait du mal, mignonne? » s'était-il écrié, en la retenant. Oh! il lui avait fait du mal, celui-là, depuis.

Bien d'autres souvenirs heureux, toutes sortes d'attendrissants enfantillages, lui revenaient à la fois. Un soir de juin, ils avaient tous dîné à Suresnes, sur une terrasse, au bord de l'eau : voilà qu'au retour à travers le bois, en voiture découverte, la nuit étant devenue très fraîche, Gustave et elle avaient dû s'envelopper dans le même châle, en se tenant embrassés. Une après-midi, ayant gagné aux courses, il était arrivé chez eux le front haut, avec un sourire triomphal; la trouvant seule au salon, il avait voulu la soulever à bras tendus; puis, pendant qu'elle se débattait, un baiser, deux baisers, toute une pluie de baisers sur son visage. « Va, je suis bien heureux! » s'était-il écrié. Et le vieux chapeau de paille, hors de service, crevé, une vraie loque, mais porté jadis par Gustave, qu'elle avait longtemps conservé comme une relique.

Elle se rappelait encore les grandes joies pour un rien, les troubles délicieux, les rêveries couleurs de rose et d'azur, les mystérieux appels de l'instinct, la griserie perpétuelle des espérances. Son amour, comme un rejeton de celui de sa mère pour le jeune homme, avait poussé à l'ombre de l'autre — naïvement, sans connaître les froissements, les jalousies, — profité de la même montée de sève, respiré la même atmosphère heureuse. De tout cela, que restait-il? Un grand vide. Le néant. Et du dégoût en même temps : ce qui n'était plus lui remontait à la gorge. Tout ce passé, devenu subitement odieux, lui laissait la bouche amère.

Oui, depuis quelques heures, Gustave lui faisait horreur. D'autant plus qu'en s'interrogeant à fond, elle n'était point absolument sûre de ne pas l'aimer encore. Ce doute, cette peur, la terrifiait. L'amant de sa mère! Comment faire pour élever entre elle et lui une barrière définitive? Pour ne plus le voir jamais, le retrancher de sa vie, en effacer jusqu'au souvenir? Un mariage ! Elle ne voyait pas d'autre moyen.

Mariée, elle sortait aussitôt de la maison, pour ne plus y mettre les pieds, tant qu'elle risquerait d'y rencontrer l'autre. Certaine de ne plus le voir, elle commencerait une nouvelle existence; mariée, elle arriverait peut-être à oublier le mauvais rêve. Donc, son parti était pris, il fallait se marier, tout de suite. Epouser qui? Oh, peu importait! Le premier venu. Car elle n'avait plus le droit de se montrer difficile. Le meilleur mari, à ses yeux, était celui qui l'épouserait le plus tôt. Et puisque le docteur Silvy se trouvait là, qu'il avait providentiellement demandé sa main l'avant-veille, autant celui-ci qu'un autre. Elle épouserait le docteur Silvy.

Tout à coup, Marthe se mit sur son séant. Il lui avait semblé que sa mère s'éveillait. Non! La malade, dans son lit, s'était seulement retournée.

Et Marthe se recoucha sur la chaise longue. Tranquillisée par la décision qu'elle venait de prendre, elle ne s'endormit pourtant pas encore. « Madame Silvy! » se voyait-elle déjà en pensée. Et son courage, maintenant, défaillait. Hélas! celui-là ne ressemblait guère à son idéal. Dix-neuf ans de plus qu'elle, un peu plus du double de son âge, puisqu'elle n'en avait pas tout à fait dix-huit : mon Dieu, cela n'était rien. A la rigueur, elle eût également fermé les yeux sur le physique, bien que le docteur, avec ses cheveux rares, son teint de brique pilée, ses oreilles proéminentes, ses petits yeux inquiets et fureteurs, son air mauvais, ne lui semblât guères attrayant. Mais elle le trouvait en bois, raboteux et pointu. Certes, elle n'osait mettre en doute son intelligence, l'étendue de son savoir, la vigueur et la pénétration de son esprit : mais pourquoi ce ton coupant et impitoyable, chaque fois qu'il vous parlait? Même en s'efforçant de paraître gentil, il conservait son aigreur autoritaire. Si bien qu'elle n'était jamais restée cinq minutes en tête à tête avec lui sans se voir, dès la seconde phrase échangée, au bout de son rouleau, et déconcertée, mal à l'aise, gelée par sa réfrigérente présence. Misère ! Ce que c'était pourtant que la vie ! Jadis, la seule perspective d'avoir à faire un voyage de quelques heures, par exemple de Paris au Havre, dans le même wagon que le docteur, lui eût fait dresser les cheveux sur la tête : il s'agissait aujourd'hui de partir en tête à tête avec le même compagnon, et pour un autre voyage, qui durerait toute la vie. Mais il n'y avait pas à tergiverser : rester était plus impossible que partir.

Cependant Marthe attendit deux jours, avant de faire part à ses parents de son désir d'accepter la demande matrimoniale du docteur. Non qu'elle fût irrésolue. Le sacrifice était consommé, elle avait surmonté ses répugnances. Mais elle ne voulait rien dire avant le départ de madame Honorat, que son mari vint chercher le surlendemain matin. Le soir, à table, elle parla.

Justement, mademoiselle Cordhomme, en proie depuis quelque temps à une de ses crises de maussaderie, s'était retirée chez elle, avant le dessert. Marthe attendit aussi que la femme de chambre qui les servait fût redescendue à l'office. Puis, prenant son courage à deux mains, elle s'adressa tout à coup à son père :

— A propos ! L'autre jour, papa, quelle réponse, au juste, as-tu faite à la demande du docteur Silvy ?

— Ma foi, aucune... dit M. Meuriot, d'une voix distraite.

Il mettait tous ses soins à peler méthodiquement une poire duchesse.

— Je dois pourtant lui avoir répondu... comme on répond toujours !... que je te consulterai...

— Eh bien, mon père, demain le docteur reviendra voir maman : je te prie de lui annoncer que tu m'as consultée et que j'accepte...

— Hein ?

— Je serai : Madame Silvy.

Stupéfait, l'architecte abandonna sa poire.

— Ah ! elle est bien bonne, celle-là !... Du diable si je m'attendais... Oh ! les femmes !

Le regard baissé sur son assiette, la jeune fille ne bronchait pas, résolue, attendant les objections sérieuses.

— Voyons, ma Marthe, tu n'as pas réfléchi...

— Pendant trois jours, j'ai réfléchi... Sérieusement, va !... A moins que vous ne vous y opposiez formellement l'un ou l'autre, telle est ma décision.

Alors son père parla de l'âge, relativement avancé, du docteur.

— Je m'y attendais ! répondit-elle aussitôt ; mais qu'est-ce que ça peut faire ?... Ce *grand âge* est, pour vous autres, une garantie véritable...

— Pour nous... je ne dis pas... mais, pour toi ?

— Oh ! moi... Tu sais que je n'aime pas les tout jeunes gens ! affirma-t-elle avec aplomb.

— Je ne sais rien, moi... rien du tout !... avoua M. Meuriot, avec une naïveté comique.

A court d'arguments, penaud de se voir mis au pied du mur par cette gamine, il se retranchait déjà derrière son saint-simonisme, sauvegarde de son amour-propre, commode pour masquer son insuffisance. On connaissait ses principes, n'est-ce pas? ceux de toute sa vie : « la femme libre dans l'état libre! » Et « l'expansion naturelle des passions », « la légitimité de l'amour »! Ce n'était donc pas aujourd'hui qu'il cesserait de pratiquer ses théories. Non seulement sa fille unique restait maîtresse de son avenir, « pouvait convoler à ses risques et périls » avec celui de son choix; mais, personnellement, il s'avouait enchanté de la perspective d'avoir pour gendre le docteur Silvy, son intime ami, un vrai savant, un esprit d'élite, maître aujourd'hui d'une jolie fortune. Et, s'il s'était permis de soulever l'unique objection possible, « une objection d'ailleurs nullement rédhibitoire, » il l'avait fait à l'encontre de ses préférences personnelles et par désintéressement pur. « Demoiselle, lui », de par toutes sortes de raisons physiologiques et psychologiques, y eût regardé à deux fois, avant de s'unir à un jeune homme ayant le double de son âge. Il avait donc cru honnête et nécessaire de signaler à sa fille cet ordre d'idées. Mais du moment que Marthe, avertie, passait outre, comme c'était son droit, le devoir, pour lui, finissait là. Il se tut, et reprit sa poire d'une main, de l'autre son couteau à fruits.

— La conclusion? dit, après un silence, Marthe dont pas un muscle du visage n'avait bougé pendant ces paroles inutiles.

— Tu as mon consentement, parbleu!...

Il mordit enfin dans sa poire duchesse. Puis,

désignant d'un geste l'embrasure de fenêtre où madame Meuriot, sortie la première de table, venait de se retirer, loin de la grande clarté de la suspension :

— Et maintenant, ajouta-t-il la bouche pleine, tâche d'obtenir celui de ta mère...

Déjà debout, Marthe alla se jeter au cou de sa mère. Aussi émues l'une que l'autre, elles ne trouvaient rien à se dire : quelles caresses tendres !

Et madame Meuriot pleurait tout bas, de joie et de reconnaissance, d'admiration ; de honte aussi, car elle faisait un retour sur elle-même. Non, elle ne méritait pas d'avoir pour fille cet ange, qui se sacrifiait. Et elle se demandait s'il fallait accepter le sacrifice. Elle hésitait, ne savait plus, eût désiré qu'un être meilleur qu'elle, autrement fort et clairvoyant, lui évitât la peine de se décider. Pourtant, au milieu de son grand trouble, la volupté des larmes lui adoucissait l'incertitude. Une pluie bienfaisante et tiède, de ses yeux, descendait toujours sur le visage de Marthe, le lavait.

— Maman, lui dit sa fille à voix basse, fais attention... Que personne ne s'aperçoive...

Elle lui passait son mouchoir sur les yeux. Anaïs entra, pour ôter le couvert. Marthe se tenait debout devant sa mère, de façon à la cacher.

— Et ce consentement maternel ? s'écria tout à coup M. Meuriot, en train de plier sa serviette. Ce qu'il est pourtant long à fabriquer !.. Les femmes...

Mais il n'acheva pas. Marthe, qui venait de marcher vers son père, le fit rengainer sa plaisanterie, lui rappela, d'un regard, la présence de la femme de chambre. Et, aussitôt, du ton le plus naturel :

— Puisque tu les aimes, papa, les poires duchesses, n'oublions pas de dire au jardinier d'en greffer, dans le nouveau jardin...

Juliette, cette nuit-là, reposa mieux que d'habitude, sans cauchemars, sans réveils en sursaut, sans insomnies changées en supplice par l'oppression. Elle se sentait soulagée d'un poids énorme. Cette monstruosité en perspective : « Gustave, le mari de sa fille, » ne la menaçait plus. Il en résultait un bien-être moral et physique, réagissant sur sa santé générale. Aussi, le lendemain matin, avant son lever, pendant que le docteur, arrivé de Paris par le train de neuf heures, lui examinait le bas des jambes, elle fut très étonnée de voir celui-ci froncer subitement les sourcils. Et il prolongeait l'examen plus longtemps que d'habitude.

— Comment vous trouvez-vous, ce matin? demanda-t-il, d'un air préoccupé.

— Mais bien... tout à fait bien!... Je vous l'ai dit, dès que vous êtes entré : jamais je ne me suis senti mieux.

— Ah... fit-il avec indifférence.

Penché sur le lit, il passait et repassait l'index, puis le pouce, alternativement, autour des deux chevilles de la malade.

— Et, continua-t-elle, si vous n'aviez dû venir que cette après-midi, je vous télégraphiais de ne pas vous déranger... En revanche, je compte sur de plus fréquentes visites d'ami, maintenant que guérie ou à peu près, j'espère ne plus déranger le docteur.

Évidemment gêné par cette amabilité, le docteur Silvy eut un geste d'impatience qui signifiait : « Il s'agit bien de cela! » Tout à coup :

— Veuillez vous étendre sur le dos... Je vais vous ausculter.

Puis, après lui avoir longtemps écouté le cœur :

— Voyons... n'éprouvez-vous pas, aujourd'hui, quelque chose de particulier?

Encore ! Il en était inquiétant, à la fin, cet homme terrible. Ce fut bien pis, quand, devant Léon et Marthe, arrivés dans la chambre à la fin de l'auscultation, le docteur conseilla à la famille réunie de rentrer immédiatement à Paris.

— Je vais donc si mal que ça? demanda madame Meuriot, avec un sourire forcé.

— Mais non..! mais non..! s'écria-t-il avec impatience.

Et, vexé d'avoir manqué de ménagements, le docteur, afin de donner le change, se plaignit avec amertume des épines de sa profession, de la couardise générale de l'humanité, en particulier du manque de bon sens des malades.

— Pas de milieu, avec vous autres tous : ou vous suez de peur, croyant qu'il n'y a plus qu'à vous jeter le drap sur la tête... ou vous voulez être guéris !.. Comme si, depuis le commencement des siècles, la puissance humaine et même une puissance quelconque, sur la terre ou une autre planète, pouvait se vanter d'avoir « guéri » une maladie véritable... Songez donc, une maladie chronique! Ce qui, en germe, existait déjà, sans doute, dans le fœtus... pardon de causer science devant mademoiselle !.. et non seulement dans le fœtus, mais plus anciennement encore, il est à croire, à travers les idiosyncrasies combinées de plusieurs générations d'ascendants!.. Ce qui a mis une existence entière à pousser... d'abord à l'état latent, pendant une plus ou moins longue période de végétation obscure, souterraine... puis, au grand jour... pour nous, médecins, si nous étions appelés alors! mais pas pour le malade... lequel, généralement, conserve des années encore l'illusion de la santé...

— Bravo! s'écria Léon, voilà ce qui s'appelle parler!

Pour un peu, il aurait applaudi. Car il s'y connaissait, certes! Et, le sourire aux lèvres, il cherchait du regard sa fille, afin de lui montrer sa satisfaction. Comme elle avait raison de vouloir d'un pareil homme, d'un savant de cette envergure, à qui, tout à l'heure, il aurait la joie d'annoncer : « Vous serez mon gendre. » Mais Marthe s'était reculée à l'écart, inquiète, prise d'une grosse envie de pleurer. Et madame Meuriot, toute pâle, se laissa retomber sur ses oreillers. Le cœur, maintenant, lui battait très fort, par secousses brusquement inégales. Comme si, à la voix du médecin, son mal, réveillé, avait voulu l'avertir : « Va, il a raison : je suis toujours là, moi! »

— Le malheur, continua imperturbablement le docteur Silvy, le très grand malheur, est que cette impressionnabilité excessive du malade peut gêner l'action de la science... action impuissante, à parler absolument, mais, dans bien des cas, relativement tutélaire... Ainsi, vous, madame, sans aller plus loin... Vous commencez par vous croire guérie, comme ça, grâce au coup de baguette de quelque fée; puis, parce que, en vous détrompant, je vous ai donné un conseil prudent, voilà que vous vous alarmez, sans plus de motif sérieux...

Il mit alors les points sur les *i*. Guérie ? non, elle ne l'était pas. L'œdème au bas des jambes, dans ces affections, était un symptôme certain, précieux de clarté : et, depuis sa syncope de l'autre soir, l'œdème, loin de disparaître, avait plutôt augmenté. Eh bien, cet œdème, il fallait le combattre, le supprimer à tout prix, momentanément au moins. Quoi de plus naturel alors, que de faire revenir la malade à Paris, la ville de toutes les ressources, où elle serait plus à portée de la science. Sans compter qu'en cette seconde quinzaine de septembre, on pouvait, sans regrets, renoncer à la villégiature. Et il invoquait encore un croassement de corbeaux, entendu en descendant du train : l'hiver serait précoce et rigoureux. Depuis la nouvelle lune, il pleuvait à chaque instant. Enfin leur chalet, fort confortable à coup sûr, mais très ombragé et presque au niveau de la Seine, était certainement humide : or, dans son état, l'humidité, c'était la mort prochaine, sûre.

— La mort prochaine et sûre ?.. Le croassement des corbeaux ?... Me voilà tout à fait rassurée, moi ! s'écria en plaisantant Juliette.

Et elle disait la vérité : plus de palpitations ! Redevenu paisible et discret, son cœur se laissait de nouveau oublier. Elle continua :

— On va rentrer en ville, là !... Quand la Faculté ordonne, il faut obéir... Mais la Faculté me laissera bien trois ou quatre jours, pour dire adieu à mes fleurs... pour cueillir mes raisins muscats...

Elle riait, cette fois sans arrière-pensée, insouciante et franchement joyeuse. Alors, voilé depuis le matin, le soleil d'automne perça les nuages, inonda par les deux fenêtres cette chambre de malade. L'étoffe bleue à ramages blancs et roses qui tendait les murailles, s'attendrit et s'égaya ; le pichepin des meubles se mit à reluire. En elle aussi, il faisait clair et doux maintenant. Elle persistait à se croire bien portante, parce que, à la suite du coup terrible, depuis la veille au soir, le dévouement de Marthe la calmait, la rendait bienheureuse.

— Docteur, ajouta-t-elle... Non ! je me trompe : la consultation finie et l'ordonnance acceptée, il n'y a plus ici de docteur !.. Je demande donc, à l'ami, un petit quart d'heure... seulement le temps de me lever, avant de nous mettre à table...

L'autre se disait obligé de repartir. C'était un de ses jours de cabinet.

— Je sais !.. Mais vous prendrez le train de onze heures vingt-cinq ! Et, comme il n'est pas dix heures, nous avons tout le temps... Allez ! vous ne vous ennuierez pas en m'attendant : M. Meuriot a certaines choses à vous communiquer.

— Oh ! d'importantes choses ! dit gravement Léon. Et... pas au docteur ! Ni même à l'ami ! Mais... au jeune homme !

III

Madame Meuriot se fatigua beaucoup, pendant ces quatre jours. Comme les autres années, elle oulut cueillir elle-même ses raisins et ses ommes, dire adieu à ses fleurs, avoir avec le rdinier plusieurs entretiens sérieux et prolongés.

La veille du départ, comme le soleil baissait à l'horizon, elle alla, seule, de son pas déjà traînant et alourdi, revoir une dernière fois le kiosque écarté, d'où l'on découvrait la route. A peine entrée, de lassitude et d'émotion elle dut s'asseoir. Que de feuilles mortes! Oh! il y en avait partout: à ses pieds, de déjà détrempées par les pluies, changées en une bouillie terreuse, noirâtre; à ses côtés, sur le banc rustique où elle se reposait, de sèches comme des copeaux, toutes recroquevillées, jaunes comme de l'or. Et, autour de sa tête, celles qui, sur le point de tomber, tapissaient toujours le kiosque: les unes, verdissant encore çà et là, mais roussies sur les bords; d'autres, mordorées, teintes de rouille, éclaboussées de pourpre, ayant la splendeur du vieux velours; d'autres, trop roses, ainsi que les pommettes des poitrinaires; d'autres écarlates, ardentes comme une flamme, semblant saigner de passion et défier la mort. Mais toutes, atteintes, malades, condamnées. Et, dans la mélancolie de cette fin de jour subitement très fraîche, elles grelottaient leur reste de vie, dont les minutes étaient comptées quelque part! Elle aussi, avait froid. Si, au moins, elle avait pu se serrer contre Gustave. Un grand frisson la secoua.

Alors, debout pour s'en aller, elle aperçut une rose, une fraîche et merveilleuse rose rouge, épanouie là, solitaire. Elle eut beau chercher tout autour: il n'y avait que cette rose unique, semblable, au milieu de « leur kiosque » devenu funèbre, à un rappel du printemps, à une protestation de la santé et de la vie. Et elle ne se lassait pas de la regarder. Attendrie, évoquant les jours heureux, elle se piqua même un peu les doigts pour attirer la branche, garda un moment la rose pressée sur ses lèvres. Mais elle ne voulut pas la cueillir.

Le soir, la malade ne tenait plus debout. Marthe avait beau lui répéter :

— Maman, tu devrais être couchée... Comme si j'avais besoin de toi pour achever nos malles!.. Tu n'es vraiment pas raisonnable...

Madame Meuriot le savait, qu'elle n'était pas raisonnable. Eh bien! après? Vraiment, le beau malheur! Dans la disposition anxieuse, énervée, où elle se trouvait, des révoltes la prenaient : toute sa vie, elle n'avait fait que ça, être raisonnable. Ah! pour l'être moins encore, que ne pouvait-elle recommencer l'existence! Au moins, elle éprouvait une sorte de soulagement à surmener son corps, à se venger sur lui.

D'ailleurs, elle avait bien le temps d'être couchée, pour ne pas fermer l'œil et se dévorer elle-même. Ce retour à Paris, qui l'eût rempli de joie quelques semaines auparavant, aujourd'hui la laissait indifférente, par moments même la consternait, lui faisait peur. La nuit de tranquillité, les heures de détente heureuse, que l'abnégation de sa fille dans le choix d'un mari lui avait procurées, étaient loin. Et elle allait se retrouver en face de Gustave : d'un Gustave émancipé, qui l'évitait de plus en plus, qui mentait toujours, qui la trompait certainement ; d'un Gustave dont il n'avait rien à attendre et qu'elle appréciait enfin à sa valeur. Oui, elle le savait fourbe, maintenant et léger, vaniteux, égoïste! Elle doutait de cœur comme de son esprit et de son désintéressement, elle le méprisait. Alors, pourquoi l'aimait-elle plus que jamais? Il le lui fallait encore, quand même. Elle le désirait plus âprement, tout en se méprisant, à son tour, d'avoir ce désir. Et voilà que la pensée qu'elle allait le revoir, même pour engager contre lui une bataille suprême et perdue d'avance, galvanisait Juliette. Redressée soudain, cessant de se traîner de chaise en chaise, redevenue tout nerfs, elle dépensait une inquiétante activité, pour aider Marthe et Anaïs dans les derniers préparatifs.

— *Moa* ne plus regarder *vos*... jargonnait miss Cordhomme en s'étirant les bras. Peut-on tant se trémousser parce qu'on part demain?... *Vos*, faites mal à la tête à *moa*... Bonsoir.

Pour le lendemain, M. Meuriot lui-même avait fixé de cette façon « l'ordre et la marche ». On commencerait par déjeuner plus tôt, à dix heures précises. A onze heures moins dix, comme en se promenant, sans se presser, départ général pour la gare, où l'on arriverait à onze heures huit, ou dix. Et les bagages s'y trouveraient à l'avance, transportés par le jardinier, qui avait promis d'être devant la porte avec sa carriole, dès neuf heures du matin : on aurait donc grandement le temps de prendre le train qui passe à onze heures vingt-sept. Seulement, mademoiselle Cordhomme manqua d'exactitude.

A dix heures, quand la cloche eut sonné le déjeuner, elle cria par la fenêtre de sa chambre : « Attendez pas *moa*... Commencez sans *moa*! » Elle était prête! Puis, à dix heures et demie, rien encore : ni elle, ni, ce qui était plus grave, ses malles! Le jardinier et s... cheval s'impatientaient. Enfin, lorsqu'on servit le café, Léon, blême d'indignation, monta chez l'institutrice.

— Je m'en vais vous la secouer...

Ce fut long. Il ne redescendit que vers onze heures, un peu rouge, calmé. Et, avalant enfin son café froid, il parla d'une grave migraine : la malheureuse Ida avait passé une lamentable nuit, affirmait-il, très convaincu, apitoyé, en ajoutant pourtant son : « Oh ! les femmes ! » par habitude.

Il n'y avait plus de train. Les Meuriot ne purent prendre que celui de trois heures cinquante-trois, lequel d'ailleurs eut du retard. A peine chez eux, rue Grange-Batelière, ils durent allumer les lampes.

Énervée du contretemps, forcée, grâce à ce train manqué, de garder toute l'après-midi des bottines trop étroites ; avec cela, d'humeur chagrine, ayant trouvé la conduite de Léon « inconvenante », prise même à son endroit d'une sorte de jalousie tardive, mais décidée à ne rien dire, préférant ronger son frein et supporter la présence odieuse de l'institutrice, Juliette, à peine en pantoufles, voulut, malgré l'heure, tout mettre sens dessus dessous chez elle, s'étourdir encore dans une débauche de fatigue. Ce fut elle, qui, cette fois, passa une lamentable nuit. Assise sur son lit, à chaque instant suffoquée, s'obstinant à ne pas appeler, elle comptait les heures, pendant que l'œdème de ses chevilles s'étendait, montait. A l'aube, l'enflure lui avait gonflé les cuisses, boursouflait son ventre.

Avant sept heures, Marthe, au saut du lit, poussa très doucement la porte qui faisait communiquer les deux chambres, écouta. Sa mère, qui n'avait point fermé l'œil, l'entendit.

— Va, tu peux entrer...
— Bonjour, maman... Comment es-tu, ce matin ?
— Mon Dieu... pas très bien !

De peur d'épouvanter sa fille, elle n'en dit pas davantage, la tint embrassée plus longtemps que d'habitude. Puis, comme Marthe, encore en chemise de nuit, éternuait :

— Tu t'enrhumes !.. s'écria-t-elle, effrayée. Cours vite te recoucher, jusqu'à ce qu'on ait allumé le feu.

Madame Meuriot sonna. Et, seulement quand elle eut entendu la flamme pétiller dans la cheminée et la femme de chambre relever la plaque :

— Anaïs, envoyez quelqu'un chez monsieur Silvy... pour le prier de venir sans faute, ce matin.

Il arriva vers onze heures, content de lui, le nez et les oreilles très rouges.

— Ça pique, aujourd'hui !.. Hein ! quand je vous annonçais un hiver précoce, avais-je raison ?.. ou, plutôt, les corbeaux ?.. Je ne crois pas à grand'chose, moi, mais je crois à l'infaillibilité des corbeaux...

En attendant que « sa belle-mère » eût éloigné Marthe, « sa future », il se chauffait paisiblement les doigts à la flamme de bois sec.

Sur son lit, ni couchée ni assise, comme écroulée sur le côté droit parmi ses grands oreillers, et haletante, suffoquée, Juliette commençait à suer d'angoisse : de cette angoisse des malades, qui, au moment de la visite du médecin, se mettent à trembler, comme des accusés dont un juge va prononcer la condamnation. Lui, se trouvait enchanté de sa promenade à cheval matinale, par un froid sec mais un beau soleil, au Bois. « Ma parole ! pensait-il, je commence à avoir de l'assiette... Moi qui fais bien un peu tout, dès que je veux m'en donner la peine, c'eût été fort qu'au bout de dix leçons et de plusieurs sorties, je n'eusse attrappé l'assiette ! »

Et, ceci doublait sa satisfaction, ne venait-il pas, dans l'allée des cavaliers, de refaire connaissance avec un médecin fameux, grand amateur d'équitation « comme lui », son aîné de quelques années, qu'il avait un peu connu, jadis, à l'hôpital. Un docteur illustré depuis par la politique, devenu député, orateur considérable, leader d'une importante fraction du parti républicain : écuyer consommé le matin, l'après-midi féroce démolisseur de ministères, s'humanisant le soir au foyer de la danse, inculquant le jacobinisme à ces demoiselles de l'Opéra, aussi influent sur le corps de ballet que sur le corps électoral. A la Cascade, ils avaient mis pied à terre, pris un madère ensemble, causé du passé, puis de l'avenir, aussi bien des tendances scientifiques nouvelles que des destinées de la République. Enfin on s'était quitté après une poignée de mains familière et un cordial : « A un de ces matins ! » Une relation à cultiver, utile peut-être, maintenant que, la quarantaine sonnée et la fortune arrivant, assoiffé de succès, las de supériorité solitaire, ce sceptique sectaire et malade d'orgueil, en somme un révolté bourgeois, commençait à sentir défaillir son intransigeance. Dans tous les cas, une relation agréable, flatteuse pour son amour-propre.

Ce fut donc avec un front serein et le sourire aux lèvres, que le docteur Silvy, après s'être bien réchauffé les mains, s'approcha du lit de la malade. Marthe, sur un regard de sa mère, venait de se retirer.

— Eh bien, comment allons-nous ?.. Ce cœur ?...

Il lui tâta un moment le pouls.

— Sage aujourd'hui... très sage... tout plein gentil !... Maintenant, nos jambes ?

Dans une prostration, les yeux fixes, madame Meuriot ne remuait point. Trouvant que c'était long, il ouvrit lui-même les draps.

— Bigre ! lui échappa-t-il, à l'aspect de ce corps enflé jusqu'à la ceinture.

Son binocle en tomba. Il voulut le rajuster très vite, s'embrouilla un peu les doigts dans le cordon. Son front s'était plissé. Et, penché sur cette nudité tuméfiée, il la regardait ardemment, de très près, avec des yeux ronds tout petits, aux pupilles contractées par l'inquiétude, aussi par le désir médical de voir au delà du symptôme, de remonter au diagnostic, d'enrayer peut-être ou de réagir. Comme la vue ne lui révélait pas grand chose, il se serait volontiers adressé à chacun de ses autres sens. Mais l'ouïe, l'odorat, le goût, ne pouvaient lui fournir aucun indice ; restait le toucher. Il y eut donc recours, enfonça à plusieurs reprises le bout des doigts dans les parties les plus gonflées, afin de juger de la densité de l'œdème, de son élasticité. Puis, comprenant que ces constatations ne le menaient à rien, et pressé par l'urgence, décidé à faire flèche de tout bois, — avec cela très en train, l'esprit encore excité par la rencontre de l'illustre médecin politique, — il mit aussitôt en jeu l'ensemble de ses facultés, à la fois tendit sa volonté, fouilla dans sa mémoire, compara, examina des hypothèses, chercha des analogies avec les cas directement observés. Eh, non ! Même au dénouement de certaines hydropisies mortelles, avec décomposition du sang, il n'avait jamais rencontré d'enflure générale aussi foudroyante. La péricardite chronique de madame Mœuriot s'était-elle compliquée d'hydropisie, comme ça, sans crier gare ? Ce n'était guère probable. Dans tous les cas, son expérience professionnelle ne lui suggérait rien. Que faire alors ? La malade ne soufflait mot ; mais son regard rencontra le sien et elle eut un pâle sourire, timide, presque honteux. « Me voilà jolie ! semblait-elle soupirer. Pardon de vous appeler pour une besogne trop difficile : enfin, ça ne m'arrivera plus. En attendant, je sais que vous allez prononcer mon arrêt de vie ou de mort. Allons, parlez ! » Et il ne savait que dire.

Rentrer vite chez soi, retourner sa bibliothèque, chercher le cas dans les bons auteurs, se faire d'après eux une opinion ? Impossible ! car, le remède une fois trouvé, la malade, depuis longtemps, n'aurait eu plus besoin de rien. Masquer son impuissance, donner de faux espoirs, prescrire un purgatif et un diurétique quelconques, puis attendre ? Encore la mort à bref délai. Enfin, pas le temps non plus de provoquer une consultation. Sans compter qu'il lui répugnait de s'avouer insuffisant, cela au sujet d'une personne dont il allait épouser la fille.

Tout à coup, se frottant les mains :

— Bon... Parfaitement ! Ça va très bien... s'écriait-il.

Et il reprit la physionomie radieuse de l'arrivée, son sourire vainqueur. Le binocle, maintenant comme vissé dans l'œil, plus que jamais infaillible, important, autoritaire. Et il était sincère dans sa satisfaction : enfin il le tenait, le spécifique, qui réduirait certainement cette enflure, trop régulièrement générale pour ne pas être accidentelle, et survenue beaucoup trop soudainement pour ne pas s'en aller de même.

— Voyons, qu'avez-vous fait hier d'imprudent ?... Soyez franche...

Juliette parla des fatigues du retour. Elle s'était couchée tard, pour laisser une maison en ordre.

— Ce n'est pas cela ! interrompit-il... Et la veille ?

— Oh, la veille, je suis allée... dans le kiosque... jonché de feuilles mortes... voir le coucher du soleil...

— Et vous avez pris l'humidité, parbleu ! Voilà ! Ça y est ! Eh bien, cette fois, ce ne sera rien... Écoutez-moi, voici ce qu'il faut faire...

Et il ordonna à madame Meuriot un remède fort simple, peu préconisé dans les livres, mais qui lui avait réussi, à lui, tout enfant. Un vieil officier de santé, de village, l'avait débarrassé d'une enflure analogue, attrapée un soir où il s'était attardé à jouer dans les prairies mouillées. Une simple application de feuilles de choux sur tout le corps, pendant vingt-quatre heures, lui avait enlevé ça, comme avec la main.

Devant Marthe, aussitôt appelée, le docteur

Silvy expliqua la façon dont il fallait appliquer les feuilles, sur la peau. Quand ? Tout de suite. Puis, se tournant vers la malade :

— Allons, bon courage !... Quand je reviendrai, ce soir, vous aurez déjà une taille de sylphide... et, avant quarante-huit heures, vous pourrez aller danser, dans les salons.

Trois semaines après, remise en effet de cette alerte, madame Meuriot reçut une invitation à la « grande Redoute Vénitienne » que la princesse Badajoz donnerait chez elle, hôtel Toscani, 182, avenue du Trocadéro, et dont commençaient à parler les feuilles très parisiennes, annonçant des merveilles : « Cette Redoute de l'hôtel Toscani, « retardée à cause du deuil récent de la cour « madrilène (un célèbre homme d'état espagnol « venait de mourir), sera la première d'une série ; « car, au lieu de s'en aller à Madrid, à Lisbonne, « à Turin, à Florence, à Rome, comme les autres « hivers, la princesse nous reste et veut qu'on « s'amuse à Paris, même sous la République... » Le programme, « aussi attrayant que varié, » comportait : bal, souper dans les magnifiques serres au son d'un orchestre invisible, représentation théâtrale « à la fois dramatique, musicale et chorégraphique », illuminations générales, avec, si le temps le permettait, kermesse dans les jardins : joutes sur la pièce d'eau, parties d'Aunt Sally, jeu du crève-cœur, etc. Enfin, un journal mieux renseigné encore, qu'elle lut un jour après son déjeuner, ajoutait qu'au sommet du « Donjon » — une ruine artificielle, au bord de la pièce d'eau, — le dernier acte d'*Il Trovatore* serait chanté, en costume et à la lumière électrique, par un prince russe et Mlle Stella Saulini, du théâtre de la Monnaie.

Le journal lui glissa des doigts, elle réfléchissait. « La voilà donc revenue, Stella Saulini, l'ancienne *voisine d'en face*. » Celle, justement, qu'elle avait surprise dans les bras de Gustave, un soir, au bas de l'escalier. « Tiens, il y a juste un an. Nous arrivions d'Houlgate... Et sans cette personne, qui sait?.. C'est elle, pourtant, qui a été la cause de la garçonnière... »

Alors, au souvenir de la garçonnière, son sang circula mieux. Une tiédeur lui courut sous toute la peau, comme si elle recevait une caresse générale, intérieure. Pendant une seconde, elle y revécut. Hélas! c'était fini. La période heureuse ne recommencerait jamais. Un immense regret. Et elle retomba dans cette invitation, ces détails du programme. « Ah oui, la Stella Saulini... »

Elle tâchait maintenant de se rappeler ses traits. Non, impossible. En un an, ce visage, jadis aperçu à chaque instant, s'était effacé de son souvenir. Elle revoyait beaucoup mieux la banale figure de la mère. Par exemple, elle croyait encore entendre Stella de sa voix de contralto, rauque et grasse lorsqu'elle ne chantait pas, dire en se débattant : « Non, Gustave, laisse-moi... on pourrait venir... Pas ici!.. » Tandis que, sur la muraille du vestibule, l'ombre portée du chapeau Mousquetaire, immense, avec les balancements de sa plume, semblait faire oui.

Son engagement à Bruxelles était donc fini? Que venait-elle chercher à Paris? Gustave, qui, n'avait jamais plus prononcé son nom, se trouvait-il au courant de ce retour? D'ailleurs, au courant ou pas, il avait dû recevoir de son côté une invitation de la princesse : comptait-il aller à cette Redoute? Un besoin d'être fixée aussitôt sur tout cela. Le voir aujourd'hui même, lui parler coûte que coûte. Et elle ramassa le journal bien renseigné, le plia, le roula tout petit, pour le mettre dans la poche.

Maintenant, elle s'habillait pour sortir. Et son désir d'interroger le jeune homme était devenu une envie folle, où il entrait de tout : de la jalousie rétrospective, un secret pressentiment que cette chanteuse allait pour la seconde fois déterminer quelque crise décisive, l'espoir de reprendre son amant, une tentation effrénée de lutter encore, de ne pas renoncer comme ça, de se cramponner à ce qui était devenu sa vie, d'essayer au moins l'impossible.

Enfin, prête, elle mettait son chapeau devant l'armoire à glace. Quels changements sur son visage! Les traits tirés, des yeux battus, creusés, cerclés de noir, un gonflement des paupières. Et, au milieu des joues, un commencement de couperose, ces tons âcres qui sont l'indice des maladies de cœur. De nouveaux cheveux blancs, des rides qu'elle ne se connaissait pas. « J'ai vieilli de dix ans! Je suis affreuse! » Alors, découragée, elle dut s'asseoir, pleura. Elle renonçait à sortir. « Vieille bête que je suis! » Elle comprenait, à présent, que Gustave lui en préférât une autre. « Il a joliment raison. » Mais, qui lui préférait-il? Voilà ce qu'elle voulait au moins savoir, et c'était son droit, ça. Possible que cette découverte la fît beaucoup souffrir : et bien, elle souffrirait! Rien ne lui serait plus cruel que l'incertitude. Alors, qu'est-ce qu'elle risquait? Mourir? « J'ai une maladie qui ne pardonne pas : ça ne ferait qu'abréger mes tortures. » Marthe, qui allait se marier, pouvait aujourd'hui se passer d'elle : la mort lui était donc permise.

Aussi, plus calme, madame Meuriot était déjà en train de se recoiffer, à son avantage, en se servant du cosmétique noir. Après s'être passé de l'eau tiède sur les yeux, aux joues de la poudre de riz, elle choisit un autre chapeau plus simple, et, regardant l'ensemble, se trouva un peu moins mal. Alors, tout en attachant sa voilette, elle se remit à espérer. « Qui sait? Je me fais quelquefois des peurs... Il n'y a peut-être rien!.. Si, pourtant, il m'aimait un peu? »

Cette pensée lui donnait des forces. Elle commença par monter chez les Honorat, où elle n'avait pas remis les pieds depuis son retour de Maisons-Laffitte, arriva à leur porte sans être essoufflée, sonna. Rosalie, qui vint ouvrir, semblait toute saisie de la voir.

— C'est moi... Bonjour, Rosalie... Vous voyez, je suis encore en vie!

Quel étonnement! Au lieu de s'effacer tout de suite pour la laisser entrer comme d'habitude, la domestique restait plantée au milieu de l'étroite antichambre.

— Je vais voir... si madame est visible...

Et Rosalie passa dans la salle à manger, en refermant la porte. Eh bien, on lui faisait faire antichambre, maintenant! Pas même une chaise. Madame Meuriot s'assit sur la caisse à bois, sans façons. La bonne ne reparut qu'au bout de cinq minutes. Madame Honorat ne pouvait la recevoir, se trouvait en ce moment avec son médecin.

— Mais... c'est son jour de cabinet, au docteur! objecta naïvement Juliette, toujours sur la caisse à bois.

— Madame a un nouveau médecin... depuis trois semaines... Elle ne veut plus entendre parler du docteur Silvy...

— Vous m'en direz tant! s'écria Juliette.

Elle se mordait les lèvres, pour ne pas rire. Du moment que la mère de Gustave ne voulait plus entendre parler d'un vieil ami comme le docteur Silvy, cela depuis trois semaines, elle croyait comprendre.

En effet, pendant que la mère de Marthe redescendait les cinq étages, madame Honorat se frottait les mains, de son mieux, ses mains de paralytique. De son fauteuil, roulé sans bruit, derrière la porte, — c'était pendant cette manœuvre que madame Meuriot avait dû faire antichambre, — elle venait de savourer une série de petites jouissances exquises : traiter brusquement une intime comme une étrangère, lui faire croquer le marmot, la bafouer en finissant par ne pas la recevoir. Et les préparatifs de tout cela, donc, une mise en scène depuis longtemps combinée, la complicité de Rosalie, les paroles à dire serinées; sans compter la joie d'assister à tout, invisible. Et ce n'était pas fini, d'autres joies l'attendaient : l'amusement de tout raconter à Casimir, en dînant, plus tard les gorges chaudes avec les amis de la première heure, « les vrais, ceux-là, les seuls », et du pain sur la planche pour une succession de « samedis » homériques. Ne comptant plus sur le mariage de son fils avec mademoiselle Meuriot, un grand rêve, écroulé jamais, il lui fallait bien se rejeter sur autre chose, employer quand même son activité, chercher des à peu près de consolation. La ressource des menues vengeances n'était certes pas à dédaigner. Mais, pas méchante femme pour cela, maintenant que la voisine du quatrième venait de « se casser le nez » à sa porte, pour un peu elle l'eût rappelée par la fenêtre. Histoire de jouir de sa stupéfaction, et de lui dire ses vérités, car elle en avait gros sur le cœur.

Madame Meuriot était loin. Le fiacre qu'elle avait pris, arrivait déjà rue Mosnier. Elle aperçut par la portière le premier commis, debout devant la porte cochère, nu-tête, une main dans la poche, de l'autre tenant une cigarette. Et, tout en envoyant en l'air des spirales de fumée, le gaillard « faisait de l'œil » aux passantes. Elle se rejeta vivement au fond de la voiture, ne voulant point être vue, certaine de l'absence du patron.

— Cocher... rue Léonie... Vite !

Là, elle mit pied à terre et, dans la loge, trouva madame Doucet en larmes.

— Hi... hi... non, madame, il n'y est pas... Hi... plus rentré depuis cinq jours, le vôtre !.. Même, que j'ai été sur le point de faire venir le serrurier... Hi... hi... Vous comprenez que je peux pas me passer plus longtemps de mon tablier noir, resté sur le piano... Hi... hi... hi... Allez, je suis bien malheureuse... avec le mien !

Volcknar, parbleu ! Il s'agissait nécessairement de Volcknar, pourtant si gentil naguère, si délicat et si affectueux, que ça n'avait pas duré. De son Enrick, qui venait de lui jouer encore un tour, un sale tour cette fois, une canaillerie de coquin, de misérable méritant le bagne. Après quoi il lui avait écrit une lettre épouvantable, ce chiffon de papier, là! tout froissé, humide de ses larmes. Et, tout en lui glissant, dans un aparté, que monsieur Gustave n'avait pas encore réglé le terme d'octobre, même que sa quittance était toute prête, la concierge lui raconta interminablement « le tour », un véritable abus de confiance, le vol de trois mille cinq cents francs, ses dernières économies, en valeurs au porteur, qu'elle avait eu l'imprudence de remettre à ce joli monsieur afin qu'il allât toucher pour elle les coupons échus. Une commission dont elle aurait dû se charger elle-même, sans doute. « Allez, une autre fois... » Mais une autre fois n'arriverait pas, elle ne reverrait jamais la couleur de son pauvre argent. Hi! hi! hi!

— De grâce, madame?... Je ne sais pas bien lire, et puis j'ai de si mauvais yeux... Soyez assez bonne pour me lire les horreurs de ce polisson.

Et madame Meuriot déchiffra péniblement le billet :

« Madame,

« Vos réclamations d'argent m'étonnent. Je
« ne vous dois rien. Au contraire! Je crois même
« que vous ne m'avez jamais complètement payé
« votre statue. Mais passons l'éponge. Tout ce
« que je vous demande — et, au besoin, je l'exige
« — c'est de ne jamais remettre les pieds dans
« mon atelier. Vous *me compromettez*, je me vois
« obligé de vous le redire. Il ne faut pas que la
« comédie se renouvelle, quand pendant plus
« d'une heure et demie, presque vautrée sur mon

« divan, vous ne vous décidiez plus à partir,
« ayant l'air d'attendre — et provoquant même
« par votre attitude, vos poses engageantes, vos
« soupirs, vos regards, vos gestes — certaines
« complaisances que je ne saurais vraiment vous
« accorder. Vous ne vous voyez donc pas ! Con-
« sultez votre miroir, lorsque vous enlèverez un
« moment votre perruque noire, et tâchez de
« vous rappeler la date de votre naissance ! Dans
« tous les cas, sachez bien une fois pour toutes,
« que, — même si je vous devais quelque chose,
« et, dans ce cas, malgré la douce perspective
« d'être bientôt quitte, — il m'est impossible de
« vous faire éprouver des joies qui ne sont plus
« de votre âge
« Je vous salue.
« Enrick Volcknar. »

Madame Doucet ne larmoyait plus.
— Le lâche !
Elle dut s'asseoir.
— Comme vous êtes pâle !.. lui dit madame Meuriot en lui prenant la main. Désirez-vous quelque chose ?
Madame Doucet remercia du geste ; puis, à demi-voix, comme se parlant à elle-même :
— Son divan ?.. Je le lui ai payé... Et son atelier !.. la chemise qu'il a sur le dos !.. Sans moi, il serait peut-être mort... et il ose... Maintenant que je n'ai plus rien à lui donner, il le sait bien... Le vil menteur ! Le saligaud ! Le lâche !
Et, comme madame Meuriot s'efforçait de lui remonter le moral, elle continua :
— Soyez tranquille ! Je sais ce qu'il me reste

à faire... Si je veux le revoir, dans quelque temps, quand ce qu'il m'a pris sera envolé, j'ai qu'à lui laisser croire qu'il me reste encore quelque chose : il redeviendra gentil et complaisant... Si je veux qu'il se traîne encore à mes pieds, là, dans la chambre de ma pauvre fille, et qu'il me baise les mains en pleurant... en disant qu'il n'a mangé ni bu depuis deux jours !.. Mais non, c'est bien fini ! Je ne veux plus entendre parler de lui : il me dégoûte... S'il vient encore rôder par ici, j'appelle au secours... J'ameute les locataires, les voisins, les passants, en criant : « Au voleur !.. A l'assassin !.. » Cette fois, j'aurai le courage de le laisser crever comme un chien...

Ici, reprenant son ton larmoyant, redevenue concierge, madame Doucet lâcha une de ses phrases favorites.

— Si ça fait pas pitié... Moi qui n'ai jamais eu affaire qu'à des personnes de qualité.. !

Alors, moins émue, Juliette se hâta de lui payer le terme d'octobre en retard.

— Voici votre quittance, madame... Mais c'est que... elle est au nom de M. Gustave Honorat !

— Ça ne fait rien... C'est ainsi qu'il faut qu'elle soit... Je la lui remettrai.

— Dois-je aussi prendre mes deux mois échus... pour le ménage.

— Naturellement !

— C'est donc vingt-trois francs cinquante seulement, que j'ai à vous rendre... dit la concierge en recevant les billets de banque.

— Gardez-les... oui ! pour vous...

Avant que celle-ci eût achevé de se confondre en remerciements, madame Meuriot lui remit sa clef de la garçonnière, la minuscule clef en aluminium.

— Comme ça, vous ne dérangerez pas le serrurier.

— Ah bon ! mon tablier noir... je vais... Rien que le temps d'ouvrir et de refermer... Si madame veut s'asseoir une minute..?

— Non... pas le temps !

Juliette était remontée dans le fiacre.

— Cocher, rue Mosnier... au 4...

Plus de commis devant la porte : Gustave y était. Lui aussi, comme Enrick Volcknar, mentait effrontément. La redoute de l'hôtel Toscani ? il en avait vaguement eu bruit, par les journaux ; mais la princesse ne lui avait pas envoyé d'invitation, affirmait-il. Quant à « cette personne », c'était la première nouvelle qu'elle dût chanter Léonore du *Trouvère*, ni quoi que ce fût. Non seulement il ignorait sa présence à Paris, mais, depuis un an, il n'avait même jamais plus entendu parler d'elle. « Ça, je vous le jure ! »

— Eh bien, lui proposa Juliette, voulez-vous y aller, à cette soirée ? J'ai une invitation, moi... Et, mon état de santé ne me permettant guère...

Il le prit alors de très haut, invoqua « sa dignité ». Pour qui le prenait-on ? Un homme de sa trempe n'avait point pour habitude d'utiliser les invitations des autres.

— Qu'à cela ne tienne ! Je me charge de vous faire inviter personnellement... Je n'ai qu'à écrire un mot à la princesse...

— Gardez-vous-en bien !

— Alors j'irai la voir.

— Ce sera absolument inutile... Vous savez que quand j'ai dit non..!

Maintenant, le poing fermé de Gustave martelait un bras du fauteuil dans lequel il était assis. Debout, tout contre lui, Juliette l'étudiait. Comme il réprimait mal une exaspération dont les causes restaient obscures. Il avait beau s'efforcer de lui donner le change, feindre d'en vouloir à la princesse de ne pas « l'avoir mis sur sa liste », madame Meuriot sentait qu'il ne disait pas la vérité. Seulement, une envie folle de lui tomber dans les bras diminuait sa clairvoyance. Et elle s'avança plus près, se mit à lui arranger sa cravate.

Comme elle le regardait ! « Oh ! il y a longtemps... » exprimaient ses yeux. Lui appartenir encore ! Peut-être pour la dernière fois ?

« Le seul moyen d'avoir la paix... Comment n'y ai-je pas songé plus tôt ! » se disait Gustave, en allant mettre le verrou.

Trois quarts d'heure après, madame Meuriot, à la fin d'un dernier baiser, plus long et encore plus tendre que les autres, baissait sa voilette, s'en allait par la sortie dérobée. A peine seule, dans le fiacre qui la ramenait, elle fut reprise d'inquiétudes. Encore lasse, d'une de ces lassitudes heureuses où elle ne sentait plus son corps, voilà qu'elle se dévorait à nouveau.

Oh ! elle y voyait clair, maintenant. Quelque chose d'indéfinissable, une sorte de pressentiment aigu, l'avertissait de se défier de Gustave. « Il ment ! Cette soirée à l'hôtel Toscani, non seulement il compte y aller, mais il veut y aller sans moi, à mon insu. Sans doute pour se retrouver en présence de cette créature. »

Comment! cette évidence ne l'avait pas frappée plus tôt! Que faire alors? Retourner tout de suite auprès de lui, et lui crier ses angoisses, vider son cœur, tâcher de l'attendrir, même sans espoir, lui prouver au moins qu'elle n'était pas sa dupe. « Qui sait si, comme il y a un an, je ne parviendrais pas à le reprendre pour moi seule, à l'emporter autre part, à le mieux garder? » Déjà, elle s'efforçait de baisser la glace, afin de donner l'ordre au cocher de la ramener une troisième fois rue Mosnier, quand le fiacre s'arrêta. Déjà arrivée devant sa demeure! Alors, retenue par une fausse honte, craignant de passer aux yeux de cet indifférent pour une toquée, elle descendit, paya. « Je trouverai une autre voiture! » Mais il pleuvait à torrents. Réfugiée sous la porte, elle attendit en vain, plusieurs minutes, se décida enfin à rentrer. « Je le verrai demain. »

Puis, en gravissant péniblement les étages, presque pliée en deux sur la rampe, obligée de s'asseoir à chaque palier, elle forma un autre projet. Sans rien dire à personne, elle se traînerait à cette fête. Gustave ne s'attendrait jamais à celle-là. « Oh! si je l'y trouve!.. Si je le surprends!.. » Son sang ne fit qu'un tour. Une fièvre subite la porta, lui rendit plus facile l'ascension des dernières marches. Elle se croyait déjà mieux portante. D'ailleurs, la redoute de l'hôtel Toscani n'aurait lieu que le 8 novembre, dans onze jours. « D'ici là, je ne veux pas le revoir... afin qu'il n'ait aucun soupçon... Et, pendant ces onze jours, comme je vais me soigner! »

IV

Le 8 novembre, sans l'aide de Marthe, elle ne fut jamais parvenue à s'habiller.

Sa fille ne lui cachait point ses inquiétudes, sa répugnance à la voir s'en aller dans cet état, seule, en domino noir.

— Comment, seule!.. Je vais me trouver en pays de connaissance, je t'assure.

— N'importe! C'est de la démence...

Madame Meuriot mentit alors : la princesse comptait sur elle! Elle avait promis à cette charmante femme, de tenir le piano une partie de la soirée, et il était bien trop tard pour la laisser dans l'embarras.

— Avoue qu'elle doit avoir un grain, ta princesse... Un 8 novembre, à Paris, prétendre donner une « fête villageoise », dans des jardins!.. Elle se croit peut-être en Andalousie!.. Regarde le brouillard qu'il fait... à couper au couteau... et glacé.

— Possible... Mais, parce que cette partie du programme tombera dans l'eau, est-ce une raison pour contribuer, par ma mauvaise volonté, au désarroi général?

Profitant de ce que Marthe, toute triste et pas convaincue, ne répliquait pas et pensait peut-être à des choses qu'elle n'osait point dire, madame Meuriot, rouge de l'effort qu'elle faisait, multiplia « les bonnes raisons ». Le docteur, d'abord, lui avait recommandé de se distraire. Et il ne fallait pas que le mot « redoute » effrayât sa fille. Son domino ? rien qu'une formalité, dont, à peine entrée, elle se débarrasserait sans doute. A l'heure où elle comptait arriver, c'était une simple invitation à dîner dans la serre qu'elle acceptait, oui ! un dîner en musique, avec un adorable orchestre tzigane qu'elle se faisait une joie d'entendre. Puis, elle verrait comment tourneraient les choses ; et, si sa présence n'était pas indispensable, à la première fatigue, elle s'excuserait à l'oreille de la princesse et ferait demander une voiture chauffée.

— Va, je serai rentrée de très bonne heure... ça, je te le promets !... Je me mettrai au lit à l'heure habituelle... plus tôt peut-être, tu verras... Seulement j'aurai pris de la distraction, et je dormirai comme une reine...

— Oh ! dit doucement Marthe, si cette invitation doit te faire passer une meilleure nuit, je n'ai plus rien à dire... Pars vite, et reviens vite !

Cinq heures. Il faisait nuit depuis longtemps, mais le concierge n'avait pas encore éclairé l'escalier. Encapuchonnée jusqu'au bas du visage, Juliette descendit précipitamment les marches dans le noir, accompagnée de sa fille, qui la mit en voiture.

— Cocher... hôtel Toscani, 182, avenue du Trocadéro... dit mademoiselle Meuriot, après avoir refermé la portière. Tenez, voici cinq francs pour votre course : gardez tout.

Et elle recommanda à cet homme d'aller lentement, d'éviter autant que possible le pavé :

— On n'est pas pressé... La personne que vous conduisez relève de maladie, et craint la voiture...

Dans le fiacre, seule enfin, et libre, madame

Meuriot mordait son mouchoir, de rage. « Le misérable ! Ce qu'il me fait faire ! Mentir ainsi, à cause de lui, pour aller le relancer ! Mentir à ma fille, à cet ange qui m'aime, elle au moins, et qui, par dévouement pour moi, par pitié, fait semblant d'admettre des inventions dont elle ne croit pas le premier mot ! »

Et elle s'en voulait de sa faiblesse, de sa lâcheté. « Si j'avais pour deux sous de caractère, je remonterais chez moi. Qu'importe que Gustave soit de la force de Volcknar, qu'il recouche ou ne recouche pas avec cette demoiselle ? Si je les surprends, ça va me causer un mal atroce : si je ne les surprends pas, ma stupide satisfaction d'un soir sera un leurre, et je n'aurai fait que me duper moi-même. »

Mais renoncer à cette démarche stupide, revenir sur ses pas, combien c'était impossible ! Le fiacre continuait d'avancer, pas vite, sur le sol visqueux et adhérent. Chaque nouveau tour de roue la rapprochait d'une navrante certitude, plus douloureuse que la mort. Et elle se sentait contente d'avancer, n'ayant plus qu'une préoccupation : refouler ses larmes, afin qu'en entrant elle n'eût pas l'air d'avoir pleuré.

Enfin, les roues cessèrent de tourner, elle était arrivée. Avant de descendre du fiacre, Juliette, assista, malgré elle, à une scène pénible.

Elle venait de baisser la glace d'une des portières. Des éclats de voix attirèrent son attention. Comme un bruit de dispute. Méridionale, chantante et coléreuse, la voix baragouinait le français. Sous la large marquise vitrée de l'hôtel Toscani, en haut des marches du perron, un personnage en habit noir, petit mais rageur et entêté, refusait l'accès du vestibule à un couple venu à pied.

— C'est *inoutile!* Par la mule du pape, je vous jure que vous n'entrerez pas!... vociférait l'habit noir, que Juliette reconnut : un Espagnol, cousin par alliance de la princesse Badajoz, un parent pauvre, et laid, qui suivait Son Altesse dans tous les pays, en remplissant les fonctions de chambellan et de maître des cérémonies.

— Oh! monsieur?... monsieur?... soupirait à voix basse, comme honteuse, une dame en domino jaune, son loup sur le visage.

— Mais enfin, monsieur!... disait avec plus de hauteur son cavalier, en court manteau vénitien.

L'Espagnol s'entêtait. A la fin, le manteau vénitien se fâcha. Et Juliette, au moment de mettre pied à terre, reconnut la voix de Lieutaud, s'écriant :

— Vous ne savez pas ce que vous faites!... Madame est madame Éva de Pommeuse... connue de tout Paris... une artiste, poète et musicienne, qui reçoit la princesse dans son salon, et il serait un peu fort... Allons, houste! laissez-nous passer, l'hidalgo!

Et la grande douceur d'Éva était vraiment poignante :

— Que la princesse sache seulement que je suis à la porte!... Faites-le lui savoir, monsieur, de grâce... Je ne vous demande que ça, faites-le lui savoir...

Ou elle offrait d'attendre, là, dans un coin du vestibule, sur une chaise, pendant que son cavalier irait chercher leur carte d'invitation, oubliée.

— Vous en auriez dix, et vingt, de cartes d'invitation, que vous n'entreriez pas davantage !...

Le pourquoi, le cerbère Espagnol finit par le baragouiner : il la trouvait trop mal habillée. En effet, dans son domino jaune serin, trop court, raté par Justine, la malheureuse semblait une pauvresse affublée de quelque vieux rideau acheté au Décrochez-moi-ça. Oh ! du moment que c'était pour ce motif, elle ne dit plus rien et baissa la tête, comme accoutumée à de semblables avaries. Résigné également, Lieutaud lui redonna le bras ; tous deux se retirèrent. Lorsqu'ils passèrent à côté d'elle, Juliette, s'étant bien vite rejetée au fond de la voiture, souffrit cruellement. Quoi ! paralysée par un sentiment de délicatesse : « Ça lui ferait trop de peine de savoir que je viens d'être témoin... » elle ne se jetait pas dans les bras d'Éva de Pommeuse ! Comment ? elle ne laissait pas son cœur lui crier : « Puisqu'on ne vous « reçoit pas dans cette maison, je n'y mets pas les « pieds : ô vous qui valez mieux que toutes, venez, « partons ensemble ! » Et elle sentait combien de lâcheté se mêlait à sa délicatesse. Il était donc plus puissant que tout, le motif qui la poussait à pénétrer là-dedans.

Maintenant elle s'y trouvait, depuis quelques minutes, dans cet hôtel Toscani, où le sort de son amour allait se décider. Au moins, elle y était entrée sans difficulté aucune, elle, saluée jusqu'à terre par le cousin chambellan. Celui-ci, lorsqu'elle lui avait présenté son invitation tout ouverte, venait même de détourner la tête avec un accueillant « Oh, madame !... » complété par un grand geste arrondi. Au vestiaire, une femme de chambre l'avait aidée à relever le capuchon de son domino, à mettre son loup. Complètement méconnaissable — du moins, elle s'était jugée ainsi, en se regardant des pieds à la tête, dans une psyché, — après avoir, d'un pas assuré, traversé l'antichambre et plusieurs petits salons déserts, d'un luxe trompe-l'œil et de diverses époques, théâtralement éclairés, voilà qu'en entendant des voix, de nombreuses voix dans le grand salon d'à côté, elle fut obligée de s'asseoir. « Gustave est peut-être là-dedans!... Gustave avec quelqu'un! » les jambes lui manquaient. Derrière elle, arrivaient des invités; madame Meuriot, pour se donner une contenance, se mit à feuilleter un gros livre à tranches dorées, merveilleusement relié, qui se trouvait à portée de sa main, sur une table-empire.

Une œuvre d'art que cette reliure, avec ses coins d'or massif, ses clous d'or, les ciselures de ses triples fermoirs, avec le chiffre et la couronne de la princesse, argent sur émail, partout répétés. Les doigts de Juliette avaient ouvert le volume, machinalement, mais avec l'instinctif respect dû aux belles choses. Puis ses regards tombèrent sur le titre : « *L'Almanach des cinq cent mille Adresses.* » Cette somptueuse reliure pour « le Bottin de Paris » !

Et elle se disait que l'hôtel Toscani — du bas office aux mansardes, du perron de l'entrée au « donjon » en ruine — devait être comme cette reliure de cinquante louis. Salles de réception, appartements intimes, serres, jardins, pièces d'eau, ombrages, pelouses : sans doute un décor magnifique ; le plus extraordinaire cadre.

Dedans, qu'allait-elle trouver ?

Pourtant, les forces lui revinrent. Déjà debout, elle se décida à entrer au grand salon, le front haut. Du seuil, la portière écartée, un rapide examen, ardemment attentif : ni Gustave ! ni cette Stella Saulini ! Elle alla saluer la maîtresse de la maison. Puis, en circulant d'un groupe à un autre, affranchie de toute timidité par son domino et son masque, elle se mit à inspecter les arrivants. Titrés pour la plupart, avec des noms étrangers, sonores, qu'un grand escogriffe de laquais à hallebarde, habillé comme un Suisse de cathédrale, annonçait d'une voix de rogomme : « comtesse de Kourbareff », « prince Alfonso », « duchesse de Parata », « lord Harry Ory ». Tout un grand monde exotique et bizarre : des ambassadeurs du Venézuéla, des banquiers de l'Équateur, des amiraux hélvétiques. Que faisait-elle là, au milieu de ces inconnus? Elle commençait à s'ennuyer.

— Tiens, monsieur Aigueperse !

Juliette venait de le reconnaître, en manteau vénitien. Allant aussitôt à lui :

— Bonsoir, monsieur Aigueperse... Comment vont les *Aurores Boréales ?*

Le poète, intrigué :

— Qui donc es-tu, aimable masque ?..

— Personne !.. une de vos lectrices...

Impressionné par la distinction de l'inconnue, il cessa de la tutoyer.

— Non, je vous ai vu quelque part... Où ? Dites-moi vite...

— Chez madame Éva de Pommeuse...

— Ah ! cet été ?.. je me souviens... le jour de

sa fête... Madame, veuillez accepter mon bras.

— Non, je préférerais m'asseoir... Je ne suis pas très bien !

Assis, ils causèrent. Aigueperse semblait mélancolique : elle voulut savoir. Ce milieu paralysait le poète, le mettait hors de lui.

— Ici, chaque fois, je m'ennuie et tout m'irrite... Oh ! la princesse, je la mets à part... Une créature exquise, la princesse... Avec une tête d'oiseau, et un bon petit cœur d'enfant... Mais les rastaquouères... tous ces odieux rastaquouères...

Il retrouvait sa verve de chez Éva de Pommeuse, pour les arranger de mordante façon : les pires des bourgeois ! « Un salon parisien, cela ?... Non ! on se croirait plutôt dans l'entrepont d'un transatlantique... ou au milieu des habitués de quelque table d'hôte ! » Dire que, tantôt, le malheureux Richard d'Aymeringue avait eu la faiblesse, sur les instances de la princesse Badajoz, de déclamer pour ces sourds et ces bouchés son plus merveilleux poème en prose. Autant égrener des perles fines devant des aveugles ! Pas un n'avait compris, parbleu ! ni même écouté. « Tandis que, si on leur eût jeté seulement une poignée de gros sous, vous eussiez vu ces goujats en gants blancs, se jeter tous à quatre pattes, se bousculer à plat ventre sous les meubles... » Et leurs femmes, donc ? Pour deux ou trois poupées délicieusement troublantes, combien de postures, fagotées, niaises ! Des guenons, qui valaient encore moins que leurs singes.

— Non ! protestait Juliette, ne dites pas trop de mal des femmes... Les femmes ! on ne sait jamais... Les pires ont encore de bons sentiments, plus qu'on ne croit... et peuvent invoquer toutes sortes d'excuses...

Puis, elle raconta à Aigueperse la scène pénible dont elle avait été témoin malgré elle : Éva refusée à la porte, pour le mauvais goût de son accoutrement, forcée de repartir au bras de Lieutaut, humiliée, pleurant de honte.

— Oh ! les misérables... les misérables ! s'écria le poète. Le vilain monde, décidément... les méchantes gens ! Et, surtout, quels imbéciles ! Pas un d'entre eux ne serait digne de délier les cordons des souliers de cette admirable Éva, intelligente, artiste dans l'âme, et bonne, dévouée, généreuse... supérieure à son sexe... à nous tous ! Une tête organisée, digne de comprendre les plus grands créateurs... avec un cœur pur... une âme de sœur de charité... Misère ! que n'ai-je été là !.. On l'aurait laissée entrer, je vous en réponds... ou j'eusse fait un de ces esclandres !..

Il était sincère, dans son indignation, et beau. Ses longs cheveux de Christ ondulaient en arrière, secoués, orageux. Et ses lèvres pâles, amincies, frémissaient. Une colère de blond, impressionnante, mais courte.

Sur ces entrefaites, une jeune négresse, d'une dizaine d'années, au service de la princesse, entra, habillée à la turque, avec un lourd turban autour de la tête et d'énormes pantalons bouffants, trop longs, qui lui cachaient les pieds, et vint dire quelques mots à l'oreille de sa maîtresse, sans doute l'avertir que le dîner était prêt. En se retirant, la petite négresse allait passer à côté du poète et de madame Meuriot.

— Ah ! fit Aigueperse, debout, avec un brusque

saut de côté, en simulant une épouvante comique.

— Qu'est-ce qu'il vous prend ?

— Ce monstre !... Ah !... tenez, elle me regarde !.. J'ai peur de ses vilains yeux blancs...

En effet, avec son accoutrement d'odalisque, son air vieillot, la négrillonne n'était pas précisément belle ; et, plantée devant le poète, elle le dévisageait avec de gros yeux blancs. Tout à coup elle lui rit au nez, lui tira la langue ; et l'on vit sa solide mâchoire carrée, aussi blanche que ses yeux. Quelques pas plus loin, elle se retourna pour décocher une dernière grimace à Aigueperse. Quand elle eut disparu, celui-ci se remit dans son fauteuil et commença une histoire folle, au sujet de « sa bête noire », un conte à dormir debout.

— Enfin, madame, croyez-moi si vous voulez... La dernière fois que je vins ici, voici plusieurs mois, au moment de partir, cherchant le vestiaire, je traversais un couloir désert, à peine éclairé : je me sens tout à coup mordu jusqu'au sang, s'il vous plaît... et à un endroit... A la fesse, ma parole d'honneur !... C'était cette bête noire... Aussi, depuis, j'en ai une de ces peurs...

Ce qui l'épouvantait davantage encore, c'était la façon dont on mangeait chez madame Badajoz, « la plus mauvaise table de Paris. »

— Cela a si peu d'importance... Pour moi, du moins ! dit Juliette, avec un soupir de malade, un peu douloureux.

— Comment ? peu d'importance ! Eh bien, moi... vous allez voir !... Sept heures et demie... Avant cinq minutes, le larbin qui a l'air d'un Suisse, annoncera de sa voix absinthée que la princesse est servie... Alors, dès que l'on commencera à passer dans la serre, où une somptueuse table en fer à cheval doit être dressée, observez le mouvement : Richard d'Aymeringue, le peintre Thékel, trois ou quatre autres, et moi... et vous, madame, si vous voulez nous faire l'honneur et le plaisir d'être des nôtres... nous filerons à l'anglaise, tous, comme un seul zèbre, pour dîner dans un restaurant voisin, bien connu de nous, d'assez modeste apparence, mais où nous trouverons un potage sérieux, des huîtres fraîches, une exquise entrecôte... tandis qu'ici : ce tas de malheureux...

D'un geste large, Aigueperse désignait l'assistance. Puis, continuant :

— Tenez ! ils sont là cent, environ, qui ne se doutent pas qu'ils vont être empoisonnés !

Et cela n'avait rien d'étonnant. Le poète entra dans des détails précis, se mit à expliquer le système financier et économique employé à l'hôtel Toscani. Ce système, déplorable, était « le forfait ». Ainsi, la veille au soir, madame Badajoz avait dû commander à son cuisinier soixante dîners, à tant par tête, pour le lendemain. Non seulement les soixante dîners allaient suffire à une centaine de dîneurs, mais l'entrepreneur cuisinier, afin de pouvoir prélever de gros bénéfices, n'achetait que des denrées inférieures ou même avariées. Du beurre-margarine, du poisson pas frais, du gibier équivoque, des truffes en mérinos ; du gros bleu, servi dans des bouteilles couchées et poussiéreuses, portant des étiquettes de crus célèbres ; et tout à l'avenant. Quant à la princesse, servie à part et bien servie, elle était la dernière à se douter que ses invités absorbaient cette nourriture de restaurant à vingt-deux sous.

— Allons, madame, le moment est venu... Le salon se vide et mes camarades me font signe... Nous vous emmenons dîner : décidez-vous !

— Merci, monsieur... Pour toutes sortes de raisons, je ne puis.

— Nous serons de retour avant le café : personne ne se sera aperçu de notre absence.

— Non, vraiment, n'insistez pas... C'est impossible... A tout à l'heure !

Aigueperse maintenant était loin. Arrivée après les autres dans la serre, Juliette, dès le seuil, s'arrêta, éblouie par mille lumières, surprise et charmée par l'éclat de cette salle à manger improvisée au milieu de toute une végétation exotique. Par exemple la grande table l'aveuglait, avec ses fleurs, sa vaisselle plate, ses scintillements de cristaux. D'ailleurs, plus une seule place ; et madame Meuriot allait peut-être partir, lorsqu'elle découvrit plusieurs petites tables supplémentaires, dans des coins. Elle choisit la plus reculée, celle qui disparaissait entre deux massifs de hauts palmiers et de grandes fougères, se plaça tout au fond. Et, lorsqu'elle se renversait sur le dossier de la chaise, sa tête, au milieu des plantes, se trouvait dans une sorte de niche de verdure. En se penchant un peu de côté, elle apercevait pourtant le visage de camée de la princesse, puis, derrière celle-ci, l'entrée par où pouvait arriver Gustave. Enhardie, elle ôta son loup. Comme on commençait à servir le potage, un orchestre invisible se mit à jouer.

Légère et câline, avec des langueurs subites de harpe éolienne, cette musique semblait la voix même de ces milliers de plantes éclairées au gaz. Fleurs rares, feuilles aux formes étranges, trempées de clartés, tiges hardies atteignant d'un jet les hautes verrières du plafond, lianes suspendues, toute cette végétation chantait. Et madame Meuriot, qui, après avoir pris quelques cuillerées de la plus médiocre des soupes, ne mangeait pas et ne causait avec personne, était sous le charme. Une distraction soulageait son cœur, son misérable cœur, contracté par la jalousie. Oubliant ses propres angoisses, elle avait des élans de tendresse et de pitié pour ces plantes, « des êtres » après tout, aimant à leur manière, meurtries peut-être comme elle, en train de mourir aussi.

Pendant ce temps, le dîner continuait. Les mets se succédaient, plus immangeables les uns que les autres, mais servis sur des plats d'argent, que passaient des domestiques galonnés. Et les conversations s'animaient. A la grande table et aux autres, les rastaquouères parlaient fort et tous à la fois. Un brouhaha dans toutes sortes d'idiomes, une confusion des langues, une vraie tour de Babel. Alors, pour entendre l'orchestre invisible, Juliette, reculait davantage sa chaise, s'enfonçait complètement sous les hauts palmiers et les grandes fougères.

Là, perdue dans les feuilles, ne voyant plus que l'inextricable fouillis de la végétation, grisée par l'odeur rude et pénétrante des orchidées, attendrie par la musique, elle sentait moins ses tortures, oubliait presque pourquoi elle était venue. Aussi, ne s'aperçut-elle point que Gustave et Stella Saulini, arrivés ensemble au milieu du repas, se trouvaient là, debout à quelques pas d'elle, saluant la maîtresse de la maison, s'excusant de leur grand retard.

— Princesse, ne nous grondez pas!.. C'est la faute de ma couturière, qui me livre à peine ma robe de Léonore.

— Voyons la robe!.. Adorable de fraîcheur et de poésie! Et elle vous va, mademoiselle!

— Oh, princesse!..

— Maintenant, dînez bien vite... Vous devez avoir faim... Par exemple, je ne sais trop où je vais vous placer... Attendez donc...

De son face-à-mains, la princesse Badajoz passait en revue la longue table, où les convives se trouvaient les uns contre les autres, pressés, gênés. Pas la moindre éclaircie! Tout à coup, une idée. Elle fit de sa place un geste, appela du regard le cousin par alliance, qui dînait tout au bout de la grande table, aux environs de la porte. Le parent pauvre accourut.

— Tenez! voici notre cher cousin, qui veut bien avoir la complaisance de vous offrir sa place, là-bas, justement à côté du ténor.

Puis, s'adressant à Gustave, avec un sourire :

— Ça ne fait qu'une place!.. Mais on se tassera un peu, vous arriverez à y tenir tous les deux : faites-vous toujours apporter une seconde chaise.

Pendant que Gustave et Stella, ne se doutant de rien, dînaient juste à un endroit où madame Meuriot ne pouvait les voir, celle-ci commençait à avoir un poids de moins. Pas loin de dix heures, on était enfin au dessert. « Ils ne viendront pas! » Elle rapprocha sa chaise de la table, trempa deux biscuits dans un verre de bordeaux, prit une mandarine.

— *Vouz avez* pas chaud? lui demanda son voisin de gauche, un Moldo-Valaque entre deux âges, qui, après avoir mangé et bu comme quatre, sans lui avoir jusqu'ici adressé la parole, la suffoquait depuis quelques instants avec la fumée d'un gros cigare noir.

— En effet, monsieur... on commence à étouffer...

— Eh bien! moi je crève de chaleur... je fonds... je me dissous...

Désignant les vitrages de la serre, le rustre réclama hautement de l'air, interpellant avec grossièreté les domestiques. Mais l'orchestre attaquait une redowa, élégante comme une patricienne et délicieusement sensuelle. Toujours de la volupté, une éternelle caresse, qui se dérobait à chaque mesure, sous des cascades de satin et de dentelle, sous des flots de velours. « Oh! aimer et être aimée encore! Aimer quand même, plus tendrement! Se remettre en marche vers le merveilleux mirage, s'abandonner plus que jamais à son inassouvi instinct d'amour! » Tel était pour Juliette le langage de cette musique, et ses yeux se mouillèrent. Elle avait beau se traiter encore de pauvre toquée, de dupe : l'illusion que Gustave n'était pas ici, la croyance qu'il n'arriverait plus, l'espoir de s'être méprise sur son compte, lui faisaient bondir le cœur. Elle s'abandonnait à une joie d'enfant, naïve, disproportionnée.

— Sacredié! c'est pas trop tôt... on respire! soupira le Moldo-Valaque.

La princesse venait de faire ouvrir. Et l'on vit qu'il ne pleuvait plus. Le brouillard s'était dissipé. Une nuit magnifique, presque tiède. Au-dessus des grands arbres du jardin apparut la lune, haute et solitaire, dans le ciel nettoyé.

— Tiens... Rita !
— Maman, je veux monter sur la table...

Rita, une fillette de trois ans et demi, que la princesse Badajoz avait eue sur le tard, venait d'entrer, conduite par sa bonne, la jeune négresse. Sa mère prit Rita sur les genoux, pour l'embrasser.

— Rita, tu as été sage ?... As-tu bien mangé ta soupe ?
— Oui, maman... Dis, monte-moi sur la table...

Debout sur la nappe, les mollets nus, adorable avec son costume de gitana, aux jupes très courtes, Rita se promena d'un bout à l'autre de la grande table. Au milieu des fleurs et des plats montés, de la débandade du dessert, elle marchait crânement, sans rien renverser, avec l'adresse souple d'une jeune chatte. Et les rastaquouères d'applaudir, enthousiasmés. Certains, pour l'embrasser aussi, tentaient de la saisir au passage. Mais l'enfant, qui semblait mépriser tous ces gens-là, repoussait leurs mains avec quelque coup de pied bien appliqué.

Le repas, cependant, était achevé. La princesse se leva ; mais, comme on devait prendre le café dans la serre, et que les domestiques commençaient à apporter les tasses, beaucoup de convives conservaient leur chaise, grignotant encore du dessert, fumant, se versant déjà du rhum et de la chartreuse. Les autres, augmentés de quelques nouveaux arrivés, circulaient. La princesse vint trouver Stella Saulini et le ténor, leur dit quelques mots à voix basse, puis les fit servir avant tout le monde. Leur café bu à la hâte, les deux artistes, suivis de Gustave, disparurent. Une minute plus tard, ils eussent certainement été vus par madame Meuriot qui traversa la serre pour aller regarder la nuit.

Maintenant, accoudée à la barre d'appui d'une ouverture de la véranda, Juliette respirait. Sa joie, haute et sereine, comme la lune au-dessus des grands arbres, était devenue de l'espoir. Une espérance folle, vague encore, mais déjà tenace, large comme ce ciel, où scintillaient d'innombrables points de feu, qui devaient être des soleils. Du moment que Gustave n'était pas venu, qu'il n'avait point menti cette fois, elle s'accusait d'avoir soupçonné à tort le jeune homme, et, prête à lui demander pardon, se sentait disposée à fermer les yeux sur bien des choses, à ne se souvenir que de leurs instants heureux. Justement, l'orchestre reprenait la redowa: « Oh! aimer et être aimée encore! Aimer quand même, plus tendrement! Se remettre en marche vers le merveilleux mirage... » Elle ne s'aperçut pas que, derrière elle, dans la serre, le gaz venait d'être légèrement baissé, tandis qu'une lueur, allait et venait dans « le donjon », disparaissait une seconde, puis reparairaissait entre les créneaux postiches de la ruine artificielle — là-bas, à l'extrémité du jardin, tout au bord de la pièce d'eau.

Même, depuis quelques minutes, l'orchestre s'était tu, brusquement, au milieu de la redowa; mais, Juliette n'y avait pas fait attention, continuant d'écouter les musiques de sa voix intérieure. Soudain, en elle, quelle commotion !

C'était comme un embrasement subit de la ruine artificielle, et des flammes de Bengale rouges éclairaient tout le fond du jardin, ensanglantaient la pièce d'eau, pendant qu'au sommet du donjon, dans un jet de lumière électrique, un ténor et une chanteuse, accompagnés par l'orchestre, chantaient le grand duo du *Trouvère*. Et, la chanteuse, c'était Stella Saulini. Pas moyen de douter !

Elle reconnaissait la magnifique voix de contralto, qu'elle n'avait plus entendue depuis un an, mais dont le timbre lui était resté dans l'oreille. Ses yeux d'ailleurs la voyaient, le visage en pleine lumière, les mains jointes et le regard au ciel, comme pâmée dans sa douleur de théâtre. Mais c'était elle qui souffrait en réalité, la mort dans le cœur, pressentant la présence de Gustave. Un frisson la secoua ; et un petit vent humide fit osciller la chevelure des saules-pleureurs inclinés sur la pièce d'eau. « Gustave est ici ! » Maintenant, elle en était sûre : quelque chose le lui disait. Quelque chose de subtil et de glacé qui planait au-dessus de sa tête, dans l'atmosphère, et qui pénétrait aussi le sol, subitement devenu mou sous ses pieds. Quelque chose qu'elle retrouvait enfin en elle, à travers les froissements de son sang contre les parois de ses artères. Les malaises successifs de son angoisse lui semblaient autant de preuves de cette présence. Aussi, ne fut-elle nullement étonnée d'apercevoir enfin Gustave là, debout devant elle, au milieu de la terrasse.

Il faisait une commission pour la chanteuse, qui, ayant un peu frais sur la tour, avait prié Gustave d'aller lui chercher son manteau de fourrure. « Vite... Je sens que je m'enrhume ! » Parti en courant, celui-ci avait bientôt ralenti son allure, puis, devant la serre, sur la terrasse, s'était arrêté et retourné, pour écouter un moment *Il Trovatore*, et jouir de l'effet général, en connaisseur. Oh! c'était très bien, cette fête, et d'un goût! Une idée de génie qu'avait eue la princesse, d'offrir à ses invités cette surprise musicale! Tout à coup, il se sentit toucher au bras par quelqu'un arrivant derrière lui.

— Ah! vous... vous... voilà!

La voix de Juliette tremblait. Lui, venait de se retourner. La consternation, l'air attrapé et ennuyé, qu'elle lut sur ce visage, la désolèrent. Elle éclata de rire, d'un rire douloureux, sonnant faux. L'autre, haussait les épaules. Puis, comme il faisait demi-tour, sur le point de s'éloigner, elle se mit résolument devant lui.

— Enfin, quoi?.. Qu'est-ce que vous me voulez? dit-il avec son aplomb des grandes circonstances.

— Gustave!

— Eh bien?..

— Cette... cette demoiselle...

— Eh! zut à la fin...

Abasourdie, ne trouvant rien à répondre, elle le laissa partir, le suivit un moment des yeux. Puis, elle s'éloigna à son tour, en courant comme un oiseau blessé.

Pour se rendre au vestiaire sans repasser par l'enfilade des salons, elle se trompa de direction, franchit au hasard plusieurs portes, s'engagea dans un couloir inconnu, mal éclairé. Tout au fond, une petite pièce carrelée mettait la serre en communication avec l'office. Là, un vieux domestique à moustache grise, en brosse, était assis sur une chaise, tout seul, à côté d'un tas énorme d'argenterie.

Fourchettes et cuillers pas encore lavés, couteaux à manche d'argent, assiettes et plats d'argent restés pleins de sauce, sucriers et surtouts d'argent — en un mot toute la vaisselle plate, tantôt si étincelante sur les tables, — se retrouvaient là pêle-mêle, formaient un amoncellement de métal, terni, sali, déshonoré maintenant par toutes sortes de reliefs et puant la mangeaille. Mais, autrement haut que la tête du larbin qui le gardait, le tas représentait tout de même un monceau imposant de pièces de cent sous. Sans soupeser cette valeur, ni remarquer le visage austère du gardien, anéantie de désespoir et prise, pour avoir couru, d'une suffocation terrible, Juliette s'était écroulée sur la seconde chaise de la pièce.

Blanche comme un linge, sur le point de tomber en syncope, elle comprimait sa poitrine à deux mains. Indifférent, le vieux domestique ne se retournait même pas.

Enfin, un peu remise par l'immobilité, elle pria doucement cet homme de lui procurer une voiture. Pas de réponse.

— Je ne vais pas bien !... Conduisez-moi au moins jusqu'au vestiaire...

Même mutisme. Comment le décider? Elle promit un pourboire.

— Ce n'est pas cela... Sans connaître madame, je vois bien que madame sait vivre... Mais j'ai une consigne...

Et, en tiraillant les poils rudes de sa moustache, le domestique expliqua qu'il répondait de cette argenterie. Tant qu'il ne l'aurait pas rendue au cousin de la princesse, et rendue « lavée, essuyée et comptée », il ne la quitterait pas du regard. Pas même un quart de minute ! Sa responsabilité était trop grande.

— Parbleu ! Je voudrais bien tout quitter pour rendre service à madame ! Mais...

Ici son bras se tendait, méprisant, dans la direction d'un murmure lointain de bravos qui applaudissaient la Saulini.

— ... le puis-je, avec tous les gens-là ?

V

Madame Meuriot rentra chez elle dans un état lamentable, passa une mauvaise nuit, eut le lendemain plusieurs syncopes. Cette fois, le docteur Silvy perdit de son assurance et pria M. Meuriot d'appeler en consultation deux célébrités : « Mon ami, le médecin député, » et un spécialiste. A l'unanimité, ces messieurs la condamnèrent.

Rien à tenter. La malade pouvait passer d'un moment à l'autre. Pourtant, la crise actuelle une fois traversée, il n'était pas impossible qu'elle traînât encore des semaines, des mois. De grandes précautions deviendraient alors nécessaires. Il lui faudrait éviter les émotions, la fatigue, s'abstenir de tout mouvement violent, et quand elle commencerait à se lever, garder la chambre. Quant au traitement, il n'y avait que la digitale : seulement, prise en sirop, par cuillerées, au lieu d'être absorbée en pilules. Ceci, dans l'espoir qu'un changement de forme réveillerait l'efficacité du spécifique.

Juliette aussi, savait-à quoi s'en tenir. Ni les paroles rassurantes des trois docteurs, ni la sérénité voulue de Marthe, ne lui firent illusion. C'était la fin, elle en avait la certitude. Et elle commença à passer par une succession d'états d'âme, complètement nouveaux, inattendus, au point de la surprendre elle-même.

D'abord, pendant les quelques jours où elle resta alitée, même au milieu des souffrances les plus aiguës, secouée par des palpitations brusques, continuellement oppressée, à croire que sa dernière minute arrivait, cette conviction que tout était consommé, lui donnait une sorte de paix morale, la calmait en la réconfortant. Son corps seul était éprouvé : au moins, elle goûtait une mélancolique satisfaction, à se dire qu'elle avait touché le fond du désespoir, que c'en était fait de sa passion. Déchiré et arraché, son cœur n'aurait rien de pire à essuyer.

Certes, Gustave, elle en était encore remplie et saturée ; au point qu'il lui semblait la cause de toutes les misères, du désarroi de son être entier. Elle souffrait de Gustave et par Gustave. C'était lui encore qui précipitait ou suspendait les battements de son cœur, qui obstruait la circulation de son sang, et lui mettait dans la poitrine cette boule de plomb, dont le poids était un supplice. Aussi, vers le sixième jour, lorsque ses souffrances se calmèrent et qu'elle put se lever un peu chaque après-midi, rester étendue sur la chaise longue, la malade se figura que l'influence mauvaise cessait, qu'elle était enfin délivrée de Gustave, à tout jamais. Déjà elle pensait à bien autre chose qu'à lui.

Elle pensait à la mort. Dès le matin, les yeux pas encore très ouverts : « Qui sait? Ce sera peut-être pour aujourd'hui? » Dans le grand silence et le repos de tout autour d'elle, les lourds rideaux de l'alcôve étouffant les rares bruits de la matinée paresseuse, voilà que la veilleuse, consumée jusqu'au bout, se mettait à crépiter un moment, puis, brusquement, s'éteignait. « Moi aussi, bientôt, je ferai comme cette veilleuse. » Et elle écoutait le battement des secondes de la pendule. « Celle où je partirai approche sans cesse et n'aura pas plus d'importance que les autres. »

Cependant la maison, la rue, la ville entière, s'éveillaient. Des voitures de laitier passaient, faisaient trembler les vitres. D'en bas, montaient les premiers cris des marchands ambulants; et des sifflements de locomotives lui arrivaient de quelque gare lointaine. Déjà, ses gens étaient levés, elle entendait la brosse d'Anaïs, en train de cirer le parquet du salon. Mais tout ce recommencement de la vie la faisait penser au temps prochain où elle n'entendrait que l'éternel silence. Même la tendresse de Marthe, qui venait bientôt l'embrasser, ne la débarrassait point de la cruelle obsession. Et ses journées, avec la monotomie des mêmes faits insignifiants qui se reproduisaient aux mêmes heures, appartenaient à l'idée fixe.

Elle prenait son chocolat au lit, et parcourait le *Figaro*. Marthe l'aidait ensuite à se lever, à faire lentement sa toilette. Un peu avant le déjeuner, Léon entrait, la baisait sur le front, s'informait de ses nouvelles, puis, pirouettant sur ses talons : « Allons! à table! s'écriait-il. C'est que j'ai une de ces faims... » La malade, elle, déjeunait et dînait étendue sur une chaise longue, servie par Marthe, qui découpait sa viande et son pain, lui versait à boire. Et Marthe ne la quittait guère de la journée, lui tenait compagnie, lui faisait de la musique. Eh bien : en écoutant, en causant, en mangeant et lisant, madame Meuriot dédoublait sa faculté de sentir et de penser, vivait une sorte de seconde existence, secrète, murée. Même la présence du docteur Silvy, qui arrivait quotidiennement vers cinq heures, ne parvenait pas à la distraire. Tout en répondant aux interrogations du médecin, elle continuait à se dévorer elle-même. Enfin, la nuit, en dormant, elle rêvait toujours le même rêve : une funèbre toilette, son cercueil qu'on vissait, des croque-morts qui l'emportaient, la minutieuse besogne des vers.

Donc, elle allait mourir. Tout son être se révolta d'abord contre cette pensée. Un immense désespoir l'accablait. « Mourir! Mais pourquoi? » A qui cela profiterait-il? Et elle n'avait pas encore trente-quatre ans et demi ! Ses père et mère étaient partis autrement tard, ses grands-parents aussi. Une de ses bisaïeules n'avait-elle pas vécu centenaire. Était-ce juste, ces inégalités-là ! « Oh! perdre sa fortune; être contrefaite, boiteuse ou bossue, chiffonnière, gagner sa vie en fouillant dans les boîtes à ordures : mais vivre! Vivre! » Alors des impatiences, des colères, des méchancetés dont elle ne se fût jamais cru capable, la prenaient. Marthe, admirable de patience, supportait tout sans se plaindre, se retirait un moment dans sa chambre lorsqu'elle avait trop envie de pleurer.

Aux fièvres succédaient des heures d'abattement, de silence morne, obstiné, de rêverie sournoise. Pour être alors certaine qu'on ne la dérangerait pas, elle feignait de vouloir dormir, congédiait tout le monde, faisait fermer les rideaux. Et là, dans le noir, une fois seule, elle se livrait à de brûlants souvenirs, évoquait des images lascives. La passionnée d'autrefois devenait une débauchée en imagination. Gustave semblait sorti à jamais de sa tête et de son cœur : mais son corps inassouvi regrettait l'amour physique, eût voulu recommencer les spasmes, connaître encore les prurits et les délices. « Ah ! il est bien temps, maintenant ! » gémissait en elle une voix d'en bas, celle de la chair et de l'appétit sexuel. « Jamais tu ne m'as donné tout mon soûl ! Les imparfaites satisfactions que j'ai connues, tu me les gâtais, avec des sentiments, des idées, en prétendant faire intervenir ton cœur, ta tête. Un tas de blagues ! C'est moi qui suis la vérité, l'origine de tout, le but de la nature. En ne me faisant point passer avant tout, misère ! tu as gaspillé ta jeunesse et ta vie. Tant pis pour toi ! » Et elle se sentait désolée. Une sorte d'immense remords pesait sur elle, l'écrasait. Puis, comme s'il n'eût pas été trop tard, voilà que, Messaline imaginaire, elle se mettait à rattraper en pensée le temps perdu, à revivre les voluptés de jadis et à en rêver de nouvelles, plus savantes, autrement complètes, plus effrénées.

Un galop de désirs lâchés, de luxures vertigineuses, l'emportait nuit et jour. Il lui semblait planer au-dessus d'un abîme sans fond, poussée par une force inconnue, soutenue par des ailes. Elle devinait des mystères, pourchassait l'absolu et l'impossible. Et les raffinements la hantaient. Des vices dont elle avait à peine l'idée, des pratiques qui, autrefois, lui eussent fait dresser les cheveux sur la tête, elle eut voulu s'y livrer. Par exemple ce jeune étranger, que, jadis, devant Guignol aux Champs-Élysées, elle avait remarqué, se frottant aux jupes des femmes : chercheuse de sensations inconnues, que n'était-elle encore à côté de lui ! Elle l'eût laissé faire. Pour savoir ! Pour trouver la solution du problème : « A quel paroxysme la peur d'être vue, le danger d'être surprise, peuvent-ils élever la volupté? » Oh ! tout connaître avant de mourir et, pour tout connaître, tout essayer ! Comme une chienne en folie, accepter le premier venu. Par un doux soir de mai, déniaiser un innocent ; une heure après, galvaniser un octogénaire ! Puis être battue et violentée par un goujat, débaucher un prêtre, payer un Alphonse, soutirer de l'or à un millionnaire, vivre une journée dans une maison publique ! Même passer une heure avec un condamné à mort, en tête à tête, le matin de l'exécution ! Dans cette voie des aberrations, ne s'arrêtant plus, elle en vint à rêver des accouplements avec des hommes de toutes races, de chaque peuple ; même avec des singes et d'autres animaux ; avec deux hommes à la fois. Et s'attaquer à son propre sexe? « Oui, connaître une femme... Pourquoi pas?... Qui sait?.. »

Pourtant vint une heure, où cette fièvre chaude tomba, s'éteignit, par l'excès même. De l'abîme sans fond, elle avait touché le fond. Ce n'était que cela, ce qui était « la vérité, la source de tout, le but de la nature »? N'y avait-il pas autre chose?

Elle se posait ces questions, une fin d'après-midi, étendue sur sa chaise longue. Marthe était absente depuis quelques instants, le soir tombait; les fenêtres de la maison d'en face, occupée par des journaux, s'allumèrent toutes à la fois. « Autre chose... Peut-être les joies de l'intelligence? La passion de l'art? » Et elle se rappelait les enchantements de la nuit passée chez cette exquise Eva de Pommeuse, maternelle et hospitalière, si en dehors de la vie. « Peut-être la bonté, la sainte folie du dévouement? Et les satisfactions du devoir accompli? Ou, seulement : la médiocrité systématique des désirs, l'aplatissement des résignations, l'automatisme des habitudes? » Elle en était là, ayant froid au cœur, creusée par un grand vide, quand la porte de la chambre fut ouverte avec précaution. Une tête parut.

— Peut-on entrer, ma Juju?.. Ma Lili, comment allez-vous?...

C'était M. Meuriot, qui, certaines après-midi, venait flâner quelques instants auprès de la malade, lui apportait généralement des nouvelles.

— Savez-vous ce qui arrive, mon amie?.. Jamais vous ne devineriez...

Inerte sur ses oreillers, Juliette ne répondait pas.

— Eh bien, M. Murard... vous vous souvenez... le vieil ami des Honorat, notre wistheur du samedi, muet comme une carpe : je ne l'ai jamais entendu prononcer un mot inutile... un mot qui ne fût pas indispensable... Eh bien, M. Murard est mort...

— Mort...

Toute une histoire. Léon la tenait de M. Honorat père, que, malgré le froid nouveau des deux familles, il continuait à voir forcément, pour la maison de Gustave et le caoutchouc. Le dernier samedi, les Honorat et leurs habitués, au neuvième coup de neuf heures, s'étaient regardés : « Comment ! pas de M. Murard ! » En retard, lui, l'exactitude en personne, régulier comme un métronome : depuis vingt-cinq ans, ça ne lui était jamais arrivé. Et la paralytique : « Oh ! je vais joliment le taquiner lorsqu'il sera ici ! » Puis, quand la réplique de neuf heures eût sonné, tout le monde : « C'est fini, on ne le verra point... Il y a quelque chose : demain, nous ferons prendre de ses nouvelles. » Le lendemain, on sut qu'il était mort dans la soirée, foudroyé en quelques heures par une attaque d'apoplexie, au moment où il allait se rendre chez les Honorat. Et, ce qui de sa part était très surprenant, mort en plein drame. Ici, Juliette, étonnée, regarda son mari, qui reprenait :

— Oui, mon amie, en plein drame !... Ce bon M. Murard, si ferme et si ponctuel, menait, sans qu'on s'en doutât, une vie de bâton de chaise... Maintenant, on a découvert le pot aux roses... Une servante-maîtresse, âgée, acariâtre et horriblement jalouse, d'ailleurs pour cause. Puis, outre ce collage déguisé, plusieurs liaisons, aussi clandestines que dangereuses : des femmes mariées... des mineures encore chez leurs parents... la propre fille de la servante-maîtresse, par lui retirée du couvent et rendue enceinte... Tout cela mené de front et avec du tirage... avec des scènes, des dénonciations, des lettres anonymes, des rixes, du chantage, des coups. Un enfer, quoi ! dont le correct et silencieux M. Murard n'aura pas été trop fâché de sortir... Sans compter que, déjà, les bonnes langues insinuent que l'attaque d'apoplexie était peut-être un suicide déguisé.

— Ah! dit-elle seulement. En effet, c'est assez curieux... très curieux...

Mais elle ne revint sur aucun détail, ne s'informa d'aucune particularité. Depuis un moment, madame Meuriot était distraite. En temps ordinaire, une semblable nouvelle l'eût remuée, sortie d'elle-même, profondément intéressée ; tandis que, à travers son égoïsme de malade, la nouvelle de ce surprenant « pot aux roses » ne faisait que la renfoncer davantage dans son propre drame. Ses yeux au fond de la demi-obscurité de la chambre, s'étaient ouverts démesurément ; et elle se mit à regarder son mari — du moins le coin noir où Léon n'était plus qu'une forme vague — avec une étrange fixité et une extraordinaire expression.

Léon émergea du coin noir, vint tisonner dans la cheminée. Puis, en ouvrant la caisse à bois :

— Oh, la vie !.. Quelle bizarre chose !... Si l'on savait ?

Et, en ajoutant deux bûches, il se mit à philosopher au sujet de M. Murard. Les hommes ! c'était joliment complexe, et il ne fallait pas se fier aux apparences. Qui pouvait se vanter de les connaître ? La conscience, comme l'Océan, avait ses abîmes : des gouffres insondés, où les passions, « autrement féroces que les requins, » rampaient et grouillaient. Et Juliette ne le quittait pas du regard, pensant au fond comme lui, mais d'une façon plus positive, et se livrant à une application immédiate.

Il s'agissait bien de M. Murard, en somme un

indifférent, avec qui elle n'avait pas échangé, en trois ans, vingt paroles. Mais son mari, à côté de qui elle avait vécu, croyant le savoir par cœur, à un point que rien qu'à la façon dont, en entrant, il déposait son chapeau, elle devinait son humeur, et que, ouvrait-il la bouche pour parler, elle eût pu, dès le second mot, le faire taire et continuer pour lui sa phrase — oui, son mari, le connaissait-elle vraiment? Était-il bon ou mauvais, respectable ou grotesque, supérieur ou médiocre? Elle avait beau regarder en arrière, exhumer le passé, récapituler l'existence commune: rien que du mystère et des contradictions. Son intelligence? Elle l'avait vu s'enrichir, en beau joueur, par un coup hardi; en revanche, dans combien de circonstances lui était-il apparu mesquin, tâtillon, obtus: un pauvre homme, quoi! Quant à son cœur... Ici, elle n'y voyait goutte, ne savait plus. Un continuel et grandissant malentendu les avait chaque jour détachés l'un de l'autre. Vingt ans d'égoïsme réciproque, d'indifférence accumulée, s'étaient changés à la longue en une haute et épaisse muraille jamais franchie. Vivant côte à côte tous les deux, ils étaient devenus aussi étrangers l'un à l'autre que si des centaines de lieues les eussent séparés. « Eh quoi, pensait-elle, nous connaissions mal M. Murard? La belle découverte! C'est nous, qui ne nous connaissons pas! »

Puis, tandis que Léon, le soufflet à la main, s'escrimait en vain à rallumer le feu, décidément bien mort, madame Meuriot se demanda: « Sait-il quelque chose? »

Jadis, pendant qu'elle possédait ou croyait posséder Gustave, Juliette se posait rarement cette question. Du moment que son mari ne les gênait point, elle avait tout autre chose en tête et sa passion s'accommodait de l'incertitude. Tandis qu'aujourd'hui, sur sa chaise longue, n'avait-elle pas des loisirs à occuper, un grand vide à combler. Une tardive mais cuisante curiosité, leurrait au moins son désœuvrement.

Elle revenait donc sans cesse à ce problème et, chaque fois, se butait aux deux hypothèses : 1° Léon certain, depuis longtemps, de l'adultère ; — 2° Léon ne se doutant toujours de rien. — Chacune des deux la remuait diversement.

D'abord, la conception d'un Léon qui, sachant tout depuis le premier jour, aurait volontairement fermé les yeux, lui arrachait autant d'admiration que de surprise. Un rude homme s'il avait eu cette force de se taire, tant d'empire sur soi ! Et quels que fussent les mobiles, bas ou sublimes, de cette acceptation, — qu'il se fût comporté ainsi par orgueil, lâcheté ou égoïsme ; par dédain de l'amant, désir de sa tranquillité, ou horreur du scandale ; ou par amour pour sa fille ; ou même pour conformer sa conduite à certaines théories saint-simoniennes : « Égalité des sexes », « Réhabilitation de la chair », « Liberté de l'amour », — elle se sentait confondue et dépassée. Quoi ? ne jamais se trahir, pas un mot ni un geste, pas un mouvement de colère : un héros de la volonté alors ? Léon, un héros ? Comme elle l'avait méconnu, dans ce cas. Mais, non ! ce n'était pas possible. Ce même Léon qui, impatienté de souffler inutilement, venait de jeter son soufflet à tous les diables : « Flûte ! votre bois ne veut pas prendre ! » ne devait pas être un héros. Elle se voyait donc forcée, une fois de plus, de se replier sur l'autre alternative.

Celle-ci, d'hypothèse, l'attristait, et l'humiliait. Du moment que Léon n'était pas un héros, il devenait une simple dupe, un pauvre être, naïf et crédule, un de ces maris comiques, ne se doutant pas « qu'ils en portent », quand, depuis des années, ils ne peuvent plus passer sous la Porte Saint-Denis. Par quelle grâce d'état ne s'était-il aperçu de rien, lui! Jamais, peut-être, femme dans son cas n'avait pris moins de précautions, au point que jadis son intimité avec Gustave était devenue tout de suite la fable de la maison, la gorge chaude des domestiques, la légende du quartier. Une après-midi même, Léon se trouvant rue Faubourg-Montmartre, devant le kiosque des journaux, Rosalie, la bonne des Honorat, avait bien entendu dire à la bouchère : « Tiens ! voilà le cocu qui achète son *Temps !* » Et à l'époque de la garçonnière donc ? Ses absences continuelles, tant de repas pris hors de chez elle, ses harassements du soir avec des besoins de dormir irrésistibles, tout l'argent engouffré rue Léonie ! Puis, les cent quinze mille francs consacrés à établir Gustave, les *continuelles* brouilles et raccommodements avec les Honorat, sans compter les plaisanteries imprudentes, les manques de tact, les réticences, les mots énigmatiques qui en disent trop, les silences gênés qui font réfléchir. Non, il était impossible que Léon, en trois ans, n'eût pas, presque chaque jour, remarqué des étrangetés, découvert des indices, entendu certains propos, reçu peut-être des lettres anonymes. Et tout aurait glissé sur lui, le soupçon ne serait jamais entré dans sa tête, ni dans son cœur. Quelle confiance aveugle, ou quelle apathie indifférente ! Dans tous les cas, une taie sur les yeux. Oh ! le pauvre homme ! Aveugle et sourd, nul malgré sa phraséologie, vide comme une courge sonore ! Voici qu'elle le plaignait de tout son cœur, elle qui allait mourir. Et, puisque c'était bien fini pour elle, une envie lui venait maintenant, une envie folle. Oui, un dernier désir de moribonde : tout lui dire. Comme un besoin de se confesser à haute voix.

— Léon... Léon... commençait-elle.

Tout à coup, une main osseuse, sèche, érafla extérieurement la porte, sans ouvrir ; et la voix pointue de mademoiselle Cordhomme se fit entendre, maussade :

— Aoh... on ne dîne pas aujourd'hui, no ?... L'estomac à moi souffre... yes, beaucoup...

Depuis que la malade gardait la chambre, mademoiselle Cordhomme avait fait avancer d'une heure le dîner, et prenait une plus large place dans la maison, déjà. M. Meuriot s'empressa de se rendre à son appel.

Donc, l'occasion manquée, madame Meuriot ne parla point. Ni le lendemain, ni plus tard, elle ne se retrouva dans la disposition d'esprit, ni de corps, nécessaire.

Si elle ne souffrait plus, soulagée en apparence par la digitale, sa maladie suivait son cours. L'organe atteint s'acquittait de moins en moins de sa fonction. L'enflure des jambes n'avait pas sensiblement augmenté ; mais le coup d'œil médical du docteur Silvy ne prenait plus le change. Il venait maintenant chaque jour l'examiner, très à fond, en variant ses heures afin de modifier et d'étendre le champ de ses observations; et il devint, une après-midi, subitement très soucieux, en constatant un commencement d'œdème au visage, peu sensible encore, mais un indice certain que la circulation du sang se faisait plus mal.

Et cette désorganisation physique de madame Meuriot, à marche lente, sourde, mais continue et sûre, avait un retentissement dans son être entier, modifiait à chaque heure son moral, exaltait puis paralysait ses facultés, se répercutait dans « son âme » — où ne circulait aussi plus l'amour de Gustave, — où déjà la passion, « ce cœur de son cœur », désapprenait de battre.

Ainsi, elle mourait en détail. De ses sens, éteints les premiers, à jamais consumés dans une flambée finale de regrets érotiques et de luxure imaginaire, l'œuvre de destruction s'était propagée. Des régions basses de l'être, le désagrégement avait monté, altérant la sensibilité, atteignant les facultés affectives, viciant la volonté, creusant enfin ce fossé de désespoir et d'égoïsme derrière lequel se retirent les moribonds, comme s'ils craignaient d'être dérangés pendant le travail de mourir. Oh! peu lui importait aujourd'hui que son mari sût ou ne sût rien, héros de la vie privée ou aveugle imbécile! Même sa fille, sans cesser de l'aimer : on serait venu maintenant lui annoncer un mariage de Marthe avec Gustave, qu'elle n'eût plus tenté l'effort de résister, ni supporté la fatigue de se désoler. Cependant, malgré cette dissolution générale, quelque chose d'elle était resté intact, et sain, et bien vivant.

Au milieu de ses ruines physiques et morales, s'épanouissait même une sorte de fleur rare, éclatante, exquise : son intelligence. Entre les morts partielles de sa volonté et de sa sensibilité, cette intelligence s'élargissait au contraire, en s'affinant, en s'épurant. Tout ce qui lui restait de force et de vitalité semblait s'être concentré dans son cerveau, comme en une citadelle, pour y tenter quelque résistance suprême. De sorte que le docteur Silvy, qui continuait à venir quotidiennement — maintenant l'après-midi vers trois heures ; plus tôt, quand ce n'était pas un de ses jours de consultation — eut bientôt certaines surprises, ne tarda point à assister au plus merveilleux des spectacles.

— Docteur, lui demanda-t-elle à brûle-pourpoint, vous ne voyez aucun inconvénient, n'est-ce pas, à ce que je fasse la lecture ?

— Mais aucun, madame... Du moins tant qu'il n'y a pas excès, c'est-à-dire : fatigue !

Elle se tint pour satisfaite, ce jour-là. Puis, le lendemain, au beau milieu d'une conversation toute spéciale, — où c'était moins le médecin que le futur gendre de madame Meuriot qui causait, consultant sa « belle-mère » sur les goûts de Marthe en fait d'installation et d'ameublement, réglant certains détails, car le mariage devait avoir lieu dans six semaines, — Juliette, comme distraite par une idée subite, posa tout à coup la même question :

— Dites-moi, docteur, je puis faire la lecture ? Aucun inconvénient, n'est-ce pas ?

— Mais oui, vous pouvez... vous ai-je déjà répondu hier !... Ne lisez-vous pas le *Figaro*, je crois, tous les matins ? Continuez !

La malade expliqua alors qu'il ne s'agissait pas de journaux à parcourir, qu'elle désirait entreprendre certaines lectures de longue haleine.

— Diable ! des romans ? s'écria le docteur.

Lui, par exemple, n'en lisait jamais : il avait passé l'âge et son temps était bien trop précieux. Mais il ne fallait pas tout ramener à soi ; la sagesse — plus il allait, plus il le reconnaissait — consistait à tenir compte, dans ses jugements, des circonstances et de la nature particulière de chacun. Ainsi, « dans l'espèce », il ne s'opposait nullement à ce que la chère malade recourût à un pareil moyen pour abréger sa journée, mais moyennant deux conditions encore. D'abord, pas de fatigue : elle ne lirait jamais plus d'une heure de suite, et se reposerait le même laps de temps, avant de recommencer. Ensuite, elle ferait un choix.

— Oui, il y a romans et romans !... Et j'espère bien que, allant de préférence à ces œuvres d'imagination pure, dont la lecture, un tantinet frivole, reste au moins une distraction, quelquefois légère et charmante... capable de faire oublier... vous laisserez de côté, et éviterez, comme un cauchemar, ces œuvres malsaines, nauséabondes et lourdes, à prétentions documentaires, qui sont peut-être un miroir... mais un miroir susceptible de refléter uniquement les laideurs et les hontes... toute la fiente de la vie.

Alors madame Meuriot, qui l'avait laissé aller :

— Vous n'y êtes pas, docteur !... Ce ne sont pas du tout des romans que je veux lire...

Et, après une certaine hésitation :

— Ce sont des... livres... que je vous prierai de me procurer... Les uns, vous me les signalerez : je les ferai acheter aussitôt... la plupart, vous me les prêterez, car vous les avez certainement dans votre bibliothèque.

Sa fille entra sur ces entrefaites, pour lui donner sa potion. Puis, s'apercevant que le docteur avait dépassé l'heure de son départ quotidien, Juliette le lui fit elle-même remarquer, en remettant au lendemain la suite de la conversation.

Le lendemain, le docteur Silvy arriva plus tôt que d'habitude, et, sans prendre le temps de déposer sa canne et son chapeau, avec son ton mordant habituel, qu'un véritable emportement aggravait :

— Non ! entendez-vous... un non, sans réplique !... Hier, devant votre fille, je n'ai voulu rien dire : mais j'ai eu tort d'attendre, là !... Et, hier soir, si je n'avais été appelé, je revenais, pour faucher en herbe votre caprice... un caprice de malade... inadmissible ! Comment ! vous, une femme intelligente, une personne de bon sens, vous avez pu croire, même un instant, que moi, votre médecin... pas un médecin ordinaire encore, mais votre gendre dans quelques jours, presque un fils... je serais capable de commettre un crime de lèse-humanité... de lèse-médecine aussi...

— Mais, docteur...

— Et une mauvaise action... et cette sottise stupide... de consentir à vous prêter ou à vous procurer des livres de médecine... des ouvrages que vous comprendriez mal, d'abord, n'ayant pas de fond scientifique préliminaire... et qui empoisonneraient vos jours et vos nuits, car vous vous imagineriez avoir toutes les maladies que vous y trouveriez décrites... outre la vôtre, poussée au noir...

Un pâle sourire passait sur les lèvres de Juliette.

— Mais je n'ai nulle envie... et ne suis indiscrète au point... Pas plus des livres de médecine que des romans!... dit-elle avec douceur.

Et avant que le docteur Silvy, humilié de s'être battu les flancs pour rien, fût revenu de son ahurissement, madame Meuriot, sans quitter sa chaise longue, laissa pendre une main à terre et ramassa le volume qu'elle avait lâché en entendant arriver « son gendre ». Un volume de format bizarre, presque carré et à tranche rouge, grossièrement relié. Sans le lui donner, elle lui en montra le titre : « *Le Paradis en cette Vie*, par Buchez. »

— Un saint-simonien! Ah! très bien! madame... Seulement, vous vous trompez de bibliothèque. Celle de votre mari les possède tous : la mienne n'en tient pas!

— Allons, ne soyez pas méchant... Ce Buchez ne vous a jamais rien fait, à vous!... Et ce n'est pas sa faute, si vous, après m'avoir prêté des goûts de concierge, en fait de lecture... *Rocambole* et le *Maître de Forges*... « la suite au prochain numéro... » vous avez vu en moi une trembleuse, capable comme Gribouille de me jeter à l'eau dans vos ouvrages médicaux, par peur de la médecine, et du médecin!... D'ailleurs, en n'étant pas bon, vous resteriez l'inférieur des Buchez et compagnie, qui sont bons, eux, au moins, et naïfs, et pavés de bonnes intentions... mais qui ne sont que ça, hélas!... Et puis, si je vous montre le *Paradis en cette Vie*, c'est à volume fermé... Pas pour le fatras illisible du dedans : seulement à cause du titre !

La vérité était qu'un besoin de réfléchir lui était survenu. Une faim de comprendre, une soif de chercher et de deviner. Jusqu'ici, elle ne possédait guère qu'une certitude : celle de mourir un peu chaque jour, en détail, celle d'être déjà morte partiellement et que le reste allait suivre : ce n'était point suffisant. Non ! elle ne voulait pas s'en aller ainsi ! Il lui semblait dur de partir, tout entière et pour toujours, sans savoir certaines choses, que la vie, jusqu'alors, ne lui avait pas encore apprises.

Elle se trouvait à cet état physiologique et psychologique, où bien des femmes, l'âge ou la maladie arrivant, ou l'indifférence sexuelle, à la suite de quelque grande passion arrachée, se jettent à cœur perdu dans la religion. Seulement chez elle, Parisienne fin de siècle, esprit ferme et clair, bourgeoise émancipée de bonne heure, d'abord par des commencements spéciaux, par la dégringolade des siens, puis par le mariage et ses enseignements, par la fortune subite, par la fréquentation du monde, enfin par l'amour, la même crise prenait une forme personnelle, originale : c'était vers la philosophie, et non vers la religion, que Juliette se tournait. La solution des problèmes qui la préoccupaient, au lieu de l'accepter toute faite, de la recevoir les yeux fermés parmi les articles de foi d'une doctrine révélée, elle voulait la trouver par elle-même. Et, naturellement, le docteur Silvy étant là à portée, ce fut lui qu'elle prit, peu à peu, non pour confesseur ou directeur spirituel, mais pour confident intellectuel et conseiller de ses lectures. Bientôt, il tint auprès d'elle l'emploi quotidien de « discuteur », condescendant à faire avec elle « le tour des idées », passé à l'état de « pierre de touche », sur laquelle chaque après-midi, elle essayait son savoir du matin et la valeur de ses hypothèses individuelles.

— Enfin! disait-il parfois en raillant, me voilà, moi, devenu le médecin de votre âme... C'est du joli!... Et remarquez que j'ai dit « votre âme » : vous me faites employer un terme dont j'ignore absolument la signification.

— Moi aussi, j'ignore... Et je cherche.

Un jour, tout en jouant avec le large ruban de son binocle, le docteur Silvy lui décocha de son air le plus glacé :

— Mais, au fait... Depuis quelque temps, nous sommes là à user notre salive... Voici des semaines que, sautant de Platon et des péripatéticiens au sensualisme de Condillac, et de la métempsycose de Pythagore à la « Métaphysique de l'amour » de Schopenhauer, en passant par Bacon, Locke, Descartes, Helvétius, d'Holbach, Kant et tant d'autres, vous me faites bouleverser de fond en comble ma bibliothèque... Au moins, seriez-vous capable de me dire... là, sans ambages et en peu de mots... quels sont les points principaux autour desquels votre curiosité s'agite, se démène et se fatigue, sans arriver à rien... du moins sans avoir l'air d'arriver à quelque chose ?

— Certainement, je puis vous satisfaire! répondit Juliette sans embarras... Seulement, vous me donnerez bien une minute, cher maître? ajouta-t-elle en souriant.

Son sourire fut court. Sur sa chaise longue, les traits soudain immobilisés, les regards au plafond, elle se recueillait. Même un instant, comme morte, elle ferma les yeux, espérant voir en elle, descendre plus profondément dans son cœur.

Dès qu'elle eût revécu sa vie en une seconde, pour la juger, elle s'expliqua sans détours. Jamais elle n'avait été complètement heureuse. Ni enfant ! Ni jeune fille ! Ni femme mariée ! Ni mère ! Ni amante !

Et comme, en entendant ce dernier mot, le docteur Silvy ouvrait un drôle d'œil, rond, elle s'écria, avec une franchise haussée jusqu'à la dignité :

— Oui, monsieur : amante !.. Au point où j'en suis, pourquoi vous ferais-je un mystère, de ce que vous savez parfaitement, d'ailleurs... et, pas d'aujourd'hui !

Elle revint aussitôt à ses idées. Jamais, même bien portante, jeune et le cœur rempli, elle n'avait goûté un jour, un seul jour, — une heure ! — de bonheur sans mélange. Ses rares moments joyeux, ses meilleurs souvenirs, n'étaient jadis que le résultat d'une illusion et ne devaient plus revenir. Alors quoi ! A quoi bon, ce leurre perpétuel de l'existence ? Par exemple elle, ulcérée maintenant, vieillie, finie de toutes les façons, atteinte d'un mal qui ne pardonnait pas, pourquoi différer une seule minute de s'ouvrir les veines dans un bain chaud. « N'est-ce pas, docteur, ça ne ferait pas souffrir? » Une seule chose l'arrêtait, aujourd'hui, la retenait quand même dans la vie. Un simple point d'interrogation : « Que se passe-t-il au moment de la mort ? Meurt-on tout entier et pour toujours ? » Voilà ce qu'il lui importait de connaître. « Si vous entrevoyez la vérité, vous, docteur..? Ou même si, l'ignorant, vous formez de simples conjectures... veuillez me les... » Voilà ce qu'elle cherchait dans tous les livres, petits et gros, et pourquoi elle lui faisait retourner sa bibliothèque.

Le docteur Silvy, en dedans, s'amusait. Pour beaucoup, il n'eût pas donné son après-midi. Certes, s'entendre appeler : « Cher maître », même sur le ton de la plaisanterie et par une femme, ne lui était en rien désagréable. Mais le mot le chatouillait beaucoup moins que la chose. La vérité était que ce rôle de directeur intellectuel, qu'il prenait très au sérieux, depuis quelques jours, auprès de sa malade, l'intéressait et le ravissait, répondait secrètement aux aspirations nouvelles de certaine crise arrivée chez lui à l'état aigu. Ce raté de la science devenu riche, ce sceptique à tempérament de sectaire, ce révolté au bout de son intransigeance et las de supériorité solitaire, avait la fringale du succès, de n'importe quel succès, public ou privé. La vie jusque-là ne l'ayant jamais comblé, tout était bon à sa vanité aux abois. Sa cuisinière elle-même, l'eût consulté sur la philosophie et la morale, ou sur l'Histoire, l'Economie politique, même sur la cuisine, qu'il n'aurait point résisté à la tentation de dogmatiser autour du fourneau. Quel empressement alors à régenter madame Meuriot, nature d'élite, à l'intelligence vive, primesautière et originale, une « disciple » capable de lui faire vraiment honneur.

Cessant donc de jouer avec le large ruban noir de son binocle, il rapprocha son fauteuil de la chaise longue, puis répondit doctoralement :

— Quelle tarentule de métaphysique vous aura piquée !

Et il s'emporta savamment contre la métaphysique, qu'il traitait avec Voltaire de « grande coquecigrue ». Pourquoi se préoccuper de questions oiseuses, de curiosités enfantines, de problèmes qui n'en sont pas, « oui ! de problèmes en dehors du cercle, assez large pourtant, tracé par la science positive, et où notre besoin de connaître doit trouver amplement de quoi se satisfaire. »

— Est-ce ma faute, objecta Juliette, si l'infini me tourmente?.. si, malgré moi, j'ai un besoin d'absolu?..

L'absolu ! l'infini ! Il ignorait ces corps-là ? Des corps simples ou des corps composés? Jamais il n'en avait vu, ni goûté, ni senti, ni pesé, ni mesuré. « La faute? » Ce n'était peut-être pas sa faute à elle, mais, à coup sûr, celle de son temps, de son milieu, de son éducation première. « Oui, tous, tant que nous sommes, n'avons-nous pas, plus ou moins, poussé sur un terreau, gras de vingt siècles de catholicisme ? » Enfin, si elle était à ce point rebelle au véritable esprit philosophique, que ne s'en tenait-elle à l'exemple de la nature. L'échelle entière des êtres organisés, animaux et végétaux, elle pouvait la parcourir : depuis les « échelons » les plus rapprochés de l'homme, jusqu'aux éphémères qui meurent avant le soir, jusqu'à la petite feuille jaunie que le vent d'automne emporte, sans même qu'elle se doute que d'autres petites feuilles verdiront à sa place au printemps, aucuns et aucunes n'avaient la folie de se préoccuper de l'au delà ; nulle part, elle ne retrouverait cette couardise de la mort, qui ne sert qu'à empoisonner l'existence.

Eh bien, cette folie de l'au delà, ce besoin d'absolu, ce tourment de l'infini, hantaient quand même Juliette. Le docteur Silvy avait beau lui appliquer l'emplâtre émollient du positivisme, se montrer tantôt persuasif, attendri, et tantôt acerbe, autoritaire, madame Meuriot, repliée sur elle-même, lui échappait.

Détachée des intérêts de la vie, certaine de bientôt mourir, elle se réfugiait dans ses lectures et dans le contre-coup de réflexions, de rapprochements, d'intuitions, qui en étaient comme le prolongement et le résultat. Tombant sur un terrain propice, bien préparé, les germes de pensée que les livres déposaient en elle, se développaient miraculeusement.

Parmi ces livres, un surtout exerça sur elle une influence considérable. Un tout petit, plutôt une simple brochure, qui s'était trouvée par hasard au milieu de toute une pile d'in-octavo que le docteur lui avait envoyés. Ce n'était même qu'une « thèse pour le doctorat ès lettres, » soutenue le 27 mai 1881, par un jeune homme, un inconnu : « *De hylozoïsmo apud recentiores.* » Sous le titre latin, cet opuscule, qui avait le premier mérite d'être écrit avec une réelle clarté, traitait de « l'hylozoïsme, » doctrine qui considère la matière entière comme vivante, animée.

Avec quelle ardeur, madame Meuriot se jeta dans cette nouvelle conception des choses, admise par certains physiciens et physiologistes contemporains, dans ce grand mouvement d'idées, tout récent, que propagent des savants plutôt que des philosophes, et dont voici le point de départ : « Après avoir rendu la sensibilité et la connaissance à nos frères inférieurs, aux animaux et même aux végétaux, il est impossible de tout refuser aux minéraux. Comment admettre qu'un corps excitable, c'est-à-dire capable de réagir à des excitations extérieures, ne sente rien? Donc la sensibilité, au moins en puissance et à l'état latent, est une propriété commune à toute la matière. »

Ainsi, elle descendait au fond des plus ténébreux mystères de la vie, s'enfonçait dans les problèmes les plus ardus, ne sourcillait pas devant l'abîme creusé par l'océan des âges entre l'Organique et l'Inorganique, abîme qui d'ailleurs tend à se combler de jour en jour. Sans avoir fait d'études spéciales, elle était fin de siècle en philosophie, obéissait à une impérieuse et générale tendance de la spéculation philosophique à notre époque. De son côté, solitairement, sur son lit de douleur ou sa chaise longue, pauvre petite intelligence isolée sur le point de s'éteindre, elle aussi rêvait de supprimer l'opposition séculaire du corps et de l'âme — de la matière et de l'esprit — non pour nier leur existence, ni pour les ramener arbitrairement l'un à l'autre, mais pour les considérer COMME LES DEUX ASPECTS D'UN SEUL ET MÊME FAIT, « comme l'ap- « parence objective et subjective d'un phénomène « identique, la vie, comme deux modes d'exister « d'une seule et même substance ».

La première fois que, enthousiaste de la lumineuse brochure et convertie à « l'hylozoïsme », elle en ouvrit la bouche au docteur Silvy, les lèvres de celui-ci firent une moue :

— Oui, oui... je sais... et c'est même par le plus grand des hasards, que l'essai de ce jeune homme... qui deviendra quelqu'un... s'est trouvé glissé au milieu de mon dernier envoi de volumes... Mais je vous avoue que je n'ai jamais mis le nez dans cette élucubration...

Et, regardant l'heure à sa montre :

— Voyons ! il me reste une dizaine de minutes

à vous consacrer... Plus que suffisant !... Allez-y madame, de votre doctrine merveilleuse... Racontez... Je suis tout oreilles...

Puis, lorsque madame Meuriot lui eut expliqué l'hylozoïsme, le docteur Silvy haussa les épaules, en riant de son rire mauvais, heureux de la consternation qu'il s'attendait à produire :

— Connu ! archiconnu !... Votre doctrine, exclusive du matérialisme et du spiritualisme, même de tout dualisme, c'est... le monisme !... Tout simplement. Moins celui de Spinosa, que le monisme atomistique de Leibnitz... revenu sur l'eau chez certains naturalistes d'aujourd'hui.

— Eh bien, riposta Juliette, quand même cela serait... Va pour le monisme, si monisme il y a ! Que m'importent le premier inventeur, et l'âge réel de ces idées ?... Dans tous les cas, nouvelles pour moi, ces idées me satisfont et me consolent...

Elle avait la brochure à la main, ses yeux tombèrent sur ce passage, qu'elle lut à haute voix :
« Ces imaginations ne sont pas des rêveries
« de philosophes platoniciens, ou panthéistes :
« parmi ceux qui leur trouvent quelque vraisem-
« blance ou probabilité, on compte les physiciens
« et physiologistes suivants : Francis Glisson,
« Tyndall, W. Thomsom, Naegeli, Zœlner, Preyer,
« Hœckel, et le médecin allemand Daniel Son-
« nest, sans compter le grand Leibnitz. »

Elle relut Leibnitz, avec plus d'attention et de courage, en y appliquant toute son intelligence. Cette fois, elle pénétra jusqu'à l'âme du vieux philosophe, selon lequel il n'y a « rien d'inculte, rien de stérile, rien de mort », dans l'univers. Chaque atome (ou monade) connaît l'infini, connaît tout, mais plus ou moins confusément : « ceux de la nature inorganique n'ont que des représentations qui se neutralisent, comme celles de l'homme plongé dans un sommeil sans rêve. Ceux du monde organique, des animaux inférieurs, n'ont encore que des rêveries très vagues ; plus haut, commencent à s'éveiller la sensation et la mémoire ; chez l'homme enfin, la pensée réfléchit le monde avec le plus de splendeur. Mais les atomes, à quelque degré qu'ils soient de l'échelle de la conscience, n'en réfléchissent pas moins le monde, comme des miroirs vivants. Entre les atomes du moindre grain de poussière et ceux de l'homme de génie, il n'y a donc qu'une différence de degré. » Conclusion : tout atome, même inférieur, contient, au moins en puissance ou à l'état latent, un peu d'âme susceptible de penser, un germe de conscience universelle. Autrement dit, tout vit ou vivra, dans la création, tout sent, tout comprend ou comprendra.

Et madame Meuriot ne s'en tint point là. Cette conception métaphysique de la nature, après se l'être assimilée, elle chercha à l'élargir, voulut la pousser à ses extrêmes conséquences. Quelque chose ne la satisfaisait pas encore, lui laissait une inquiétude, parfois de l'angoisse. Enfin, s'étant une fois réveillée au milieu de la nuit, sans souffrir, jouissant même d'une sorte de bien-être qui lui facilitait la pensée, elle s'enfonça aussitôt dans ses chers problèmes ; soudain, en elle, ce fut comme une illumination. De la doctrine de Leibnitz et de l'hylozoïsme, elle venait de s'élever à une induction supérieure, à « l'Unité de l'Être ».

Du moment que, non seulement sur la terre,

mais dans l'univers entier, dans l'infinité des systèmes planétaires fonctionnant comme le nôtre autour des milliards de soleils, la plus infime molécule de poussière, solide, liquide ou gazeuse, est un petit monde, capable de s'éveiller à la sensation et à la pensée; du moment aussi qu'il n'existe sans doute qu'un corps simple, et que la matière et l'âme doivent être seulement les deux aspects d'un seul fait, la double apparence d'un phénomène, les deux modes d'exister d'une seule et même substance : comment croire que cette seule et même substance se trouverait à jamais divisée et répartie entre plusieurs êtres définitifs, immuables, condamnés à s'ignorer éternellement, à se chercher en vain, peut-être à lutter entre eux sans le vouloir? « Non! protestait-elle, il n'y en a qu'un, d'être — *quelque jour du moins, il n'y en aura qu'un.* — Tout est cet être : et cet être est déjà tout, — à moins que, pour s'occuper et se distraire en se perfectionnant, il ne soit en train de tout devenir. — Peut-être, aussi, la Vie émane-t-elle de lui et aboutit-elle sans cesse à lui, comme un prodigieux fleuve éternel, dont il serait à la fois la source intarissable et le réservoir sans fonds. » Dans tous les cas, après une série d'existences ultérieures, finir en lui — en reconstituant peut-être, à la fin, la chaîne entière des diverses existences vécues, — se réunir à lui, avec ceux qu'elle avait aimés, avec ses père et mère, avec Marthe, avec « les deux Gustave » : quel espoir consolant! Et elle se rendormit vers l'aurore, le cœur fonctionnant mal, mais gonflé d'une dernière joie, noyé encore de tendresse et de désir.

Ce matin-là, dès son réveil, soit qu'elle eût un mélancolique pressentiment, soit que ses hypothèses philosophiques la disposassent à la bonté, elle fit venir Marthe près de son lit et la pria de descendre dans le courant de l'après-midi chez la bouquetière du passage ; elle désirait un superbe bouquet, rare pour la saison et cher, dont elle indiqua minutieusement la composition.

— Et tu le feras monter, de ma part, à madame Honorat, qui a fait prendre hier de mes nouvelles...

Après un moment de réflexion, se ravisant :

— Commandes-en un second... du même prix... exactement semblable : lilas blanc, camélias, et violettes de Nice... et tu l'enverras tout de suite à cette adresse : « Madame Éva de Pommeuse, 27 *bis*, rue Berzélius, aux Batignolles... »

— Avec ta carte, n'est-ce pas ?... demanda Marthe, après avoir pris l'adresse.

La malade eut un sourire.

— Non ! sans ma carte... Mon nom, qu'elle aura oublié, ne lui apprendrait pas grand'chose... Va, c'est pour elle, que je lui envoie des fleurs... par reconnaissance et pour lui procurer peut-être une minute agréable...

Et, s'étant fait donner un crayon avec du papier, madame Meuriot, assise sur son lit, resta un instant rêveuse. Elle revoyait par la pensée une scène pénible : l'entrée de la porte de l'hôtel de la princesse Badajoz interdite à Éva de Pommeuse, par un intendant barbare, imbécile. Puis, de son écriture défaillante, elle crayonna ces mots :
« De la part d'une personne qui soupa une fois
« chez vous et y fut très heureuse... »

— Marthe, voici ce que tu feras remettre à madame de Pommeuse, avec le bouquet.

Elle déjeuna mal, parcourut le *Figaro* comme à l'ordinaire, s'intéressa même à la première de la veille, aux Variétés : la pièce, qui avait scandalisé la critique, « n'était qu'une ordure » ; mais la salle entière, à la fin du « trois », s'était levée pour applaudir Dupuis, Baron, Réjane, « un brelan d'interprètes de génie. » Comme elle eût voulu y être ! Puis, misère ! elle s'aperçut qu'il lui était impossible de se lever. Sur son lit, rien que pour avoir replié un peu vite le journal, un commencement de syncope.

A peine remise, elle annonça gaiement à sa fille qu'elle resterait couchée tout le jour. Non qu'elle se trouvât plus mal, certes, mais à cause d'un de ces caprices qu'il faut pardonner aux malades.

— Seulement, tu sais... Je veux que tu me fasses belle... oh ! très belle...

Belle pour qui ? Pour le docteur, à qui elle était impatiente de parler de « l'unité de l'être »? ou belle pour la mort ? Marthe, avec sa patience et sa douceur habituelles, contentant cette coquetterie *in extremis*, aida sa mère à se laver, coiffa cette chevelure restée magnifique, passa à la malade une chemise en surah bleu de ciel. Et elle fit aussi la toilette de la chambre, disposa d'une certaine façon les meubles, les rideaux, raviva le feu, ouvrit un moment les fenêtres, répandit des parfums.

— Là, tu es gentille !... Viens m'embrasser...

Puis, s'étant fait apporter un miroir, madame Meuriot se coiffa elle-même d'une merveilleuse mantille en point d'Alençon. Maintenant, ses regards interrogeaient à chaque instant la pendule. Comme s'il eût prévu cette impatience, le docteur Silvy fut là vers une heure et quart, très en avance cette fois.

— Ça, c'est gentil... dit Juliette, en lui tendant la main.

— Comment ! couchée ?.. demanda-t-il, en commençant par s'installer dans le fauteuil préparé pour lui au chevet de la malade.

Il prit ensuite cette main, la garda dans les siennes.

— Nous n'allons donc pas bien ?
— Ni plus mal, ni mieux... J'ai voulu faire la paresseuse, tout simplement.

Le docteur Silvy, devenu silencieux, continuait à garder cette main dans les siennes. Il paraissait donc tâter le pouls à la malade : mais quel air de distraction profonde ! Ses regards faisaient le tour de cette chambre délicieusement confortable de Parisienne, où tout était bon goût, intelligence et harmonie, puis revenaient toujours à madame Meuriot, qu'il regardait avec un « air tout drôle », et dont la mantille en point d'Alençon, la chemise de surah bleu de ciel surtout, semblaient l'impressionner, éveillaient sans doute en lui quelque impérieux souvenir. Bien changé, depuis quelques jours, lui aussi, le docteur. Un ours humanisé. A la longue, il venait d'être conquis, séduit, par la fréquentation quotidienne de cette femme, par son charme persistant dans la souffrance, sa bravoure devant l'envahissement de la mort, jusque par la résistance extraordinaire de ce cerveau, tourné depuis peu à la philosophie, altéré de vérité, affamé d'absolu, et où s'était certainement réfugié quelque chose qui ne voulait pas finir. La flamme pure commençait à dégeler le bloc de glace. La malade guérissait peut-être le médecin.

M. Meuriot, qui venait de fumer plusieurs pipes en dégustant son café et son pousse-café, fit une apparition. Presque aussitôt, on l'avertit qu'un client, à qui il avait donné rendez-vous, le demandait ; et il se retira dans son cabinet après avoir pris congé :

— Docteur, à bientôt... Je ne sais si je vous reverrai : mon client va me tenir l'après-midi entière...

Marthe entra, son chapeau sur la tête.

— N'est-ce pas, monsieur, je puis sortir : maman ne va pas plus mal ?

— Mais... sans doute !... sans doute, mademoiselle Marthe... répondit le docteur, comme revenu à lui, et reprenant cette main que la sienne avait fini par laisser glisser, lui tâtant sérieusement le pouls, cette fois.

Puis Marthe embrassa sa mère.

— Va, je vais tout de suite commander les deux bouquets... Celui de la rue Berzélius, je l'enverrai par un commissionnaire... l'autre, je le monterai moi-même en rentrant...

— C'est cela... tu es gentille !...

— A présent, je me sauve... Mademoiselle Cordhomme doit être prête et tu sais combien elle aime peu attendre... A tout à l'heure, maman.

De la porte, avec une imperceptible inclinaison de tête à l'adresse de son futur :

— Monsieur...

Maintenant, certaine de ne plus être dérangée, la malade, assise sur son lit, accoudée sur plusieurs grands oreillers empilés devant elle, et se tournant un peu vers le docteur, lui exposait ses nouvelles idées philosophiques :

— « Enfin, un être unique... dont nous ne « sommes, tous, que des molécules infinitési- « males... nous ignorant encore : mais attendons « la fin !... Un être qui, m'objectez-vous, ressemble « fort au *grand tout* des panthéistes : dans ce cas, « vive le panthéisme ! »

Au lieu de prendre son air mauvais et de décocher à « son élève » la phrase cinglante et incisive qui, quelques jours avant, n'eût pas manqué de lui venir aux lèvres, le docteur Silvy fit une première chose qu'il n'avait jamais faite, se livra à un acte complètement en dehors de son tempérament, de ses mœurs et de son caractère. Reprenant la main de la malade, il la porta aux lèvres; cette main exsangue, amaigrie, un peu moite de la chaleur du lit, il la baisait longuement. Et, sous la mantille en point d'Alençon, le visage de madame Meuriot s'éclaira, devint radieux. Pour elle, cet hommage de galanterie était, de la part du docteur, une tacite acceptation de son système philosophique, tout simplement. Et dans sa joie reconnaissante, sa main rendit une douce pression à la main qui emprisonnait la sienne. Puis, s'exaltant, elle continua :

— « Vous montrer comment cette idée a germé en moi : oh ! c'est très simple... La graine, tenez ! la première graine, d'où est sortie toute la gerbe... non ! vous ne vous en doutez guère... mais, c'est de vous que je l'ai reçue... Un jour, de l'avant-dernière semaine... vous m'avez expliqué, et démontré, que, depuis des millions d'années, *pas un atome* NOUVEAU *de matière ne s'est produit*... Oui, vous vous en souvenez... Eh bien, partant de là, je me suis dit : *Si chaque grain de poussière de mon corps existe depuis des milliers de siècles, mon moi, mon être entier, mon cœur et ma pensée, enfin ma personne intellectuelle et morale, n'existerait que depuis trente et quelques années?... C'est* IMPOSSIBLE !... *Ceci ne peut pas aller avec cela !... Mon moi, aussi, existe depuis des millions d'années...* JE DOIS AVOIR DÉJA VÉCU CENT MILLE EXISTENCES... *Certes, je n'en ai pas le souvenir : mais, patience ! je parviendrai peut-être un jour à un sommet, du haut duquel il me sera possible de me retourner, afin de revoir, d'un coup d'œil, l'ensemble des cent mille étapes parcourues...* Tandis que si je me trompe, si je n'existais réellement que depuis trente et quelques années... oh ! alors, dans l'état où je suis, et malgré toute votre science, mon cher docteur, il est bien certain qu'avant trente et quelques jours... ou avant trente et quelques heures... ou minutes... je serai morte entièrement et pour toujours... Ce qui, pour le bonheur que j'ai goûté sur la terre, moi... une privilégiée pourtant !.. ne vaudrait guère la peine d'avoir vécu... Mais ma raison me le crie: « PAS D'ÉTERNITÉ EN ARRIÈRE ? PAS D'ÉTERNITÉ EN AVANT ! » Il n'y a pas à sortir de là... Et, docteur, j'en conclus : *Si nous avons toujours existé et devons toujours durer... vous, moi, et ce joueur d'orgue de barbarie que vous entendez jouer en ce moment dans la rue... c'est que, les hommes, les animaux, les végétaux, et le reste... nous sommes la poussière de* L'ÊTRE UNIQUE. »

Et, dans son exaltation, plongeant dans l'insondable, pressant les problèmes, fouillant les mystères, se cognant à l'infini, s'efforçant de surprendre les secrets du Sphinx, madame Meuriot oubliait le docteur tout en s'adressant à lui, cessait de le voir, était à mille lieues de se douter de ce qui se passait dans cette tête. La veille au soir, à la première des Variétés — le docteur Silvy, depuis son héritage, faisait partie du tout-Paris des premières, — il avait été invité à passer le second acte dans la loge de « mon ami le médecin-député. » A l'entr'acte, vers les dix heures et demie, les deux docteurs, aussi scandalisés que les critiques par les crudités de la pièce trop vraie, et contenant mal leur indignation dans les couloirs, avaient redemandé ensemble leur pardessus. Sur le boulevard : « Silvy, venez avec moi.., je vous emmène à l'Opéra, sur la scène... » — « Il est de fait, cher maître, qu'au sortir d'une pareille obscénité, on a furieusement besoin de se retremper... de se nettoyer... Seulement... sur la scène... je n'ai pas mes entrées... » — « Avec moi, n'ayez crainte... » Au foyer de la danse, un phénomène s'était passé : le docteur Silvy, cet homme froid, ce sceptique grave, parvenu à l'âge mûr après une jeunesse austère, acharnée au travail et sevrée de plaisirs, cet intellectuel, qui n'avait jamais eu de sens, ni même de sensibilité, fut profondément bouleversé par les tutus de ces demoiselles. Par leurs maillots, par leur nudité devinée à travers la transparence des gazes, par leur maquillage et leur parfumerie! Rien ne transpirait de ses émotions. Tandis que le docteur-homme politique, en vieil habitué, allait de l'une à l'autre, camarade avec chacune, galant et paternel, lui, suivait discrètement, muet comme une carpe, mais brûlé jusqu'aux moelles. Toutes lui faisaient un prodigieux effet, les étoiles et les sujets comme les simples marcheuses, les rats comme les vieux chevaux de retour, les grasses, et les maigres. Un bain de luxure que l'heure passée en ce lieu, peu troublant pour tout autre, mais où l'atmosphère semblait singulièrement cantharidée à ce quadragénaire n'ayant guère fait la fête. Il était allé se coucher là-dessus, sage par habitude; et aujourd'hui, dans cette chambre tiède, qui sentait bon, en cette alcove voluptueusement assombrie par d'épais rideaux de velours, qui éteignaient les bruits, au bord de ce lit, où une femme, plus jeune que lui, se tenait sur son séant, en chemise azurée, voici qu'il était repris par l'obsession aphrodisiaque de la veille. Repris plus impérieusement! Ceci lui semblait une suite naturelle de cela, un commencement de réalisation du rêve de chair et de joie, caressé au foyer de la danse. Hier, cette hantise l'avait tourmenté toute la soirée: entrer dans l'intimité d'une de ces paires de jambes, suivre la danseuse dans sa chambre, la caresser d'abord en maillot, puis, achever de la déshabiller lui-même, la posséder nue. Aujourd'hui, pas encore nue, madame Meuriot était déjà déshabillée. Si elle n'était pas danseuse, sa mantille en point d'Alençon et sa chemise en surah bleu de ciel donnaient le change sur l'état de sa santé. Tantôt, lorsqu'il lui avait longuement baisé la main, sa main pâle, maigre, moite de la chaleur du lit, est-ce qu'une tendre, une affolante pression n'avait pas répondu à la sienne. Mainte-

Illisibilité partielle

nant, dans la bonne odeur capiteuse de cette chambre qui, mieux que tout le foyer de la danse, sentait la femme — la femme civilisée, la délicate fleur épanouie dans une serre chaude d'élégance et de luxe, — au fond de la pénombre engageante de cette alcôve, et tout contre lui, presque dans ses bras, dans ses bras sournoisement glissés sous les couvertures, voilà que madame Meuriot, de sa voix enthousiaste et câline, continuait :

— « Eh, tenez, encore un indice, selon moi une
« preuve, qu'il n'y a réellement qu'un seul être...
« Ecoutez ! Nous sommes là en train de causer,
« tous les deux : eh bien, le fait, le fait seul, qu'en
« remuant mes lèvres de certaine façon, et en
« battant l'air de manière à produire certains
« bruits, je me mets en communication avec vous,
« j'arrive à me faire comprendre par vous, à vous
« faire penser ma pensée la plus intime, me semble
« prouver que vous et moi... au fond... *ne sommes*
« *probablement qu'un*... avons au moins, *déjà*,
« quelque chose de commun et de semblable. De
« sorte qu'un jour... »

Elle ne put achever. Le docteur Silvy s'était jeté sur elle.

Oubliant tout, qu'il était le médecin, qu'il devait avant un mois épouser Marthe, et les yeux hors de la tête, avec une respiration de soufflet de forge, son être entier tendu comme un arc par un prodigieux désir, le docteur Silvy faisait là une autre chose qu'il n'avait jamais faite. Cet homme mûr, froid, grave, prudent, maître de lui, cet intellectuel aux sens pauvres, se livrait à un acte de frénésie érotique, contraire à son tempérament, à son caractère, à ses mœurs, et que rien de son passé ne semblait faire prévoir. Sans dire un mot, il avait soulevé, arraché plutôt, la chemise de surah ; et brutal, comme s'il eût vengé sa jeunesse austère et laborieuse, ses quarante ans de continence approximative, il touchait Juliette nue. Presque monté sur le lit, à demi vautré, il la palpait à pleines mains, la caressait partout. Elle, surprise par l'imprévu de l'attentat, n'avait ni protesté ni remué. S'imaginant alors qu'elle consentait, il se disposait, pour en finir, à la renverser sur le dos. Lorsqu'en lui, soudain, ce fut un épouvantement : tout son sang se glaça. Après un brusque soubresaut dans ses bras, madame Meuriot trois ou quatre fois de suite, ouvrit démesurément les yeux, comme très étonnée. Puis, un long soupir. Et plus rien : la tête, toujours couverte de la mantille en point d'Alençon, lui retomba sur l'épaule. Morte. Avec, à la commissure des lèvres, un peu d'écume rosâtre : morte de la rupture d'un anévrisme, subitement.

Blanc comme elle, le docteur Silvy s'était reculé, tâchait de rajuster ses vêtements, tremblait. La voix lui manquait pour appeler. Il voulut sonner ; le cordon lui resta à la main.

— Quelqu'un !... Au secours !... put-il enfin crier.

Redevenu médecin, il essayait de ranimer sa malade, la frictionnait, l'auscultait, lui approchait un miroir des lèvres. Aucun souffle. Elle était bien morte. Ouvrant alors la porte du salon, il se remit à appeler. Voilà qu'en face, de l'autre côté du salon, la porte du cabinet de M. Meuriot s'entr'ouvrit. Apparut d'abord une barbiche à la Van Dyck, puis le reste du visage, un large front, que continuait un crâne chauve. Enfin, la voix paisible de Léon :

— Quoi donc ?... Tiens, c'est vous, docteur !... Vous avez besoin de quelque chose... Ça ne va donc pas fort ?..

Et, sans attendre la réponse, sa tête disparut, replongea dans le cabinet, sans doute pour faire prendre patience au client avec lequel il était en conférence.

— Venez... Tout est fini... murmurait le docteur, sur place, les jambes molles, appuyé au chambranle de la porte.

— Hein, vous dites ? s'écria Léon, reparaissant.

— Elle vient de... passer... sans agonie...

Dans sa stupeur, M. Meuriot répéta plusieurs fois : « Sans agonie... sans agonie... » comme ne sachant plus le sens exact de ces deux mots, se demandant s'il convenait de déplorer cette circonstance ou de s'en réjouir. Puis, après s'être retourné vers son client, pour le congédier : « Madame Meuriot est morte ! » il accourut.

— Pauvre femme !... Ma pauvre femme !... Comme ça a été vite fait !...

Il effleura des lèvres ce visage, dont le docteur avait déjà fermé les yeux. Et, après avoir contemplé longuement Juliette :

— Quel grand calme !

Le surlendemain, sans l'intervention de Marthe, l'enterrement eût été purement civil. A l'église, M. Meuriot, par son attitude, en affectant de rester debout au lieu de s'agenouiller, montra, une fois de plus, qu'il n'admettait aucun culte extérieur. Puis, on se rendit au cimetière du Père-Lachaise, où la famille possédait une sépulture ; et tout le long du parcours, le chagrin de Léon, qui conduisait le deuil, fut très remarqué. De grosses larmes lourdes, sincères, tombaient de ses yeux, glissaient le long de ses joues rasées de près. Et la pâleur de Gustave aussi, tout en noir comme un parent, marchant à côté de son père, faisait bien. « Gustave me semble absolument convenable? » fit tout bas l'oncle Camoin, à M. Blacé. « On ne peut plus convenable ! » riposta celui-ci. Ni l'un ni l'autre ne se doutait que, cette pâleur, le jeune homme la devait à Stella Saulini, avec laquelle il venait de passer une nuit orageuse. Quant à Léon, tout comme du vivant de sa femme, aucun mot, ni rien dans son attitude, n'indiquait qu'il se doutât seulement de ce que tout le monde savait. On ne lui en témoignait que plus d'affectueuse commisération. Mais chacun, à part soi, le méprisait un peu, le traitait de godiche.

De son fauteuil, madame Honorat suivit le cercueil par la pensée. Devant elle, à côté de sa jardinière, dans un énorme vase de verre grenat, trempaient dans l'eau les camélias, le lilas blanc et les violettes de Nice, qu'elle avait reçus l'avant-veille. Et ses yeux, toujours vifs au milieu des rides, se mouillaient, à la vue de l'admirable bouquet, resté frais, tandis que celle qui le lui avait offert devait être descendue dans la fosse.

Quel malheur, vraiment, et comme tout cela finissait mal ! En somme, dans cette longue lutte sourde entre les deux mères, cette sorte de duel, Adélaïde, du moment que mademoiselle Meuriot en épousait un autre que Gustave, s'avouait vaincue : le sort de la victorieuse tout de même la navrait et l'attendrissait. Pauvre madame Meuriot! « Aussi, elle n'avait qu'à ne pas me contrecarrer... Qui sait? elle vivrait encore! » A la fin, les soupirs à fendre l'âme poussés par la paralytique, regrettaient autant que la morte, Marthe et sa dot.

Marthe, le soir même des obsèques, en présence de son père, signifia au docteur Silvy que, d'un an au moins, tant qu'elle porterait le deuil, elle ne voulait plus entendre parler mariage. Elle rendait donc au docteur sa parole et reprenait la sienne. Si, au bout d'un an, M. Silvy, persistant dans ses intentions, renouvelait sa demande, elle, ayant eu le temps de se recueillir d'ici-là, verrait ce qu'elle aurait à faire.

Le docteur, comme distrait, le regard dans le vague, laissait parler la jeune fille sans l'interrompre.

— C'est convenu... j'attendrai... dit-il, avec une politesse froide.

Puis, les Blacé firent un héritage inattendu et important. Et, à six semaines de là, en avril un samedi soir, M. Meuriot étant, pour la première fois, monté chez les Honorat avec sa fille et mademoiselle Cordhomme, la paralytique, radieuse, leur donna à peine le temps de s'asseoir.

— Une grande nouvelle! Depuis tantôt, il n'y a plus d'indiscrétion à la divulguer... Notre fils Gustave épouse une des trois demoiselles Blacé... la cadette.

— Celle qui te va comme un gant!... s'écria joyeusement l'oncle Camoin.

Alors M. Meuriot, la tête basse, blême et les yeux injectés de haine, sans regarder Gustave :

— C'est se marier bien vite!..

Malgré son assurance accoutumée, le jeune homme rougit. Heureusement, personne ne releva le propos; Marthe se hâta même de parler d'autre chose. Mais Léon *savait tout*, maintenant : il y avait de la mademoiselle Cordhomme là-dessous. Lui-même, vers la fin de l'été, épousait l'institutrice de sa fille.

La maison faisait horreur à Marthe. Pour en sortir, devenue enfin madame Silvy, elle ne le fut pas longtemps : au bout d'un an de mariage, une fausse couche l'emportait. Puis, la vie continuant son cours, arrivèrent de nouveaux événements : la déconfiture de la maison Gustave Honorat et Cie, d'autres morts. M. Honorat père ne survécut pas longtemps à l'humiliation de voir s'écrouler une affaire, qui avait la chance de le posséder comme « co-administrateur, chargé de la surveillance de la comptabilité ». Le surveillant n'avait vu que du feu aux virements et déprédations de son panier percé de fils; par là-dessus, une brouille avec les Blacé, furieux « d'avoir été mis dedans »; donc, tant de mauvais sang, qu'un abcès au foie le tuait avant la fin de la liquidation. De son côté, l'oncle Camoin devint veuf, ne tarda point à aller retrouver son fils en Angleterre.

En somme, moins de dix-huit mois après la mort de madame Meuriot, ce groupe de gens, venus d'un peu partout, rapprochés par la parenté, l'amitié ou le voisinage, ayant depuis des années de continuels rapports, s'était complètement désagrégé. Les uns brouillés, les autres mariés, partis ou décédés. Maintenant, l'appartement des Honorat était occupé par un tailleur; celui des Meuriot, par un dentiste. Seule, madame Honorat habitait encore la maison; mais veuve, délaissée, réduite à la gêne, elle était montée au plus haut étage.

Deux petites pièces sous les toits, mansardées. Tout au fond d'un long couloir : on arrive par l'escalier de service. Rosalie la sert toujours. Gustave et sa femme montent la voir, peut-être deux fois l'an. Complètement paralysée, elle ne quitte plus son lit. Seulement, le samedi, bien que personne jamais ne vienne, elle a conservé l'habitude de mettre Rosalie sur les dents. Il lui faut des fleurs, du linge très blanc et que pas un grain de poussière ne ternisse le solide buffet d'acajou, maintenant placé dans la chambre, mais dont les pièces d'argenterie sont vendues ou engagées.

Puis, quand l'après-midi est tiède, Rosalie aide sa maîtresse à s'asseoir sur le lit. Par la fenêtre ouverte, arrive encore le ronflement sonore du Boulevard, le perpétuel écoulement d'un fleuve de voitures. Madame Honorat semble toute heureuse quand le perroquet qu'elle entend depuis des années sans l'avoir jamais vu — du sixième, par exemple, elle l'entend mieux — module ses « Jacquot à table ! à table ! à table ! » Et elle rit aux larmes lorsque l'oiseau, en veine de philosophie, se met à jacasser :

— « Ami ! Ami ! Ami !... Salop ! »

www.ingramcontent.com/pod-product-compliance
Lightning Source LLC
Chambersburg PA
CBHW070202240426
43671CB00007B/523